Mitarbeit: Kai-Uwe Holsten
Bildnachweis:
Die Bilder des Textteils: Elke Schmotz, Ulrich Schmotz
bzw. stock.xchng (S. 286)
Coverfoto: Elke Schmotz
Kartenicon: © Stepmap GmbH, Berlin
Karte: Courtesy of the University of Texas Libraries,
The University of Texas at Austin

Bibliografische Information der Deutschen Bibliothek:
Die Deutsche Bibliothek verzeichnet diese Publikation in der deut-
schen Nationalbibliografie. Detaillierte bibliografische Daten sind im
Internet über http://dnb.ddb.de abrufbar.

© 2013 traveldiary.de Reiseliteratur-Verlag, Hamburg
www.reiseliteratur-verlag.de
www.traveldiary.de

Umschlagentwurf und Layout: Jürgen Bold, Jens Freyler
Satz: Jens Freyler
Druck: Standartu Spaustuve

ISBN 978-3-944365-22-0

Ulrich Schmotz

Dead End

Reise in das Innere Nordamerikas

Vorwort

Vor knapp vierzig Jahren kaufte ich mir die Sonderausgabe des Doppelbandes „Reise in das innere Nordamerika" von Maximilian Prinz zu Wied[1]. Die Bücher handeln von der Expedition des Prinzen, die dieser von 1832 bis 1834 unternommen hatte, um das innere Nordamerika bis zur Missouri-Quelle zu bereisen. Zur Ausgabe gehörten 48 großformatige Bildtafeln in Schwarz-Weiß sowie ein Vignettenband des Schweizer Malers Karl Bodmer, der Wied auf seiner Reise begleitet hatte. Besonders die Zeichnungen Bodmers, die das von Wied Beschriebene authentisch illustrieren, beeindruckten mich. Bodmer setzte eine Tradition der Malerei fort, die das Bild vom Wilden Westen bis heute prägt und die fast jedes amerikanische Schulkind kennt. So sei hier an George Catlin erinnert, der, ähnlich wie Bodmer, die Indianer dokumentierte, aber auch an die berühmten Indianer-Porträts von Charles Bird King, an Thomas Morans großartige Landschaftsbilder, an die deutschstämmigen Maler Charles Wimar und Albert Bierstadt, an den Schweizer Maler Rudolf Friedrich Kurz und die Amerikaner Thomas McKenney und Alfred Jacob Miller sowie die großen Illustratoren des späten 19. Jahrhunderts Charles Schreyvogel, Frederic Remmington und Charles Russell.

Die beiden Bände und die dazugehörigen Bilder faszinierten mich dermaßen, dass ich damals beschloss, sollte es mir eines Tages möglich sein, Wieds abenteuerliche Expedition vom Beginn des 19. Jahrhunderts in die Neue Welt nachzureisen.

Wied war im Mai 1832 zusammen mit dem Maler Karl Bodmer und dem Hofjäger David Dreidoppel von Rotterdam zu seiner zweijährigen Forschungsreise nach Übersee aufgebrochen, um die Landschaft und die Ureinwohner entlang seiner Route durch Nordamerika zu dokumentieren. Einerseits versuchte Wied seinem ebenfalls adeligen Zeitgenossen und Vorbild Alexander von Humboldt (der Wied in einem Briefwechsel ausdrücklich zur Durchführung der Reise ermunterte) nachzueifern und neues Terrain zu erforschen, andererseits folgte er den Spuren der amerikanischen Überlandexpedition von Meriwether Lewis und William Clark, die bereits von 1804-1806 im Auftrag des amerikanischen Präsidenten Thomas Jefferson den Missouri hochfuhren, um einen schiffbaren Weg zur Pazifikküste zu finden. So führte Wieds Weg nach seiner Ankunft in

---

1   zu Wied-Neuwied, Maximilian: Reise in das innere Nord-Amerika 1832-1834. Verlag L. Borowsky, München 1979 (Erstausgabe 1839).

Boston, Massachusetts, im Juni 1832 zunächst über New York, Bordentown in New Jersey und Philadelphia in Pennsylvania weiter über Bethlehem, Harrisburg und über die Alleghenies nach Pittsburgh bis nach New Harmony in Indiana, das er am 19. Oktober 1832 erreichte. Dort überwinterte Wied mit seinen Begleitern.

Die Reise wurde am 16. März 1833 in New Harmony fortgesetzt und verlief über St. Louis, Missouri, weiter auf dem Missouri River über Fort Pierre, Fort Clark und Fort Union schließlich bis zum Fort McKenzie in Montana, wo die Reisenden am 9. August 1833 eintrafen.

Den dortigen Aufenthalt vom 9. August bis zum 14. September 1833 nutzte Wied zur Beschreibung des Forts, der Landschaft und der am Fort siedelnden Indianer mit ihren kriegerischen Auseinandersetzungen, die er dort miterlebte.
Die Rückfahrt Wieds ist ausführlich im 2. Band beschrieben, blieb aber für meine Reise unberücksichtigt, da sie sich vom Streckenverlauf der Hinfahrt nur unwesentlich unterscheidet.

Entlang der gesamten Route gibt es heute eine Reihe von Museen, die sich ausführlich der Erinnerung an Wied und Bodmer widmen. Anders als in Deutschland sind der Prinz und der Maler in den USA sehr bekannt, begreifen die Amerikaner doch Wieds Aufzeichnungen und Bodmers Zeichnungen und Aquarelle als Teil ihrer kontinentalen Entdeckungsgeschichte. So soll mein Buch auch dazu dienen, stärker zur Popularität Wieds und Bodmers beizutragen, deren Leistungen in Deutschland und der Schweiz immer noch nicht in dem Sinn gewürdigt werden, wie sie es verdient hätten. So fanden neuere Forschungen heraus, dass auch Karl Mays Indianerfiguren sich wahrscheinlich an Wieds Beschreibungen und Bodmers Zeichnungen orientierten.
Eben diese Landschafts- und Indianerbeschreibungen Wieds und die detaillierten Bildwerke Karl Bodmers über ihre Expedition setzten bei mir eine bis heute anhaltende Begeisterung für die Entdeckung Nordamerikas frei.
Besonders interessierten mich die landschaftlichen Veränderungen und die Vernichtung der Naturvölker durch die Zivilisations- und Besiedlungsdynamik, über die schon Wied bereits knapp dreißig Jahre nach der Lewis-Clark-Reise zu berichten wusste.
Was erwartet einen Reisenden heute, wenn er Wieds Spuren von 1832/34 knapp 180 Jahre später folgt? Was hat sich in diesem großen Zeitraum verändert? Mit

Zusammenkunft mit Monnitarri Indianern bei Fort Clark (Karl Bodmer)[*]

welchen Augen sind heute urbane Weichbilder, naturbelassene oder kultivierte Landschaften, die jetzigen Ureinwohner und die Nachkommen der damaligen Siedler zu sehen? Und sind überhaupt noch Zeichen, Landmarken und andere Überbleibsel der damaligen Beschreibung zu finden? Das waren Fragen, die mich brennend interessierten, als ich mit meiner Frau Elke in die USA aufbrach, um endlich meinen langjährigen Traum zu verwirklichen.

„Die Zeit ist die grundlegende Dimension unseres Daseins. Sie hat von jeher Künstler, Philosophen und Wissenschaftler fasziniert... Die Zeit, die in den großen Gesetzen der Physik – von der klassischen Dynamik über die Relativität bis zur Quantenphysik – vorkommt, kennt keinen Unterschied zwischen Vergangenheit und Zukunft."[2]

Um dieses Paradox der Zeit, das wir in unserer Erinnerung als Gleichzeitigkeit von Vergangenheit und Gegenwart erleben, so authentisch wie möglich (Licht, klimatische Verhältnisse, jahreszeitliche Besonderheiten) nachempfinden zu können, beschloss ich, an den exakt gleichen Jahrestagen zu reisen wie der Prinz zu Wied und auf Verkehrsmittel zurückzugreifen, die den Transportmöglichkeiten Wieds so nahe wie möglich kommen. Dieser bewegte sich damals per

2   Prigogine, Ilya; Stengers, Isabelle: „Das Paradox der Zeit", Piper Verlag, München 1993, Seite 9.
*   Im Bild von rechts: Bodmer, Dreidoppel und Wied

Schiff, Kutsche, Raddampfer, Kielboot oder zu Fuß durch die amerikanische Landschaft.

Mein Ziel war es also, 176 Jahre später am gleichen Tag und am selben Ort zu sein wie Maximilian Prinz zu Wied und seine Begleiter in den Jahren 1832/33. Vor mir lag eine Strecke von circa 5 000 Meilen, die ich in 300 Tagen zurückzulegen gedacht. Der Reiseroute Wieds mit Überlandbussen oder der Eisenbahn zu folgen, war aber schon im ersten Teil der Reise im dichtbesiedelten Osten der USA sehr umständlich umzusetzen. Diese Art der entschleunigten Fortbewegung zwang mich, streckenweise Autos anzumieten, um meine Pläne zu verwirklichen. Da Wied in New Harmony überwinterte, brach ich den ersten Teil der Reise dort ab und kehrte nach Deutschland zurück, um das Abenteuer im nächsten Jahr an gleicher Stelle wieder aufzunehmen.

Im zweiten Teil der Reise, die von März bis September dauerte und von New Harmony bis zum Fort McKenzie am oberen Missouri im Bundesstaat Montana führte, kaufte ich mir über ebay einen VW-Camper, um die oben genannten Schwierigkeiten zu umgehen.

Die Flussreisen auf dem Ohio, Mississippi und Missouri River, die Wied unternahm, hätten heute einen logistischen Aufwand erfordert, der finanziell und organisatorisch kaum zu bewältigen gewesen wäre. Mit Hilfe des Campers gelang es uns aber, zeitlich exakt an den gleichen Tagen all jene Plätze, Orte und Besonderheiten aufzusuchen, die Wied in seinem Buch erwähnt hat. Es war an verschiedenen Stellen sogar möglich, markante Flusspassagen abzufahren oder in verschiedenen Reservaten die Nachfahren jener Indianer zu besuchen, die der Prinz beschrieben und die sein Malergefährte Karl Bodmer skizziert bzw. gemalt hat.

So stellte sich auf der gesamten Reise heraus, dass einerseits immer noch sehr viele Landmarken und Orte aus Wieds Beschreibungen vorhanden sind oder in ihrer topografischen Gestalt unverändert das Gesicht der Landschaft prägen, und andererseits Straßen, Städte, Industrievororte, Brücken, Stauseen oder Megastädte entstanden sind, wo im ersten Drittel des 19. Jahrhunderts noch tierreiche Wildnis herrschte. Fotos dokumentieren nicht nur außergewöhnliche Motive, sondern stellen auch Bodmers gemalten Bildern den heutigen Istzustand gegenüber. Viele Gebäude sind noch erhalten und auch Landschaften finden sich nahezu identisch wieder.

Es sollte ein Buch entstehen, das jenseits von Pauschalreisen und den gängigen beliebten und bekannten Touristenzentren eine weniger bekannte Route durch die USA beschreibt, sich strikt an Wieds Beschreibungen und seiner Reiseabsicht orientiert und damit ein sehr spezielles, aber deswegen nicht weniger informatives Bild über ein Amerika vermittelt, das sich seit 1832 in den größtenteils verkehrsärmeren provinziellen Nischen der entsprechenden Bundesstaaten entwickelt hat. Ich begegnete den Einheimischen wie den Ureinwohnern mit der geradezu wissenschaftlichen Neugier eines Europäers und versuchte, das kulturell Andere, das für mich Fremde und Unverständliche zu beschreiben und fotografisch festzuhalten. Es ist erstaunlich, welche Parallelen, Übereinstimmungen oder krasse Gegensätze sich ergeben, wenn man Wieds Zitate meinen heutigen Beschreibungen und Fotos gegenüberstellt.

Das Buch orientiert sich chronologisch an den 20 Kapiteln, die Wied benötigte, um die oben genannte Reise zu beschreiben. Die Zitate aus Wieds Buch sind kursiv gedruckt und wurden in der Zeichensetzung unverändert gelassen. Die zitierten Texte wurden von mir nach meinen Vorstellungen zusammengefasst.
Die Textpassagen arbeiten sich an Wieds Beschreibungen und Bodmers Skizzen ab und versuchen, Ähnlichkeiten und Abweichungen aufzuarbeiten oder vergleichbare Beispiele zu finden, die der heutigen Reise inhaltliche und dokumentarische Berechtigung verleihen.
Dort, wo wir nicht exakt Wieds Flussfahrt oder seinen Überlandspuren folgen konnten und gezwungen waren, Umwege zu nehmen, erfolgt die Schilderung in einer knappen, tagebuchähnlichen Erzählform.
Vergangenheit und Gegenwart sollen sich textlich und fotografisch gegenüberstehen, so wie Bild und Inhalt gleichberechtigt auf ein spezielles Reiseabenteuer verweisen mögen, das im frühen 19. Jahrhundert seinen Anfang nahm und bis heute zu begeistern weiß.
Weiterführende Informationen zu vielen der in diesem Buch erwähnten Ortschaften, Personen oder historischen Ereignisse lassen sich im Übrigen beispielsweise bei Wikipedia finden.

Inhalt

Kapitel I
Boston und New York

Seereisen nach Nord-America gehören jetzt zu den alltäglichen Ereignissen, und man hat von ihnen etwa zu erzählen, dass man Schiffe sah und begrüsste, gutes Wetter oder Stürme fand und dergleichen mehr; es ist daher hier blos zu bemerken, dass die Reisegesellschaft am 17. Mai Abends sich zu Helvoet-Sluys auf ein americanisches Schiff begab, am 24. Cape Landsend in Cornwall in nebliger Ferne schwinden sah, und von Europa Abschied nahm.

Mit dieser lakonischen Anmerkung beginnt Wied die Beschreibung seiner Reise im Jahre 1832. Bevor er das zweimastige Segelschiff „Janus" besteigen konnte, hatte Prinz Maximilian eine zehntägige Reise von Neuwied den Rhein hinunter bis zum holländischen (heutigen) Helvoetsluis zu bewältigen. Der Ort liegt in der Nähe von Rotterdam am Haningvliet und war damals der größte Kriegs- und Überseehafen der Niederlande. Alltäglich waren die Reisen in die Neue Welt 1832 noch nicht, selbst wenn Wied das vor dem Hintergrund seiner bisherigen Reisen behauptete. Bis dato waren die meisten Passagiere Auswanderer mit einem One-Way-Ticket. Die großen Emigrationswellen setzten in Deutschland erst nach den wirtschaftlichen Krisen Mitte des 19. Jahrhunderts ein. Auch der regelmäßige Liniendienst zwischen Europa und Amerika steckte noch in den Kinderschuhen. Das Dampfschiff „Royal William" war 1833 das erste seiner Art, das den Atlantik komplett unter Dampf und in weniger als dreißig Tagen überquert hatte und den Grundstein zu einem Linienverkehr legen wollte. Die meisten Transatlantik-Schiffe, die mit Dampfmaschinen ausgerüstet waren, bewältigten die Strecke bis in die Dreißigerjahre des 19. Jahrhunderts hinein mit einer Kombination aus Segeln und Dampfkraft bei Flauten bzw. ruhiger See.
Das Reisen im Stile Wieds konnten sich nur wohlhabende Menschen leisten, zumal das Reisen als solches eines Antriebs bedurfte, der sich im Vormärz aus dem damaligen humboldtschen Bildungsverständnis speiste. Das Reisen war in der Biedermeierzeit überaus anstrengend und zeitintensiv. Niemand hätte sich ohne triftigen Grund auf einen so beschwerlichen Weg gemacht. Das blieb nur jenen vorbehalten, die im Reisen eine Bildung zur Humanität sahen. In der Regel waren das begüterte Adelige oder wohlhabende Mitglieder des aufkommenden Bürgertums. Wied, Dreidoppel und Bodmer benötigten für die Transatlantik-Passage damals 48 Tage.

Nachdem Wied und seine Gefährten bei Cape Cod das erste Land gesichtet hatten und in die Massachusetts Bay hinein segelten, passierten sie um Mitternacht endlich den Lighthouse von Boston mit seinem weithin sichtbaren Leuchtfeuer. Am folgenden Morgen liefen sie in den mit rauchenden Dampfschiffen belegten Hafen ein und betraten amerikanischen Boden. Es war Mittwoch, der 4. Juli 1832, am amerikanischen Unabhängigkeitstag. Wied notierte dazu:

Der Mond trat in höchster Klarheit hervor und erleuchtete vortrefflich den stillen Spiegel der See, wo Fischerfahrzeuge lautlos und sanft geschaukelt vor Anker lagen. Schon vor Mitternacht erblickte man das Licht des Leuchtthurmes zu Boston (Boston-Lighthouse) und bald folgten mehre solche Lichter an der Küste, ein höchst erfreulicher, die Ungeduld steigender Anblick für den Ankömmling in einem entfernten Welttheile. Der nächst folgende Tag (4. Juli), war der day of independence, wo America seine Unabhängigkeit proclamirt hatte. Endlich traf der längst erwartete Pilot ein und wir sahen nun in dem Busen zur Rechten die ansehnliche Stadt Boston mit ihren röthlichbraunen Dächern, vor welchen Dampfschiffe rauchten.

176 Jahre später: Unser Transferflug von Hannover nach Frankfurt dauert exakt eine Stunde, der Direktflug mit einem Airbus 340-600 von Frankfurt nach Boston sieben Stunden und fünfunddreißig Minuten. Im Vergleich zu Wied bedeutet das eine mehr als sechzigfache Beschleunigung der damaligen Reisegeschwindigkeit. So verstärkt sich das Gefühl, wie mit einer Zeitmaschine nach Boston gebeamt zu werden. Auf der Höhe von Halifax überfliegen wir den Gulf of Maine, um schließlich ebenfalls am 4. Juli, jedoch fast 200 Jahre später, in der Stadt zu landen, in welcher der amerikanische Unabhängigkeitskrieg mit der Boston Tea Party 1773 seinen Anfang nahm. Nach der Landung stehen alle nichtamerikanischen Reisenden in Reih und Glied vor der US Border and Customs Protection, der Zoll- und Grenzschutzbehörde der Vereinigten Staaten und warten auf ihre Abfertigung. Es werden Fingerabdrücke genommen und Fotos gemacht. Nach Abgabe der Zollerklärung öffnet sich die EXIT-Tür und schon werden wir vom Stimmengewirr in der Abfertigungshalle des Airport Boston empfangen. Schwüle Luft schlägt uns entgegen. Ein Taxifahrer arabischer Herkunft bringt uns in atemberaubender Geschwindigkeit vom Flughafen zu unserem Hotel, dem Newbury Guest House in der Newbury Street.

Eine Stunde später sitzen wir auf der Terrasse eines italienischen Restaurants und beobachten die vorübereilenden Menschen, um uns kurz darauf auf den Weg zum Charles River Basin zu machen. Von dort soll man einen ausgezeichneten Blick auf das Feuerwerk zum Unabhängigkeitstag haben.

Als der Abend des 4. Juli in Boston heranrückte, war die ganze Bevölkerung in Bewegung, die Strassen leerten sich aber bald gänzlich, und die ganze Population hatte sich auf dem Spaziergange versammelt. Auf dem genannten weiten Platze (Boston Common) versammelte sich nun ganz Boston, reich und arm, in den elegantesten Anzügen. Gruppen sassen und lagen im Grase; Reihen von Tischen und kleinen Buden waren aufgeschlagen, wo ein wahres Austerfest gefeiert wurde.

Tausende von gut gelaunten Menschen bevölkern die Grünanlagen am Fluss. Star-Wars-Musik beschallt die Szenerie, die verschiedensten Gruppen lagern bunt kostümiert am Wasser. Es sind noch einige Stunden bis zum Feuerwerk. Uns erfasst langsam die Müdigkeit, denn für uns ist es mitten in der Nacht.

Als die Dunkelheit kam, brannte man auf der Höhe jenseits ein weniger als mittelmässiges Feuerwerk ab. Mehre Compagnien der Bürger-Milizen hatten schon früher die Strassen durchzogen, lauter Freiwillige, die sich selbst und zwar sehr kostbar uniformiren. Sehr auffallend war es, dass die voranziehenden Musikchöre gewöhnlich in bunt gemischter Bürgertracht einher giengen. Der Yankeedudle, dieses beliebte Volkslied der Americaner, wurde in mancherlei Richtungen gehört, und es gereicht dieser bunten Volksversammlung zum Lobe, dass man weder Unanständigkeiten noch Lärm beobachtete. Die Beleuchtung der hier versammelten Volksmenge von Weissen und Negern gewährte einen interessanten Anblick, in dessen Genuss wir uns umher drängten, bis uns die Kühlung und Feuchtigkeit der Nacht nach dem Gasthofe zurücktrieb.

Als das Feuerwerk in den Himmel geschossen wird, liegen wir längst im Bett und schlafen tief und fest.

Am nächst folgenden Tage zeigte sich uns Boston in seiner gewohnten Handelsthätigkeit, indem alle Läden nun geöffnet waren. Man brachte heute

Leuchtthurm von Boston (Karl Bodmer)

unser Gepäcke an Bord eines Schooners, der nach New-York zu segeln bestimmt war, und ich beschloss die Reise dorthin zu Lande zu machen. Boston, eine ansehnliche, ausgedehnte Stadt von über 60,000 Einwohnern machte auf mich im ersten Augenblicke den Eindruck einer der älteren Städte von England. Die Strassen sind zum Theil lang und weit, zum Theil ziemlich enge, mit sehr guten Fusswegen von Quadern versehen, die Gebäude aus Back- oder gehauenen Steinen, in einem grossen Theile der alten Stadt hingegen von Holz. Die Dächer sind grösstentheils mit Schindeln gedeckt, die lang hervortretenden Schornsteine ähneln den englischen. An ansehnlichen Gebäuden und Kirchen fehlt es nicht.

Mit rund 608 000 Einwohnern ist Boston recht übersichtlich geblieben. In der Newbury Street sind die meisten Dächer auch heute noch mit Schindeln bedeckt. In Downtown Boston stehen einige Gebäude, die genauso aussehen, wie Wied sie in seinen Aufzeichnungen beschrieb, nur dass sie sich heute zwischen Wolkenkratzer befinden.

Man bemerkte unter der jetzt bewegten Volksmasse eine grosse Anzahl von Negern, welche wie bekannt in den nördlichen und östlichen Staaten frei

sind. Vergebens sieht sich der Ankömmling in Boston nach dem ursprüng-
lich amerikanischen Menschenstamme, dem sogenannten Indianer um.
Dieses Land hat statt seines früheren originellen Naturzustandes, nun ein
Gemische aller Nationen aufzuweisen, welches schnell in der seit seiner
Ankunft in der neuen Welt begonnenen und rastlos fortgesetzten unverant-
wortlichen Vertreibung und Ausrottung der Urbewohner fortschreitet.

Die Menschen, die hier flanieren, stammen auch heute noch aus allen Erdteilen
dieser Welt. Freundliche, gut gelaunte Menschen, vor allem viele junge Studenten, bevölkern eine Stadt mit exzellenter Architektur, wunderbaren Stadthäu-
sern, viel Grün und viel Wasser. Eine reiche Stadt, eine Wohlfühlstadt. Der
Autoverkehr ist zum großen Teil unter die Erde verbannt worden.
Über die denkmalgeschützte Northern Avenue Market Bridge spazieren wir
durch Hochhausschluchten bis zum Quincy Market (erbaut 1824-1826). Der
Boston Common Park ist großzügig angelegt und wird für Freizeitaktivitäten
jeglicher Art genutzt.

Im Mittelpunkte, in der Richtung der Stadt Boston, stand auf einer kleinen
Felseninsel der weisse Leuchtthurm, mit seinem schwärzlichen Dache.

Boston, Massachusetts: Leuchtturm auf Little Brewster Island

Ausflug nach Little Brewster Island zum Boston Light Tower. Das kleine Boot ist voll besetzt. Vor dem Trip werden wir darauf hingewiesen, Kopfbedeckung, Wasser und Sonnencreme mitzunehmen. Von Long Wharf geht's Richtung offene See. Immer präsent sind die Mitarbeiter der National Park Area. Trotz des Fahrtwindes ist es richtig heiß, die hohe Luftfeuchtigkeit raubt einem den Atem. Im Museum bekommen wir eine Einführung in die Geschichte der Insel und des Leuchtturms. Wir besichtigen den Boston Light, einen der ältesten Leuchttürme Amerikas. Ein atemberaubender Meerblick entschädigt für die Strapazen des Aufstiegs. Ich sehe förmlich Wied und seine Begleiter an diesem Leuchtturm vorbeisegeln.

Da meine Zeit beschränkt war, so nahm ich Plätze in einem nach Providence um Mittag abfahrenden Postwagen und begab mich deshalb nach Marlborugh-Hotel in das Stage-office von Barker, von wo diese Wagen abfuhren. Ich habe daher nur zu bemerken, dass wir in einem geräumigen neunsitzigen Wagen Platz nahmen, und mit vier sehr guten Pferden schnell Boston verliessen, um 41 Meilen bis Providence zurück zu legen, wo man sich alsdann für New-York einschifft.

Am Schalter der South Bus Station Boston kaufen wir Tickets für die Fahrt nach Providence. Auf der Interstate 95 durchfahren wir Pawtucket in Rhode Island. Farbenfrohe Holzhäuschen mit niedlichen Schindeldächern leuchten im gleißenden Sonnenlicht. Für unzählige Gewerbebetriebe werden neue Eigentümer gesucht .

Die Chaussee, welcher wir folgten, war zum Theil Steinweg, zum Theil gepflastert, immer war sie ein fester, guter, breiter Weg, der in dieser trockenen Jahreszeit einen heftigen Staub verbreitend, über sanfte Höhen und durch Ebenen fortlief. Gegen Abend erreichten wir den netten Ort Pawtukket. Der Ort hat mancherlei Fabriken und Manufacturen, und ist durch Handel und Gewerbe belebt. In Providence, welches wir noch vor Nacht erreichten, traten wir in Franklin-House, einem ansehnlichen Gasthofe ab. Eine Menge von müssigen Gentlemen u. a. neugierige Personen gafften die Fremden an, und lachten uns gerade in's Gesicht, da sie uns an unserer Aussprache als Fremde erkannten.

Im Bus ist es durch die Klimaanlage fast unerträglich kalt. Nach etwas über einer Stunde Fahrzeit erreichen wir Providence, Rhode Island. Als wir den Bus verlassen, schlägt uns eine Hitze entgegen, wie ich sie selten erlebt habe.

Man hatte von New-York die Nachricht erhalten, dass die Cholera daselbst ausgebrochen sey. Das Dampfschiff Boston war angekommen, dessen Schiffer obige unangenehme Nachricht bestätigte, was uns indessen nicht abhielt, die Gelegenheit dieses ansehnlichen Schiffes zu der Reise nach New-York zu benutzen. Am 8. Juli nach Mittag begaben wir uns an Bord, wo sich über 100 Passagiere versammelten. Der Boston war ein grosses, schönes Schiff, beinahe von der Stärke einer Fregatte.

Ein Taxi bringt uns zu den Providence Piers, das Schiff legt pünktlich ab. Während der Schiffspassage sehen wir an den Ufern großbürgerliche Häuser und Villen. Nach einer Stunde erreichen wir den Hafen von Newport, Rhode Island.

Nachdem alle Passagiere an Bord gekommen, und eine Menge von schweren Fichtenholz-Scheitern auf dem Verdecke aufgesetzt waren, liess man die eine der grossen Dampfmaschinen angehen. Wir erreichten die stark befestigte Stadt New-Port, wo viele kleine Schiffe vor Anker lagen.

Wir nehmen Quartier im Artful Lodger Inn, das sich in einem gemütlichen, ruhig gelegenen und in schönen Pastellfarben angestrichenen Holzhaus befindet. Von dort machen wir einen ersten Erkundungsspaziergang zu den Klippen. Wir schlendern die Narragansett Avenue entlang und bestaunen imposante, architektonisch hochwertige Häuser, platziert inmitten riesiger Grundstücke. Die Auffahrten und Gärten mit riesigen Rhododendren und gewaltigen Bäumen sind erstklassig gepflegt, die Grundstücke durch hohe Zäune und massive gusseiserne Gitter vor ungebetenen Besuchern geschützt. Zum Ende der Straße hin öffnet sich der Blick auf das gewaltige Panorama des Atlantischen Ozeans.

Als die Dämmerung eintrat, hatten wir schon den Anblick der offenen See, die uns aber nur für kurze Zeit sichtbar blieb, indem man zur Rechten in den zwischen dem Festlande und der Insel Long-Island gelegenen Canal steuerte. Am 9. Juli Morgens war der Himmel trübe, die See ziemlich bewegt. Man sah zur Linken nicht mehr das Meer, sondern die Küste der sich lang ausdehnenden Insel Long-Island. Man nähert sich (New-York) und übersieht, indem man in die weite, ausgedehnte Vereinigung des East- und North-River einläuft, die ganze imposant ausgedehnte Häusermasse, mit einer endlosen Menge von Schiffen. Das Dampfschiff landete an einer Stelle, wo ein grosses Gedränge von Menschen Statt fand. Wir begaben uns sogleich nach einem ansehnlichen Gasthofe, dem American-Hotel, welches an einem der schönsten Plätze der Stadt liegt.

Die Fähre „Manitou" legt am Morgen des 9. Juli pünktlich um 9.15 Uhr ab. Nachdem wir Beavertail zur Rechten und den Ocean Drive State Park zur Linken passiert haben, erreichen wir das offene Meer des Atlantischen Ozeans. Bis Point Judith, Rhode Island, navigiert die „Manitou" fast auf der gleichen Route wie seinerzeit die „Boston" mit Wied, Bodmer und Dreidoppel an Bord. Der Blick auf das wogende Meer und die von silbernen Streifen durchzogenen Wellen ist fantastisch. Nach einer Stunde Fahrt leiden allerdings einige Gäste an Bord bereits unter der Seekrankheit. Zwei Stunden später erreichen wir den Hafen von New Shoreham, Rhode Island, auf Block Island. Die Überfahrt am Nachmittag von Block Island nach Montauk auf Long Island dauert etwas länger als geplant, da die See immer noch sehr rau ist. Den Bus nach Manhattan in New York verlassen wir nach drei Stunden Fahrzeit gegen 23 Uhr. Ein Taxi bringt uns in wenigen Minuten zu Ruth Jodys Haus in der 65 East 96th. Der Doorman erwartet uns schon und bringt uns in die 9. Etage, wo wir von Ruth, unserer Gastgeberin während unseres New York Aufenthalts, in Empfang genommen werden.

Kapitel II
New York, Philadelphia und Bordentown

New-York ist bekanntlich eine sehr grosse Stadt, die den Hauptstädten Europas wenig nachgiebt, wenn man London und Paris ausnimmt. Sie hat gegenwärtig 220,000 Einwohner und ihr Handel ist so ausgebreitet, belebt und thätig, dass sie in dieser Hinsicht wohl schwerlich übertroffen werden dürfte. Der erste Eindruck, welchen sie auf mich machte, war überraschend durch die schöne Lage. Sie besitzt besonders eine imposante Strasse, welche ihre ganze Länge durchschneidet, den sogenannten Broadway. Die Stadt ist sehr belebt und Menschen aller Nationen betreiben hier ihre Geschäfte.

Nach dem Frühstück mit Ruth Jody machen wir einen ersten Spaziergang zum Central Park. Wir gehen von der Ost- zur Westseite und erreichen die John Lennon Gedenkstätte „Imagine". Gegenüber liegt das legendäre Dakota Building, wo Mark David Chapman die tödlichen Schüsse auf Lennon abfeuerte. Unser nächstes Ziel ist die Liegewiese „Sheep Meadow", von der wir die einzigartige Skyline New Yorks bestaunen.
In der Subway besorgen wir uns für 25 $ ein Wochenticket für alle Verkehrsmittel im Stadtbereich von New York. Ruth gibt uns viele wertvolle Tipps. Sie ist eine eindrucksvolle sechsundachtzigjährige Frau, körperlich fit, sehr freundlich und intelligent.

Am nächsten Tag sehen wir uns Greenwich Village an, ein Viertel mit schönen Häusern, ruhigen Straßen, vielen Bäumen und kleinen Geschäften. Auf dem Weg zum WTC besichtigen wir das New York Fire Museum. Wer sich über die Geschichte der Stadt NY und ihrer Feuerwehr informieren will, ist hier genau richtig. World Trade Center: Dieser Ort des Terrors hat, trotz der Geschäftigkeit der Menschen um die Baustelle herum, die dem Ganzen eine gewisse Normalität verleiht, noch immer etwas Bedrückendes. Es kostet mich einige Phantasie, mir vorzustellen, dass zwei Flugzeuge ausreichen, um die Vereinigten Staaten an diesem Ort in ihren Grundfesten zu erschüttern. Um die Baustelle herum ist alles voller Polizisten, Soldaten der Nationalgarde und Private-Security-Leuten. Ein ununterbrochener Strom von Menschen hastet im Feierabendverkehr zu Bahnen und Bussen, andere sitzen in ihren Autos und kommen nur meterweise voran. Die Luft ist aufgeheizt und stickig.

Am Sonntag, den 13. Juli, fahren wir mit Ruth zur 60. Straße, wo die französische Community den Bastille Day feiert. Wir tauchen in die Menge fröhlicher Menschen ein, hören den Musikgruppen zu und genießen das warme Sommerwetter.

Am Abend machen wir mit unserer Gastgeberin einen Spaziergang in den Carl-Schurz-Park. Ruth kennt unzählige Geschichten rund um diesen Park. Sie ist in Deutschland aufgewachsen und musste als 14-jährige Jüdin vor den Nazionalsozialisten aus ihrer Heimat flüchten. Ihre Lebensgeschichte würde Bände füllen.

In einem Best Western Hotel in Bordentown buche ich telefonisch ein Doppelzimmer. Die Dame an der Rezeption fragt mich nach meiner Heimatadresse. Ich antworte: „My German Address?", woraufhin sie fragt: „Is Germany a part of England?"

Letzter Spaziergang durch den Central Park: Fantastisches Wetter, wolkenloser Himmel, angenehme 30 °C. Eine Frau, weit über 40, sehr schlank, joggt vorbei, verkabelt wie für einen Gesundheitscheck. Viele ältere Frauen, die meisten spargeldünn und schon etwas klapprig, sind gekleidet wie Jugendliche. Alte Männer werden in Rollstühlen von schwarzen Krankenschwestern durch den Park geschoben. Überall sind Wasserspender aufgestellt. In North Meadow befinden sich mehrere Baseballplätze. Auf einer Liegewiese im Schatten eines Baumes beobachten wir die zahlreichen sportlichen Aktivitäten um uns herum.

Im Museum of the City of New York wird den Besuchern die Geschichte der Stadt auf vielfältige Art nahe gebracht. Ruth erzählt, dass das Museum früher Familiensitz der Vanderbilts war, einer Schiffs- und Eisenbahndynastie, und dass der gegenüberliegende Park ebenfalls dieser vermögenden Familie gehörte. Heute ist er öffentlich zugänglich. Während mir die Hitze sehr zu schaffen macht, wird die 86-jährige Ruth immer munterer und gesprächiger.

Am Mittwoch, den 16. Juli, verabschieden wir uns von der wunderbaren Ruth Jody. Während Wied New York am 16. Juli 1832 mit dem Dampfschiff „Swan" verließ, quälen wir uns mit dem Bus von Ampel zu Ampel bis zur Pennsylvania Station. Die Fahrt im klimatisierten Zug ist dagegen entspannend. Auf den Bahnsteigen fächern sich die Menschen Luft zu. Zunächst fahren wir durch Industriegebiete, später wird es zunehmend ländlicher. Wir sind mehr oder weniger auf der gleichen Route unterwegs wie seinerzeit Wied. Von Trenton nehmen wir die River Line Bahn nach Bordentown. Bekannt wurde Bordentown durch Joseph Borden, der 1717 eine Verkehrsgesellschaft für Kutschen sowie eine Schifffahrtslinie zwischen New York und Philadelphia gründete. Ebenfalls von Bedeutung waren Napoleons Bruder, der junge Joseph Bonaparte, sowie Clara Barton, die das amerikanische Rote Kreuz gründete.

Bordentown ist mit regelmässigen, breiten, ungepflasterten Strassen oder Wegen in ländlicher Art erbaut, und seine Häuser liegen von einander getrennt, während Alleen von Bäumen ihnen Schatten geben. Letztere Einrichtung ist sehr nöthig, da jetzt um 10 Uhr Morgens in dem kühlen Hauseingange des Gasthofes der Thermometer von Fahrenheit 73° zeigte.

Lunch im Restaurant „Oliver a Bistro" in Downtown Bordentown, New Jersey. Ich bitte den Kellner, ein Taxi zu rufen, woraufhin ein älterer Herr sich anbietet, uns zum Hotel zu fahren. In einem riesigen alten Cadillac schweben wir zum Best Western Hotel.

Nach dem Einchecken geht's mit einem Taxi zurück nach Downtown Bordentown. In dem hübschen Stadtkern kann man wunderbar spazieren gehen. Es geht an farbenfrohen Häusern vorbei, die Straßen und Alleen sind baumgesäumt. Vom Delaware River aus fuhr Wied mit dem Schiff weiter nach Philadelphia, kam aber wenige Tage später wegen der Cholera in Philadelphia zurück nach Bordentown.

In Nardoza's Bakery bestellen wir Kaffee und Kuchen. Aufgetischt bekommen wir eine riesige Erdnussbutter-Torte, ein Bananen-Schoko-Gemisch aus purem Fett, bestimmt 3 000 Kalorien schwer. Um die Besitzer nicht zu enttäuschen, entsorgen wir heimlich einen Teil davon auf der Toilette.

Wir sind fast die einzigen, die in Bordentown in dieser sengenden Hitze zu Fuß durch die Gegend laufen. An vielen Häusern hängt das Star-Spangled-Banner. An einer Tankstelle frage ich nach dem Weg zum Best Western Inn. Eigentümer ist ein Inder, der mir erzählt, dass viele seiner Landsleute Tankstellen betreiben. Die letzten Kilometer zum Hotel müssen wir am Straßenrand des Highways 206 entlang gehen, weil es keinen anderen Weg von Bordentown zurück zum Hotel gibt.

In Trenton empfängt den Bahnreisenden das Staatsgefängnis von New-Jersey, in dem auch Todeskandidaten einsitzen. Es fällt uns schwer, ohne Stadtplan zurechtzukommen. Ich frage eine unglaublich dicke schwarze Polizistin nach dem Weg nach Downtown. Sie sieht mich pikiert an, als ob ich etwas Unanständiges gesagt hätte. Wegen der unerträglichen Hitze suchen wir die erstbeste

Grünfläche auf und landen dabei auf einem Friedhof. Vor dem Eingang sitzen einige Schwarze. Eine Frau fordert mich auf, ein Foto von ihr zu machen. Als ich die Gruppe fotografieren will, gibt es auf einmal ein Riesengeschrei. Eine andere Frau rast auf mich zu und ich muss ihr schwören, dass ich keine Aufnahme von ihr gemacht habe. Bei dieser mörderischen Hitze liegen die Nerven schnell blank.

Jeder Schritt außerhalb des Schattens ist ein falscher Schritt. Wir fragen uns durch bis zum historischen Stadtkern. „It's not so far!". Richtig – aber bei dieser Gluthitze eine echte Herausforderung. Vor allem, wenn man schattenfreie Strecken von mehr als 50 Metern zu überbrücken hat. Irgendwann landen wir am Regierungsgebäude des Staates New Jersey, dessen goldene Kuppel im gnadenlosen Sonnenlicht weithin sichtbar glänzt. Um der schier unerträglichen Hitze zu entgehen, retten wir uns in das Old Barracks Museum, wo wir mitten in eine Führung über den Befreiungskrieg der Amerikaner gegen die Engländer hineinplatzen. Auf dem Rückweg zum Bahnhof stellen wir fest, dass es viele Menschen auf der Straße gibt, die mit sich selbst reden. Kein Wunder bei Temperaturen um 45 °C.

Hier befinden sich die Besitzungen des Grafen von Survillier (Joseph Napoleon). Das freundliche Landhaus in dem schönen Parke liegt nur 300 Schritte von dem ausgedehnten Dorfe entfernt. Wenn der Abend des heissen Tages herankam, begab ich mich gewöhnlich nach jenem Parke. Auf der Höhe unmittelbar über dem Flusse liegt auf einer Terrasse ein thurmartiger Pavillon von mehren Stockwerken, von dessen Gallerie man einer weiten vortrefflichen Aussicht auf die niedrige bewaldete Gegend mit ihren Flussarmen geniesst.

Am frühen Abend besichtigen wir das ehemalige Grundstück des Joseph Bonaparte. Das Originalhaus ist um 1900 abgebrannt, heute gehören die Besitzungen einer religiösen Gemeinschaft. Das Schild am Eingang „Trespassing forbidden" hält uns nicht davon ab, in der Parkanlage spazieren zu gehen. Von dem turmartigen Pavillon sind nur noch die grün bewachsenen Fundamente zu sehen.

Im Restaurant „Oliver a Bistro" wollen wir zum Dinner Wein bestellen. Zu unserer Überraschung teilt uns der Kellner mit, dass sie keine Lizenz zum Weinverkauf haben. Verständnislos zeigen wir auf die anderen Gäste, die frohgemut dem Bier und Wein zusprechen. Wir erfahren, dass sich die Gäste ihre Getränke mitbringen dürfen. Flugs besorgen wir im Likörshop um die Ecke eine Flasche kalifornischen Chardonnay, einen „Newman's Own" von 2008.

Mit einem Mietwagen machen wir einen Ausflug nach Toms River, New Jersey, am Atlantik. Wir fahren durch eine grün bewaldete Landschaft, erfreuen uns an üppigen Feldern und Wiesen, und erreichen nach dreißig Minuten bei einer Temperatur von 30 °C. New Egypt, ein kleines Städtchen mit schön anzusehenden Holzhäuschen. Ich merke bald, dass es ein Fehler war, die Exkursion ohne eine vernünftige Straßenkarte zu machen. An einer Tankstelle kaufe ich den New Jersey Road Atlas.

Toms River ist eine Stadt ohne Gesicht und ohne Peripherie. Hier steht Haus an Haus, Motel an Motel, Hospital an Hospital. Der jüdische Einfluss ist unverkennbar, viele Schilder sind auf Hebräisch. Auf der östlichen Seite der Keys sehen wir den gewaltigen Atlantischen Ozean, in nördlicher Richtung liegt ein Vergnügungspark direkt am Meer. Wir träumten von einsamen kilometerlangen Sandstränden, ruhigen Strandbars und gemütlichen Strandspaziergängen. Es bleibt ein Traum. Dreispurige Straßen führen auf dieses kleine Eiland, damit die Besucher mit ihren Autos alles in kürzester Zeit erreichen können. Kein Wunder, in den USA leben rund 300 Millionen Menschen, die meisten davon an den Küsten in den Speckgürteln der großen Städte, und fast alle haben den Wunsch nach ein bisschen Erholung. Wir sind zunehmend beunruhigt, weil riesengroße dunkle Wolken aufziehen und sich den Keys zügig nähern. Jäh fängt es an, wie aus Kübeln zu schütten. Innerhalb von Minuten stehen die Straßen unter Wasser. Der starke Regen und der heftige Sturm lassen keine Weiterfahrt mehr zu. Prasselnder Regen, Blitze und Donner scheinen die Apokalypse anzukündigen, aber schon kurze Zeit später ist der ganze Spuk vorbei. Auf dem Highway 70 geht's am Lebanon State Forest vorbei zurück nach Bordentown. Wälder und Farmland prägen die Landschaft. Es sieht gemütlich aus, hier scheint die Welt noch in Ordnung zu sein.

Am 23. Juli ist die Bahn nach Philadelphia gut besetzt, in den Vororten sehen wir viele Industrie- und Gewerbebrachen, Symbole des industriellen Niedergangs. Unwillkürlich muss ich an das Lied „Streets of Philadelphia" von Bruce Springsteen denken, in dem er über dieses Thema singt. Wir verlassen die Bahn an der East Market Station und beziehen Quartier im Radisson Plaza-Warwick Hotel.

Old City Philadelphia, Pennsylvania: Quincy Street

Philadelphia. Diese Stadt dehnt sich weit hin längs dem rechten Delaware-Ufer aus. Sie ist gross, ganz regelmässig angelegt, indem sich ihre langen, geraden Strassen rechtwinkelig durchschneiden. Die Bauart des neueren Theils der Stadt ist schön, mit hohen eleganten Backstein-Gebäuden, verziert nach englischer Art. In der Hitze hat man hier die Annehmlichkeit, dass Marquisen vor den Häusern ausgespannt werden, unter welchen man im Schatten geht. Eine zweite vortreffliche Einrichtung ist die Wasserleitung, welche springendes Wasser in alle Theile der Stadt vertheilt. Die auf den Delaware River rechtwinkelig stossenden Strassen der Stadt, sind nach verschiedenen Baumarten benannt. Chesnut-street ist ohne Zweifel die schönste, voll Leben und Verkehr; ein Theil derselben hat in ihrer Mitte eine schattige Linden-Promenade, so wie man überhaupt in vielen Strassen Baumreihen findet. Die schönsten Laden füllen beinahe in ununterbrochener Reihe die Strassen, und man findet hier alle Waaren und Produkte der entfernten Welttheile.

Philadelphia ist im Zentrum eine sehenswerte Stadt. Auf Höhe der Locust Street durchqueren wir ein Stadtviertel aus der Zeit um 1830. Wir kommen mit einem Herrn ins Gespräch, der uns engagiert die Geschichte dieses Viertels schildert

Philadelphia, Pennsylvania: Comcast Center (297 Meter)

und nicht vergisst zu erwähnen, dass die Menschen in Philadelphia freundlich und liberal sind. In der Independence Hall wurde am 4. Juli 1776 die Unabhängigkeitserklärung der Vereinigten Staaten von Amerika, die „Declaration of Independence", proklamiert. 13 britische Kolonien in Nordamerika erklärten ihre Loslösung von Großbritannien und bildeten einen eigenen souveränen Staatenbund. Der vom zweiten Kontinentalkongress verabschiedete Text beinhaltet die Gründungsurkunde der USA. Bei einer Führung besichtigen wir die Räume, in denen der Grundstein für den mächtigsten Staat unserer Zeit gelegt wurde.

Vom Philadelphia Museum of Art hat man einen fabelhaften Blick auf die Skyline der Stadt. Das Museum hat an diesem Freitag bis 21 Uhr geöffnet, da eine Jazzband vor einigen hundert Zuhörern in der Great Stair Hall ein Konzert gibt. Die Atmosphäre in der Halle und die erstklassige Musik versetzen uns in eine euphorische Stimmung. Nach dem Konzert sitzen wir noch einige Zeit auf den Stufen des Museums und genießen den grandiosen Blick auf die Stadt.

Die Philadelphia „Phillies" spielen am 27. Juli im Citizens Bank Park ein Baseball-Punktspiel der National League gegen die „Atlanta Braves". Spielbeginn ist 13.35 Uhr. Die Fahrt vom Hotel zum Citizens-Bank-Park-Stadion mit der U-Bahn ist kurz, nach fünf oder sechs Stationen steigen wir an der Pattison Avenue aus. Unsere Plätze besetzen wir erst kurz vor Spielbeginn, weil es in diesem Glutofen von Stadion keinerlei Schatten gibt. Die Regeln des Spiels lassen mich staunen, wenn das Publikum jubelt, obwohl meiner Meinung nach nichts passiert ist. Die Zuschauer genießen das Spiel, die Stimmung ist ausgezeichnet. Das ändert sich auch nicht, als in kürzester Zeit ein Gewitter aufzieht. Beim Stand von 1:1 muss das Spiel unterbrochen werden. Die Fans reagieren erstaunlich cool und sammeln sich unter den Tribünendächern. Jeder Blitz und jeder Donner wird frenetisch bejubelt. Nach dreißigminütiger Unterbrechung verlassen wir das Stadion im strömenden Regen und in dem festen Glauben, dass dieses Spiel nicht fortgesetzt werden wird. Um halb vier sind wir wieder im Hotel und schalten den Fernseher ein. Sportkanal: „Phillies: Rain delay". Was? Und tatsächlich, um 16 Uhr geht das Spiel weiter. Die Phillies gewinnen auch noch mit 12 zu 10. Die Reporter sind begeistert und überschlagen sich mit Superlativen.

Herr Krumbhaaar brachte mich nach den Wasserwerken von Fairmount, die in der That sehenswerth sind. Hier sind am Ufer Gebäude angebracht, in welchen grosse Räder die Druckwerke in Bewegung setzen, welche das Wasser nach dem Teiche schaffen, der auf einer etwa 80 Fuss erhabenen

Höhe liegt, und aus welchem die Leitungen nach allen Theilen der Stadt abgehen. Die genannte felsige Höhe, an welcher eine vortreffliche klare Quelle springt, hat man mit Treppen und Geländern versehen, und mit eleganten Pavillons verziert, aus welchen man die Wasserwerke und das interessante Waldthal des Schuylkill River übersehen kann. Eine Menge von Menschen promenirt täglich dorthin, da man daselbst Erfrischungen haben kann.

Hinter dem Philadelphia Art Museum befinden sich die Fairmount Wasserwerke. Im Water Works Restaurant nehmen wir unser Dinner ein. Im Internet wird das Restaurant als eines der besten in Philadelphia gelobt. Tatsächlich, das Essen ist ausgezeichnet. Interessant ist die Rang- und Reihenfolge der Kellner: Zuerst begrüßt uns ein Schönredner, übereicht die Menükarte und nimmt bald darauf die Bestellung auf. Das Essen serviert ein Mexikaner, der kein Wort mit uns spricht. Als der Wein zur Neige geht, erscheint ein dritter Kellner, ein Schwadroneur, der uns einen weiteren Wein geradezu aufdrängt. Als der Service bemerkt, dass wir mit dem Essen so gut wie fertig sind, taucht ein junges Mädchen mit der Dessertkarte auf. Nach dem Dessert verabschiedet uns der Chef der ganzen Servicetruppe. Wie von selbst schleime ich zurück: „I never had any better meal so far". Durch seine tadellosen weißen Zähne presst er ein öliges „Oh, thank you very much".

Danach genießen wir den Sonnenuntergang von den Water Works aus, mit schönem Blick auf den Schuylkill River. Es herrscht ein reges Treiben, es wird gejoggt, Fahrrad oder Rollerblades gefahren, oder einfach nur flaniert. Die Leute sind in allerbester Stimmung, kein Wunder bei 30 °C gegen neun Uhr abends.

Kapitel III
Bethlehem in Pennsylvania

*Am 30. Juli früh vor Tag bei dem schönsten Wetter und hellem Mond-
scheine fuhren wir durch die langen Strassen von Philadelphia. Wir legten
Germantown zurück, einen zerstreut liegenden Ort, und erreichten um 8
Uhr Chesnut-Hill. Die ganze Gegend bis Bethlehem und noch viel weiter
hinaus ist grösstentheils von den Abkömmlingen deutscher Auswanderer
bewohnt. Die Wälder werden in dieser Gegend höher, die Bäume breiten
ihre hohen Kronen schattenreich aus, und indem die Strasse abwechselnd
durch Felder, Wiesen und über sanfte Höhen fortläuft, erreicht man Freiburg (Fryburg). Hier hielten wir für ein Paar Tage an, um die Wälder zu
durchstreifen.*

Am 30. Juli fährt der Greyhound-Bus pünktlich um 9.30 Uhr nach Bethlehem
ab. Direkt hinter uns sitzen zwei Mexikaner, deren Anwesenheit mich etwas
nervös macht, was wahrscheinlich mit den Western-Filmen meiner Jugend
zusammenhängt, wo der weiße Mann gut, der Indianer wild und gut, der Mexikaner hingegen böse und verschlagen war. Mühsam reiße ich mich zusammen,
um den Klischees in meinem Kopf nicht noch mehr Raum zu lassen.
Schnell sind wir auf der westlichen Seite des Schuylkill Rivers, wo der Verkehr
wegen einer Baustelle auf der Interstate West 76 immer zähfließender wird und
Schilder auf „Uneven Pavement, Work Area Ahead, Right Lane Closed Ahead"
hinweisen.

*Am 2. August früh bei dem schönstem Wetter verliessen wir Freiburg
(heute Coopersburg), und unser Wirth fuhr uns auf seinem Dearborn (so
nennt man kleine Bankwagen mit einem Verdecke) und zwei raschen Pferden nach Bethlehem, wohin der Weg für uns sehr unterhaltend war. Die
Gegend ist angenehm und freundlich. Schöne Wiesen, Felder, Wohnungen
und Gebüsche wechselten an sanften Höhen ab, und das schöne Thal Upper
Sackena, wie es die Bewohner nannten, ist besonders fruchtbar. Schöne
Bäume geben hier und da am Wege Schatten, und ein kleiner Teich war für
uns von grossem Interesse, da wir ausser mehren interessanten Vögeln überall an seinen Ufern und auf alten Stöcken im Wasser Schildkröten sitzen
sahen. Ueberall auf den Wiesen und Kleefeldern sass die grosse Staarlerche
und stieg auf, sobald man sich ihr näherte, die carolinische Taube, Dros-*

seln, der rothköpfige Specht, gelbe Stieglitz und viele andere Vögel belebten die schattigen Gebüsche, während an den Zäunen das gestreifte Erdeichhorn pfeilschnell umher lief. In der Mittagshitze erreichten wir die Brüder-Colonie-Bethlehem, wo wir in einem deutschen Gasthofe abtraten. Diese Niederlassung ist auf der Höhe und an dem Abhange eines Hügels erbaut, an dessem Fusse sich der Bach Monocasa (heute Monocacy) mit der Lecha (heute Lehigh River) vereinigt. Die Lecha ist bekannt durch ihr malerisches, anfänglich wild und waldiges, weiter hinab fruchtbares und wohlbebautes Thal. Man kann Bethlehem bis jetzt nur ein Dorf nennen, allein der Ort nimmt bedeutend zu, und hat einige schon ziemlich ansehnliche Strassen, die indessen bis jetzt ungepflastert sind. Die Kirche ist ein ansehnliches, nettes und helles Gebäude, ganz in dem einfachen Style deutscher Kirchen erbaut. Ein anderes bedeutendes Gebäude ist die Erziehungs-Anstalt für Mädchen, welches einen schattenreichen mit Holz bepflanzten Garten besitzt. Der untere Theil des Dorfes, nur aus wenigen Häusern bestehend, zu welchen der Gasthof gehörte, in welchem wir abgetreten waren, und wo eine lange hölzerne Brücke über die Lecha führt, ist in Lehigh County gelegen, der grössere obere Theil in North-Hampton-County. Die Bewohner sind grösstentheils Deutsche, doch giebt es auch viele Engländer, und man predigt in der Kirche abwechselnd in deutscher und in englischer Sprache.

Im Lehigh Valley leben mehr als 800 000 Menschen. Pennsylvanias drittgrößte Regionalregion umfasst die Städte Bethlehem, Allentown und Easton. Das Money Magazin befand 2006, dass Bethlehem zu den einhundert besten Plätzen zum Leben in den USA gehört. Die Stadt hat über 70 000 Einwohner und wird als die Weihnachtsstadt Nordamerikas bezeichnet. Wir beziehen zunächst Quartier im Historic Hotel Bethlehem. Nach dem Einchecken machen wir uns auf den Weg in die Broad Street, wo wir mit Lloyd von Judd Real Estate verabredet sind, um uns eine Wohnung anzusehen. Leider ist das Apartment eine unbewohnbare Drecksbude. Darum werden wir in den nächsten Wochen in Bethlehem notgedrungen im Hotel oder Bed & Breakfast wohnen müssen. Beim Abendessen im Apollo Grill komme ich mit meinem Sitznachbarn ins Gespräch, der die ganze Zeit vor sich hin flucht. Ich verstehe nur „fucking" und „smoking" und kapiere erst nach einiger Zeit was ihn so in Rage bringt: Das Rauchen in Restaurants ist in Pennsylvania seit kurzem verboten und er ist mit diesem Gesetz in keinster Weise einverstanden.

Am nächsten Tag lauschen wir im Schatten der Bäume auf dem Moravian Cemetery, der mehr ein Park als ein Friedhof ist, dem Zirpen der Grillen. Auf vielen der schlichten, alten Grabsteine erinnern Namen an deutsche Auswanderer: Maria Justina Oerter, born 5th October 1772 at Bethlehem, departed 21st June. Oder: Katharina, Tochter der Jacob Elisabeth Miller, geboren 20. August 1853, gestorben 1859.

Wir lebten hier sehr angenehm in Berührung mit gebildeten Männern und Landsleuten, und unsere am Ende des Ortes, unmittelbar an Wälder und Felder grenzende Wohnung bot günstige Gelegenheit für unsere naturhistorischen Arbeiten und Beschäftigungen.

Am Ufer des Monocacy Creeks sind die Stände für das landesweit bekannte Musikfest aufgebaut. In den zehn Tagen des Festes kommen eine Million Besucher nach Bethlehem. Im Laufe des Nachmittags belebt sich die Stadt rasch. Massen von Besuchern laufen hinunter ins Tal des Monocacy Rivers, wo die meisten Buden und Veranstaltungszelte stehen. Die Beschriftungen sind teilweise in Deutsch verfasst.

Das Musikfest wird überwiegend von weißen Amerikanern besucht. Viele Männer laufen mit Zigarre und Bierhumpen durch die Gegend, das scheint an diesem Tag ein beliebter Brauch zu sein. Die Bierhumpen sind bunt beschriftet, meist mit der Aufschrift „Musikfest" und dem Jahr, in dem der Humpen gekauft wurde. Es handelt sich offensichtlich um die erlaubte Alternative zur braunen Papiertüte, die normalerweise zum Verstecken des Alkohols benutzt wird. Die Polizei ist allgegenwärtig. Vor unserem Hotel ergattern wir mühsam Stühle. Vor uns flötet ein Südamerikaner ohne Unterlass auf seiner Panflöte. Ein Indianer hat seinen Federschmuck angelegt und sich grell geschminkt. Während er zur Musik der Panflöte tanzt, bildet sich schnell eine Gruppe von Zuschauern.

Die männlichen Besucher haben meist kurze Hosen an, viele sind tätowiert. Auch bei den Frauen sind Tattoos sehr beliebt, je auffälliger, umso besser. Die Frauen pressen sich, unabhängig von Alter und Gewicht, in knappste Hosen und Tops. Die jungen Männer sind überwiegend schlank, fast alle tragen Turnschuhe. Mädchen laufen hysterisch aufeinander zu und umarmen sich kreischend vor Freude. Küsschen hier, Küsschen da. Alle sind gleich angezogen: Hot Pants, Flip-Flops und ein Top. Gruppen von Mädchen stehen kichernd zusammen, während auf der anderen Straßenseite die Jungs einen auf lässig machen.

Man sieht Menschen verschiedener Altersstufen. Die Teenager bewegen sich frei und unbekümmert, die zwanzig- bis dreißigjährigen größtenteils auch noch. Allerdings sind die ersten von ihnen schon in Begleitung unterwegs. Die meisten dreißig- bis vierzigjährigen schieben schmallippig und übel gelaunt den Kinderwagen vor sich her.

Wir schlendern zum Monocacy hinunter und kommen zu den vielen Buden, Ständen und Zelten. Wie üblich gibt es die gesamte Palette der Fastfood-Nahrung. Hier ist das Zentrum des Musikfestes, Menschenmassen bewegen sich zwischen den verschiedenen Bands hin und her. Die erste spielt Polka, der Sänger und Bandleader hat einen urdeutschen Namen, Alex Meixner. In einem anderen Zelt spielt eine Band einen soliden Melody Rock, in einem dritten wird südamerikanische Musik dargeboten. Die Musiker und Zuschauer haben viel Spaß bei Mambo, Tango, Samba und mehr. Das ganze Treiben läuft locker und gesittet ab, keiner dreht durch, niemand ist volltrunken. Auf dem American Festplatz spielt eine Rock'n'Roll Band. Als der Bandleader den Gitarristen vorstellt und seinen Irak-Einsatz erwähnt, brandet Riesenbeifall auf. Wenn man sich ein Bier holt, wird man kontrolliert. Alkohol ist erst ab 21 Jahren erlaubt. Am Eingang zum Bierwagen steht groß und breit ein Polizist, der streng auf die Einhaltung der Regularien achtet. Bis weit in die Nacht hinein wird getrommelt, geflötet und getanzt.

Bethlehem, Pennsylvania: Musikfest

Wir mieten zwei Fahrräder, nicht die allerneuesten, aber mit Gangschaltung und Bremse. Wied reiste seinerzeit von Coopersburg, dem früheren Freiburg, nach Bethlehem, eine Reise, die wir mit den Fahrrädern ebenfalls machen möchten. Nach meiner Fahrradstraßenkarte stelle ich mir die Tour nach Coopersburg in etwa so vor: Auf der 378 raus aus Bethlehem, dann auf dem Old Bethlehem Pike mit einem kleinen Schlenker um Center Valley herum, und schon hat man nach 14 Kilometern Coopersburg erreicht.

Nach einem kleinen Frühstück im Perkins Restaurant & Bakery „Breakfast is just the beginning" mit etwa 20 Pfannkuchen, 4 Kilo Blaubeeren, 10 Eiern und einem Kilo Kartoffelbrei, verlassen wir gut gesättigt die Stadt. Nachdem wir die Universitätsgebäude hinter uns gelassen haben, strampeln wir von Ebene zu Ebene, höher und höher den Hang hinauf. Beim Sayre Park erreichen wir den Mountain Drive und halten uns Richtung Westen. Unsere Stimmung ist fabelhaft, da an diesem Sonntagmorgen nur wenige Autos unterwegs sind. Ausgelassen lachen und scherzen wir – noch. Als wir auf dem Philadelphia Pike und später auf dem Old Bethlehem Pike fahren, nimmt der Autoverkehr von einem Moment auf den anderen rapide zu. Immer mehr Autos rasen an uns vorbei, Fahrradwege gibt es nicht. Die erste Kreuzung, der erste fragende Blick, geradeaus oder links? Kein Schild weist den Weg nach Coopersburg. Wir entscheiden uns, links zu fahren, doch auch dort versetzen uns die vorbeirasenden Autos in Angst und Schrecken. Die Stimmung wird schlechter, der Ton rauer. Eine Radfahrerin erklärt uns den Weg nach Coopersburg. Ich war der irrigen Meinung, schon kurz vor der Ortschaft zu sein, aber sie klärt mich auf, dass es noch gut 10 Kilometer bis dorthin sind. Der Weg ist reizvoll und kaum befahren. Wir sehen hochherrschaftliche Villen mit Riesengrundstücken. Jedoch können wir die Schönheit der Umgebung nicht wirklich genießen, da unsere Kräfte mit jedem Kilometer in diesem hügeligen Gelände zunehmend schwinden. Wir haben keine Ahnung, wo wir sind. Auf unserer Fahrradkarte gibt es das alles gar nicht und der amerikanische Autofahrer findet Fahrradfahren scheinbar unnötig. Irgendwann erreichen wir die Landis Mill Road, radeln einen letzten Hügel hoch und erreichen über den Taylor Drive nach drei Stunden Fahrzeit Coopersburg gegen 12 Uhr. Wir brauchen ganz dringend Wasser, aber kein Geschäft hat sonntags geöffnet. Schlecht gelaunt machen wir uns auf den Rückweg. Wir haben keine Ahnung, welche Straße wir nehmen müssen. Zu unserem Glück kommt Don auf seinem Rennrad vorbei. Don ist Jahrgang 1961 und lebt und arbeitet die meiste Zeit des Jahres in Frankreich. Auf unserer Karte ist der Old Bethlehem Pike als eine gerade Strecke nach Bethlehem eingezeichnet. Lachend sagt

Don, dass dieser Maßstab nicht wirklich realistisch sei. Er bietet uns an, einen Teil der Strecke mit ihm gemeinsam zu fahren. Don biegt irgendwann links ab, trotz seiner Hilfe verlieren wir nach einiger Zeit abermals die Übersicht. Unsere Stimmung ist wieder auf dem absoluten Tiefpunkt, der Durst quält. Wir fahren unter der Interstate 78 hindurch, kreuzen kurz darauf die Pennsylvania Route 145. Elke besteht darauf, dass wir den Oakhurst Drive nehmen. Auf Höhe der Juniper Road schieben wir unsere Fahrräder längere Zeit eine Anhöhe hinauf, eine echte Strapaze. Ab jetzt geht es steil den Hügel hinunter. Die Abfahrt ist fantastisch, schlagartig bessert sich unsere Laune. Die Black River Road zieht sich unendlich hin und zu unserem Entsetzen taucht auf einmal wieder die Interstate 78 vor uns auf. An der Tankstelle Hess können wir endlich unseren peinigenden Durst löschen. Erfrischt aber schweigend radeln wir danach in östliche Richtung weiter. Mitleidig schauen die Autofahrer zu uns rüber. Wieder kreuzen wir die Interstate 78, landen nun an der Kreuzung Seidersville Road/Broadhead Court. Nach einem kurzen, heftigen Wortgefecht erreichen wir wenig später die Pennsylvania Route 378, die Schnellstraße nach Bethlehem. Todesmutig radeln wir die vierspurige Straße entlang, um schließlich in einer rasanten Abfahrt das Zentrum von Bethlehem zu erreichen. Kurz nach 16 Uhr kommen wir nach 7 Stunden Fahrt in unserem Hotel an.

Ansehnliche Wälder wechseln in der Nähe des Ortes mit den Feldern der Bewohner ab, und ein Canal, welchen man aus dem Steinkohlen-Districte von Mauch-Chunk in den Delaware geführt hat, giebt durch die Menge der vorbeischiffenden Böte der Landschaft Leben und Nahrung. Eine unserer gewöhnlichen Excursionen während unseres Aufenthaltes zu Bethlehem war auch die, längs des Mauch-Chunk-Canals (später Lehigh Canal) auf und abwärts. Ein Damm trennt diesen Canal von der Lecha, an welchem viele schöne Pflanzen wachsen, die von einer grossen Menge von Fliegenvögeln umschwirrt werden. Der Damm war an seinen Seiten mit Steinen belegt, in welchen das gestreifte Erdeichhorn in Menge wohnte. Am Ufer unter den alten Stämmen und von den Baumwurzeln daselbst, sprangen bei unserer noch so leisen und vorsichtigen Annäherung die grossen Ochsenfrösche ins Wasser. Gegen über den Höhen am anderen Ufer der Lecha befand sich ein Wald sehr alter hoher Bäume, deren luftig schattige Kronen mehr von verschiedenen Vögeln bewohnt wurden, als irgend eine andere Stelle der Gegend. Die Canal-Kohlenböte gaben mir Gelegenheit, meine Sammlungen nach New-York abzusenden.

Der Lehigh River wurde schon immer für Trinkwasser, Transporte und Wasserkraft genutzt. Das Lehigh-Tal bot die einzige Möglichkeit, um Philadelphia und New York mit Kohle und Erz zu versorgen. Da die Verschiffung der Kohle auf dem Lehigh River zu beschwerlich war, wurde der Bau des Lehigh Kanals in Angriff genommen. Der Kanal hatte über 52 Staustufen und einen Höhenunterschied von über 100 Metern zu überwinden.

Am 5. August machen wir mit unseren Fahrrädern eine Exkursion den stillgelegten Lehigh Kanal entlang. Auf den ersten Metern fahren wir zwischen dem Lehigh River, dem Monocacy Creek und dem Lehigh Canal. Auf unserem Weg ragt das gewaltige stillgelegte Stahlwerk der Bethlehem Steel Corporation wie ein Relikt aus einer unendlich fernen Zeit in den Himmel. Der Niedergang der Stahlindustrie wird durch diese Ruine eindrucksvoll symbolisiert. Die zwölf Meilen bis Easton fahren wir bei mildem, angenehmem Sommerwetter auf einem gut zu befahrenden Pfad unter schattenspendenden Bäumen entlang. Das Licht ist traumhaft, der Fluss liegt da wie gemalt. Die Natur hat größtenteils von den Fragmenten des früheren Kanals Besitz ergriffen. In Freemansburg besichtigen wir noch erhaltene Reste des Kanals: die Schleusenanlage, das Schleusenwärter-Wohnhaus sowie die Ruinen einer ehemaligen Mühle. Auf einem der Schilder steht „Coal for Cabbage", was damals die Bezahlung für die Leute war, die am Kanal arbeiteten. Die Ruinen des verfallenen Kanals sind mit modrigem Wasser gefüllt, Kletterpflanzen umschlingen die Bäume, Angler relaxen am Ufer. Ich habe das Gefühl, durch einen Dschungel zu fahren: gewaltige Bäume und Sträucher, eine imposante Geräuschkulisse.

Easton ist eine Stadt mit knapp 27 000 Einwohnern. Der Blick auf die Wassermassen beim Zusammenfluss des Lehigh und des Delaware Rivers ist eindrucksvoll. Durch die vier dicht beieinander liegenden Brücken bekommt die Flusslandschaft noch eine zusätzliche Dynamik. Nach kurzer Rast verlassen wir Easton auf der Nordseite des Lehigh Rivers, wo ich zum ersten Mal in meinem Leben frei lebende Biber sehe.

Wied nutzte die Zeit in Bethlehem damals für Exkursionen. Auch wir gestatten uns eine weitere, und zwar nach Florida, Port St. Lucie. Kay und Gary Smith haben uns eingeladen. Jost Schreckengast, ein Vorfahre von Gary, emigrierte 1765 von Aue-Wingeshausen nach Amerika. Aue-Wingeshausen ist die Heimat von Elke. Gary reiste vor einiger Zeit auf den Spuren seines Vorfahren Jost nach Deutschland und besuchte dabei Elkes Mutter Inge, da er in Erfahrung gebracht hatte, dass sich das Wohnhaus von Jeremias Schreckengast, geboren 1639, auf dem Grundstück von Elkes Familie befand.

Zurück aus Florida besichtigen wir am 14. August das Moravian Museum im Historic District Bethlehem. Madeleine führt uns durch die Ausstellung. Einige außergewöhnliche Artefakte stammen aus der Mitte des 18. Jahrhunderts. In einem der Räume hängt eine Originalradierung von Karl Bodmer, mit dem Blick auf die Central Moravian Church. Ein Pärchen schließt sich uns an und geht Madeleine schon nach kurzer Zeit mit banalen Fragen auf die Nerven. Die Museumsführerin verliert fast ihre Contenance, denn ihre routinierte Führung gerät durch die ungebetenen Gäste etwas außer Kontrolle. Abrupt bricht sie ihren Vortrag ab. Das Pärchen erzählt uns ungefragt, dass sie sich über das Internet kennengelernt und heute ihr erstes Date haben. Sie ist eine Lehrerin aus Hellentown, hier um die Ecke, und er, ein Holländer, der schon seit 40 Jahren in den USA lebt, kommt aus Colorado. Sie sieht etwas skurril aus, er dagegen hat wunderschöne lange graue Haare, bedauerlicherweise aber einen mächtigen Bauch. Die Lehrerin flüstert Elke zu, dass sie ihn wegen seines gewaltigen Bauches unappetitlich findet. Ich hingegen finde ihn sehr sympathisch und hätte gern gewusst, was er über sie denkt.

Am 15. August wechseln wir vom Historic Hotel Bethlehem ins Bed and Breakfast Morningstar Inn. Unsere Gastgeber sind Virginia Hadam und Tim Nickel. Angenehme Begleiterscheinung: Zum ersten Mal haben wir ein Hotelzimmer, in dem man die Fenster öffnen kann.

Am folgenden Tag mieten wir einen Chevy Trailblazer. Wir haben erfahren, dass in Allentown im Museum of Indian Culture ein Indianer-Festival stattfindet. Wir schauen uns einige Indianertänze an, besichtigen die aufgebauten Stände, essen Hot Dogs und Maiskolben mit Chili, und sind ein wenig enttäuscht darüber, dass die Veranstaltung nicht über das Niveau eines dörflichen Folklorefestes hinauskommt.

Um auch die andere benachbarte Niederlassung der mährischen Brüder (in Nazareth) kennen zu lernen, fuhr ich in Begleitung des Herrn Pfarrers Seidel dahin. Der Ort liegt 10 Meilen von Bethlehem, und man berührt auf dem Wege Altona, einige zerstreut liegende Wohnungen, dann, nachdem man sich dem Monocasa genähert hat, das Dörfchen Hecktown. Naza-

reth ist ein freundlicher Ort, mit einigen ungepflasterten Strassen, und hat ein Gymnasium oder höhere Lehranstalt für junge Geistliche. Die Lehrer desselben sind sämmtlich Deutsche, der Unterricht wird aber in englischer Sprache ertheilt. Die Kirche ist weniger gross als zu Bethlehem, lässt sich aber im Winter sehr gut erwärmen. Nicht weit über dem schattenreichen Garten befindet sich der Kirchhof. An der Höhe dieses Kirchhofes hat man eine vorzüglich schöne Aussicht.

Wir interessieren uns ebenfalls für die benachbarte Niederlassung und fahren bei bestem Wetter nach Nazareth. Schon von weitem sehen wir die Kirchtürme. Die Straßen sind wie leergefegt. Die Moravian Church empfängt uns mit Glockenspiel, die Kirche selbst ist leider geschlossen. Von einem direkt an einem Hügel gelegenen Friedhof genießen wir den weiten Blick ins Tal des Lehigh Rivers.

Exkursion von Bethlehem entlang des Lehigh Rivers und Lehigh Canals Richtung Allentown. In der Fahrrad-Genossenschaft BBC (Bethlehem Bicycle CO-OP) leihen wir uns gegen eine Kaution von 100 $ Fahrräder. Wir radeln auf dem Bike Path nach Allentown bis zu der Stelle, wo der Little Lehigh Creek in den Lehigh River mündet. Die Luft ist kristallklar, die Flussufer sind wild bewachsen. Unweit des Kanals rangieren mit schrillen Geräuschen Güterzüge, die Signaltöne der Lokomotiven zerstören gnadenlos die Stille dieser Idylle.

Verschieden von den mehr hoch bewaldeten Ufern der Lecha sind die mehr offenen der Monocasa, wo grosse Gehäge von Rohr und Teichkolbe von den schönen rothschultrigen Trupialen bewohnt werden. An den Höhen, welche diesen Bach einfassen, wächst die kleine strauchartige Eiche in Menge.

Zwischen zwei Schnellstraßen beginnt der Monocacy Way. Am Anfang des Pfades hat eine alte Japanerin liebevoll einen kleinen Garten mit Sellerie und einigen Blumen angelegt. Wir radeln an dem wildromantischen Monocacy entlang, teilweise sind Holzkonstruktionen über Seitenarme des Flusses gebaut worden, damit man sich in diesem unwegsamen Gelände besser fortbewegen kann. Nach einiger Zeit erreichen wir die Gärten der Burnside Plantation und eine beachtliche Allee von Trauerweiden. Plötzlich stehen wir vor Bahngleisen, wir haben uns verfahren. Nach dem Überqueren der Gleise ist an Weiterfahren nicht mehr zu denken. Fluchend schieben wir die Fahrräder durch Schlamm und Pfützen und erreichen nach kurzer Suche unser Ziel, den Monocacy Park.

Kapitel IV
Pokono, Blue-Mountains und Mauch-Chunk im Kohlendistricte

Um das Innere von Pennsylvanien und die interessanteste Gegend dieses Staates, die Alleghany-Gebirge kennen zu lernen, verliessen wir früh am 23. August Bethlehem in einem leichten bedeckten Wagen. Nachdem wir 12 Meilen zurückgelegt, erreichten wir das Städtchen Easton, den Hauptort von North-Hampton-County, am Zusammenflusse des Delaware und der Lecha.

Am 23. August verlassen wir mit dem gemieteten Chevy Bethlehem, um auf Wieds Spuren ebenfalls das Innere Pennsylvanias und das Allegheny Gebirge kennenzulernen.

Easton hat etwa 2000 Einwohner, rechtwinklig sich kreuzende, ungepflasterte, mit Fusswegen von Backstein versehene Strassen, von welchen die längste über einen sanften Hang hinab nach dem Delaware führt, dessen Ufer hier mit hohen Bäumen bewachsen sind. Der interessanteste Punkt der Stadt befindet sich in der Nähe der Delaware-Brücke, welche 600 englische Fuss lang, auf 3 Bogen erbaut, gänzlich geschlossen, mit Bohlen benagelt und mit einem starken Dache versehen, an jeder Seite durch 15 Glasfenster erhellt und mit gelber Farbe angestrichen ist. Der Bau dieser Brücke war, wie alle ähnliche Unternehmungen in den Vereinigten Staaten, ein Privat-Unternehmen und wirft 30 p. C. ab, da ein Brückengeld erhoben wird. Wir giengen über diese Brücke und folgten dem Flusse abwärts, bis gegenüber der Stelle, wo unmittelbar unter der Stadt die Lecha aus ihrem malerischen Thale zwischen felsigen, mit Laub- und Nadelwald bewachsenen Hügeln in den Delaware mündet. Neben der ersteren öffnet sich an demselben Ufer der Mauch-Chunk-Canal, und auf dem entgegengesetzten des Delaware beginnt der nach New-York führende Morris-Canal, der an dieser Stelle eine interessante Einrichtung zeigt, Schleusen, auf welchen die Böte auf schiefen Flächen hinauf gewunden werden.

Es wird städtischer, rasch durchqueren wir Easton. Nach der Drei-Bögen-Brücke von 1765 fahren wir entlang des Delaware Rivers an Gewerbeansiedlungen und Wohnhäusern vorbei, aber auch an Holzhäusern und Mobile Homes. Bei Martins Creek verlassen wir den Fluss auf der Route 611 Nord in Richtung Richmond. Langsam geht es bergauf, oder wie Wied schrieb: „*in bedeutende Höhen*".

*Ziemlich in nördlicher Richtung bemerkten wir in der jetzt vor uns ausge-
breiteten Gebirgskette einen Ausschnitt, in welchem der Delaware dieselbe
durchbricht, und die Oeffnung trägt die Benennung des Delaware-Watergap.
Wir hatten nun das Gebirge erreicht, das sich zu beiden Seiten kühn und
steil erhob und mit jedem Schritte mehr verengte. Von dieser Stelle an tritt
die Bergwand immer näher an den Fluss, dessen Ufer rauh und wild, mit
vielen abgeknickten, weiss abgeschauerten, zerbrochenen und wild verwirrt durcheinander geworfenen Bäumen besetzt ist, deren auch manche
noch im Wasser liegen.*

Das Delaware Water Gap hat man durch Sprengungen am Berg breiter gemacht.
Auf dem Delaware River paddeln einige Kajakfahrer. Im Hotel Deer Head Inn in
Delaware Water Gap, das zu Wieds Zeiten noch Dutotsburg hieß, erwartet uns
eine unerfreuliche Nachricht: Unsere Reservierung übers Internet ist nicht ein-
gegangen und das Hotel ist ausgebucht. Im Water Gap Country Club des Golf-
clubs sind aber noch Zimmer frei, sodass wir dort zwei Übernachtungen buchen.
Kurze Zeit später sitzen wir vor dem Hotel in der Sonne, trinken Budweiser und
genießen den großartigen Blick auf die Landschaft. Im Deer Head Inn haben
wir für sieben Uhr einen Tisch bestellt und besuchen dort ein Jazzkonzert der
Saxophonistin Virginia Mayhew. Im Laufe des Abends kommen wir mit zwei
Frauen ins Gespräch. Im Fernsehen wird eine Veranstaltung von Barack Obama
übertragen. Die Frauen sagen uns, dass die Leute ihn wohl alle wählen werden,
wobei die meisten aber der Meinung sind, dass er die Wahl nicht gewinnen wird,
da dieses Land noch nicht reif sei für einen schwarzen Präsidenten.

Am kommenden Tag machen wir einen ersten Bummel durch Delaware Water
Gap. Die Luftfeuchtigkeit ist hoch, der Himmel fast wolkenlos. Das Dorf macht
vor allem in der Main Street einen etwas trostlosen Eindruck, die Bewohner
wirken übellaunig. Im Delaware Water Gap am Fluss gibt es eine Badestelle,
wo die Leute campen, paddeln und schwimmen. Eine Gruppe Südamerikaner
picknickt gut gelaunt am Ufer. An der schmalsten Stelle des Delaware Water
Gaps gehen wir hinunter zum Delaware River. Die Vegetation hat sich seit Wieds
Zeiten nicht groß verändert, sogar der wilde Wein blüht noch. Die Urwaldland-
schaft, der Blick auf den Fluss und die gegenüberliegenden Geröllschichten des
Mount Tammany sind grandios anzusehen.

Wir hatten uns kaum ein wenig ausgeruht, als ein alter armer Mann sich einfand, welcher der erste Siedler dieser Gegend war; denn noch vor 30 Jahren hatte kein Haus in dieser Gegend gestanden. Sein Name war Dutot, und nach ihm hatte man das Dorf benannt, in welchem wir uns jetzt befanden. Als ein reicher Pflanzer, der 150 Negersclaven besass, war er durch die Revolution von St. Domingo vertrieben worden, hatte hier am Delaware ein bedeutendes Stück Land gekauft und den Ort Dutotsburg begonnen. Schon früher hatte er durch die Wegnahme von Schiffen einen Theil seines Vermögens eingebüsst, und hier mogte er schlecht speculirt haben; sein Vermögen gieng zu Grunde und man verkaufte ihm endlich den letzten Rest seiner Besitzungen. Er hatte Häuser erbaut und sie wieder verkauft, so dass man ihn den Erbauer der ganzen schönen Stadt Dutotsburg nennen konnte; jedoch von alle diesem blieb ihm nichts als grosse drückende Armuth und seine Lage erregte das Mitleiden der durchreisenden Fremden.

Nachdem wir zurückgekehrt, folgte ich dem alten Dutot, um sein Haus und seine Familie zu besuchen. Wir fanden in dieser Wohnung eine vortreffliche Aussicht in die Schlucht des Delaware hinab, und nahmen nachher unseren Weg nach der gestern Abend durchreisten, romantischen wilden Gegend.

Im Antoine Dutot Museum & Gallery komme ich mit zwei Männern ins Gespräch. Sie erzählen von einem Gedenkstein für Dutot, der sich in der Nähe des Appalachian Trails befindet. Kurze Zeit später stehen wir davor und lesen auf der Gedenktafel: „Near this spot lies buried Antoine Dutot".

Am 25. August früh verliessen wir Broadheads Haus. Die Stelle, die wir heute noch zu erreichen wünschten, trägt die Benennung des Pokono, und ist die höchste Höhe der ersten Kette der Alleghanys.

Wir verlassen Delaware Water Gap über die Cherry Valley Road. Ich habe den Eindruck, je ärmer die Leute desto größer die Autos. Massen von Autos stehen auf den Stellplätzen der Gebrauchtwagenhändler, viele davon riesengroß – niemand will diese Benzinschlucker mehr kaufen. Kein Wunder, die USA befinden sich in der schwierigsten wirtschaftlichen Situation seit den dreißiger Jahren des letzten Jahrhunderts. Die Straße von Stroudsburg nach Tannersville führt durch die üblichen Gewerbegebiete und Einkaufszentren, die wahllos vor die Ortschaften gebaut worden sind. Der Durchschnittsamerikaner scheint es aber gerade so zu lieben. Er fährt mit seinem Auto über eine Schnellstraße dorthin, bummelt durch die Geschäfte, kauft ein, isst in einem Schnellimbiss preiswertes Fastfood, nimmt an sinnlosen Verlosungen teil und fährt danach glücklich und zufrieden über die Schnellstraße zurück in sein Heim. Die gesamte Strecke an der Route 611 bis in das Pokono Gebirge ist fast vollständig mit Einkaufszentren, Häusern und Hotels zugebaut. Hier ist nichts mehr von der Einsamkeit der Wälder geblieben, die Wied in seinem Reisebuch beschrieb:

Auf der Höhe angekommen, erblickt man vor sich den höchsten Kamm der Blue-Mountains, dessen Höhe, wie schon bemerkt, Pokono genannt wird, wo dunkle Wälder unausgesetzt die ganze Wildniss decken. Wenn man in dieser Wildniss beinahe die höchste Höhe erreicht hat und sich umwendet, so bekommt man eine imposante Aussicht. Hohe Rücken erheben sich in einem schmalen Thaleinschnitte hinter einander, alles ohne Unterbrechung finster mit Wald bedeckt, rechts und links hohe Waldwände, die den Einschnitt begrenzen. Wir erreichten nun bald die höchste Höhe des Pokono, oder der zweiten Kette der Blue-Mountains, welche, wie gesagt, die östlichste der Alleghany-Gebirge bildet.

Die Blue Mountains sind heute ein Freizeitgebiet für Erholungssuchende, Wintersportler und Wanderer, Mountainbiker und Wassersportler. In den Hügeln wimmelt es von Ferienhäusern, in denen stressgeplagte Großstädter ihre Ferien verbringen. Als Quartier wählen wir das Mountain Top Lodge, das direkt an der Route 940 liegt und über gepflegte hübsche Zimmer mit altem Mobiliar und einen weitläufig angelegten Garten verfügt.

Der junge Botaniker, Herr Moser, war uns von Bethlehem gefolgt, und ich unternahm mit ihm eine Excursion nach einem benachbarten, auf der Höhe des Pokono gelegenen See. Ein alter Weg führte uns eine halbe Stunde weit über eine Höhe fort, dann fanden wir ein sanftes Thal, in welchem der von niederem Rohre und Sumpfgrase umgebene See, Long-Pond genannt, zwischen Kiefernwald und mancherlei interessanten Gesträuchen liegt. Der See ist etwa eine Meile lang, hat wenig offenes oder blankes Wasser, und erhält seinen Zufluss von dem Tonkhanna-Bache.

Auf der Long Pond Road machen wir uns auf den Weg zum Long Pond Lake. Es geht vorbei an Getreidefeldern, Misch- und Tannenwäldern, dazwischen ist immer mal wieder eine Farm zu sehen. Auf einmal wird's rasant: Genau in diese Idylle hinein hat man eine Superspeedway-Rennstrecke gebaut, den Pocono Raceway.

Westlich von dieser Rennstrecke liegt der Long Pond Lake, er ist nur über einen Campingplatz zu erreichen. Meine Frage, ob wir über seinen Platz zum See gehen dürfen, irritiert den Campingplatzbesitzer sichtlich. „Would you like to stay overnight?" fragt er etwas gereizt. Nachdem ich verneint habe, lässt er uns dennoch zum See hinuntergehen, allerdings ohne uns eine Sekunde aus den Augen zu lassen. Der Long Pond Lake sieht auf den ersten Blick noch genauso aus wie von Wied beschrieben. Ein schöner Platz zum Verweilen, aber was mag hier los sein, wenn die Autorennsaison beginnt?

Zu guter Letzt machen wir noch einen Abstecher in die Pocono Berge nördlich von Mount Pocono. Die Straße führt durch dichte, dunkle Wälder mit groß gewachsenen Hemlocktannen, Kiefern und Pinien. Viele der Laubbäume tragen inzwischen ein blutrotes Blattwerk. Verbotsschilder fordern auf, Bären nicht zu füttern und auf den Picknickplätzen keine Abfälle zurückzulassen.

In Mount Pocono bummeln wir in Downtown den Pocono Boulevard entlang. Nur noch wenige Läden haben geöffnet, die Geschäfte haben sich in die großen Malls zurückgezogen.

> *Wir folgten etwa ½ Stunde weit der Poststrasse, wo wir links den sogenannten Pimpel-Hill, den höchsten Kopf des Pokono, erblickten.*
> *An einer Stelle, wo man den Tonkhanna-Bach (heute Tunkhannock Creek) passirt, bezahlte man Chausseegeld für die heftigen Stösse, die man auf dem schlecht unterhaltenen Wege empfing. Der Bach schlängelt sich malerisch durch Gebüsche. Nicht weit von hier erreichten wir bald einen zweiten höchst malerischen Bach, den Tobihanna (heute Tobyhanna Creek), über welchen eine kurze, mit einem Dache versehene Brücke führt, und etwa 300 Schritte weiter auf einer öden Waldblösse unser Nachtquartier. Die Gegend wo wir uns befanden, war so einsam, wild und von so imposanter Art, dass wir sogleich nach den Gewehren griffen, um sie zu durchstreifen.*

Hinweisschilder weisen auf den Tobyhanna Creek und Tunkhannock Creek hin. In einer Wohnmobil-Siedlung frage ich einen Mann nach dem Weg zum Pimple

Hill, er hat aber keine Ahnung und ruft einen Bekannten herbei, der gerade seinen Kampfhund trainiert. Es gibt hier nicht viele Hunde, aber wenn, dann sind es zu 90 Prozent Kampfhunde. Nachdem wir den Zugang zum Pimple Hill gefunden haben, wandern wir bis zum Gipfel. Wegen der vielen Bäume haben wir keinen besonders guten Fernblick, und da auch der Fire Tower nicht zu betreten ist, machen wir uns bald wieder auf den Rückweg.

Von dieser, Chesnut-Hill genannten Gegend, weil in den Waldungen zum Theil viele Kastanienbäume wachsen, senkt sich die Strasse wieder etwas hinabwärts und man bemerkt überall eine Menge von Sägemühlen, welche das Hauptprodukt der Gegend verarbeiten.

Am 28. August besuchen wir den Big Pocono State Park, den wir über Tannersville erreichen. Statt überfahrener Katzen liegen tote Stinktiere oder Dachse am Straßenrand. Vom Camelback Mountain haben wir einen grandiosen Blick auf die sattgrüne Landschaft. Wir sehen die Chestnut Hills, über die Wied in das Pocono reiste, und südöstlich das Delaware Water Gap. Aus der Höhe kann man die damalige Wied-Route sehr gut nachvollziehen.

Am 29. August setzten wir die Reise durch die nach allen Seiten ununterbrochen ausgedehnten Waldungen fort. Der Wald war herrlich und wild, ein schönes Gemische von Laub und Nadelholz, wo die Ahorne schon anfiengen, die prächtig rothe Herbstfarbe ihrer Blätter anzunehmen.

Man spürt den nahenden Herbst. Wir verlassen die Pocono Mountains auf der gleichen Route wie Wied vor 176 Jahren.

Nachdem wir den aus malerischer Dickung hervortretenden kleinen Bach Two-Miles-Run auf einer Brücke passirt hatten, erreichten wir eine offene Stelle im Walde, wo das grosse Dorf Stoddartsville an der hier noch kleinen Lecha erbaut ist.

Auf der Wilkes-Barre Road überqueren wir den kleinen Bach Twomile Run und erreichen nach kurzer Zeit Stoddartsville, heute nur eine kleine Ansiedlung. Schilder begrüßen uns: „Welcome to Lackawanna State Forest" und informieren: „Today Fire Warning is low". Wir sind fast allein unterwegs. Entlang der Straße sehen wir etliche Verbotsschilder: „Privat. No Trespassing".

*Auf einer der nächsten Höhen erreicht man gleichsam einen hohen Schei-
depunkt, von wo man rück- und vorwärts die weiteste bis jetzt gehabte
Aussicht in diesem Gebirge überblickt. In nordwestlicher Richtung zeigt sich
das weite schöne Wyoming-Thal, in welchem der Susquehanna fliesst, und
rückwärts in entgegengesetzter Richtung eine wilde Wald- und Gebirgsan-
sicht, wo Kopf hinter Kopf gereiht, nur weite Waldungen ununterbrochen
sich ausdehnen.*

Die Landschaft ist auch heute noch herrlich und wild, der Blick in das Wyoming
Tal immer noch fantastisch. Um nicht in den Berufsverkehr nach Wilkes-Barre
zu kommen, fahren wir auf der ruhigeren Laurel Run Road auf der Wied-Route
in die Stadt.

*Das weite breite Thal mit Ortschaften und einzelnen Wohnungen ange-
füllt, wechselt angenehm mit Wäldern und Feldern ab, der Fluss (Susquehanna) durchströmt es in seiner ganzen Länge, und zu unseren Füssen lag
der freundlich ausgedehnte Ort Wilkesbarre.*

Das Wappentier dieser Gegend ist der Bär. In den Vorgärten stehen diese putzigen Gesellen in allen Größen und Formen, wie Gartenzwerge bei uns. Wilkes
Barre hat eindeutig schon bessere Zeiten gesehen, der Niedergang der Kohlen-
industrie hat deutliche Spuren hinterlassen.

*Um 9 Uhr Abends erblickten wir endlich ein uns freundlich entgegen
schimmerndes Licht; ein einsames Häuschen auf einer freien Stelle lag vor
uns. Auf unser Klopfen wurde die Thüre langsam geöffnet. Wir traten in
eine ärmliche Hütte, in welcher zwei Frauen, eine ältere und eine jüngere
am Kaminfeuer sassen. Unsere beiden Wirthinnen waren von sehr langer
Statur und rauchen ruhig aus kleinen thönernen Pfeifen. Sie waren nicht
wenig befremdet über den späten Besuch, allein das Feuer wurde sogleich
neu angefacht und Wasser aufgesetzt. Unser frugales Abendessen, bestehend in Kartoffeln und Kaffee, war bald vollendet, und wir ruheten in
unseren Kleidern auf leidlichen in einer leeren bodenartigen Halle aufgestellten Betten aus, welche, wie in diesem Lande beinahe immer, für zwei
Personen eingerichtet waren. Dieses Haus gehörte zu Hannover-Township.
Die Nacht vergieng schnell und um 6 Uhr des 30. August setzten wir die
Reise fort.*

Von Hanover geht's nach Hazleton, wobei wir den Solomon Creek passieren. Einige Zeit später erreichen wir den Nescopeck State Park.

In der Mitte des Thales, gerade vor uns, bildeten etwa 6 bis 7 zu einer breiten Strasse vereinigte Gebäude das Dorf Lausanne. Jenseit Lausanne erhebt sich ein hoher Berg, der Breite-Berg (Broad-Mountain), an welchem die Strasse in schiefer Richtung hinauf führt.

Die meiste Zeit fahren wir auf den Originalspuren von Wied, da wir uns zum größten Teil auf den alten Indianerpfaden fortbewegen, wie wir unschwer an Hinweisschildern erkennen können. An der Bridle Path Lane erinnert nur ein Schild an die Ortschaft Lausanne. Auf der US Route 209 erreichen wir das Lehigh Tal und kurz darauf das Städtchen Jim Thorpe, das frühere Mauch-Chunk.

Das Neskihone- oder Neskihoning-Thal, in welches man jetzt hinabsteigt, ist weit und von sehr hohen, lang ausgedehnten Bergwänden eingeschlossen, überall mit dunklen Waldungen bedeckt, in welchen sich nur hier und da kleine angebaute Blössen zeigen. An der rechten oder südlichen Wand desselben hat man eine Eisenbahn hingeführt, welche das eine der Kohlenwerke der Mauch-Chunk-Company am Rumrun-creek mit Mauch-Chunk in Verbindung setzt. Die Lecha kommt links aus einem tiefen, höchst wilden Gebirgsthale, einem dunklen Waldschlunde, man könnte sagen Winkel, wo hohe steile Waldberge ihren Eintritt gänzlich verbergen. Der Weg, dem man von hier dem Lecha-Thal hinab folgt, ist angenehm von hohem Holze beschattet, und am Ufer des Flusses liegen mehre Wohnungen und Wirthshäuser. In einer Viertelstunde erreicht man Mauch-Chunk, den jetzt so berühmten Centralpunkt des Lehigh-Kohlen-Distriktes.

Jim Thorpe, ein Indianer-Halbblut und Namensgeber der Stadt, war Olympia-Sieger der USA im Fünf- und Zehnkampf, außerdem American Football- und Baseball-Star. Burt Lancaster spielte die Titelrolle in dem Film „Jim Thorpe - All-American". Die Stadt hat für den Labor-Day geflaggt, für den Tag der Arbeit, der in den USA immer am ersten Montag im September gefeiert wird. Wir beziehen Quartier im The Inn at Jim Thorpe.

Kapitel V
Mauch-Chunk, das Lecha-Thal und Bethlehem

Mauch-Chunk ist ein Dorf von etwa 200 Häusern, in dem tiefen, engen Lecha-Thale. Dieser Ort entstand erst seit der Entdeckung der benachbarten sehr reichen Steinkohlen-Gruben. Die Lehigh-Company unterhält hier 800 bis 1000 Arbeiter, welche mit grosser Thätigkeit die ganze Umgebung mit der schönen hiesigen Kohle versorgen. Schon hat man mehre Eisenbahnen nach den Werken angelegt, Kanäle gegraben, um auf zahlreichen Böten das Produkt zu verschiffen, grosse Werke erbaut, einen sehr ansehnlichen grossen Gasthof im Thale an der Lecha aufgeführt, Mühlen aller Art angelegt. Neun Meilen von Mauch-Chunk auf einer bedeutenden Höhe liegt das Hauptwerk, zu welchem man eine Eisenbahn hinaufgeführt hat. Am 31. August besuchten wir jenes interessante Werk. Da die Eisenbahn an dem Abhange des Berges hinauf läuft, so hat man den Weg in den Hang eingraben müssen; er ist deshalb schmal und die Railroad hat nur eine Bahn, an welcher Plätze zum Ausweichen angebracht sind. Wir waren noch nicht weit vorgerückt, als man das Rollen einer Colonne von Kohlenwagen vernahm. Interessant war es zu sehen, wie die schwarze Colonne pfeilschnell herabgerollt kam und bei uns vorbei eilte. Die Kohlenwagen sind von starken Balken und Bohlen erbaut, ein jeder fasst zwei Tonnen Kohlen, und es fahren jedesmal 45 Wagen zugleich, welche also 90 Tonnen des Produktes hinab schafften, und dieses fünfmal täglich. Man erreicht dieses interessante Werk bei einer tiefen Durchgrabung der oberen Schicht von Sandstein, und tritt dann in die Gruben, die wohl 300 Schritte lang, 150 Schritte breit, und etwa 30 Fuss tief, nach oben gänzlich eröffnet sind, indem man sie nach und nach zu dieser Tiefe abteufte. Kein Lüftchen bewegte sich und jedermann fand die Hitze sehr drückend. Um nach Mauch-Chunk hinab zu fahren, bestiegen wir wieder die Wagen, bedurften jetzt aber keiner Pferde, sondern der Driver schob den Wagen einige Schritte fort, schwang sich schnell auf seinen Sitz und augenblicklich gieng die Reise schneller dahin, als ein Pferd im Galoppe hätte laufen können. Wir durcheilten einen grossen Theil des Weges in 17 Minuten, mussten aber hier halten, um eine zurückkehrende Wagencolonne abzuwarten, welche uns wohl 20 Minuten aufhielt; alsdann gieng die Fahrt schnell von statten, und wir legten in 32 Minuten die Entfernung von 8 Meilen zurück. Am Ende der Eisenbahn ist auf der Höhe am Berge ein Gebäude ange-

bracht, in welchem sich eine grosse Winde befindet, mit einem Seil ohne Ende, das mit seinem einen Theile einen beladenen Kohlenwagen auf einer schief geneigten Eisenbahn den Berg hinab lässt, während der andere Theil einen leeren Wagen von unten herauf zieht.

Das ehemalige Werk von Mauch-Chunk ist gänzlich verschwunden, ebenso die Verladestation am Lehigh Canal. Wir finden nur noch Fragmente der Railroad, „Switchback" genannt. Das Switchback-Verfahren in Mauch-Chunk war Modell für den Bau von Achterbahnen in Vergnügungsparks. Auf dem Broadway in Jim Thorpe schlendern wir zum The Mauch Chunk Museum & Cultural Center, wo wir uns mit der Geschichte des Ortes vertraut machen. Vor allem interessiert uns der ehemalige Kohleabbau. Auf einer Karte ist die ehemalige Route der Switchback Railway von Summit Hill bis Mauch Chunk eingezeichnet. Die ehemalige Bahnstrecke wird inzwischen als Biking- und Joggingpfad genutzt. Unser nächster Besuch gilt dem No. 9 Coal Mine & Museum in Lansford. Die Mine war von 1855 bis 1931 in Betrieb. Eine klapprige Bahn bringt uns in das 1972 geschlossene Kohlebergwerk. Larry, ein ehemaliger Bergmann, beschreibt eindrucksvoll die Geschichte der Mine und die Arbeits- und Lebensbedingungen der Kumpel in jener Zeit unter Tage. Noch heute spürt man, dass die Arbeitsbedingungen unmenschlich gewesen sein müssen. Die Mine gehört zu dem gesamten Komplex des Steinkohleabbaus in Summit Hill. Die geförderte Steinkohle wurde dann, wie von Wied beschrieben, auf dem Switchback Railway den Berg hinunter zum Lehigh River transportiert.

Mit dem Auto fahren wir die 10 Meilen bergauf nach Summit Hill, um den Standort der ehemaligen Switchback Railway nach Mauch Chunk zu finden. Obwohl das Areal dicht bewaldet ist, glauben wir die Stelle entdeckt zu haben, von der seinerzeit die Switchback Loren ins Tal des Lehigh Rivers abgingen.

Der Weg von Mauch-Chunk durch das Lecha-Thal, welchem wir am 31. August Abends folgten, ist angenehm und abwechselnd. Man folgt dem rechten Flussufer auf etwas sandigem Wege, der von alten Bäumen beschattet ist. Man erreicht das Dort Lehighton, wo der hohe Schild des Gasthofes sich von ferne zeigt. Lehighton liegt nicht weit von der Mündung des Mahoning-Thales entfernt, aus welchem der Mahoning-Bach herabkommt. Von hier aus erreicht man eine ebene offene Stelle des Thales, wo einige wenige zerstreute Wohnungen den Namen Weissport tragen. Am 1. September früh besichtigten wir das Lehigh-Gap, dessen Berge an

der nördlichen Seite nicht hoch, felsig und mit Wald bedeckt sind. Gegen
8 Uhr verliessen wir das Gap und folgten der Strasse nach Bethlehem. Nach
einigen Meilen erreichten wir Berlin, ein kleines Dörfchen. Von hier führt
die Strasse über das Dorf Cherryville, wo sich ein guter Gasthof befand.
Die Feldfrüchte, als: Cartoffeln, Mays, Klee u.s.w. standen sehr schön, man
sah auch ganze jetzt brach liegende Aecker dicht mit den gelben Blumen
des Solidago oder des Hypericum perforatum (Johanniskraut) bedeckt.
Von Crytersville (Craitersville), wohin man von Bethlehem sieben Meilen
zählt, erreichten wir das isolirte Haus eines gewissen Pfarrers Becker, der
sich mit Medicin beschäftigt und ein eifriger Homöopathe seyn soll. In
einem lichten Walde stand das Meeting-house (Versammlungshaus) der
religiösen Sekte der Manisten. Der nächste Ort ist Howardtown, der näch-
ste Bach der Monocas-Creek. An mehren Gebäuden bemerkte man hier
Strohdächer, welche in diesem Lande selten sind. Der Buchweizen stand in
dieser Gegend überall in der Blüthe. Wir legten das Dörfchen Schonersville
zurück, und trafen zu Mittag zu Bethlehem wieder ein.

Wir verlassen Jim Thorpe gegen 11 Uhr auf der Mauch Chunk Street Richtung
Lehighton durch das breite Tal des Lehigh Rivers. Der Autoverkehr hält sich
am Labor Day in Grenzen. Kurz nach Lehighton erreichen wir Weissport, bald
darauf Palmerton, wo wir Rast machen. Auf einem Schild ist die Jagdsaison für
Bären angegeben. An der Golf Road wandern wir in sengender Hitze einen Hügel
hinauf, an dem Sandstein und Kies abgebaut wird. Von der Anhöhe haben wir
einen weiten Blick auf die Landschaft, ich aber auch einen heftigen Adrenalin-
ausstoß. Mitten auf dem Weg liegt ein riesengroßer Kothaufen. Jäh schießt mir
durch den Kopf, dass es sich nur um Bärenkot handeln kann. Durch mir unbe-
kannte große Tierspuren wird mein Verdacht bestärkt. Während Elke arglos vor
sich hin summt, beunruhigt mich die Vorstellung, dass uns hinter der nächsten
Kurve argwöhnisch ein Schwarzbär erwarten könnte. Ich bin heilfroh, als wir
unsere Fahrt ohne die befürchtete Begegnung fortsetzen können.
Durch das Lehigh Gap führt der bekannte Appalachian Trail. Wied fuhr 1832
von Berlin nach Cherryville. Wir halten uns an seine Reiseroute und fahren
beim Indian Trail Park rechts in die Indian Trail Road. Maisfelder prägen das
Landschaftsbild, in den Ansiedlungen überraschen die Straßennamen Kohls
Road oder Becker Avenue.
In der Ferne sehen wir bereits Allentown und Bethlehem mit den dahinter liegenden Hügeln der South Mountains.

Unsere Jagdexcursionen zeigten uns jetzt das Land in seinem herbstlichen Kleide. Fröste traten schon bei Nacht ein, und die Morgen waren nebelig, bis die Sonne höher stieg, worauf ein heisser Tag folgte. Die meisten Zugvögel waren abgereist, man sah keine Schwalbe mehr, und die wilden Tauben zogen in Flügen umher.

Über die US Route 22 machen wir uns auf zu einer Exkursion nach Lancaster, Pennsylvania, ins Land der Amish People. Die Umgebung verändert sich zunehmend, es wird flacher, die landwirtschaftlichen Flächen nehmen zu. Links Mais, rechts Mais. Die Felder sind teilweise schon abgeerntet. Die Getreidesilos mit ihrer ureigenen Architektur verleihen der Landschaft eine unverwechselbare amerikanische Symbolik. Es ist warm, ein Thermometer zeigt 31 °C an. Lancaster County: Entlang der Straße bieten ein paar kleinere Gebrauchtwagenhändler ihre Fahrzeuge an. Eine Menge Namen, von Hunsicker bis Zartmann, weisen auf deutsche Immigranten hin. In Lititz werden gerade die Rasen der Vorgärten gemäht. „The Red Rose City Lancaster, Pennsylvania". Wir quartieren uns im Hotel Days Inn and Suites am Lititz Pike ein. Das Hotel liegt in einem Gewerbegebiet an einer viel befahrenen Straße. Lancaster wurde um 1749 gegründet. Eine angenehme und freundliche Stadt, in den Vororten sieht man schwarze Amerikaner entspannt auf ihren Terrassen sitzen. Im Zentrum stehen stilvolle Häuser, umgeben von alten Linden. Sogar das Gefängnis ist in einem hübschen burgähnlichen Gebäude untergebracht.

Am nächsten Tag besuchen wir die Markthalle in Lancaster. Einige Stände werden von Amish People oder Mennoniten betrieben, es herrscht eine lebhafte Atmosphäre. Nach einer längeren Hitzepause machen wir uns auf der US Route 30 auf den Weg zu den Amishen. Die drückende Hitze weicht den Asphalt der Straßen auf. Straßenarbeiter versuchen, die Fahrbahnen mit Bitumen zu stabilisieren.
Der Unterschied zwischen Mennoniten und den Amishen ist der, dass die Amish People in ihrer Lebensweise wesentlich rigoroser und orthodoxer sind. Die Mennoniten legen die Regeln ihrer Täuferbewegung freier aus, nutzen zum Beispiel Strom und fahren Autos. Bisher glaubte ich, dass die Amish People in einem abgegrenzten Raum fern der Zivilisation leben. Doch weit gefehlt. Sie sind ein fester Bestandteil der hier lebenden Bevölkerung. Auf den Straßen ist eine separate Spur für die Kutschen der Amish People eingezeichnet. Eine dieser „Wäggli" genannten Kutschen kommt uns entgegen, von einer Frau gelenkt.

Die Amishe fallen auch aufgrund der einheitlichen Kleidung bei Männern und Frauen auf. Ein vorbeifahrender Truck stößt rußschwarze Wolken aus, nebelt uns und die Kutsche ein. Die Amish People bearbeiten ihre Felder und Wiesen ohne Maschinen, einzig mit der Hilfe von Pferden. Die Amishe gelten auch als hervorragende Handwerker, sogar beim Hausbau kommen sie ohne Elektrizität aus, sondern erzeugen die benötigte Energie mit Wasserdruck. Die Pflanzen auf den Tabakfeldern stehen dicht an dicht in sattem Grün, der Mais steht prall und hoch. Vereinzelte Trauerweiden sind zu sehen. Ich fühle mich ein wenig unwohl, wie ein Eindringling in einer fremden Welt. An den Ausfallstraßen von und nach Lancaster haben sich die Amish People den touristischen Gegebenheiten angepasst: Amish-Restaurants, Amish-Bäckereien, Amish-Markthallen, Amish-Kunst, Amish-Touren.

Aaron, bestimmt über 70 Jahre alt, kutschiert uns. Hyronimus, der Rappe, zieht den Buggy. In der Kutsche wird schnell klar, wie unangenehm es ist, wenn Autos, Busse und Trucks vorbeirasen. Das Positive am Kutschenfahren ist andererseits, dass man Details der Landschaft deutlicher erkennt, das Heu der abgeernteten Felder riecht und die Hitze des Tages spürt. Wenn man die Männer auf den Feldern mit ihren einfachen Geräten arbeiten sieht, ahnt man, wie strapaziös die Erntearbeit bei diesen Temperaturen sein muss. Aaron redet sehr schnell, mit starkem Slang. Deutsch spricht er leider nur fragmentarisch. Er möchte von uns wissen, woher seine Vorfahren stammen. Wir erzählen ihm, dass die Amishe aus dem Elsass, Lothringen, Saarland und der Pfalz in die USA ausgewandet sind. Dabei wird uns schnell bewusst, dass er nicht weiß, wo in Deutschland oder Frankreich die einzelnen Regionen überhaupt liegen. Aaron erzählt, auf welchen Höfen Amishe, Mennoniten oder English People leben. Außerdem erfahren wir, welche Produkte angebaut werden und wie die englischen Bezeichnungen heißen. Im Moment wird gerade der Mais geerntet, hier Corn Harvest genannt. Die Farmer müssen sich beeilen, den Mais vor Beginn der Regenzeit in die Silos einzubringen. Eine weitere Ernte ist etwa in zwei Monaten. Dann lässt man den Mais auf den Feldern vertrocknen, um ihn anschließend zu Silage zu verarbeiten. Der essbare Mais wird Sweet Corn genannt und ist eine andere Sorte als der Futtermais. Auf einer Farm werden Amish Produkte angeboten, unsere Tour bekommt dort aber den faden Beigeschmack einer Kaffeefahrt.

Aaron lädt uns zum Abschluss der Tour in sein Haus ein. Das ist gerade mal zwei Jahre alt und sieht von außen aus wie ein kleines unscheinbares Einfamilienhaus in Niedersachsen. Er stellt uns seine Frau vor: „They come from Germany, Deutschland". Gern würde ich wissen, was die beiden über uns denken. Sie zeigen uns stolz, wie sie ohne Strom Energie produzieren. Die Gaslampe funktioniert „instantly lightning", bei der Petroleumlampe dauert es ein wenig länger, bis das Licht brennt. Außerdem erzählt uns Aaron, dass die Amish-Gemeinde im Lancaster County mit rund 25 000 die zweitgrößte in den USA ist. In einem der kleinen Wochenblätter der Amish People lese ich, dass sie immer wieder um den Erhalt ihrer Rechte kämpfen müssen, wenn zum Beispiel das Gouvernement beschließt, dass alle neu gebauten Häuser einen Elektrizitätsanschluss haben müssen.

Zurück in Bethlehem besuchen wir am 9. September ein Konzert in der Moravian Kirche. Freier Eintritt. Chor und Solisten sind weltberühmt. Wir gehören wahrscheinlich zu den wenigen Besuchern, die den Text verstehen, weil auf Deutsch gesungen wird. Die Textblätter liegen in Deutsch und Englisch aus. Wir sitzen in der schlichten, in Weiß gehaltenen Kirche auf harten Holzbänken. Kein Pomp, kein Tand, das Interieur ist schlicht. Der Chor und die Besucher singen zum Schluss der Veranstaltung „Lobet den Herrn" auf Deutsch. Das ist irgendwie doch ergreifend, merke ich zu meinem Erstaunen.

Ich machte die Bekanntschaft der Directoren dieser (Brüder) Colonie: des als ausgezeichneten Botaniker in der literarischen Welt bekannten Herrn v. Schweinitz, des Herrn Bischoff Anders und Herrn Pfarrer Seidel. Alle diese Herrn empfingen mich sehr freundlich, und besonders hatte Herr Pfarrer Seidel sehr viel Güte für mich. Herr Dr. Saynisch bewohnte mit mir dasselbe Haus und ich hatte bedeutenden Nutzen von seiner Kenntnis des Landes. Mit dem lebhaftesten Dankgefühle muss ich der Güte gedenken, mit welcher er uns bei unseren naturhistorischen Beschäftigungen unterstützte.

Am nächsten Morgen radeln wir zum Moravian Museum of Bethlehem. Im Sekretariat frage ich nach einigen Namen aus Wieds Reisebuch. Die Sekretärin sucht in einer penibel geführten Friedhofsliste schnell die Namen von Pfarrer Seidel und vom damaligen Direktor der Moravian-Brüdergemeinde, Herrn von Schweinitz, heraus. Problemlos finden wir auf dem Moravian Cemetery die Gräber der beiden gelehrten Herren.

Unser nächstes Ziel ist die Lehigh University, wo auf dem Campus kleine Stände aufgebaut sind. Entspannt genießen wir die Atmosphäre, hören einer Band zu. Noch einmal radeln wir über das idyllische Universitätsgelände. 14% der Studenten sind ausländischer Herkunft, die meisten von ihnen kommen aus Indien, China, Süd-Korea und Japan. Am Abend sehen wir von der River Street aus zum ersten Mal den legendären Bethlehem-Stern leuchten.

Unsere Zeit wurde zu Bethlehem gänzlich zu Excursionen in die Umgebung benutzt. Alle jene interessanten Excursionen verschafften unseren Sammlungen reichen Zuwachs.

Smith Haven ist eine Waldhütte im Moshannon State Forest – gute vier Autostunden von Bethlehem entfernt. Hier sind wir mit Kay und Gary Smith verabredet. Der Himmel ist klar, am Horizont ziehen aber langsam dunkle Wolken auf. Wir fahren auf den Highway 80, dann immer Richtung Westen und durchqueren dabei eine waldreiche Gegend. Nach guten dreieinhalb Stunden verlassen wir den Highway 80 Richtung Medix Run. Auf der Anhöhe sind fast nur noch Trucks unterwegs, es geht tief in den Moshannon State Forest hinein. Wir fahren die Medix Run Road am Little Medix Run Creek entlang. Die Fahrt auf nicht gepflasterten Straßen hat in diesem dunklen Wald etwas Befremdliches. Plötzlich kommt uns ein Auto entgegen, Gary sitzt darin. Er ist beunruhigt, weil wir über 20 Minuten verspätet sind. Wir folgen ihm im strömenden Regen auf der Straße bis nach Smith Haven. Auf der überdachten Terrasse serviert uns Kay einen Begrüßungskaffee. Nachdem ich von unseren Gastgebern erfahren habe, dass es im Staatsforst Bären und Klapperschlangen gibt, beunruhigt mich der Gedanke, dass ich in der Nacht im prasselnden Regen die sichere Hütte verlassen muss, um zum außenliegenden Abort zu gelangen. Ich sehe mich mitten in der Nacht im Stockdunkeln auf eine Schlange treten oder gegen einen Bären prallen.

Nach dem Kaffee machen wir mit unseren Gastgebern noch einen Ausflug durch den Moshannon State Forest und sehen friedlich grasende Elche.

Eine Waldhütte ist Geschmackssache. Bei regnerischem Wetter riecht es etwas muffig, die Feuchtigkeit dringt in die Hütte ein und macht alles klamm und ungemütlich. Wir schlafen unter dünnen Sommerdecken. Befremdet sehen wir, wie Kay und Gary es sich in dicken Schlafsäcken gemütlich machen. Mitten in der Nacht muss ich tatsächlich raus zum Pinkeln. Ängstlich, auf jedes Geräusch achtend, ist mein Aufenthalt draußen nur von kurzer Dauer.

Am nächsten Tag trinken wir unausgeschlafen einen Morgenkaffee, verrammeln die Cabin und machen uns auf den Weg nach Putneyville, knapp 70 Meilen entfernt und idyllisch gelegen am Allegheney River. Gary ist in Putneyville geboren. In dieser Ortschaft befindet sich die Wiege der Schreckengasts in Pennsylvania, hier siedelten sich die ausgewanderten Wittgensteiner an, hier lebten Garys Eltern und Großeltern. Zum Beweis liegen auf dem örtlichen Friedhof Schreckengast neben Schreckengast. Gary spricht jeden an, um zu fragen, ob er oder sie einen Schreckengast kennt. Eine junge Frau hört ihm aufmerksam zu. Der Knüller ist: Sie ist eine geborene Schreckengast, oder, wie man hier sagt, „Schreckengost". Sie lädt uns in ihr Haus ein und zeigt uns Fotos und Handwerksarbeiten ihrer Vorfahren.

Auf einer Spazierfahrt nach Allentown, dem Hauptorte von Lehigh-County, einem Städtchen von 1700 Einwohnern, 3 Kirchen, und einem Courthouse, 6 Meilen von Bethlehem, fanden wir im Lecha-Thale mehre Flüge von Vögeln, zum Abzuge gerüstet.

Zurück in Allentown beziehen wir Quartier im Holiday Inn. Draußen herrschen 29° C, es ist leicht bewölkt. Man könnte meinen, der Sommer kehrt zurück. Die Bankenkrise macht Riesenschlagzeilen in den Zeitungen, einige Banken sind wegen unseriöser Spekulationen bereits Pleite gegangen.

Kapitel VI
Bethlehem und über die Alleghany's nach Pittsburg

Der letzte Tag unseres Aufenthalts in Allentown beglückt uns mit sonnigem Wetter und hohen Lufttemperaturen. Wir haben uns ein schattiges Plätzchen im Warteraum der Busstation gesucht und beobachten die seelenruhig wartenden Fahrgäste am Busterminal in Richtung Harrisburg. Der Greyhound-Bus, der aus New York kommt, verspätet sich um zwanzig Minuten.

Auffällig an der Gruppe unserer Mitreisenden ist der hohe Anteil junger Leute und Menschen südamerikanischer Herkunft. Die amerikanische Mittel- und Oberschicht reist nicht mit dem Bus, das bleibt den einkommensschwächeren Gruppen vorbehalten, die preiswert von A nach B kommen möchten. Unsere anfängliche Unsicherheit gegenüber dem bunten und multikulturellen Reisepublikum verflüchtigt sich schnell.

Als unser Gepäck verstaut ist und wir im Bus sitzen, legt der Fahrer ein Höllentempo vor, um die Verspätung aufzuholen. Ich muss an Wied denken, der am 17. September 1832 südlich von uns auf der heutigen US-Route 222 bzw. 422 mit der Kutsche nach Harrisburg gefahren ist. Der Prinz benötigte für die 81 Meilen nahezu zwei Tage, wir hingegen sind knappe eineinhalb Stunden unterwegs.

Während Wied die dichten Hickory-Wälder der Oli-Mountains zu seiner Rechten hatte, durch das Grün saftiger Wiesen rumpelte und wildromantische Flüsse querte, treibt unser Fahrer den Greyhound auf der Überholspur durch den Güterverkehr der Interstate 78. Rechts sehen wir die endlos bewaldeten Hügel der Alleghenies, die eine intakte und unzerstörbare Wildnis vortäuschen, als streife Daniel Boone noch immer durch die unberührten Wälder Pennsylvanias, Kentuckys oder Tennessees.

Unser Fahrer rast mit unserem Bus an Hamburg, Strausstown, Schubert, Bethel und anderen deutschstämmigen Ansiedlungen vorbei, bis uns mit den eintönigen architektonischen Zweckbauten jene vollklimatisierten Albträume begrüßen, die für die Außenbezirke amerikanischer Großstädte kennzeichnend sind: in diesem Fall die großflächigen Gebäude und Hallen der Industrieanlagen, Werkstätten, Tankstellen und Einkaufszentren an der östlichen Peripherie Harrisburgs – der Hauptstadt des Staates Pennsylvania.

Zu Wieds Zeit war Harrisburg eine kleine Stadt mit 5 000 Einwohnern, die vornehmlich noch aus Holzhäusern bestand. Er erwähnte die akkurate Anordnung der rechtwinkligen Straßenzüge und beschrieb die Lage der Hauptstadt zwischen dem breiten und träge dahinfließenden Fluss Susquehanna und dem Union Canal lediglich mit knappen Worten, hob aber als besondere Sehenswürdigkeiten das State Capitol und die lange, komplett mit Glasfenstern geschlossene Holzbrücke über dem Susquehanna hervor. Wied betonte die malerische Aussicht auf die vielen bewaldeten Inseln im Fluss, ohne zu ahnen, dass das Wasser des Susquehannas bis zum Beginn des 21. Jahrhunderts durch intensive Tierhaltung, landwirtschaftliche Düngemittel und unzureichend geklärte Abwässer stark belastet werden sollte.

Wieds Blick schweifte auch über jene Insel im Fluss, die mit dem Namen Harrisburg für immer in schrecklicher Erinnerung verbunden sein wird: Three Mile Island. Dort ereignete sich am 28. März 1979 ein schwerer Kraftwerksunfall, bei dem es in einem der Reaktorblöcke zu einer partiellen Kernschmelze kam, die den Reaktorkern größtenteils zerstörte. Wie üblich wurde der Vorfall von den Verantwortlichen heruntergespielt, doch noch sechs Jahre nach dem Unfall war die Krebsrate auf der vom Wind abgewandten Leeseite zeitweise bis zu 150% höher als auf der Luvseite der Reaktoranlage.

Ich betrete diese Stadt mit gemischten Gefühlen, da ein verantwortlicher Umgang mit den natürlichen Ressourcen und der Umwelt meiner Meinung nach dem Selbstverständnis vieler Amerikaner von unbegrenzter Mobilität und Freiheit im Wege steht. So groß die Ignoranz gegenüber dem Schutz der Umwelt bei vielen Amerikanern auch sein mag, einige Landsleute engagieren sich vorbildlich für den Umweltschutz und versprühen eine optimistische Tatkraft, die sich bemüht, das Beste aus allem zu machen – eine amerikanische Urtugend.

So sind wir denn nun doch angetan vom Erscheinungsbild der Stadt, dem vielen Grün der Parkanlagen, der seltsamen Mischung aus historischen Gebäuden und unsäglicher Parkhausarchitektur. Glücklicherweise gibt es die unverwechselbaren Landschaften, in welche diese Orte eingebettet sind, noch immer. In Harrisburg ist es das großartige Flusspanorama mit den vielen unterschiedlichen Brücken, der gediegenen Uferpromenade des Susquehannas, seinen grünen Inseln und den Kühltürmen auf Three Mile Island, die, von Bäumen verdeckt und vom Dunst des Fernblicks verschleiert, immer noch ihre gefährliche Arbeit leisten.

Die nahezu ausnahmslose Freundlichkeit der Bewohner macht unseren dreitägigen Aufenthalt angenehm. Wir mieten uns Fahrräder, erkunden die Umgebung, versuchen die Örtlichkeiten zu finden, die Wied während seines dreitägigen Aufenthaltes in seinem Reisebuch erwähnte, und besuchen das auf einem Hügel liegende Civil War Museum.

Weiter geht's mit einem Greyhound Bus. Wir folgen nahezu der exakten Wied-Route von Harrisburg nach Ebensburg durchs Juniata-Tal. Das hier ist McCain-Country, nur McCains Kopf ziert die Plakate der bevorstehenden Präsidentschaftswahlen. Von Obamas „Yes, we can!" keine Spur. Die konservativen Amerikaner vertrauen Gott, der Winchester und der Private Property.

Während der Bus durch die hügelige Landschaft der westlichen Alleghanys, der Blue Mountains, ächzt und gigantische Rodungsmaschinen für eine neue Interstate breite Schneisen in die Berghänge reißen, muss ich an Wieds liebevolle Beschreibungen denken, mit denen er diesen Reiseabschnitt bedachte:

> *Die Waldungen färbten sich hier schon mehr, die Ahorne, das Dog-wood (Cornus florida) und der Sumach waren zum Theil roth, die Wallnussbäume, besonders der Hickory gelb, welches viel Abwechslung in die Landschaft brachte. Bei einigen Wohnungen sah man babylonische Weiden von kolossalem Wuchse. Die grossen dicken Weinranken hatten jetzt schon gelbes Laub, wogegen die ziemlich kleinen dunkel blauen Trauben nett abstachen.*

Wied beklagte den schlechten Zustand der Straße, fand aber durch das langsame Fortkommen genug Zeit, die Vielfalt des Mischwaldes zu beschreiben und die Blumen am Straßenrand zu würdigen: die violette Aster, die schöne blaue Lobelia syphilitica und die kräftigen Robinien.

Bei unserem Reisetempo können wir keine Blumen erkennen, dafür viele Schilder. Lewistown, State College, Reedsville, Laurel Creek, Tyrone, Altoona. Route 322, General Potter Highway, Interstate 99, Private Property. Wir vertrauen auf Gott – und auf die Busfahrerin, die sich mit dem Greyhound die letzten Kilometer vor unserem Ziel einen steilen Hang hochquält. Draußen liegt die Sonne bereits tief in den Taleinschnitten. Die Schatten werden länger, als wir den Stadtrand von Ebensburg erreichen. Wir sind froh, uns von den dicken Pullovern befreien zu können, die wir wegen der eisigen Temperaturen im klimatisierten Bus übergezogen hatten. With God, all things are possible!

> *Ebensburg ist der Hauptort von Cambria-County, ein kleiner aus Holzgebäuden zusammen gesetzter Ort, der nicht viel mehr als eine breite, ungepflasterte Straße und ein Rathaus sowie eine ziemlich ansehnliche Kirche besitzt.*

Durch die heutige High Street fließt der immense Durchgangsverkehr nach Pittsburgh und gibt der Stadt einen Hauch von Leben. War für Wied die auffällige Kirche des kleinen Ortes noch erwähnenswert, so ist es für uns das Staatsgefängnis Cambria County Jail, dessen gewaltige Ausmaße und düsteres Aussehen etwas Bedrohliches ausstrahlt, obwohl es heute nur noch als Museum dient.

In der Public Library werde ich wieder mit der Welt des Internets verbunden und kann den täglichen Reisebericht in meinen Blog stellen. Ein darauffolgender Spaziergang führt bezeichnenderweise am Ghost Town Trail entlang ins Tal und am War Memorial Baseball Field vorbei zurück zu unserer Unterkunft, dem Noon Collins Inn.

Als man uns im Greyhound-Ticketbüro fragt, ob uns Ebensburg gefällt, geben wir zu, nicht unglücklich zu sein, weiterreisen zu dürfen. Das zustimmende Gelächter der Anwesenden zeugt immerhin von einer gehörigen Portion Humor.

Das Schönste an dieser Stadt ist der Umstand, dass wir am nächsten Tag von Jo-Ann (75) und Dick Baldwin (78), einem Bruder von Kay Smith, abgeholt werden. Sie haben uns für zwei Tage nach Johnstown, 25 Meilen von Ebensburg entfernt, eingeladen. Johnstown liegt am Conemaugh River, der sich durch eine wunderschöne bewaldete Hügellandschaft windet. Aus der Ferne betrachtet sieht die Stadt unten im Flusstal wie ein Ferienort aus, doch dann erkennen wir in den Straßen der City die verlassenen Fabrikanlagen der Kohle-, Eisenerz- und Stahlwerke und spüren nahezu die bedrückende Stimmung, die dort seit dem Niedergang der Montanindustrie herrscht.

Dick Baldwin war sein ganzes Berufsleben lang Drucker bei einer Tageszeitung in Johnstown. Er und seine italienischstämmige Frau gehören noch einer Generation an, die relativ unbeschadet von wirtschaftlichen Krisen an der Verwirklichung ihres amerikanischen Traums arbeiten konnten. Sie haben die Werte von Freiheit, Gerechtigkeit und Solidarität verinnerlicht, müssen jedoch heute desillusioniert beobachten, dass die Errungenschaften ihres Landes den Conemaugh runtergehen, wie damals beim Johnstown Flood Disaster. Die Geschichte der großen Flutkatastrophe von 1889 kennt in den USA jedes Kind. Nach starken Wolkenbrüchen brach damals der knapp 23 Kilometer von Johnstown entfernte Staudamm. Die anschließende Flutwelle, die sich durch das Conemaugh-Tal ergoss, zerstörte die Stadt und riss 2 200 Menschen in den Tod.

Bei der Gedenkstätte Flood National Memorial können wir auf die Stelle schauen, wo der Damm brach. Der Besuch des Flutopfer-Friedhofs ist uns genauso wichtig wie der anschließende Besuch im Flood Museum. Dort wird uns ein eindrucksvoller und oscarprämierter Dokumentarfilm über die Katastrophe gezeigt, der die Schrecken des damaligen Ereignisses realistisch vermittelt.

Eine knappe Autostunde von Johnstown entfernt liegt Shanksville. Das ist der Ort, bei dem am 11. September 2001 die von Terroristen entführte Boeing 757 der United Airlines abstürzte, nachdem die Passagiere das Cockpit mit den legendären Worten „Let's roll" gestürmt hatten.

Jo-Ann und Dick fahren uns zu der schlichten, aber sehr ergreifenden Gedenkstätte, die 500 Meter von der Absturzstelle entfernt liegt. Deren Bereich ist gesperrt, weil dort immer noch Menschenknochen und Flugzeugteile herumliegen sollen.

In Shanksville manifestiert sich jenes amerikanische Selbstwertgefühl von nationalem Stolz und Pathos, das der Ohnmacht und Hilflosigkeit, mit der Nine-Eleven ertragen werden musste, entgegengesetzt wird.

Wied war weder in Johnstown noch in Shanksville, sein Weg nach Pittsburgh führte nördlich an diesen beiden Orten vorbei. Seit Wieds Zeiten hat es nicht nur zahlreiche Naturkatastrophen gegeben, die Landschaften verändert haben, sondern in seiner Ära wurden auch die hegemonialen und kolonialpolitischen Ideen entwickelt, aus deren Saat der heutige internationale Terrorismus erwachsen ist.

Jo-Ann und Dick Baldwin bringen uns nach zwei Tagen zurück nach Ebensburg. Es ist ihnen ein selbstloses Vergnügen, uns Europäern ihre Heimat näher gebracht zu haben. Die zwei Senioren aus dem Cambria County, Pennsylvania, haben sich so rührend, voller Herzlichkeit und Gastfreundschaft, um uns gekümmert, dass beim Abschied so manche Träne fließt.

Am nächsten Tag warten wir am Busterminal, wieder hat der Greyhound über eine halbe Stunde Verspätung. Der Busfahrer ähnelt mit seiner schwarzen Betonfrisur und seinem maskenhaften Gesichtsausdruck einer Comic-Figur.

Mit uns reisen etwa fünfzehn Fahrgäste in Richtung Südwesten. Nachdem Johnstown hinter uns liegt, genießen wir den Blick in den Laurel Ridge State Park und in die dunkelgrüne Bewaldung der Allegheny-Ausläufer, bis diese sich schließlich nach und nach am Horizont verlieren.

Als Wied die Gegend mit seiner Überlandkutsche durchquerte, bemerkte er immense Holzeinschläge, die den Baumbestand dezimierten. Wir haben allerdings den Eindruck, dass die Natur sich die freien Flächen zurückerobert hat, denn um uns herum ist nichts als Wald.

Die Strecke zieht sich hin, zumal unser Fahrer sich dem Wied'schen Reisetempo annähert. Die Fahrt nach Pittsburgh entwickelt sich zu einem trägen Stop-and-go-Verkehr zwischen unzähligen Ampeln.

So tuckern wir an Mercedes- und VW-Niederlassungen vorbei, sehen Plakathinweise auf ein deutsches Oktoberfest, und schaukeln gemütlich durch ein Labyrinth von Einkaufszentren, Tankstellen und gesichtslosen Gewerbebauten in Richtung Pittsburgh.

Als wir endlich den Squirrel Hill Tunnel durchquert haben, sehen wir sie zum ersten Mal vor uns: Die Skyline der Wolkenkratzer von Pittsburgh.

Susquehanna, Allegheny, Monongahela, Ohio – diese indianischen Namen klingen wie Musik in meinen Ohren und bestärken den Wunsch, die Ufer dieser Flüsse aufzusuchen.

Nur wenige Stunden nach unserer Ankunft in Pittsburgh stehen wir auf dem Mount Washington und haben eine phantastische Kulisse vor uns. Downtown erhebt sich auf der Landzunge zwischen den Flüssen Allegheny und Monongahela, die in ihrem Zusammenfluss den Ohio bilden, der, tausendmal besungen, nach 1 579 Kilometern in den Mississippi mündet. Mit seinem Wasserreichtum gilt der schiffbare Ohio als einer der Hauptströme des Mississippi-Flusssystems.

Einige Meter von uns entfernt steht ein Denkmal des einheimischen Künstlers James West, das den Namen „Point of View" trägt. Es zeigt George Washington und den Seneca-Indianer Guyasuta, die sich dicht gegenübersitzen und einander anstarren. Man sieht ihre geballten Fäuste und bösen Blicke, als gelte es, das Gegenüber einzuschüchtern. George Washington ist dies bekanntermaßen besser gelungen, denn als Verlierer der Geschichte wurden Guyasuta und seine Seneca, ein Stamm der Irokesen, immer weiter nach Westen abgedrängt, wo sie zwischen Franzosen und Engländern im French and Indian War und durch die aggressive Siedlungspolitik der unabhängig gewordenen Amerikaner aufgerieben wurden.

Pittsburgh war im ausgehenden 18. Jahrhundert das Tor zum Westen, an jener Grenze, die die westliche Zivilisation von der sogenannten Wildnis trennte. Bereits zu Wieds Zeiten waren die Indianer aus Pennsylvania vertrieben oder vernichtet worden. Andere Reststämme versuchten westlich des Mississippis ihre Freiräume zu finden. Wied sollte erst 1833 die ersten wilden Indianer in St. Louis zu Gesicht bekommen.

Als Wied in Pittsburgh ankam, fiel ihm der Smog der frühindustriellen Fabrik-anlagen auf. Nicht umsonst galt Pittsburgh als das Birmingham Amerikas.

> *Pittsburgh ist eine ziemlich alte, weitläufige, aber wenig schöne Stadt. Steinkohlenlager ganz in ihrer Nähe, gegenwärtig zum Theil in Brand, verschaffen den zahlreichen Dampfmaschinen, Oefen und Kaminen ein reichhaltiges Brennmaterial, und die Stadt ist daher in grauen Dampf gehüllt. Der Rauch dieses sehr wohlfeilen Brennmaterials giebt den Gebäuden ein finsteres Ansehen. Diese Stadt liegt auf der Landspitze zwischen den Flüssen Monongahela und Alleghany, durch deren Vereinigung der Ohio gebildet wird, der daher hier noch nicht sehr bedeutend ist; dennoch aber bei höherem Stande in gewissen Jahreszeiten Dampfschiffe trägt. Ich zählte am Ufer des Monongahela 16 dieser Fahrzeuge.*

Natürlich lassen wir es uns nicht nehmen, mit einem dieser für den Tourismus aufgemotzten Nostalgie-Radschauflern im Dreiflüsse-Eck zu kreuzen. Aber mit der Pittsburgher Skyline an den jeweiligen Ufern fällt es schwer, sich in Wieds Zeit zurückzuversetzen.

Pittsburgh, Pennsylvania: Point of View, Bronzeskulptur von James A. West

Aus der 12 000-Seelen-Gemeinde von damals ist eine Großstadt mit 312 000 Einwohnern geworden. In ihren Glanzzeiten Ende des 19. Jahrhunderts entwickelte sich die Stadt zum Zentrum der amerikanischen Stahlerzeugung, von dessen Anfängen und Emissionen sich bereits Wied ein Bild machen konnte. Das 1758 auf den Trümmern des französischen Forts Duquesne errichtete britische Fort Pitt gilt als Grundstein der späteren Stadt. Während unseres Aufenthaltes werden wir Zeugen eines gigantischen Feuerwerks, das zum 250-jährigen Geburtstag Pittsburghs abgebrannt wird.

Die Entwicklungsgeschichte Pittsburghs ist auch Teil deutscher Migrationsgeschichte. Vom frühen 19. Jahrhundert bis zum Ersten Weltkrieg war die größte Gruppe von Einwanderern deutschsprachig, unter ihnen viele Auswanderer aus dem Rheinland, Hessen-Darmstadt und Schwaben.

Das Zimmer des Hotels Quality Suites kühlt schnell aus. 15 °C Durchschnittstemperatur. Jeder Versuch, die Klimaanlage auf „Heating" zu stellen, scheitert an der fehlenden Feinabstimmung. Bereits Sekunden später bullert die Hitze wie in einem alten Ofen. Amerika – das Land der unbegrenzten Energievergeudung. Das gleiche gilt für ein separates Fach im Kühlschrank, in dem permanent Eis produziert und zerkleinert wird.

Das Frühstück, wie so oft auf unserer Reise, spottet unseren europäischen Vorstellungen: zwei Sorten Cornflakes, Milch mit zwei Prozent Fettgehalt, Blümchenkaffee mit labbrigem Kuchen, dazu einen geschmacks- und fettfreien Joghurt und einen plastikähnlichen Apfel. Woher kommen dann die vielen Fettleibigen, fragen wir uns immer wieder erstaunt. Fette Würstchen, Rührerei und Pfannkuchen mit Sirup als Frühstücksalternative könnten dafür verantwortlich sein.

Unsere Exkursionen führen uns zu einigen Sehenswürdigkeiten Pittsburghs. Eine davon ist die Landzunge des Point State Parks zwischen Allegheny und dem Monongahela River, wo die Stadt vor 250 Jahren gegründet wurde. Heute steht hier das Fort Pitt Museum mit dem American Indian Center, das an die Besiedlung Pittsburghs und die damit einhergegangene Vertreibung der Ureinwohner erinnert. Der Blick vom Park auf die Skyline von Pittsburgh, auf den Mt. Washington und die Flusslandschaft ist grandios. Sehenswert ist ebenfalls der Strip, Pittsburghs Amüsiermeile, die sich tagsüber aber noch recht verschlafen präsentiert, das Andy Warhol Museum und das Carnegie Museum of Natural History.

Der Chartiers Cemetery ist nur einen Steinwurf von unserem Hotel entfernt. Auf diesem gepflegten und liebevoll bepflanzten Friedhof machen wir längere Spaziergänge und genießen die friedvolle Stimmung der parkähnlichen Anlage. Ab und zu fährt ein Auto im Schritttempo vorbei und stoppt vor einer Grabstelle. Die Insassen gedenken der Toten, ohne das Fahrzeug zu verlassen.

Abends besuchen wir ein zweites Mal den nunmehr spektakulär illuminierten Strip. Die Kaufhäuser, Kneipen, Restaurants, Nachtclubs und Shops aller Arten und aus aller Herren Länder sind geöffnet, die Stimmung der Besucher prächtig.

So wie Wied deutsche Landsleute in Pittsburgh getroffen hatte, die ihm die Stadt und die nähere Umgebung zeigten, so treffen auch wir Freunde von amerikanischen Bekannten, und zwar Gary Smith und Robert Linn.

Am 26. September, drei Tage früher als Wied vor 176 Jahren, fahren wir mit Gary Smith und seinem Bruder Keith von Pittsburgh nach Ambridge in den Stadtteil Old Economy Village. Dieses Viertel wurde 1824 vom deutschen Separatistenführer Johann Georg Rapp gegründet. Rapp musste Württemberg 1803 aus religiösen und politischen Gründen verlassen und wanderte nach Amerika aus. Er gründete, mithilfe zahlreicher religiöser Anhänger aus Deutschland, die wirtschaftlich sehr erfolgreichen religiösen Siedlungen Harmony in Pennsylvania (1804), New Harmony in Indiana (1814) und Economy in Pennsylvania (1824). Als Wied 1832 zusammen mit Karl Bodmer das deutsche Musterstädtchen Economy besuchte, lebte Johann Georg Rapp noch. Vater und Sohn Rapp erwiesen sich als großzügige Gastgeber und zeigten Wied und Bodmer die Siedlung in aller Ausführlichkeit.

Unser erster Weg führt uns zum Besucherzentrum, dem ein kleines Museum angeschlossen ist. Dort entdecken wir eine Zeichnung von Wied, auf der er Rapp skizziert hat, und Bodmers bekanntes Bild von Old Economy Village.

Wir buchen eine Führung durch den von Rapp erbauten historischen Ortskern. Eingeleitet wird das Ganze mit einem Video über die Geschichte seiner religiösen Harmony Society.

Die Dame an der Kasse ist zwischenzeitlich in eine schwäbische Tracht von 1800 geschlüpft und führt uns nun durch Old Economy Village und die noch sehr gut erhaltenen Häuser der damaligen Harmonisten. Die Englisch sprechende Führerin, die in ihrer Tracht ein wenig bizarr wirkt, scheint Relikte der rigorosen Ethik von Rapp verinnerlicht zu haben: nichts berühren, nie den ausgewiesenen Weg verlassen, nie allein in einem Raum zurückbleiben. Sie beobachtet uns scharf und achtet genauestens darauf, als jeweils Letzte den Raum zu verlassen. Brav folgen wir ihren Anweisungen und lassen uns durch Rapps nicht gerade bescheiden wirkendes Wohnhaus führen. Es folgt Raum auf Raum, dann schließlich das repräsentative Ess- und Musikzimmer. Hier hat Maximilian also zu Abend gegessen, Wein getrunken und den Mädchen und dem jungen Lehrer bei ihren musikalischen Darbietungen zugehört:

> *Nachdem wir alle jene Sehenswürdigkeiten in Augenschein genommen, und von Herrn Rapp dem jüngeren durch die Fabrikgebäude geführt worden waren, verfügten wir uns in das Wohnhaus des Directors der Anstalt und wurden von seiner ganz nach ländlich württembergischer Art gekleideten Familie sehr freundlich aufgenommen. Bald erschien der Stifter der Anstalt, Herr Rapp, ein kräftiger alter Mann von ehrwürdigem Ansehn mit weissgrauen Haaren und langem Barte. Wir assen bei ihm zu Abend, tranken sehr guten hier gezogenen Wein und wurden zuletzt von sechs bis sieben Mädchen und einem jungen Manne, der hier Schulmeister ist, und gute Kenntnisse besitzen soll, durch Gesang und Clavierspiel unterhalten.*

Unsere Führung geht im Garten weiter, ein riesiges Areal, das seinerzeit bis zum Ohio reichte und heute durch eine Schnellstraße vom Fluss getrennt ist. Als ich so durch diesen Garten schlendere, muss ich daran denken, was Rapp damals predigte und was er unter der Philosophie der Harmonisten verstanden haben wollte: Sämtliches Privateigentum war abgeschafft, die Menschen lebten in vollkommener Gütergemeinschaft. Schwere Konflikte brachen auf, als Rapp 1807 die völlige sexuelle Abstinenz von den Harmonisten forderte, ohne sich selbst daran zu halten. Wied verliert über diese offensichtliche Diskrepanz kein Wort, obwohl gerade im Jahr seiner Anwesenheit nahezu ein Drittel der Gemeinde aus Protest Rapp gegenüber die Harmony Society verlassen hatte. Romelius Baker, der nach Rapps Tod im Jahre 1847 dessen Nachfolger wurde, lebte hingegen, wie wir bei der Besichtigung seines Hauses feststellen, bedeutend spartanischer, möglicherweise in der Hoffnung, eine weitere Abwanderung seiner Glaubensbrüder und -schwestern durch eine vorbildliche Lebensweise abwenden zu können.

Robert Linn ist Rechtsanwalt in Pittsburgh. Nachdem Ruth Jody ihn darum gebeten hatte, sich um uns zu kümmern, ist es für ihn selbstverständlich, uns seine Heimatstadt zu zeigen. Robert ist ein smarter, sympathischer und durchtrainierter Typ, der pünktlich um 16 Uhr mit einem offenen Saab Cabrio auf dem Parkplatz unseres Hotels eintrifft. Er begrüßt uns freundlich und schlägt vor, uns die Stadtteile zu zeigen, die wir bisher noch nicht gesehen haben. Dabei spricht er langsam und wohlakzentuiert, damit wir seinen Erklärungen und Beschreibungen besser folgen können. So ist es für uns eine Freude und eine Bereicherung, seinen Erläuterungen zu folgen.

Während wir die schönsten Viertel der Stadt zu sehen bekommen, wird uns im offenen Cabrio langsam kalt. Robert hingegen, Marathonläufer aus Leidenschaft, wie er uns stolz erzählt, scheint der kühle Fahrwind nichts auszumachen, obwohl er sehr viel luftiger angezogen ist als wir. Er zeigt uns die Cathedral of Learning im Universitätsviertel, Southside Pittsburgh, Washington Landing und erklärt, dass die Stadt mehr Brücken besitzt als Venedig, nämlich insgesamt vierhundertundsechsundvierzig, und dass die vielen Brücken, Gebäude und Spielstätten, die den Namen Heinz beinhalten, von der H.J. Heinz Company erbaut, finanziert oder gesponsert worden sind, von jener Firma also, die das weltbekannte Heinz Ketchup herstellt. Nach zwei interessanten Stunden Sightseeing parkt Robert schließlich seinen Saab vor einem schmucken und hell erleuchteten Haus in einem idyllischen Wohnviertel nahe der Universität. Seine Frau Virginia, eine zierliche Person und Journalistin bei der Pittsburgh Post-Gazette, empfängt uns freundlich und stellt uns ihre drei Teenager, zwei Mädchen und einen Jungen, vor. Außerdem leben im geräumigen Haus noch Katze und Hund in einträchtiger Zuneigung zueinander und patrouillieren gemeinsam über den wunderbaren Parkettboden. Eine Welt, wie aus einem Werbefilm, in dem das geschmackvoll ausgestattete Heim einer erfolgreichen amerikanischen Mittelstandsfamilie dokumentiert ist. Die Kinder genießen eine ausgezeichnete Ausbildung, Mutter und Vater sorgen fürs nötige Auskommen.

Doch die Idylle trügt. Nachdem wir zur Begrüßung ein paar Snacks und einen guten Rotwein serviert bekommen haben, wechseln wir nach einem Smalltalk zum Dinner ins Wohnzimmer. Dort entwickelt sich eine Diskussion, die uns unsere Gastgeber näher bringt. Wir reden über alle möglichen gesellschaftlichen Probleme, hauptsächlich über die Themen, die die politisch interessierten Amerikaner während unseres Aufenthalts bewegen: Wahlkampf, Bush, Obama, McCain, Sarah Palin, vor allem aber die aktuelle Finanzkrise. Virginia und Robert entpuppen sich als aufgeschlossene, liberale Menschen, die Obama wählen werden und ihre Sorge darüber äußern, dass er nicht Präsident werden könnte. Nach und nach kristallisieren sich aber auch die Ängste unserer Gastgeber heraus. Virginia befürchtet, aufgrund der zunehmenden Bedeutung des

Pittsburgh, Pennsylvania, Heinz Field Stadium

Internets, mittelfristig ihren Job bei der Zeitung zu verlieren, während Robert die zeitraubende und anstrengende Arbeit in einer großen Wirtschaftskanzlei beklagt, bei der man beim kleinsten Fehler auf der Straße sitzen könnte.

Als wir ein wenig über den Sinn und Zweck unserer Reise berichten, von Karl Bodmer und seinen Indianerbildern sprechen und Prinz Maximilian erwähnen, wird von Robert und Virginia noch nicht einmal Interesse geheuchelt. Die Geschichte der Indianer interessiert nur wenige Amerikaner. Wounded Knee und die Ausrottung der Indianer ist den meisten Amerikanern so gleichgültig, wie uns Deutschen das Verschwinden der Neandertaler.

Wir wollten es uns natürlich nicht nehmen lassen, die amerikanischste aller Veranstaltungen aufzusuchen, ein Footballspiel – und zwar das der Pittsburgh Steelers gegen die Baltimore Ravens im Heinz Field Stadion. Die sogenannten Monday Night Games werden landesweit im Fernsehen übertragen. Die Steelers sind seit Jahren eine Erfolgsmannschaft, haben den Super Bowl sechsmal gewonnen und sind bei den anderen Footballfans so unbeliebt wie Bayern München bei vielen Fans der Fußball-Bundesliga.

Das Spiel ist ausverkauft, doch in einem Geschäft werden noch einzelne Karten angeboten –für 150 $ pro Stück. Als ich mit dem Verkäufer über den Preis zu verhandeln beginne, erhöht er nach kurzer telefonischer Beratung auf 250 $.

Bei einem Schwarzhändler erstehe ich eine knappe Stunde später zwei Tickets für 200 $. Diese Schwarzhändler werden Scalpers genannt, eine negative Reminiszenz an vergangene Zeiten, die außerdem darüber hinwegtäuscht, dass nicht nur die Indianer ihrem Gegner das Fell über die Ohren gezogen haben, sondern dass die Indianer schon ähnliche Kampf- und Ballspiele ausübten, lange bevor die weißen Einwanderer das Rugby-Spiel aus Europa mitbrachten.

Im Frühjahre bei schönem Wetter spielen die Knaben und jüngeren Männer (der Mandans und Mönnitarris) mit einem cirkelförmig zusammen gebundenen Reife, der quer über mannichfaltig mit Lederstreifen beflochten ist. Sein Durchmesser beträgt etwa einen Fuss. Man rollt oder wirft diesen Reif, und wirft oder stösst von der Seite mit einem spitzigen Stocke in das Geflechte; wer der Mitte am nächsten kommt, hat gewonnen.

Die Geräuschkulisse im Stadion ist gewaltig, das Bier fließt in Strömen und unten auf dem Rasen wird um jeden Yard mit harten Bandagen gekämpft. Im Football zeigen sich alle Merkmale einer kapitalistisch geprägten Gesellschaftsform, die dazu neigt, ihre Ellenbogen zu gebrauchen, um sich rücksichtslos durchzusetzen. Es ist fast überflüssig, zu sagen, dass die Steelers nach einem schon verloren geglaubten Sieg noch aufholen und die Partie für sich entscheiden. Loser, so wird gesagt, sind Leute, die aufgeben, noch bevor sie etwas begonnen haben; Winner hingegen, so wird ebenfalls behauptet, sind Typen, die nicht eher aufgeben, bis irgendwer den Kräftevergleich abpfeift. Die Steelers sind in diesem Sinne einwandfreie Gewinner.

Als sich am letzten Tag unseres Aufenthalts in Pittsburgh die Dunkelheit über die Stadt legt, verabschiedet sich Gary Smith mit einer Einladung ins Nobelrestaurant Isabela on Grandview auf dem Mt. Washington von uns. Der Blick auf das erleuchtete Pittsburgh mit der unverwechselbaren Silhouette und das entspannte Gespräch mit unserem Freund Gary bei einigen Gläsern Rotwein runden den Aufenthalt in der Stadt bestens ab.

Kapitel VII
Pittsburg und New-Harmony am Wabash

(8. October) Der Ohio war jetzt bei Pittsburg in zu niederem Stande, um mit Dampfschiffen befahren zu werden; wir mussten deshalb die Reise bis Wheeling zu Lande machen. Unser Postwagen wurde von vier raschen Pferden schnell längs des Berges fortgezogen, wo die Strasse durch hohen aber verdorbenen und ausgehauenen Wald lief.

Die Ära der Postkutschen ist vorbei, sodass wir uns ersatzweise einen Chevrolet Impala mieten. In dem Auto ist ein Odometer eingebaut, ein Gerät, das anzeigt, in welche Himmelsrichtung man fährt. Bei Reisen in den USA eine fast notwendige Orientierungshilfe, wie wir zu unserem Leidwesen schon am eigenen Leib erfahren haben. Die Wettervorhersage sagt für den ganzen Tag Regen voraus. Robert Taylor, unser Englischlehrer in Deutschland schreibt uns in einer E-Mail, dass Wheeling zu 99,9% von Rednecks bewohnt wird. Rednecks nennt man Menschen der ländlich-konservativen, weißen Unterschicht, vergleichbar etwa mit den deutschen Bezeichnungen „Hinterwäldler" oder „Prolet".

Wir verlassen Pittsburgh am 8. Oktober in Richtung Südwest auf dem Washington Pike, auf dem schon Wied nach Wheeling reiste. Die Gegend wird zunehmend ländlicher, die Blätter an den Bäumen färben sich immer bunter, wir befinden uns mitten im Indian Summer.

Wir hatten mehre bedeckte Brücken passirt und erreichten Cannonsburg, 18 Meilen von Pittsburg, wo man die Pferde wechselt, und wie gewöhnlich in allen solchen Ortschaften der Vereinigten Staaten, von Neugierigen und Müssigen begafft wurde.

Canonsburg: Ein Plakat weist auf ein Oktoberfest hin, ein anderes teilt mit, dass Jesus lebt. Kurz darauf fahren wir bereits durch die Vororte von Washington, Pennsylvania.

Zu Mittag erreichten wir Washington, einen Flecken, jenseit dessen die Gegend mit Wald und Feldern abwechselte, wo abgeschnittene Baumstöcke wieder den Beweis gaben, dass das ganze Land östlich vom Mississippi ein Urwald war.

Washington, Pennsylvania, hat 15 000 Einwohner und ist Sitz der Verwaltung des Washington Countys. Pittsburgh-Steelers-Fahnen hängen aus den Fenstern.

Nachdem man Alexandria, einen Flecken, zurückgelegt hat, verlässt man bald die Grenze des Staates Pennsylvanien und tritt in Virginien ein.

„Welcome to West Virginia – wild and wonderful". Entlang des National Pikes stehen wirklich schöne Häuser, die aber teilweise eine Renovierung vertragen könnten. Immer häufiger sind auch Mobile Homes zu sehen.

Von einer Höhe erblickten wir vor uns die zahlreichen Lichter von Wheeling und den Glanz des Ohio, in dem der schöne Vollmond sich spiegelte. Wheeling ist eine stark im Vorschreiten begriffene Stadt von 5200 Einwohnern.

Wheeling hat knapp 30 000 Einwohner. Plakate werben für eine Sheriff-Wahl. Unser Quartier für die nächsten zwei Tage ist das Spring Hill Suites an der National Route. Das Hotel liegt auf einer Anhöhe, von wo man einen weiten Blick auf die malerische Landschaft hat. Bob Linn prognostizierte, dass wir die ersten Deutschen sein werden, die freiwillig in Wheeling übernachten. Das ursprüngliche Wheeling liegt direkt am Ohio River, im Laufe der Jahre haben sich die Vororte aber weit in die Täler ausgebreitet. Die Stadt macht in der Innenstadt einen ziemlich maroden Eindruck.

North Island liegt mitten im Ohio River. Früher muss es auf der Insel mal sehr schön gewesen sein, heute dagegen sind die Wohnhäuser durch die vielen Überschwemmungen im Verfall begriffen. Ein riesiges Casino, eine Hunderennbahn und viele, viele Parkplätze nehmen einen großen Teil der Insel ein.

Am nächsten Morgen bekommen wir im Hotel das schlechteste Frühstück aller Zeiten vorgesetzt. Eine Menge Plastikmüll bleibt auf den Tischen zurück. Gegen 11 Uhr reißt der Himmel auf, sodass wir unsere Stadtbesichtigung bei strahlendem Sonnenschein beginnen. Im Gebäude des West Virginia Independence Hall Museums fand 1861 die sogenannte Wheeling Convention statt, in der die Gründung des Staates West Virginia beschlossen wurde. Weiter südlich an der Market Street erreichen wir die Wheelinger Markthallen, die in einem hübschen Viertel liegen. Von den Markthallen gehen wir den Ohio River entlang zum Wheeling Wharf. An dieser Stelle war in früheren Zeiten der Hafen von Wheeling, heute hat man den Platz zu einer Art Amphitheater umgebaut. Wir liegen auf den Holzplanken direkt am Wasser und genießen das wunderbare Spätsommerwetter. Von dieser Stelle aus setzten Wied und seine Begleiter ihre Reise bis zu ihrem Endziel Fort McKenzie ausschließlich auf Flüssen fort.

Am 9. October erwartete man zwei Dampfschiffe, und schon nach Mittag schifften wir uns auf dem Nile ein, einem kleinen Fahrzeuge, da grosse Dampfschiffe nicht so hoch aufwärts steigen konnten.

Aus guten Gründen lassen wir das Frühstück im Hotel ausfallen. In den Nachrichten höre ich, dass die Krise an den internationalen Aktienmärkten immer dramatischere Ausmaße annimmt.

Wegen des niederen Wasserstandes musste unser Schiff für die Nacht stille liegen, am nächsten Morgen aber, am 10. October lief man früh Elisabethtown (heute Moundsville) vorbei.

Strahlend blauer Himmel, 15 ° C. Wir durchfahren die Außenbezirke von Wheeling mit Blick auf den Ohio River. Es geht vorbei an Industrieanlagen und Handwerksbetrieben. Am Fluss wird Kohle auf Frachtkähne verbracht. In Sistersville, West Virginia, bringt uns eine Fähre rüber nach Monroe, Ohio.

In der Nähe des Dörfchens Sistersville, am rechten Ufer im Staate Ohio, waren die Sandbänke im Flusse von den Blüthen eines Gewächses gelb gefärbt; es war dies eine Blume des Herbstes und der jetzt wehende Wind erinnerte uns ebenfalls an das Heranrücken der kalten Jahreszeit, indem er die Blätter in Menge aus dem Walde herüber bliess und das Wasser zum Theil damit bedeckte.

Die Wälder der Hügellandschaft bestehen aus Mischwald, um diese Jahreszeit bereits leicht ins Orange-Rötliche übergehend. Hinter Matamoras, Ohio, steht auf der Seite von West Virginia ein gewaltiges Aluminiumwerk, in der Ferne taucht schon ein weiteres Kraftwerk mit drei Riesenschornsteinen und zwei gewaltigen Wassertürmen auf. Ein unangenehmer Geruch durchdringt alles. Kurz darauf folgt der Willow Islands Locks & Dam. Der Charme der Naturlandschaft ist verschwunden, die Wälder sind abgeholzt.

An einer engen Stelle des Ohio erreichten wir das Dörfchen Newark, als-
dann die Mündung des Muskingum-Flusses bei dem Flecken Marietta, der
1788 begonnen wurde. Dieser Ort ist klein, hat aber dennoch schon einige
hübsche Backsteingebäude, und auch ein Paar Kirchen. Man hat viel von
den altindianischen Wällen und Ueberresten gelesen, welche hier zwischen
dem Ohio und dem Muskingum liegen. Allein diese interessanten Ueber-
reste sind meistens durch die Zerstörungssucht oder Unachtsamkeit der
neuen Ansiedler gänzlich vernichtet worden. So ist auch hier zu Marietta
der Ort gerade in den Vordertheil der indianischen Werke erbaut worden,
und viele derselben sind nicht mehr zu sehen. Es ist beklagenswerth, dass
die Regierung der Vereinigten Staaten ungehindert dergleichen geschehen
lässt. Sie sieht ruhig zu, wie der Pflug alljährlich in der Zerstörung dieser
Ueberreste längst verflossener Jahrhunderte, der einzigen geschichtlichen
Denkmäler dieses Landes, fortfährt.

Die Vororte von Marietta ziehen sich lang hin, liegen weit verstreut. Bald beginnen die Gewerbegebiete, Autohaus steht neben Autohaus, alle mit Hunderten von Gebrauchtwagen vor den Hallen. Es folgt das erste Einkaufszentrum, Hotels und Fast Food Restaurants wie Pizza Hut, McDonald's oder Taco Bell, Empire Buffet, Get N Go, Roosters, Long John Silver's, und Burger King. Historic Downtown Marietta macht dagegen einen freundlichen Eindruck.

Von Marietta erreicht man die Muskingum- und alsdann die Vienna-In-
sel, welcher gegenüber am linken Ufer das Dörfchen Vienna (Wien) liegt.
Unterhalb Parkersburg, eines Fleckens des südlichen Ufers tritt der Little
Kenhava River aus dem hohen Ufer hervor, gegen über liegt Bellpre, eine
Ansiedlung von einigen Häusern.

Vienna geht mehr oder weniger übergangslos in Parkersburg über. Vor der Blennerhassett Bridge steht rechts eine Chemieanlage der Firma Kraton Polymers. Diese Gegend ist durch die Chemie- und Aluminiumindustrie reich geworden. Parkersburg hat etwas über 30 000 Einwohner. Wir checken im Hotel The Blennerhassett ein, verkehrsgünstig an der Market Street gelegen. Im Julia-Ann Square Historic District stehen jede Menge wunderschöner alter Villen. Wildgänse machen sich auf den Weg nach Süden. Wir essen in einem libanesischen Restaurant zu Abend. Eine Bauchtänzerin gibt sich alle Mühe, die Gäste zu unterhalten.

Wises Landing, Bedford, Kentucky: Kraftwerk am Ohio River

Am 11. October früh war das Wetter besser, aber sehr kühl. Die Ansicht der Ufer war dieselbe, ununterbrochen dichter Wald, hier und da kleine Ansiedlungen.

Das Wetter ist fantastisch, der Himmel bilderbuchblau. 16 °C. Wir verlassen Parkersburg auf dem James A. Rhodes Appalachian Highway. Die Hänge des Ohio-Ufers sind dicht bewaldet und bieten ein herrliches Bild des Indian Summers. Plötzlich ein Schild: „Road closed ahead". Wir müssen umdrehen. Portland, Ohio. Die Gegend ist ländlich, die Autos vor den Mobile Homes sind riesengroß. Irgendjemand hat drei oder vier Wohnmobile zusammengebaut, ein sehr spezielles Ensemble. Kurze Zeit später erreichen wir die nächste Staustufe des Ohios, auf der West Virginia-Seite steht das gigantische Kohlekraftwerk AEP The Mountaineer Power Plant.

Pomeroy, Ohio. Ein Autoaufkleber: „Guns don't kill deer, I kill deer. Steelhead Hunter". Pomeroy ist eine etwas größere Ortschaft mit einem Supermarkt, in dem wir einige Besorgungen machen. Nachdem ich mit umgehängtem Fotoapparat den Supermarkt verlassen habe, komme ich mit einer draußen rauchenden Verkäuferin ins Gespräch. Sie erzählt mir, dass einige ihrer Kolleginnen im Markt sich durch meine Anwesenheit mit dem Fotoapparat belästigt gefühlt haben.

Hastig verlassen wir Pomeroy und seine merkwürdig misstrauischen Menschen.
Bei Cheshire, Ohio fahren wir erneut an einem riesigen Kohlekraftwerk vorbei.
Aus den Kühltürmen kommen Unmengen von Rauch. Die Straße führt mitten
durch das Kraftwerk hindurch und schon kurz darauf passieren wir das nächste
Kohlekraftwerk: Kyger Creek. Die USA verfügen über die größten Kohlereserven
der Welt und produzieren derzeit die Hälfte ihres Stroms mit Kohlekraftwerken.
Untersuchungen belegen, dass die amerikanischen Anlagen für mehr als 80 Prozent der CO_2-Emissionen der Elektrizitätsbranche verantwortlich sind.
Die Kohlenboote werden Bargen beziehungsweise „flat-bottomed boats" genannt. Mehrere Bargen werden miteinander verbunden, manchmal vier oder
fünf hintereinander. Gemächlich ziehen die Schleppeboote ihre fünfzig oder
mehr Meter lange Fracht hinter sich her.

Wir begegneten hier im Flusse häufig den sogenannten Flatboats (Flach-
booten), welche überall an den Ufern des Ohio von Pittsburg an gebaut und
mit den Produkten des Landes nach New-Orleans gesandt werden. Diese
Boote sind grosse viereckige Kasten von Brettern und Balken, oft schwer
beladen, sie gehen tief im Wasser und treiben daher ohne Masten und Segel
sehr langsam fort. Zu einer Reise nach New-Orleans gebrauchen sie mehre
Monate und haben häufig als Ruderer neue europäische Ankömmlinge
für geringen Lohn gemiethet, oft blos für die freie Passage. Manche dieser
Archen gehen zu Grunde, daher werden sie häufig versichert. In New-Or-
leans verkauft man sie als altes Holz. Der Fluss nahm an Breite zu, aber
nicht an Tiefe, wovon wir den Beweis vor Augen hatten; ein Flachboot sass
auf dem Grunde fest, und die Leute standen im Wasser, um es flott zu
machen. In dieser Gegend wohnen im Staate Ohio viele Schweizer-Colo-
nisten, deren Fleiss man sehr lobt. Gegen Mittag, bevor wir Point-Pleasant
erreichten, zeigten sich an mehren Stellen am Ohio Steinkohlengruben von
Bedeutung, deren Schwefelgeruch bis auf das Dampfschiff zu uns herüber
zog. Negerkinder sassen an verschiedenen Stellen am Ufer bei ihren ausge-
dehnten Mayspflanzungen. Diese Menschenrasse ist auch im Staate Ohio
frei. Nachdem wir bei Point-Pleasant, einem Dörfchen des linken Ufers,
vorbei geschifft waren, wo prachtvoller Wald die niedrigen Ufer an dem
hier mündenden Great-Kenhava-River (heute Kanawha River) deckt,
erreichten wir nach etwa 20 Minuten am rechten Ufer Gallipolis, eine alte
französische Colonie, wo man jetzt noch französisch spricht.

Gallipolis, Ohio, hat nur knapp über 4 000 Einwohner, trotzdem fehlen die
Industrie- und Gewerbegebiete nicht. Zu meiner großen Überraschung gibt es
einen Aldi-Markt.

Ein Mobile Home ist zu verkaufen. Manche haben offenbar kein Geld, ihr mobi-
les Heim mitzunehmen und lassen es einfach zurück. Im Laufe der Jahre steht
dann nur noch ein vergammeltes, verrottetes Aluminiumhaus in der Landschaft.

Hinter dem Raccoon Creek fahren wir wieder in ein landwirtschaftlich genutztes
Tal. Kühe ruhen unter schattenspendenden Bäumen. Kurz darauf eine Chevron-
Tankstelle. Preis für die Gallone: 3.439 Dollar. Bei Eureka in Ohio passieren wir
das nächste Schleusenwerk: Gallipolis Lock and Dam.

*Man wollte die Reise während der Nacht fortsetzen; allein schon gegen
9 Uhr, in der Gegend des Indian-Guyandot-River (heute Indian Guyan
Creek), wo ein kleines eben so genannten Dörfchen liegt, stiessen wir heftig
auf den Grund, und da nun auch dicker Nebel entstand, so wurde 6 Meilen
unterhalb Guyandot angelegt.*

Auf einer vierspurigen Straße geht es zügig weiter nach Guyandotte und von
dort nach Huntington in West Virginia. Am Pullman Square befindet sich das
Holiday Inn Hotel & Suites, wo wir für die Nacht unser Quartier beziehen. Kurz
darauf bummeln wir durch eine kleine Allee am Ohio River entlang. Die Stadt
wird durch eine große Flutmauer vor Hochwasser geschützt.

In Huntington sind unzählige festlich gekleidete Jugendliche unterwegs, die
Restaurants sind rappelvoll. Ich erfahre, dass es sich um eine Tanzabschluß-Ver-
anstaltung am Ende eines High School Jahrgangs handelt. Die jungen Frauen
sind auffällig gestylt, fast alle stöckeln auf High Heels durch die Gegend. Nicht
ein einziges schwarzes Mädchen ist zu sehen. Huntington hat knapp 50 000 Einwohner, davon 8% Schwarze, da sollte es aus dieser ethnischen Gruppe doch
auch Schüler geben?

*Am 12. October früh bedeckte dichter Nebel den Fluss, und der Thermome-
ter stand um 6 ½ Uhr auf +10° Reaumur.*

Der Himmel ist fast wolkenlos, die Temperatur beträgt 15 °C. Heute und morgen
ist das Columbus-Feiertagswochenende. Auf dem Weg von Huntington nach
Kenova fahren wir an Förderbändern und Kohlehalden vorbei. Eisenbahnwa-

gons bringen die Kohle von den Abbaufeldern zum Ohio, wo sie auf die Bargen verladen werden.

Man schiffte die Mündung des Symes-Creek (heute Symmes Creek) und dann Burlington vorbei, ein kleines zerstreutes Dorf im Lawrence-County, wo das Schiff auf die Steine stiess und sich etwas auf die Seite legte. Am linken Ufer folgte Catletsburg mit dem Big-Sandy-Creek, dann Hanging-Rock, ein kleines Dörfchen, wo das meiste Eisengeräthe für den ganzen Ohio verladen wird. Die Lage des Ortes ist malerisch und wild von Wald und Felsen bekränzt.

Wir befinden uns im Staatendreieck zwischen West Virginia, Kentucky und Ohio. Die Ortschaften werden durch Deiche und Schutzmauern vor Überflutungen geschützt. Der Virginia Point Park ist ein schöner Platz, um eine Rast zu machen. Von dort aus beobachten wir, wie zwei Schlepper mit ihren angehängten Bargen in hohem Tempo in den Big Sandy Creek hineinfahren.
Bei unserer Fahrt durch Kentucky fällt mir auf, dass die Straßen entlang des Ohio Rivers komplett neu asphaltiert wurden. Die letzte große Flut hat verheerende Schäden hinterlassen.
Die Hanging Rock Recreation Area ist dicht und wild bewaldet, ein guter Platz für eine kleine Rast, wenn da nicht plötzlich höllisch laute Motorcycle Trikes an uns vorbeipreschen würden. Donnerwetter! Wir befinden uns mitten auf einer Rennstrecke dieser kleinen dreirädrigen Motorräder. Fluchtartig verlassen wir die vermeintliche Idylle, um wenige Meilen später den unschönen Anblick neu gebauter Chemiefabriken am Fluss ertragen zu müssen, die beschönigend im Dow Chemical Park angesiedelt wurden. An dieser Stelle bekommt der Ohio im wahrsten Sinne des Wortes richtig Saures.

Rechts öffnete sich der Little Scioto-River, dann erreichten wir am Ohio-Ufer den Flecken Portsmouth an der Mündung des Scioto-River, von wo der bekannte Ohio-Canal abgeht, welcher letzteren Fluss mit dem See Erie verbindet. Man nahm hier eine Menge von europäischen Auswanderen, u.a. auch viele Deutsche an Bord.

Portsmouth. Ein örtlicher Radiosender begrüßt uns mit flotter Countrymusik. Einige Supermärkte haben trotz des Feiertags geöffnet. Nachdem wir unser Hotel, das Holiday Inn Express, bezogen haben, machen wir uns auf zu einem Ausflug in die Stadt.

Im Einkaufszentrum vor der Stadt ist der Teufel los. Kein Wunder, es ist Sonntag, der Lieblings-Einkaufstag der Amerikaner. Wir kaufen im Wal-Mart-Supermarkt Weißbrot, Käse, ein paar Nüsse und eine Flasche Rotwein. An der Kasse wird zu unserer nicht geringen Überraschung der Rotwein vom Band genommen. Grund: Sonntags darf kein Alkohol verkauft werden. Die Frau an der Kasse lacht verlegen. Am Tag des Herrn keinen Alkohol, so ist das Gesetz. Fragend blicke ich mich um, doch die Menschen in der Einkaufsschlange zucken nur bedauernd mit den Schultern.

Portsmouth hat um die 20 000 Einwohner und ist etwas eigenartig strukturiert. Nachdem die ursprüngliche Siedlung namens Alexandria mehrfach überflutet worden war, wurde 1803 östlich davon auf sichererem Land das heutige Portsmouth gegründet. Seit dem Bau einer Hochwassermauer nach einer Überflutung im Jahr 1937 ist die Stadt von großen Überschwemmungen verschont geblieben. Anfang des 20. Jahrhunderts hatte Portsmouth noch 50 000 Einwohner, doch das Ende der Stahlindustrie führte zur massenhaften Abwanderung.

Der Boneyfiddle District hat auch schon bessere Zeiten gesehen und wirkt an diesem Sonntag wie eine Geisterstadt. An der 224 Second Street kommen wir an der Portsmouth Brewing Company vorbei, in welcher, wir können es kaum glauben, sich das Lokal „The Brewhouse" befindet. Es kommt noch besser: das Restaurant hat geöffnet, es wird Pizza serviert und Bier ausgeschenkt, und das an einem Sonntag!

Am nächsten Morgen fahren wir über die Grant Bridge auf der US Route 23 über den Ohio River nach Kentucky. Nach kurzer Zeit befinden wir uns im Niemandsland, in The Land of Nowhere. Die Uferlandschaft des Ohios ist komplett bewaldet. Bei Concord geht's auf der Kentucky Road 57 ins Hinterland von Kentucky. Weit und breit keine Menschenseele. Die wenigen Häuser sind geschmückt mit Halloween-Artikeln, Kürbissen, Girlanden und anderem Nippes. Der Herbst hat Einzug gehalten, die abgefallenen Blätter dekorieren rotbräunlich die Straße. Wir haben uns verfahren und landen auf dem Gelände des Chemiewerks Carmeuse Lime & Stone Inc. an der Springdale Road. Heiße Dämpfe kommen eruptiv aus der Erde. Flugs verlassen wir diesen wahrhaft unwirtlichen Ort.

Ripley, Ohio, liegt nicht nur in einem Tabakanbaugebiet, sondern verfügt auch über ein bekanntes Tabakmuseum, das leider geschlossen hat. Als ich gerade den Chevy starten will, spricht mich ein älterer Herr an. Seine Frau und er betreiben das Museum, selbstverständlich sei eine Führung außerhalb der Öffnungszeiten gar kein Problem. Die Artefakte im Museum sind einmalig. Ich kann mir gut vorstellen, dass die Ausstellungsstücke in einigen Jahrzehnten einen besonderen Stellenwert haben werden, da es die meisten der ausgestellten Tabakutensilien schon heute nicht mehr gibt. Nach einer gut einstündigen Führung erzählt uns der Museumsleiter, dass die Farmer sehnlichst auf Regen warten. Die in den Schuppen hängenden Tabakpflanzen brauchen die feuchte Luft, um nicht auszutrocknen. Im November, um Thanksgiving herum, werden die Pflanzen dann im Freien aufgehängt. Im Gespräch erfahren wir, dass die beiden Museumsbetreiber deutsche Vorfahren mit den Namen Hart und Meixner haben.

Hinter Utopia, Ohio, machen wir eine Rast auf einem Campingplatz am Ohio River. Wir benutzen einen der Holztische mit Sitzbänken davor. Einige Leute, die hier wohnen, schauen uns zwar vorwurfsvoll an, aber niemand kommt, um uns zu vertreiben.

Wir hatten während der Nacht die Ortschaften Adamsville, Manchester, Aberdeen, Ripley, Vanceburg, Maysville und Augusta passirt, und befanden uns jetzt bei dem Dörfchen Neville. Von hier erreichten wir Moscou, dann Point-Pleasant, und am rechten Ufer New-Richmont.

Wir sind die Könige des Highways 52, außer uns ist fast niemand unterwegs. Campingplätze wohin man auch guckt, im Sommer muss in dieser Gegend der Teufel los sein. Moscow, Ohio. Ein Wahlplakat: „Ed Humphrey for Clermont County Commissioner". Point Pleasant liegt beschaulich am Indian Creek.

Bei dem Orte Columbia im Staate Ohio breitet sich das Thal etwas aus, die Höhen schliessen sich aber bald wieder an den Fluss an, und man erreicht nun den Anfang der ansehnlichen Stadt Cincinnati. Eine Menge von Dampfschiffen lagen hier vor Anker, Dampfmaschinen rauchten an vielen Stellen. Cincinnati, gegenwärtig die wichtigste und nahrhafteste Stadt des Westens von mehr als 36,000 Einwohnern, war in diesem Augenblicke von der Cholera heimgesucht und in panischen Schrecken versetzt. Ein Arzt, der an unser Schiff kam, gab uns eine traurige Schilderung ihres Gesundheits-Zustandes, indem täglich etwa 40 Menschen starben. Da dieser Umstand mich bewog, gegenwärtig nicht hier anzuhalten, so wurde unser Gepäcke sogleich an Bord des Dampfschiffes Portsmouth gebracht, welches schon zur Abfahrt bereit lag, und auch sogleich seine Räder in Bewegung setzte.

Die Fahrt durch die 300 000 Einwohner Stadt Cincinnati ist wegen des immensen Autoverkehrs eine zähe Angelegenheit. Wir fahren am Baseballstadion „The Great American Ball Park" und am Footballstadion „Paul Brown Stadium" vorbei, durchqueren ein großes Industriegebiet und verlassen die Stadt auf der US Route 50. In Sedansville, Ohio, lädt nichts zum Verweilen ein, es sei denn man mag Sandproduktionen oder Industrieanlagen.

Unterhalb Cincinnati tritt die Waldung bald wieder an den Fluss; wir erreichten nach Mittag die Mündung des Big-Miami-River (heute Great Miami River), der die Grenze zwischen den Staaten Ohio und Indiana macht, dann Lawrenceburg, einen netten Flecken, 22 Meilen von Cincinnati. Das Dampfschiff Parsons lief hier bei uns vorbei, welches Truppen aus dem Kriege gegen den Saki-Chef Blackhawk zurückführte. Nachdem man das Dorf Aurora an der Mündung des Hogan-Creek passirt hat, erreicht man 38 Meilen von Cincinnati das Dorf Rising-Sun mit einigen netten Häusern am rechten Ufer.

Rising Sun, Indiana. Unser reserviertes Apartment in The Courtyard riecht zwar etwas muffig, ist aber eine komplett eingerichtete kleine Wohnung. Den Abend verbringen wir auf einer Holzbank sitzend am Ohio River. Langsam setzt die Dämmerung ein, flussaufwärts liegt ein nachgebauter Schaufelraddampfer. Rising Sun klingt nach Idylle, und tatsächlich ist die abendliche Stimmung am Flussufer ruhig und beschaulich.

Am 14. October war das Wetter angenehm, und heller Sonnenschein erfreute uns wieder. Der Fluss hatte bedeutend an Breite zugenommen. Wir erreichten früh Six-Miles-Island, eine schöne Insel, von welcher man bis Louisville nur 6 Meilen rechnet. Während der Nacht hatte man die Orte New-York (heute Patriot), Fredericsburg (heute Warsaw), Gent, Vevay, mit seinen weinbauenden Waadtländern (Waadt ist ein französischsprachiger Kanton im Westen der Schweiz), Port William (heute Carrollton) an der Mündung des Kentucky-River, Madison, New-London (existiert nicht mehr), Bethlehem und West-Port vorbei geschifft, so wie den wohlbekannten Big-Bone-Lick, wo man am Fusse eines Hügels von schwarzer Erde die kolossalen Knochen des sogenannten Mammuth (Mastodon Cuv.) ausgegraben hat. Gern würde ich an dieser Stelle verweilt haben; allein der Gegend vollkommen kundige Passagiere des Schiffes versicherten, es sey nichts mehr daselbst zu sehen, man finde auch nichts mehr daselbst, und die gefundenen Gegenstände seyen sämmtlich nach England und an die americanischen Museen verkauft worden. Noch immer findet man zuweilen fossile Thier-Knochen in den Vereinigten Staaten, allein die Besitzer, welche nun den Werth dieser Gegenstände kennen gelernt haben, setzen einen so hohen Preiss darauf, dass man sie schwer erhalten kann, auch werden sie aus Patriotismus häufig an die americanischen Museen geschenkt.

Ein Prediger im Fernsehen sagt heute Morgen: „Ihr fragt uns was ihr wählen sollt und wir sagen euch, wählt die, die die Bibel im Herzen haben."
26 °C. Leicht bewölkter Himmel. „Welcome to Switzerland County". Das Tal ist groß und weit, die Hügel flach. Auf dem Ohio River schippern Schlepper mit ihren angehängten Kohlenbargen an riesigen Sandabbaugebieten vorbei. Der Ohio River ist an dieser Stelle breit wie ein See. Blätter wehen über die frisch asphaltierte Straße. Die Felder sind bereits abgeerntet. Selbst im Auto sind die Zikaden zu hören, die mit ihrem Zirpen den lichten Herbsttag untermalen. Aus den Bergen von Indiana und Kentucky strömen gewaltige Flüsse in den Ohio River, die wir auf mächtigen Stahlbrücken überqueren. Zur Rechten wieder ein Riesenkraftwerk: North America Stainless. Die Anlage zieht sich über viele Meilen hin. Je weiter wir nach Westen kommen, umso mehr Industrieanlagen tauchen auf. Ich suche im Autoradio nach guter Musik, finde aber nur christliche Sender oder Countrymusik. Hillbilly-Land. Am Ufer des Ohios erwartet uns ein Riesenkraftwerk: EON USA. Die Firmenparkplätze sind voll besetzt und wirken vor dem romantischen Panorama des Flusstals sehr befremdlich. Eine weiße Kirche steht verloren zwischen riesigen Tabakfeldern. Ein wackliger Aussichtsturm und ein vermodertes Schwimmbad direkt am Fluss zeugen von besseren Zeiten. Die Bäche sind fast ausgetrocknet, in den noch vorhandenen Wasserstellen wimmelt es von Fischen. Über uns kreisen Bussarde, warten auf die Gelegenheit, sich auf Roadkill Racoons, so nennt man hier überfahrene Waschbären, zu stürzen, die auf der gesamten Kentucky-Route zu Hunderten plattgefahren auf den Straßen liegen. Wir verlassen den Ohio River und erreichen Pferdeland. Jetzt erwarten uns weite Kleefelder und Pferdekoppeln. Die Farmhäuser der Züchter sind herrschaftlich, die Eingangstore mit Symbolen und Zierrat geschmückt. Der Verkehr nimmt langsam zu, Wohnressort folgt auf Wohnressort. Der Speckgürtel von Louisville wirkt sehr wohlhabend. Über eine breite Allee fährt man nach Louisville hinein. Auf dem Ohio River ankern einige

Frachtschiffe. In der Ferne tauchen bereits die ersten Hochhäuser von Louisville auf, fünfzehn Minuten später erreichen wir Downtown Old Louisville.

Von Jeffersonville erreichten wir bald Louisville, eine ansehnliche Stadt von 12,000 Einwohnern, die im Jahre 1800 nicht mehr als 600 Einwohner zählte. Sie liegt im Staate Kentucky und nimmt sich, vom Flusse gesehen, lange nicht so gut aus, als Cincinnati. Neger besorgten den Transport des Gepäckes nach dem Gasthofe, in welchem wir wie gewöhnlich eine grosse Versammlung von Gentlemen (hier meist reisende Kaufleute) fanden. Die Kaufleute bilden in America diejenige Kaste des Volkes, in welcher wohl der meiste Müssiggang gefunden wird, und sie ist ausserordentlich zahlreich. Die am wenigsten zahlreichen Kasten sind die Gelehrten und die Soldaten, besonders die letzteren von so geringer Anzahl, dass man sie durchaus nicht bemerkt. Die jungen Leute, welche in Nord-America alle Thüren der Gasthöfe belagern, gehören ohne Zweifel meistens zu den Kaufleuten. Fremde werden von diesen gewöhnlich ebenso eingebildeten als ungebildeten Menschen öfters mit Geringschätzung behandelt, und man macht schon Anmerkungen, sobald man nur den Ausländer entdeckt, der sich durch eine etwas fremdartige Aussprache des Englischen oder durch seinen Anzug verräth. Ein Theil dieses americanischen Dünkels ist, wie schon gesagt, auf Rechnung des überaus grossen Patriotismus zu setzen, ein anderer Theil entspringt aus der Unwissenheit und Unbekanntschaft mit anderen Ländern. Als der Mittag kam, hatten sich die Gentlemen in einem solchen Grade vor dem Hause angehäuft, dass bei dem sogenannten Second-Bell (dem zweiten Rufe der Essglocke) ein wahrer Sturm-Angriff auf den Essaal entstand. Alles drängte sich ungestüm ein, ein jeder suchte seine Ellenbogen zu gebrauchen, und in nicht viel mehr als 10 Minuten eilten eben diese Menschen gesättigt schon wieder vom Tische fort. Ein deutscher Kaufmann, Herr Wenzel, an welchen ich empfohlen war, hatte die Güte uns die Stadt und ihre Umgebung zu zeigen. Bei ihrer Anlage und jetzigen Ausdehnung verspricht Louisville in kurzer Zeit sehr bedeutend zu werden, und man baute wirklich sehr stark. Die langen Strassen sind breit und gerade, durchschneiden sich rechtwinkelig, und die Lage am Ohio ist für den Handel sehr günstig. Läden und glänzende Waaren-Ausstellungen fehlen hier so wenig wie in allen Städten der Vereinigten Staaten, und Eleganz in der Kleidung charakterisirt überall, selbst in den kleinsten Oertern, die Bewohner dieses Landes, deren grösstes Bestreben Gelderwerb ist. Da es Sonntag war, so strömten die mancherlei Secten der Bevölkerung nach ihren verschiedenen Bethäusern, später sah man viele in ihren leichten Cabriolets (Gigs) spazieren fahren. Schon gab es hier über 30 Miethwagen, die zum Theil Negern angehörten, von welchen in diesem Staate, Kentucky, nur bei weitem der kleinere Theil frei ist. Die Negersclaven in Nord-America tragen übrigens dieselben sonderbaren Kostüme wie in Brasilien, da sie sich mit allen Arten alter Kleidungsstücke behelfen müssen, und das Clima sie zwingt, sich wärmer zu kleiden. Die unterdrückte Lage, in welcher sie leben, macht sie hier ebenfalls schlecht und abgefeimt, wovon die Reisenden oft die Erfahrung zu machen Gelegenheiten finden. Auch zu Louisville war die Cholera schon ausgebrochen. Am Tage vor unserer Ankunft waren fünf Menschen, meist Neger, von ihr weggerafft worden. Ein bedeutender Schreck hatte die Bevölkerung ergriffen, man drängte sich in die jetzt thätigen Apotheken, und grosse Pechpflaster wurden überall auf die Mägen applicirt. Die Apotheker hatten bei diesem Heranrücken der Cholera den grössten Vortheil, denn Magenpflaster, Pfeffermünz und Kampfer-Tropfen wurden unaufhörlich verlangt; gerade wie bei uns.

Quartier beziehen wir im The Aleksander House Bed & Breakfast. Housekeeper ist Nancy Hinchliff. Wir erfahren, dass Louisville vor kurzem zwei Wochen gänzlich ohne Stromversorgung war, so schlimm waren die Auswirkungen eines Hurrikans. Das B&B liegt inmitten eines Viertels mit Gebäuden im Stil der Viktorianischen Zeit. So viele ungewöhnlich schöne Häuser, angelehnt an die Architektur Englands, Frankreichs und Italiens aus jener Zeit, habe ich nie zuvor gesehen. Allerdings: Viele dieser Häuser sind unbewohnt oder stehen zum Verkauf.

Am Nachmittage verliessen wir Louisville, um uns an dem Landungsplatze zu Portland unterhalb der Stadt einzuschiffen. Wegen der sogenannten Fälle des Ohio kann man bei der Stadt nicht dem Strome folgen, und hat deshalb einen Canal gegraben, wo die Böte mit fünf Schleusen eine Höhe von 22 Fussen übersteigen. Wer in Louisville landet, schifft sich nachher zu Portland wieder ein, wo gewöhnlich eine Menge von Dampfschiffen liegen, unter welchen wir jetzt die nach New-Orleans bestimmte Water-Witch wählten. Gross war der Andrang der Passagiere, man fuhr zu Wagen in den Fluss an das Dampfschiff, und eben so wurde das Gepäcke an Bord gebracht. Da man mit dem Laden des Schiffes heute nicht fertig wurde, so reisten wir erst am 16. October ab.

Unser erster Ausflug am nächsten Tag führt uns Richtung Westen bis Portland, das heute ein Stadtteil von Louisville ist. Unüberwindbare Gleisanlagen zwingen uns zur Umkehr. Vorbei an Arbeitersiedlungen geht es zurück ins Zentrum. Nachmittags machen wir einen weiteren Ausflug, besuchen Jeffersonville und Clarksville auf der Nordseite des Ohio Rivers. Von den Falls of Ohio hat man einen formidablen Blick auf die Skyline von Louisville. Der Fluss ist an dieser Stelle gestaut worden, damit ist ein Fünftel der ehemaligen Fälle des Ohios mehr oder weniger trocken gelegt worden. Die Flussschiffe überbrücken die natürlichen Höhenunterschiede des Flusses über Schleusen. Wenn man mitten in den ehemaligen Wasserfällen steht, bekommt man eine vage Vorstellung dieses ehemals grandiosen Naturschauspiels. Im Flussbett finden sich Fossilien, bizarre Gesteinsformationen und Muscheln in allen Formen und Farben.

Am 16. Oktober wird es über Nacht frisch. Der Himmel ist wolkenverhangen, es regnet bei einer Temperatur um die 17 °C.
Unser erster Besuch gilt dem Muhammad Ali Museum. Ali wurde 1942 als Cassius Clay in Louisville geboren und gilt als der bedeutendste Boxer des 20. Jahrhunderts. Die Dauerausstellung ist hervorragend gemacht, Lebensweg und die sportliche Karriere Alis werden dem geneigten Besuchern anschaulich und unterhaltsam vermittelt.
Die Belle of Louisville ist das älteste noch im Dienst befindliche Steamboat der Welt. Die Flussfahrt ist wider Erwarten recht interessant, obwohl das Schiff ein kommerzieller Vergnügungsdampfer ist. Wir fahren den Ohio River einige Meilen flussabwärts. Jetzt kann ich ein wenig nachvollziehen, wie es Wied 1832 empfunden haben muss, als er Louisville erreichte.
In der Nähe unseres Hotels befindet sich ein Tourist Office für Old Louisville. Wir kommen mit dem Angestellten ins Gespräch, grandioserweise spricht er ein ausgezeichnetes Deutsch. Er unterrichtet als Professor an der Universität Deutsch und Spanisch und erteilt uns eine kostenlose Unterrichtsstunde über die Geschichte Louisvilles. Von ihm erfahren wir, dass Old Louisville in den USA einzigartig ist, schon aufgrund der Größe von 18 intakten Blöcken. Das Viertel war in den sechziger Jahren schon mal ziemlich marode. Im Moment sind die Häuser so preisgünstig wie schon lange nicht mehr, zum einen wegen der hier lebenden schwarzen Bevölkerung und zum anderen aufgrund der hohen Investitionskosten.

(16. October 1832) An diesem Tage hatten wir um 7 Uhr Morgens eine Wärme von 5° Reaum., während dichter Nebel den Fluss bedeckte. Um 10 ½ Uhr brachte man endlich das Steuerruder an Bord. Bei dem Ablaufen vom Ufer beschrieb unser grosses schönes Schiff einen malerischen Bogen, und wir hatten hier die schöne Ansicht des breiten imposanten Ohio, mit dem ansehnlichen Louisville in Kentucky und der netten Stadt New-Albany gegenüber in Indiana. An unser Schiff hatte man das flache Keelboat Abeona angehängt, durch dessen Verdeck unser Spazierraum beträchtlich vergrössert war; allein kaum hatten wir von diesem Vortheile Gebrauch gemacht, so entdeckte man einen Fehler der Dampfmaschine, der uns leicht hätte verderblich werden können. Man legte am Indiana-Ufer an, um den Schaden auszubessern, wozu lange Zeit erforderlich war. Mit Einbruch der Nacht war unser Dampfschiff wieder hergestellt, und das Schiff wurde in Bewegung gesetzt.

Wir verlassen Louisville am 17. Oktober bei strahlendem Sonnenschein. Hinter New Albany ist die Landschaft flach, auf der Kentucky Seite steht ein weiteres gigantisches Chemiewerk. Auf dem Ohio River liegt das Caesars Riverboat Casino, in dem man sein hart erarbeitetes Geld schnell wieder verlieren kann. Unser Chevy Impala gleitet durch die anheimelnde Landschaft, flotte Countrymusik aus dem Autoradio beschwingt uns zusätzlich. Die Old Dam 43 Route macht einen scharfen Schwenk Richtung Norden, sodass wir uns vom Fluss entfernen und einige Meilen entlang der Berghänge ins Landesinnere von Indiana fahren. Hier ist es nun richtig einsam. Ein Riesenschild am Straßenrand weist mitten im Nirgendwo auf „The 10 Commandments", die Zehn Gebote, hin. High Noon: Wir fahren eine Tankstelle in Laconia in Indiana an, die zugleich Treffpunkt, Kiosk und Gaststätte ist. Vor der Tankstelle stehen zwei Bänke, eine ist beschriftet mit „Liars Bench Republican", die andere mit „Liars Bench Democrat".

Vor der Nacht erreichten wir Cloverburg in Kentucky, und alsdann legte man an, um das Erscheinen der Sterne oder des Mondes zu erwarten. Eine Menge von Spielpartien hatten sich in der grossen Cajüte gebildet, wo eine unerträgliche Hitze herrschte; dabei gab es in unsern Betten eine grosse Menge von Schaben (Blatta americana), die den Schlafenden über Gesicht und Hände liefen, oder sich häufig von der Decke herab fallen liessen. Diese unangenehmen Thiere benagen alles, und dabei zerdrückt man sie bei der leisesten Berührung, da sie vollkommen weich sind.

Tell City, Indiana, hat um die 7 200 Einwohner, wurde 1856 gegründet und ist tatsächlich nach dem Schweizer Nationalhelden Wilhelm Tell benannt. Unser Quartier ist das Holiday Inn Express Hotel & Suites, dessen Dach gerade saniert wird, weil einer der vielen Stürme in dieser Gegend erhebliche Schäden verursacht hat. Der trostlose Ort ist durch eine gewaltige Flutmauer vor dem Ohio River geschützt. Man hätte die Ortschaft nicht Tell City, sondern Death City nennen sollen, so ausgestorben ist es im Zentrum.

Am 18. Oktober ist der Himmel bewölkt, es ist unangenehm frisch. Wir erreichen Grandview in Indiana. An einem Landungsplatz am Ohio River hat die Delta Queen angelegt, ein 1927 gebauter Heckraddampfer, der als Kreuzfahrtschiff auf dem Mississippi und Ohio River fährt. Bei ihrem Landgang schwärmen die Reisenden von ihrer Reise mit der Delta Queen, berichten aber auch, dass es wahrscheinlich die letzte Fahrt des Schiffes sein wird, weil es Streit zwischen dem neuen Eigner und der gewerkschaftlich organisierten Besatzung gibt. Alle Mitarbeiter sind entlassen worden.

„Welcome to Kentucky". In Stanley kreuzen wir die French Island Road, die direkt auf French Island im Ohio River zuläuft. In Nähe dieser Insel wurde der Choleratote an Bord der „Water Witch" am 18. Oktober 1832 begraben:

> *Man hatte die Entdeckung gemacht, dass wir die Cholera an Bord hatten. Ein Mann aus Kentucky hatte sich heute Morgen früh krank gemeldet, und war schon um 11 Uhr Mittags gestorben, obgleich der Schiffer alle ihm zu Gebote stehenden Mittel angewendet hatte. Zugpflaster an vielen Theilen des Körpers, Reibung, starke Dosen von Calomel waren vergebens gebraucht worden. Das Schiff wurde an dem hier steilen Flussufer angelegt und die Glocke geläutet, während man den Todten an's Land schaffte und in der Nähe begrub. Nachdem das Begräbniss beendet, und der Name der Verstorbenen auf einem weissen Brette bei dem Grabe aufgepflanzt war, rief die Schiffsglocke die Passagiere zurück; die Reise wurde fortgesetzt, und wir erreichten nach ½ Stunde am Indiana-Ufer den Flecken Evansville, dann bald den Pigeon-Creek, oberhalb diesem am anderen Ufer den Green-River und später das Dorf Henderson.*

Evansville, Indiana. Der Stadtrand ist gesäumt mit Shoppingmalls und allerlei Gewerbe. Die Stadt hat über 120 000 Einwohner und ist für eine amerikanische Stadt extrem sauber. Im Zentrum hat an diesem Samstag nicht ein einziges Geschäft geöffnet, die Main Street ist menschenleer – das öffentliche Leben findet draußen in den Einkaufszentren statt. Die leere Stadt lässt mich frösteln. Der Hunger plagt uns zunehmend. Irgendwo muss doch ein Restaurant geöffnet haben? Endlich ein McDonald's. Unsere Rettung? Zuerst ein Salat. Schlecht. Dann ein Hamburger. Noch Schlechter. Die Gäste sehen durch die Bank so aus, als ob sie öfter Fast Food essen.

Entlang der Eisenbahnlinie verlassen wir Evansville vorbei an Sandsteinwerken und am Howel Park. In der Ferne kündigen zwei Schornsteine das nächste Kraftwerk an.

Gegen Mitternacht erreichten wir Mount-Wernon und schifften hier aus, um uns am folgenden Morgen nach New-Harmony zu begeben. Die Nacht war sehr warm, dunkel und still. Wir klopften lange an einem schlechten Gasthofe, bevor sich die Thüre öffnete und ein schlaftrunkener Neger uns empfing.

Mount Vernon, Indiana: Stop an der Main Street direkt bei den Hafenanlagen. Nach kurzer Besichtigung machen wir uns auf den Weg nach New Harmony.

Am folgen Morgen, dem 19. October unternahm ich die Fahrt nach New-Harmony, um die dortigen Naturforscher aufzusuchen. Ich befand mich unwohl seit unserer Abreise von Louisville, so wie mein Jäger, und war nicht gelaunt, die schönen hohen Wälder von Indiana gehörig zu würdigen, durch welche ein äusserst rauher, schlechter Weg uns führte. Nachdem wir in ermattender Hitze den durch die Waldhügel hinab fliessenden Big-Creek zurückgelegt hatten, erreichten wir bald die fruchtbare Thalebene des Wabasch (Wabash), in dessen Nähe New-Harmony erbaut ist.

Farmland soweit das Auge reicht, dazwischen Silos in allen Größen. Der Schotterweg der Lower New Harmony Road könnte sogar die Route sein, auf der Wied seinerzeit nach New Harmony reiste. Nachdem wir den Harmony State Park hinter uns gelassen haben, erreichen wir zwei Meilen später das Endziel unserer diesjährigen Reise: New Harmony.

Wir checken im New Harmony Inn ein. Die Räume des Hotels haben den Charme von Jugendherbergszimmern. Anschließend besichtigen wir die Hotelanlage. Der gepflegte Garten erinnert an einen Kurpark. Die vorwiegend weiß

New Harmony, Indiana: Granary Street

gekleideten Gäste surren lautlos auf Golfkarren durch die Gegend. Ein leichter Wind kommt auf. In The Roofless Church findet eine Trauung statt, voller Inbrunst schmettert die Hochzeitsgesellschaft: „Lady the night is falling in the dark, oh Lady, queen of peace!"

Unser Abendessen nehmen wir im vornehmen Restaurant des Hotels ein. Am Nachbartisch feiert eine rüstige ältere Dame ihren 80. Geburtstag. Die Stimmung ist so ausgelassen, dass wir das Geburtstagsständchen spontan mitsingen. Kurz darauf sitzen wir am Tisch der Geburtstagsgesellschaft und müssen ausführlich Auskunft über Deutschland und unsere Reise geben.

Kapitel VIII
New-Harmony in Indiana und Winteraufenthalt

New-Harmony wurde von Rapp und seiner schwäbischen Gesellschaft in einer ebenen und waldigen Fläche am östlichen Wabash-Ufer erbaut. Da schon Herzog Bernhard von Sachsen-Weimar über diesen Gegenstand geredet hat, so bedarf es keiner weiteren Nachrichten von der Geschichte dieser Niederlassung; nur soviel will ich hinzufügen, dass Herr Owen, ein Schottländer, die ganze Anlage von Rapp kaufte, sie aber später zum Theil wieder an den in naturwissenschaftlicher Hinsicht rühmlichst bekannten Herrn William Maclure, Präsident der Academy of Natural Sciences of Philadelphia überliess. Zur Zeit unserer Anwesenheit war Harmony etwas in Verfall gerathen, und die von Herrn Maclure hieher gezogenen Leute hatten sich zum Theil wieder zerstreut; ein Paar Söhne des Herrn Owen lebten indessen noch hier, so wie zwei interessante Männer, die Herrn Thomas Say und Lesueur. Harmony ist gegenwärtig ein grosses Dorf von etwa 600 Seelen, dessen Gebäude zum Theil von Backsteinen und nicht an einander geschlossen, sondern oft einander getrennt liegen; die Strassen sind rechtwinkelig, breit und ungepflastert. Der Wabasch schlängelt sich durch die

New-Harmony am Wabash (Karl Bodmer)

zum Theil bebauten, vor kurzem aber noch überall mit grossen Waldungen bedeckten Ufer dahin. Eine hügelige, mit Wald bedeckte Gegend schliesst sich an die Wabash-Niederung an, welche letztere in manchen Jahren grösstentheils vom Flusse überschwemmt wird, und dadurch an Fruchtbarkeit gewinnt. Der Ort selbst liegt auf einer etwas höheren Stelle der Niederung, von seinen Obstgärten umgeben. New-Harmony ist überall von seinen Feldern umgeben, alsdann erheben sich rundum hohe Waldungen, in welchen überall einzeln vertheilt die Ansiedler ihre Feldchen angelegt haben. Man kennt diese Leute gewöhnlich unter dem Namen der Backwoodsmen, da sie wie halbe Wilde, zum Theil ohne Schulunterricht und ohne Geistliche aufwachsen. Die Wälder, welche sie bewohnen, sind höchst ausgedehnt, ihr Boden höchst fruchtbar. Das Clima ist gesund, die Bewohner erreichen ein hohes Alter. Die Winter sind meist gelinde, dagegen die Abwechslungen der Temperatur oft schnell und stark. Wir kamen gerade zur Zeit des sogenannten Indian-Summer hieher, wo bei einer sehr warmen Temperatur, von + 16 bis 17° Reaum. die Atmosphäre trübe und duftig war. So wie das ganze innere Nord-America, enthalten auch die Gegenden am Wabasch Spuren einer sehr früh ausgestorbenen Urbevölkerung, von welcher selbst die jetzt noch existirenden Indianer keine Traditionen haben. Etwa 15 Meilen von Harmony am Wabasch abwärts befindet sich eine Stelle des Ufers, welche man unter dem Namen Bone-Bank kennt. Als einst daselbst ein alter Baum umfiel, bemerkte (Herr Lesueur) unter dessen Wurzeln ein ganzes menschliches Skelet. So lebhaft der Beobachter es bedauert, dass er über diese merkwürdigen Ueberreste der Vorzeit ohne alle Nachrichten ist, so sehr gereicht es der jetzigen weissen Bevölkerung von Nord-America zum Vorwurfe, diese Reste vernachlässigt und ruinirt zu haben. Niemand in Harmony wusste jetzt schon mehr Auskunft über die Namen der indianischen Stämme zu geben, welche zur Zeit der Anlegung dieses Dorfes die Gegend bewohnten. Einer der ersten Siedler der Gegend von Mount-Vernon am Ohio hatte die Indianer in der Gegend von Harmony noch wohl gekannt und sie oft in ihren Hütten besucht. Er war der einzige Mann, der mir einige Nachrichten von ihnen geben konnte. Sie lebten noch bis 1810 in dieser Gegend, aber in dem Jahre, welches dem Gefechte von Tippekanoe vorherging, 1809, zogen sie sämmtlich fort, und kehrten nicht wieder zurück. Alle diese Indianer sind nun in Indiana bis auf die letzte Spur ausgerottet und vertrieben, und das Land ist jetzt durch die Bevölkerung der Back-Woodsmen beglückt! Die fruchtbare und gesunde

*Gegend von Harmony hat eine Menge von Ansiedlern herbei gezogen,
welche begonnen haben, die grossen Waldungen in Indiana zu lichten. Man
belegt diese Wald-Ansiedler, wie schon gesagt, gewöhnlich mit der Benennung der Back-Woodsmen, weil sie in den abgelegenen Waldungen leben.
Sie sind ein kräftiger roher Menschenschlag von englischer oder irländi-
scher Abkunft. Ihre im Walde zerstreute Lage isolirt sie bedeutend, und
nur zuweilen kommen sie ihrer Geschäfte halber in die Städte. Es befindet
sich zu Harmony eine Schule, wo die Kinder lesen und schreiben lernen.
Man bezahlte vierteljährig zwei Dollars und die Kinder erhielten Vor- und
Nachmittags Unterricht; allein auf dem Lande wachsen die jungen Leute
roh auf und sind wohl nicht besser, als die Indianer selbst. Geschäfte oder
besondere Gelegenheitsfeste bringen die Backwoodsmen in die Stadt; und
sie folgen alsdann ihrer Neigung für den Whisky, welcher ihnen gewöhnlich
die Rückkehr nach ihren Wohnungen erschwert. Sie ziehen gute Pferde und
sind dreiste Reiter, ja, selbst die Weiber sieht man häufig auf dem Sattel,
und ganze Familien kehren auf diese Art, oft Mann, Weib und Kind auf
demselben Thiere, von der Stadt nach ihren Wäldern zurück. Ihre Tracht
hat durchaus nichts Charakteristisches, sondern sie tragen eine schlechte
gewöhnliche Nachbildung aller Moden der englischen Städte. Auch das
weibliche Geschlecht sucht die Moden der Städte nachzuahmen, trägt
grosse Hüte mit flatternden Schleiern und bunte Playtmäntel, ein oft
komischer Contrast in diesen abgelegenen Wäldern. Für den Winter ist die
Tracht der Männer oft nicht übel gewählt. Sie tragen alsdann häufig Ueber-
röcke, welche aus den gewöhnlichen wollenen Pferdedecken gemacht sind,
weiss oder grün mit einigen bunten Streifen, welche man zur Einfassung an
Kragen, Aufschlägen und Rockschössen benutzt, ja sie sind wohl gänzlich
wie Zebra's gestreift. Lärmende Gesellschaften dieser Leute versammeln
sich of in den Gasthöfen zu Harmony bei dem Kaminfeuer; der Whisky
belebt ihre Unterhaltung, während ihre Pferde of den ganzen Tag bei Regen
und Schnee auf der Strasse angebunden stehn. Am Sonntag, obgleich kein
Gottesdienst ist, gehen sie besser gekleidet, sie haben sich gereinigt und ihre
Haare etwas in Ordnung gebracht, obgleich diese letzteren wild um den
Kopf hängen. Oefters zogen alsdann die jungen Leute zu Harmony auf
die Jagd aus, andere spielten in den Strassen und Plätzen allerlei Spiele,
besonders Ball. An gewissen Tagen, besonders wenn es eine Magistratsper-
son, einen Präsidenten oder Gouverneur zu wählen galt, fehlte niemand;
denn an der Regierung des Landes nehmen alle lebhaften Antheil, und*

um keinen Preis würden sie diesen Vorzug aufgeben. An solchen Wahlta-
gen reiten ganze Scharen von ihnen zur Stadt, die Strassen sind mit ihren
daselbst angebundenen Reitpferden besetzt, und die Whisky-Schenken
erschallen von den tumultuarischen Unterhaltungen. Ein jeder Mann giebt
seine Wahl, man streitet sich hin und her, und an solchen Reichstagen fehlt
es bei den erhitzten Köpfen nicht an Schlägereien. Der Ackerbau ist in der
Gegend von New-Harmony noch in seiner Kindheit, und man verlässt sich
auf die grosse Fruchtbarkeit des Bodens. Das Hauptprodukt dieser Gegend
für das Pflanzenreich ist der Mais, welcher hier eine Höhe von 12 bis 15
Fussen erreicht, und dessen Kolben sehr gross und schwer sind.

Wir leihen uns Fahrräder vom Hotel aus und besichtigen New Harmony und die
Umgebung. An den Uferböschungen sind noch die Folgen vergangener Hochwasser zu sehen. Heute leben in New Harmony nicht viel mehr Menschen als
zu der Zeit, in der Wied und seine Begleiter den Winter hier verbrachten. Die
Bewohner sind angenehm zurückhaltend. Die Atmosphäre in den großzügi-
gen Gartenanlagen belebt Körper, Geist und Seele. Während unserer Streifzüge
durch den Ort erfasst mich die Spiritualität und Kraft der damaligen religiösen
und philosophischen Überzeugungen. Wir radeln an restaurierten Blockhäusern, Fachwerk- und Backsteinhäusern aus der Zeit der Rappisten vorbei. Man
hat dabei immer das Gefühl, dass die Zeit in New Harmony stehen geblieben ist.
Wied, Bodmer und Dreidoppel wohnten während ihres Aufenthaltes 1832/1833
in einem dieser Backsteinhäuser, die auch heute noch in einem guten Zustand
sind. Im krassen Gegensatz zu den vorab geschilderten Eindrücken steht das
eindrucksvollste Gebäude von New Harmony: Das Atheneum, 1979 von dem
weltberühmten Architekten Richard Meier erbaut. Das Atheneum steht allein.
Die glatte, weiße Fassade zieht die Aufmerksamkeit der Besucher auf sich.
Meiers Atheneum ist nicht ohne Grund mit dem Architecture Award ausgezeichnet worden, die Spannung der Außenansichten überträgt sich stimmig auf
das Innere des Gebäudes. In der Wikipedia lese ich, dass unweit dieser Stelle
die Schiffe anlegten, welche Harmony erreichten. Im Atheneum sind das Visitor
Center und das Stadtmuseum untergebracht. Im Museum stoße ich auf viele
Personen, die Wied in seinem Reisebuch erwähnte, wie Rapp, Robert Owen,
William Maclure, Thomas Say und Charles Alexandre Lesueur. Ja, selbst Wied
und Bodmer tauchen auf.
An der Main Street, Ecke Tavern Street, finden wir das Lichtenberger Store Building. In dem Gebäude sehen wir eine vortrefflich gemachte Ausstellung über

die Wied-Expedition von 1832-1834. Neben den Bodmer-Bildern aus dem letzten Originalplattendruck runden ausführliche Biografen, Beschreibungen und Landkarten die Ausstellung ab.

Mein Aufenthalt zu New-Harmony, der anfänglich nur für einige Tage berechnet war, wurde durch eine bedeutende, der Cholera nahe verwandte Unpässlichkeit zu einem vier monatlichen Winter-Aufenthalte. An einem jeden anderen Orte in diesem Lande würde ich einen solchen Zeitverlust sehr schmerzlich empfunden haben, allein hier wurde derselbe durch den Umgang mit zwei interessanten Männern sehr lehrreich und unterhaltend für mich. Die Herren Thomas Say und Lesueur gaben mir während meiner zwei monatlichen Krankheit unaufhörliche Beweise von Güte und Theilnahme, und bestrebten sich, uns die Zeit angenehm und nützlich zu machen, so wie einige andere schätzbare Familien, die der Herren Owen, Herr Maclure und dessen Schwester, so wie Herr Twigg.

Der erste Teil der Reise in das innere Nordamerika ist mit dem Aufenthalt in New Harmony für uns abgeschlossen, wir fliegen über die Winterzeit zurück nach Deutschland, während Wied bis zum 16. März 1833 in New Harmony blieb.

Fast fünf Monate später… Im Februar ersteigerte ich über ebay einen Volkswagen Westfalia Camper, Baujahr 1985, 128 000 Meilen gefahren. Die Eigentümerin Carol Marks wohnt in Renton bei Seattle, Washington. Ich hatte keine Ahnung, dass es in den USA so schwierig ist, ein Auto anzumelden. Mir wurde schnell klar, dass ich ohne Unterstützung Probleme bekommen würde. Als Einziger fiel mir Gary Smith ein, der uns ja schon während unserer ersten Reise so selbstlos geholfen hatte. Spontan sagte Gary seine Hilfe zu. Er sprach mit der Verkäuferin über die Modalitäten der Übergabe, organisierte den Transport von Renton, Washington, nach Evansville, Indiana, zu dem VW-Händler Patrick, und veranlasste dort einen gründlichen Check des Fahrzeugs. Ein in der Nähe von Chicago lebender Freund von Gary, Wade Constable, wurde als Besitzer des Fahrzeugs eingetragen, damit eine Autoversicherung abgeschlossen werden konnte, was ohne Wohnsitz in Indiana nicht möglich ist.

14. März. München. Pünktlich um halb zwölf hebt die Boeing Richtung Chicago ab. Nach neuneinhalb Stunden landen wir auf dem Flughafen O'Hare. Wie bei

VW T3 Westfalia Camper, Baujahr 1985

unserer ersten Reise bringen wir die Abwicklung der Formalitäten zügig hinter uns. Am nächsten Morgen fliegen wir mit einer kleinen Maschine und gerade mal elf Passagieren an Bord von Chicago nach Evansville. Nach dem Einchecken im Super 8 Evansville East machen wir uns auf den Weg zu dem VW-Händler Patrick. Der erste Eindruck unseres Reisegefährts: Ist ja wirklich eine alte Karre. 24 Jahre Dienst haben ihre Spuren hinterlassen. Dennoch ist der Wagen insgesamt in dem Zustand, den ich mir vorgestellt habe. Es gilt noch einiges zu beheben, wie die abgebrochene Antenne oder der lose in der Halterung hängende Türgriff für die Schiebetür. Aber das sind alles keine gravierenden Mängel.

Gary Smith und Wade Constable treffen gegen vier Uhr im Hotel ein. Nach der Begrüßung machen wir uns auf den Weg in ein Outback Steakhouse, wo wir bei saftigen Steaks und einigen Bieren unser Wiedersehen feiern.

Kapitel IX
New-Harmony und St. Louis am Mississippi

Nach einem gemeinsamen Frühstück mit Gary und Wade geht's zum VW-Händler Patrick. Ein erster Blick in das Innere des Wagens trübt den positiven Eindruck von gestern. Kühlschrank, Kochplatte und Wasseranschluss funktionieren nicht. Das Dachfenster schließt nicht, außerdem gibt es nur einen Fahrzeugschlüssel und der rechte Blinker vorn ist kaputt. Am meisten beunruhigt mich aber der nicht verstellbare Außenspiegel auf der Beifahrerseite. Der Spiegel ist so arretiert, dass man von der Fahrerseite keinen Blick auf den rückwärtigen Verkehr der rechten Seite werfen kann. Ich drehe eine erste Runde. Immerhin: Der Bus fährt. Gary und Wade machen sich auf den Weg nach Florida. Wir fahren nach New Harmony, Indiana, um von dort unsere Reise auf den Spuren von Wied fortzusetzen. Der Wagen ist anständig zu fahren, auch die rote Warnlampe für das Wasser hört irgendwann auf zu blinken. Bedauerlicherweise läuft die Heizung die ganze Zeit auf Hochtouren.

New Harmony hat nichts von seiner Ausstrahlung verloren und ist auch in dieser Jahreszeit ein Ort der Spiritualität. Über Mittag sitzen wir am Wabash River und nehmen bei strahlendem Sonnenschein unseren Lunch ein.

Nachdem wir von unseren Freunden zu Harmony, welche uns während eines viermonatlichen Aufenthalts so vielfältige Beweise von Güte und Gastfreundschaft gegeben, Abschied genommen hatten, verliessen wir früh am 16. März diesen Ort zu Pferd, während das Gepäcke an den Ohio gefahren wurde. Der Tag brach heiter an, und im Scheine der schon frühe warmen Sonne erreichten wir die Hügel, welche die Niederung des Wabasch begrenzen. Hier umfiengen uns sogleich die hohen Waldungen, und wir warfen einen letzten Blick auf die freundliche Gegend, die uns so lange beherbergt hatte.

Wir machen uns ebenfalls am 16. März auf den Weg nach Mount Vernon, Indiana. Am Wabash River entlang fahren wir durch den New Harmonie State Park und sind die einzigen Besucher in der zu dieser Jahreszeit noch nicht erblühten Naturlandschaft.

Am Mittage erreichten wir in bedeutender Hitze Mount-Vernon am Ohio. Dieser kleine zerstreute Ort von etwa 600 Seelen, unter welchen sich fünf Aerzte befinden, hat etwa 1/3 Backsteingebäude, und ein rothes auf einem freien Platz gelegenes Rathhaus. Wir waren genöthigt ein Paar Tage hier in der kleinen Town auszuhalten, um ein hinabgehendes Dampfschiff zu erwarten, welches uns Gelegenheit gab, der ländlichen Strassenscenen vollkommen überdrüssig zu werden, wo die zahmen Schweine sich in dem Wege des Vorübergehenden niederlegten, um ihre zahlreiche Nachkommenschaft zu säugen.

Am späten Nachmittag erreichen wir Mount Vernon, wo wir im Four Seasons Motel einchecken. Bald darauf sitzen wir am Hafen und genießen auf der Mole die Abendsonne.

Am folgenden Tag decken wir uns im Gander Mountain Outdoor Shop mit den wichtigsten Campingutensilien ein: Schlafsäcke, Gaskocher, Solarradio, Kühltasche. Ich schaue mir unser Reisegefährt etwas genauer an: Die Inneneinrichtung ist etwas schmuddelig, die Plastikteile teilweise porös, die Sitze funktionieren noch anständig.

Downtown Mount Vernon macht einen ziemlich abgewirtschafteten Eindruck. Zahlreiche Häuser stehen zum Verkauf oder sind nicht bewohnt. Als wir uns in einer Bank Geld besorgen, überraschen uns die lustigen grünen Hüte der Angestellten. Es ist St. Patrick's Day, ein irischer Feiertag, der aber auch in den USA gefeiert wird. Die Bankangestellten geben mit ihren seriösen Gesichtern und den putzigen Hüten ein skurriles Bild ab.

Endlich am 18. März gegen 10 Uhr Morgens erschienen zwei Dampfschiffe, von welchen das grössere, der Napoleon, nicht anhielt, hingegen das zweite kleinere, die Conveyance uns aufnam. Die Fahrt gieng schnell von statten, noch vor Mittag erreichten wir Wabasch-Island in der Nähe der Mündung des Wabasch, und nach dem Mittagessen landeten wir zu Shawneetown, wo wir das Dampfschiff wieder verliessen.

Bei uns erscheinen keine Dampfschiffe, vielmehr erwartet uns ein leicht lädierter Volkswagen Westfalia Vanagon. Es wird spannend, ob der Bus eine längere Tour ohne größere Probleme bewältigen wird. Schon nach wenigen Kilometern fällt mir unangenehm auf, dass auch der Tachometer nicht funktioniert: Das

Zurückstellen des Meilenanzeigers auf null ist nicht möglich und die gefahrenen Meilen werden bei der Gesamtmeilenanzeige (128 468) nicht mehr berücksichtigt. Als eine Frau aufgeregt auf unser Fahrzeug zeigt, fahre ich beunruhigt rechts ran, kann aber nichts Auffälliges entdecken. Vor Henderson, Kentucky, betanke ich unseren VW mit neuneinhalb Gallonen, eine Gallone entspricht 3.78 Liter. Beim Tanken habe ich Probleme, das amerikanische Tanksystem zu verstehen. Schon eilt jemand herbei, um mir zu helfen. Als ich ihm erzähle, dass wir mit dem Bus bis nach Seattle fahren wollen, ist er vollkommen davon überzeugt, dass das kein Problem ist.

Hinter Henderson vermitteln die brach liegenden graubraunen Felder eine melancholische Trostlosigkeit. Das Wasser des Ohio Rivers steht fast bis zum Straßenrand, die Straße ist noch mit Pfützen der letzten Überschwemmung übersät. Auf dem Fluss zieht ein Kohlenschiff ruhig seine Bahn. Kies- und Kohleindustrie dominiert die Landschaft. Kein Auto weit und breit, es ist fast so, als ob wir allein auf der Welt wären.

Shawneetown ist ein Dörfchen in einer Linie längs des Flusses erbaut, von etwa 6 bis 700 Seelen. Einige Gasthöfe, Kaufläden und ein Post-Office sind die besten Gebäude. Ehemals wohnte in dieser Gegend der Stamm der Shawnee-Indianer, und später einige Delawaren, die aber längst vertrieben oder ausgerottet sind.

Auf der Shawneetown Bridge verlassen wir Kentucky, überqueren den Ohio River, erreichen Old Shawneetown, Illinois, und kurz darauf das drei bis vier Meilen entfernte Shawneetown. Im Shawnee Chief Motel checken wir für die Nacht ein. Der Eigentümer erzählt, dass vor drei Wochen ein Eissturm in der Gegend gewütet hat. Lakonisch meint er, dass die Bewohner eine gewisse Routine mit Naturkatastrophen entwickelt haben.

Beim Spaziergang durch Old Shawneetown sehen wir, dass der Eissturm verheerende Zerstörungen angerichtet hat. Selbst die Kirche befindet sich in einem traurigen Zustand, verlassen und für immer geschlossen steht sie einsam in der Gegend.

In das Land hinein, 12 Meilen von Shawneetown liegen die berühmten Salzwerke am Saline-River in der Nähe von Equality. Viel Salz wird alljährlich hier bereitet und an den Ohio nach Shawneetown gebracht, wo man dasselbe einschifft.

Als ich den Eigentümer des Motels nach den Salzminen befrage, meint er nur lapidar: „Salzminen gibt's am Meer, aber nicht hier."

In der Dämmerung mache ich einen Spaziergang durch Shawneetown. Das Städtchen macht einen trostlosen Eindruck. Fußgängerwege und Straßen müssten dringend saniert werden, die Vorgärten vieler Häuser stehen voll mit allerlei Krempel. Die Bewohner wirken resigniert, starren mich unfreundlich an. An der Hauptstraße sind neun von zehn Geschäften geschlossen.

Am 19. März verliessen wir früh mit dem Dampfschiffe Paragon unser Nachtquartier bei warmem Wetter und bedecktem Himmel. Auf den Uferfelsen sah man von nun an einzelne rothe Cedern von 20 bis 30 Fuss Höhe, und nachdem wir Cave-in-Rock-Island, eine lange, bewaldete Insel erreicht hatten, glitten wir vor Cave-in-Rock vorbei, einer Höhle, welche einen steilen Felsen in Illinois gänzlich durchbohrt.

Wir sind nicht unglücklich darüber, Shawneetown hinter uns zu lassen. Unser braver VW-Bus trägt uns zuverlässig durch den Shawnee National Forest bis zu dem sehenswerten Cave-in-Rock, einem amerikanischen Ferienort.

Ueber dem grösseren nach dem Ohio hin geöffneten Theile der Höhle befindet sich noch eine kleinere Kammer, in welcher in früheren Zeiten der Ansiedlung Räuber und Falschmünzer ihren Aufenthalt gehabt haben sollen.

Wir steigen die Felswand zum Fluss hinunter und besichtigen die Cave-in-Rock-Höhle, die auch heute noch sehenswert ist. Auch ist sie wesentlich größer, als erwartet.

Gegen Mittag erreichten wir Golconda-Island, 20 ½ Meilen von Cave-in-Rock und alsdann Golconda in Illinois, wo der Sitz der Justizgerichte von Pope-County ist, einen kleinen Ort mit einigen weissen Gebäuden, in welchem man jetzt ein Courthouse erbaute.

In Golconda, Illinois, eilen wir in wenigen Minuten durch das örtliche Museum. Zwei nette Damen haben uns freundlicherweise hineingelassen, obwohl das Museum eigentlich noch geschlossen hat. Wir erfahren, dass die kleineren Museen in den USA erst ab dem 1. April öffnen, ebenso wie die Campingplätze.

Metropolis, Illinois: Unser Nachtquartier ist das Super 8 Motel direkt an der Interstate 24. Der Knüller in Metropolis ist das Superman-Museum. Geschickt nutzt die Stadt das fiktive Metropolis aus den Superman Comics und Filmen zur eigenen Vermarktung.

Von hier aus erreicht man die Stelle, wo ehemals Fort Massac lag, von welchem man noch Steine vorfindet. Wir legten einige hundert Schritte unterhalb an, um Holz einzunehmen, dessen unser Schiff täglich 12 Klafter verbrannte.

Im Massac State Park besuchen wir das nachgebaute Fort Massac und die daneben liegenden Ruinen des ehemaligen Forts. Auch in diesem Park haben die Stürme verheerende Schäden angerichtet.

Das Dörfchen Paduca am linken Ohio-Ufer schien viel Verkehr zu haben, und eine Menge neuer Läden hatten sich hier gebildet.

Über die Interstate Brücke 24 erreichen wir Paducah in Kentucky. Littering 500 $. Eine drastische Strafe droht demjenigen, der Müll illegal entsorgt. Eigentlich ein schlechter Witz, wenn man weiß, dass sich in der Nähe Paducahs eine der weltgrößten Gasdiffusionsanlagen zur Urananreicherung befindet. Paducah ist vor allem in Downtown eine sehenswerte Stadt mit vielen Antiquitätenläden und gut erhaltenen Häusern aus der Zeit um 1900.
Der 20. März ist auch in den USA der Frühlingsanfang. Wir haben am frühen Morgen einen wolkenlosen Himmel und Temperaturen um die 10 °C, in der Nacht lagen sie noch bei null Grad Celsius.

Am 20. März früh näherte man sich der Mündung des Ohio in den Mississippi, 959 Meilen von Pittsburgh und 129 ¾ Meilen von St. Louis entfernt. Die Landspitze zur Rechten, welche beide Flüsse trennt, war wie die ganze Gegend mit Wald bedeckt, welchen man hier zum Theil abgetrieben und ein Paar Häuser daselbst erbaut hatte, einen Gasthof und Laden, so wie eine Pflanzer-Wohnung, wo man anlegte, um Holz einzunehmen. Die Ansiedlung führt keinen anderen Namen, als Mouth of Ohio. Man lief nun in den Mississippi ein und folgte seinem linken oder östlichen Ufer aufwärts.

„Welcome to Cairo". Die Begrüßung ist der blanke Hohn. Ich habe noch nie einen so zerstörten, verwahrlosten, deprimierenden Ort gesehen. Fast alle Geschäfte und Restaurants sind geschlossen, viele Häuser unbewohnt, teilweise eingestürzt, mit Holzplatten zugenagelt. Auf den Straßen sind kaum Menschen zu sehen. Am Flussufer steht eine verlassene Fabrik, in einem der Abbruchhäuser an der Commerce Avenue residiert eine Behörde. Zu allem Unglück haben auch die Winterstürme ganze Arbeit geleistet. Das Wasser des Mississippi ist trübe, fast dunkelbraun. Das Gleiche gilt auch für den Ohio River, der hier in den Mississippi mündet. Auf der Kentucky-Seite liegt auf einer Länge von mehreren Kilometern Kohleschiff an Kohleschiff. Im Fort Defiance State Park hat das Hochwasser Unmengen von Pflanzen, Plastik und Holzresten zurückgelassen. Zum Glück geht es für uns rasch weiter nach Missouri.

Dieser Fluss ist hier nicht breiter als der Ohio, und das Wasser beider Ströme hatte einerlei Farbe. Das Ufer war steil abgerissen, mit umgebrochenem Holze bedeckt, auf seiner Höhe mit hohen, schlanken Pappeln bewachsen. Ortschaften waren in dieser Gegend des Mississippi-Ufers selten, man erreicht indessen das auf einem felsigen Hügel gelegene Dörfchen Commerce, und in dieser Gegend ist es, wo am linken Ufer Hügelreihen von interessantem Anblicke beginnen. Steintrümmer liegen am Ufer und der Cedar stellt sich sogleich wieder ein. Die Nacht trat ein und wir verbargen uns vor der Abendkühlung im Innern unseres Paragon, der am Ufer anlegte.

Commerce, Missouri, liegt an einer kleinen Anhöhe direkt am Mississippi. Hier blühen schon die Obstbäume, es riecht nach frischem Gras. Eigenartigerweise sind die kleinen Bäche ausgetrocknet, der Mississippi aber steht kurz vorm Überlaufen.

Am 21. März erreichten wir Cape Girardeau, eine alte französische Niederlassung, jetzt ein grosses zerstreutes Dorf.

Auf der Interstate 55 erreichen wir Cape Girardeau, eine Stadt mit 35 000 Einwohnern. In einem Super 8 Motel buchen wir ein Zimmer und bummeln später durch die ansehnliche Altstadt. Wir kommen mit Deutschen ins Gespräch, ein älteres Ehepaar mit Sohn und Schwiegertochter. Das jüngere Paar ist vor einem Jahr in die USA ausgewandert. Er, ein 120-Kilo-Koloss, arbeitet in einer Reifenfabrik, sie ist Verkäuferin in einem Supermarkt. Aggressiv meint der junge Mann, dass die Arbeitsmoral in der Reifenfabrik miserabel ist – in Deutschland würden die Mitarbeiter alle gefeuert werden. Ich frage mich, ob er bei seinen Kollegen beliebt ist.

Vor unserer Weiterfahrt am nächsten Tag rechne ich aus, was der Bus so verbraucht, und komme auf 12 Liter pro 100 Kilometer. Die Hydraulik der Heckklappe des Busses funktioniert nicht. Im Kofferraum findet Elke einen Stock, scheinbar ein Wanderstock. Doch weit gefehlt, diesen Stock hat bereits der Vorbesitzer als Stütze für die defekte Heckklappe verwendet.
Es ist kalt geworden. Der Himmel ist komplett bewölkt, leichter Nieselregen nervt. Kurzum, es ist ein Wetter für die gute alte Übergangsjacke.
Über die 177 geht's am Trails for Tears Park vorbei. Kleinere Straßen werden der Einfachheit halber mit Buchstaben gekennzeichnet. Wir fahren nun auf der „J", später kommen dann die „C", die „CC" und so weiter.

Wir legten die Dörfchen Bainbridge und Harrisburg zurück, und erreichten dann die Gegend des Flusses, welche man Hanging-Dog-Bend nennt, wo der Mississippi breit und schön ist. Die Kalkwände, grau, hellgelb, hellblau oder gelblich-roth, waren häufig sehr sonderbar gebildet, besonders etwas weiter aufwärts der interessante Grand-Tower, eine isolirte, rundliche Trommelgestalt von 60 bis 80 Fuss Höhe, welchen wir in der schönsten Abendbeleuchtung erreichten. Rechts am Illinois-Ufer, dem Tower-Rock gegenüber, an der Spitze oder Kante eines gegen den Mississippi vortretenden Berges, stehen drei bis vier höchst sonderbar gebildete Felsen, voll von Rissen und Schluchten. Der Grand-Tower steht gänzlich isolirt am linken Ufer und trägt ebenfalls rothe Cedern auf seiner Höhe. Hinter denselben befindet sich ebenfalls wieder ein grosser in mehre senkrechte Thurmabtheilungen gespaltener Felsen. Oberhalb Hat-Island legte man am Missouri-Ufer für die Nacht an.

Der Tower Rock ist eine Felsformation mitten im Mississippi und sieht in der Tat sehr ungewöhnlich aus. Die von Wied erwähnten gespaltenen Felsformationen sind teilweise noch vorhanden und sehen aus wie Ruinen einer eingestürzten Kathedrale.
Auf einem Feldweg geht's in nördlicher Richtung durch Farmland bis zu einem Friedhof, der am Weg Pcr444 liegt. Auf dem Friedhof wurden nur Deutsche

beerdigt, da liegt Luise Böhme neben Martha Petzold, Ella Lorenz neben Arthur Müller und Mathilda Lorenz. Andere Grabsteine erinnern an Richter, Turm, Schüssler, Theiss und Schlichting.

Wir erblickten (am 22. März) die Mündung des Kaskaskia-River am Illinois-Ufer, an welchem 6 Meilen aufwärts Kaskaskia liegt, eine der ältesten französischen Niederlassungen am Mississippi. Hier wohnte der Stamm der Kaskaskia-Indianer, von welchen noch einige Ueberreste in der Nähe des Ortes angesiedelt sind.

Statt Kaskaskia Indianer sehen wir nur eine Gruppe von Weißen, die in der Kaskaskia-Kirche einen Gottesdienst besuchen. Die Suche nach Fort Kaskaskia endet erfolglos an einem Damm. Später erfahre ich, dass sich das ehemalige Fort auf der rechten Flussseite des Mississippis befand.

Vor uns zeigte sich schon Ste. Geneviève, wo Rauchwolken in der Ferne aufstiegen. Die Bewohner waren von der Sonne braun gebrannt, schlecht gekleidet, von wildem Ansehen, wie die Indianer. Der Mississippi ist hier sehr breit, ein imposanter Strom! Ste. Geneviève, eine alte französische Niederlassung, jetzt ein grosses Dorf von 6 bis 800 Seelen, liegt etwa 20 Minuten von seinem Landungsplatze entfernt und scheint im Verfalle zu seyn. Die Strassen sind rechtwinklig, ungepflastert, mit Zäunen eingefasst, die einstöckigen Wohnungen liegen von einander getrennt, und haben meist an der Vorderseite einen auf Pfeilern ruhenden Vorplatz (Varanda). Die Kirche ist von rothen Backsteinen erbaut. Man spricht französisch und englisch, doch befinden sich auch mehre Deutsche hier. Alljährlich ziehen im Frühjahre Caravanen von hier in das Innere der westlichen Prairies nach Sta. Fe und den Rocky-Mountains, wozu sich viele Bewaffnete mit ihren Pferden und Wagen vereinigen. Von dem Orte schlängelt sich nach dem Landungsplatze der Gabarre-Creek in tiefem schlammigem Bette, über welchen eine hölzerne Brücke führte. Da die Dämmerung bald eintrat, so legten wir nicht weit oberhalb Ste. Geneviève für die Nacht an.

St. Genevieve, Missouri, ist eine kleine Gemeinde mit 4 400 Einwohnern. Wir haben uns für zwei Nächte im Microtel Inn & Suites einquartiert, da wir Wied einen Tag voraus sind. Die älteren Holzhäuser in Downtown sind zu 90% von deutschen Zimmerleuten in der Missouri-Architektur erbaut worden – die

Namen der Eigentümer und das Jahr der Aufstellung sind in die Balken ein-
graviert. Schöne, bunte Holzhäuser mit großen Terrassen, so wie man es aus
Kinofilmen kennt, in denen die Bewohner den Tag bei milder Abendsonne und
einem Glas Limonade in einem Schaukelstuhl sanft ausklingen lassen. Für jede
Konfession gibt es Kirchen, von der Apostolic bis zur Presbyterian Church.
St. Genevieve ist insgesamt eine angenehme, lebenswerte Stadt.

Am 23. März reisen wir weiter nach St. Louis, Missouri. Der Frühling hält mit
Macht Einzug, von Tag zu Tag wird die hügelige Landschaft grüner und bunter.
Wir befinden uns im St. Louis County und fahren durch den Bee Tree County
Park, in dem die gleichförmigen Häuser der amerikanischen Vorstädte idyllisch
eingebettet sind.

Gegen Abend erreichten wir am linken Ufer Jefferson-Barracks, oder die
Militär-Casernen, in welchen gegenwärtig das 6. Regiment regulärer Infan-
terie garnisonirt. Sie waren jetzt interessant, weil der berühmte indianische
Chef Black-Hawk hier gefangen gehalten war. Vor Nacht liefen wir bei der
etwa 100 Jahre alten französischen Niederlassung Carondelet vorbei, einem
grossen zerstreuten Dorfe, von dessen Bewohnern man sagt, dass sie nicht
indüstriös seyen. Etwa gegen über Kahokia übernachteten wir und erblick-
ten am 24. März früh zu unserer grossen Freude die Stadt St. Louis.

Jefferson Barracks und den Stadtteil Carondelet erreichen wir nicht, da der Auto-
bahnring in Richtung Westen um St. Louis herum führt. Auf der fünfspurigen
Schnellstraße muss ich mich wegen des enormen Verkehrs stark konzentrieren
und bin heilfroh, als wir über die Missouri State Route 340 unser Hotel, das
Clubhouse Inn & Suites, erreichen. Wir wohnen im Stadtteil Maryland Heights,
das Stadtzentrum ist 17 Meilen entfernt.

St. Louis ist eine in bedeutender Zunahme stehende Stadt von 6 bis 8000
Seelen, unmittelbar am westlichen Ufer des Mississippi. Sie ist an einer
etwas nackten, sanft ansteigenden und wenig hohen Stelle des Ufers erbaut,
bildet längst dem Flusse zwei parallel laufende Strassen, so wie oben auf
der Höhe in der Prairie sich ebenfalls schon viele Gebäude befinden, wo
man stark mit Bauen beschäftigt war. Hier oben befinden sich Kirchen u.
a. ansehnliche Gebäude, deren diese Stadt schon mancherlei sehr nette
besitzt, und ihre höchst günstige Lage im Centralpunkte des Mississippi-,

*Ohio- und Missouri-Handels wird sie in kurzer Zeit zu einem der wichtig-
sten Plätze des Westens erheben. Jetzt sind die Hauptstrassen mit schönen
glänzenden Läden angefüllt, eine Menge von Dampfschiffen kommen und
gehen täglich ab, und ein sehr geschäftiger Handel bewegt die bunte Bevölkerung von mancherlei Nationen. Der grösste Theil der Hafenarbeiter und
alle Bediente zu St. Louis sind Neger und ihre Abkömmlinge, im Staate
Missouri sämmtlich Sclaven. Wir waren Zeugen kläglicher Züchtigungen.
Einer unserer Nachbarn peitschte auf öffentlicher Strasse einen seiner Sclaven aus, ohne dass sein Arm ermüdete.*

*St. Louis war in diesem Augenblicke für uns um so wichtiger, da wir hier
die ersten nord-americanischen Indianer in ihrer ganzen Originalität zu
beobachten Gelegenheit bekamen. Es befindet sich nämlich in St. Louis das
Bureau für alle indianischen Angelegenheiten des Westens, dessen Director unter dem Titel "Superintendent of Indian affairs" gegenwärtig, der
durch seine Reise mit Captain Lewis nach den Rocky-Mountains und dem
Columbia-River berühmte General Clarke war. Er leitete alle diese Angelegenheiten, und von ihm haben alle Fremden, welche das innere westliche
Gebiet zu besuchen wünschen, einen Pass zu empfangen, so wie auch alle
Indian-Agents und Sub-Agents (die Agenten der Regierung bei den verschiedenen indianischen Nationen) unter ihm stehen.*

*Es fügte sich, dass zur Zeit unserer Anwesenheit zu St. Louis eine Deputa-
tion zweier indianischer Stämme, der Sakis oder Saukis und der Foxes den
Mississippi herab kam, um sich für den in den Jefferson-Barracks gefangen gehaltenen Black-Hawk zu verwenden. An der Spitze dieser zahlreichen Bande stand Kiokuck, ein Saki-Chef, und zwar derselbe, welcher den
unglücklichen Black-Hawk in die Hände der Americaner überliefert hatte.
General Clarke, welchem ich durch die Güte des Herzogs Bernhard von
Sachsen-Weimar empfohlen war, hatte mich höchst zuvorkommend von
den Zusammenkünften benachrichtigt, welche er mit den Indianern hielt,
und wir hatten die Freude, diese originellen Menschen hier recht beobachten und mit Musse studieren zu können. In einem grossen Magazin in der
Nähe des Hafens hatte man den Indianern Quartier angewiesen, wohin
wir uns sogleich begaben. Schon am Strande bemerkte man einen Auflauf
des Pöbels und sah zwischen dem Haufen der Neugierigen die fremdartigen dunkelbraunen Gestalten, in rothe, weisse oder grüne wollene Decken
eingehüllt. Sie sind starke wohlgebildete Männer, viele von mehr als Mit-*

telgrösse, breit, muskulös und fleischig. Die Gesichtszüge der Männer sind ausdrucksvoll, stark ausgewirkt, die Backenknochen vortretend, die Flügel des Unterkiefers breit und eckig, die schwarzbraunen Augen lebhaft und feurig, und besonders in der Jugend am inneren Winkel etwas hinab gezogen. Die Zähne sind stark, fest und weiss, und bis in das hohe Alter meist vollkommen gesund. Die Nase ist stark und vortretend, sehr häufig gebogen. Der Mund ist gewöhnlich etwas dick. Die Haare sind schlicht und schwarz, die Farbe der Haut bald dunkler, bald heller braun. Ihre Haare trugen die Sakis und Foxes über den ganzen Kopf abrasirt, mit Ausnahme eines schmalen Haarbusches oder Streifens am Hinterkopfe. Watapinat (Wakusasse), ein schöner ansehnlicher Fox-Indianer, ist von Herrn Bodmer höchst ähnlich abgebildet worden. Ein grosser schöner Saki-Indianer, Massica, hatte ein kühnes, wildes Gesicht und eine Adlernase. Seine Freundlichkeit war besonders ausdrucksvoll, die schwarzbraunen Augen funkelten alsdann, und die schneeweissen Zähne glänzten in dem dunkelbraunen, gewöhnlich zinnoberroth angestrichenen Gesicht.

Die Männer, etwa 30 bis 40 an der Zahl, zeigten sich nie ohne ihre Waffen in der Hand; sie trugen Tomahawks, ein mit seinem oberen Theile rückwärts gebogenes, schmales, etwas plattes Stück Holz, in dessen vorderem

Massika, Saki Indianer – Wakusasse, Musquake Indianer (Karl Bodmer)

vortretendem Winkel eine an beiden Rändern scharf schneidende und vorn zugespitzte Stahlplatte eingesetzt ist. Der Chef oder Anführer der hier versammelten Indianer war der Saki-Chef Kiokuck, ein schlanker Mann von mittlerer Grösse, mit angenehmen, wenig von denen der Europäer abweichenden Zügen, obwohl dunklerer Farbe. Der Wohnplatz dieser Indianer ist am westlichen Mississippi-Ufer in der Gegend von Rock-Island und des Rock-River. Es war für uns höchste interessant, diese Indianer in hinlänglicher Anzahl unter sich zu beobachten. Sie waren nichts weniger als ernst und still, im Gegentheil, man beobachtete oft Munterkeit und herzliches Gelächter. Wenn man sich ihnen treuherzig näherte und sie ansprach, so hatten manche von ihnen einen recht angenehmen, freundlichen Ausdruck, andere waren kalt, und schienen selbst feindselig.

General Clarke lud uns zu einer kleinen Versammlung ein, welche er in seinem Hause mit den Indianern zu halten hatte; wir begaben uns daher dahin. General Clarke hatte mit seinem Secretär den längs den Wänden des Zimmers in Reihen sitzenden Indianern Platz genommen, wir Fremden sassen an seiner Seite, und neben ihm stand der Dolmetscher, ein französischer Canadier. Die Indianer, deren etwa 30 waren, hatten sich nach Kräften geschmückt und bemalt; ihre Chefs sassen am rechten Flügel sämmtlich mit ernster, feierlicher Miene. Der General liess ihnen zuerst durch den Dolmetscher sagen, warum er sie hier versammelt habe, dann stand Kiokuck auf, die Friedenspfeife in der linken Hand, und indem er mit der rechten im Einklange mit seinen Gedanken gesticulierte, sprach er sehr laut und in abgebrochenen Sätzen, von kurzen Pausen unterbrochen; seine Rede wurde sogleich übersetzt und nieder geschrieben. General Clarke hatte uns den Indianern vorgestellt, indem er sagt: "wir wären weit her über das Meer gekommen, um sie zu sehen," und die ganze indianische Versammlung gab ihren Beifall durch einen etwas gedehnten Ton "häh!" oder "ähä!" zu erkennen. Vor und nach der Sitzung passirten alle Indianer in einer Reihe bei uns vorbei, und ein jeder gab uns die rechte Hand, indem sie uns dabei gerade in die Augen sahen; alsdann zogen sie ab, ihre Chefs an der Spitze. Wir wurden von dem General eingeladen, ihn am nächstfolgenden Tage auf dem Dampfschiff Warrior zu begleiten, wenn er die Indianer nach den Barracks bringen werde, um ihnen eine Zusammenkunft mit Black Hawk zu gestatten.

Eine der bekanntesten historischen Persönlichkeiten in den USA ist William Clark. Clark war nicht nur einer der Expeditionsleiter der legendären Lewis-und-Clark-Expedition (1804-1806), sondern auch Inspektor für indianische Angelegenheiten während der Wied-Reise. Wir besuchen Clarks Grab auf dem Bellefontaine Cemetery an der Florissant Avenue. Mittelpunkt der Grabanlage ist ein Obelisk mit einer Marmorbüste von Clark, drumherum stehen weitere Grabsteine der Familie.

Vom Bellefontaine Cemetery machen wir uns auf nach Downtown zum Gateway Arch. Entlang der Florissant Avenue wohnen überwiegend Schwarze US-Amerikaner, die unter der Last ihrer Lebensbedingungen niedergeschlagen und lethargisch wirken. Die Bewohner dieses Stadtteils leben in renovierungsbedürftigen und häufig verfallenen, zugenagelten oder demolierten Häusern, die früher architektonische Meisterwerke waren. Durch den Wegzug der weißen Bevölkerung aus der Innenstadt sind die ehemals aufstrebenden Viertel heute weitgehend verwahrlost. Nun leben hier die Schwächsten der Gesellschaft. Der Anteil der Afro-Amerikaner in St. Louis liegt bei 51,3%.

Schon von weitem sieht man einen kolossalen Stahlbogen in den Himmel aufragen. Es ist The Gateway Arch, das weltbekannte Wahrzeichen von St. Louis. Der Bogen symbolisiert den Ausgangspunkt der Lewis-und-Clark-Expedition und gilt als Tor zum Westen der USA. Kurz darauf machen wir im Macy's, einem der bekanntesten Kaufhäuser der USA, einen kurzen Zwischenstopp. Im Kaufhaus herrscht eine etwas beklemmende Atmosphäre, auf keiner Etage sieht man mehr als eine Handvoll Kunden.

Der imposante Gateway Arch wurde auf dem ehemaligen Hafengelände errichtet, wo seinerzeit William Clark sein Büro für indianische Angelegenheiten hatte. Von den Häusern und Magazinen in Wieds Bericht ist nichts übrig geblieben. Das gesamte Hafenviertel wurde in den 30er und 40er Jahren (des 20. Jh.) abgerissen und in den 50er Jahren zu diesem Wahrzeichen und Erholungspark umgewandelt.

Unter dem Gateway Arch befindet sich das Museum of Westward Expansion mit verschiedenen Ausstellungen. Im Kino sehen wir einen exzellent gemachten Film über die Expedition von Lewis und Clark. Die Reise auf Wieds und Lewis und Clarks Spuren verspricht, sehr interessant zu werden.

Auf dem Rückweg zum Hotel fahren wir durch den Stadtteil Midtown am Grand Center vorbei. Das Grand Center ist so etwas wie das Zentrum von St. Louis. In diesem Viertel befindet sich die St. Louis University mit ihren verschiedenen

Fakultäten. Die prunkvolle Kathedrale Basilica St. Louis und diverse Kirchen der verschiedenen Religionen verleihen dem Grand Center etwas altehrwürdiges, während das Art Museum St. Louis und das Fox Theater, aber auch jede Menge Restaurants und Galerien, das Bild eines bunten, unbeschwerten Viertels vermitteln.

Am nächsten Tag besuchen wir das Universitätsviertel am Forest Park. Das Gelände ist weitläufig, die Gebäude im Stil der Jahrhundertwende (vom 19. zum 20. Jh.) gebaut. Die Löwen auf den Säulen am Eingangsbereich begrüßen uns mit steinernen Mienen. The Loop ist ein Teilstück des Delmar Boulevards und gilt als eine der zehn schönsten Straßen Amerikas. Das St. Louis Art Museum wurde zur Weltausstellung 1904 erbaut. Diverse Ausstellungen, zum Beispiel über die Chinesische Ming-Dynastie, haben das Museum weltberühmt gemacht.

Am 26. März früh fanden wir die Indianer schon an Bord der Warrior, welcher zu dieser Fahrt gemiethet war; andere dieser originellen Figuren, in ihren rothen wollenen Decken, wandelten am Strande umher. Wir hatten uns mit Cigarren und anderen ihnen angenehmen Kleinigkeiten versehen, durch welche wir uns bald ihr Vertrauen erwarben. Als General Clarke erschien, wurden die Anker gelichtet, und der Warrior lief den Mississippi hinab. Die Indianer versammelten sich am Vordertheile des Schiffes, um zu singen. Auf viele von ihnen wirkte der heute wehende rauhe Wind sehr empfindlich, da sie unter ihren wollenen Decken am Oberleibe nackt waren; dennoch hielten sie sich immer im Freien auf. Gegen 10 Uhr näherte sich der Warrior den Jefferson-Barracks, wo sich die Bewohner am Ufer versammelt hatten, um die indianische Deputation landen zu sehen. Die Indianer sangen in wildem Chor, wobei sie ihre Waffen rüttelten, dann zogen sie, sobald man gelandet hatte, in Procession, die Chefs an der Spitze, auf die Höhe des Ufers; wo die Barracks oder Casernen ein vorn nach dem Flusse offenes und einen grossen freien Raum einschliessendes Quadrat bilden. General Clarke machte uns mit dem Commandanten des Platzes, General Atkinson bekannt, und nach einer kurzen Pause in dessen Hause begab man sich in eine geräumige leere Halle des einen der Nebengebäude, wo die Indianer schon sämmtlich in Reihen Platz genommen hatten. Die Generale sassen ihnen gegen über; die Zuschauer, unter welchen sich mehre Damen befanden, bildeten die Umgebung. Als alles versammelt war, hielt Kiokuck mit Hülfe des Dolmetschers eine Anrede an General Atkinson und dieser antwortete ihm, worauf man die Gefangenen herein führte. Zuerst erschien Black Hawk, ein kleiner, alter, wohl 70jähriger Mann, mit grauen Haaren und ziemlich hell gelblicher Hautfarbe, sanft gebogener Nase und etwas chinesischen Zügen, wozu der geschorene Kopf, hinten mit dem gewöhnlichen Haarzopfe, nicht wenig beitrug. Diese bedauernswürdigen Menschen traten mit niedergeschlagenen Mienen ein, und obgleich kein Indianer lebhafte Zeichen der Rührung verrieth, so sah man dennoch vielen von ihnen diese Gefühle recht deutlich an. Die Gefangenen gaben ihren Landsleuten ringsum der Reihe nach die Hand, und setzten sich dann im Kreise der Versammlung nieder. Zwei der Indianer, als besonders gefährliche Menschen bekannt, der eine, der berühmte Winnebao-Prophet, trugen Ketten mit grossen eisernen Kugeln an den Füssen. Die Reden begannen nun von Neuem. Kiokuck sprach öfter und bat für die Gefangenen, und General Atkinson wiederholte ihnen etwa dasselbe, was ihnen schon General Clarke gesagt, worauf die indianische Versammlung wieder ihr „häh! oder ähä!" hören liess. Als die Reden gehalten war, entfernte man sich und liess die Gefangenen mit ihren Landsleuten allein, um ihren Gefühlen freien Lauf zu lassen. Rührend war der Anblick des alten Black-Hawk, so wie die ganze Scene des Wiedersehens, und mehre Zuschauer schienen in diese Gefühle mit einzustimmen.

Wir nahmen nun noch die Casernen in Augenschein, in welchen vier Compagnien des 6. Regiments einquartirt sind. Das Hospital bildet ein besonders Gebäude. Um 3 Uhr schifften wir uns mit allen Indianern auf dem Warrior wieder ein, und erreichten erst spät Abends St. Louis.

Jefferson Barracks ist seit ewigen Zeiten ein Militärstützpunkt. Auf der Hancock Road fahren wir an der Militäranlage vorbei und erreichen den Jefferson Barracks County Park, wo wir von tausenden quakenden Fröschen empfangen werden. Der randvolle Mississippi fliesst träge dahin. Auf der Grant Road wandern wir durch den Park, finden aber bis auf das Powder Magazin Museum nicht einen einzigen Hinweis auf das Jahr 1833. Es ist noch keine Saison, die zu besichtigenden Gebäude sind noch nicht geöffnet.

Beim Verlassen des Geländes entdecken wir an der Worth Street ein Museumsschild: „Missouri Civil War Museum" der „Jefferson Barracks Heritage Foundation – Museum & Library". Ich komme mit dem Executive Director des Museums, William F. Florich ins Gespräch, einem freundlichen Mann um die 75, und zu meiner grossen Freude kennt er die Geschichte von Wied. Vor seiner Pensionierung war er Pilot bei der US Navy. Sein Büro ist geschmückt mit Kampfflugzeugen jeder Art, die man benutzt, um andere vom Himmel zu holen. Er ist Historiker, seine Vorfahren emigrierten aus dem Österreichisch-Tschechischen in die USA.

Geduldig beantwortet er unsere Fragen zum Militärstützpunkt. Jefferson Barracks hat in der Geschichte der USA immer eine wichtige Rolle gespielt. Willam lädt uns zu einer Führung über das Militärgelände ein. In den Verwaltungsgebäuden hängen zahlreiche Fotos und Zeichnungen aus dem 19. Jahrhundert, also aus der Zeit, als sich in der Gegend in und um St. Louis viele Deutsche angesiedelt hatten, weil für die Besiedlung des Westens für die Ausrüstung der Trecks Handwerker benötigt wurden. Wir bekommen jede Menge Informationen, sodass wir uns gut in die Vergangenheit zurückversetzen können – vom Chiefs Landing, wo die Warrior mit den Indianern, Clark und Wied anlegte, bis zu den Gebäuden, in denen damals die Verhandlungen geführt wurden. Nach zweistündiger Führung essen wir mit William in einem Militärhospital zu Mittag. In dem Krankenhaus gibt es auch ein Altenheim für Militärveteranen, die hier betreut und versorgt werden. Ich frage William, ob es für die vielen Nachfahren der deutschen Immigranten in den Weltkriegen nicht problematisch gewesen sei, gegen ihre Vorfahren zu kämpfen. Lachend meint er, dass ja in Deutschland auch die Bayern gegen die Sachsen, Preußen oder gegen sonst wen gekämpft hätten.

East St. Louis, Illinois, liegt gegenüber von St. Louis am Ostufer des Mississippi Rivers, hat 28 000 Einwohner, davon fast 98% afro-amerikanischer Herkunft, und ist eine der ärmeren Städte in Illinois. Der Rückgang der Schwerindustrie hat zu hoher Arbeitslosigkeit geführt. Vom Malcom W. Martin Memorial Park hat man einen klasse Blick auf St. Louis und den Arch. Ein kompliziertes Gewirr von Straßen erwartet uns vor der Überquerung des Mississippis, erst nach mehreren Versuchen finden wir die richtige Auffahrt nach St. Louis.

Auf CNN sehen wir eine Dokumentation des Starreporters Anderson Cooper über The Wall Next Door. Es geht um die Drogen- und Waffenkartelle sowie die Menschenschleuser an der amerikanisch-mexikanischen Grenze. Das Thema wird in den USA heiß diskutiert. Die Mischung aus Drogen- und Waffenschmuggel beunruhigt die amerikanische Mittelschicht zutiefst. Nicht so aufgeregt ist sie bei dem Thema der illegalen Einwanderung, da die Zugewanderten häufig als preisgünstige Hilfsarbeiter beschäftigt werden.

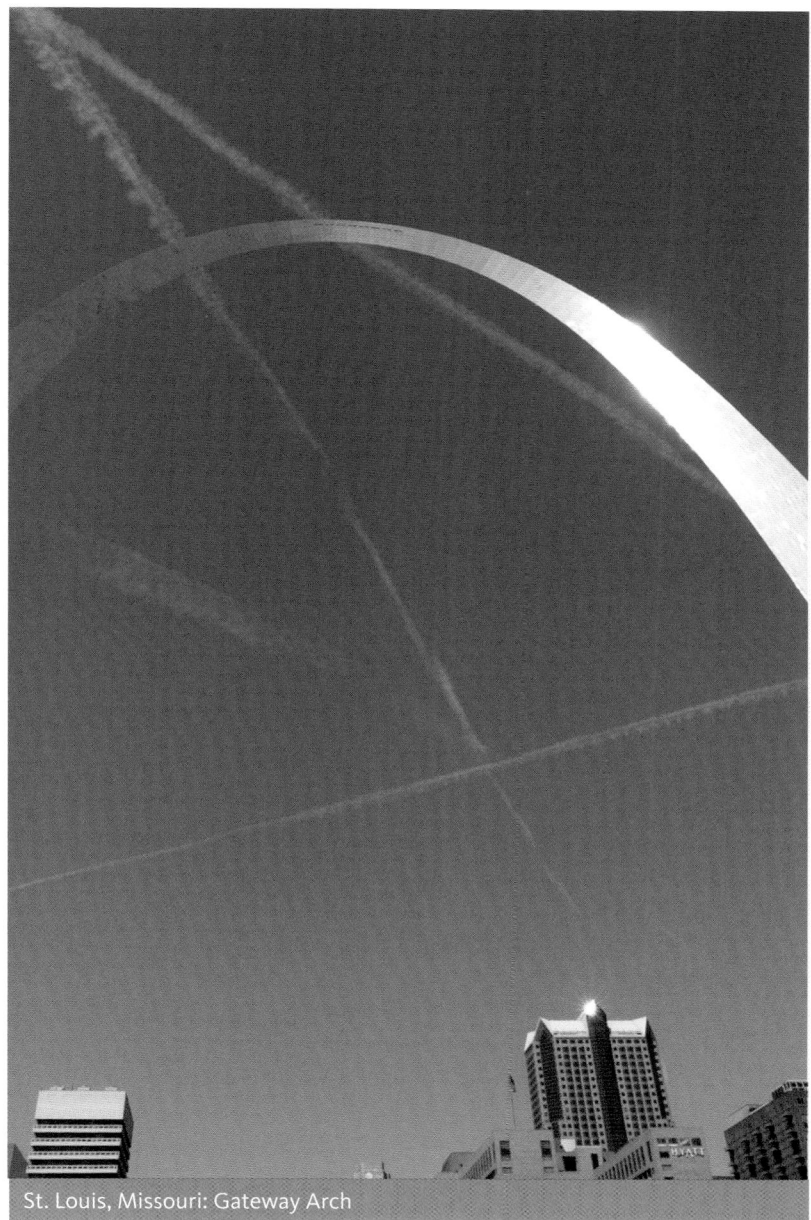

St. Louis, Missouri: Gateway Arch

Am 27. März besuchen wir das Missouri History Museum Library Research Center auf der Suche nach Zeitungsartikeln über die Verhandlungen in Jefferson Barracks am 26. März 1833. Leider sind in dieser Bibliothek keine Zeitungsartikel archiviert.

Unser nächstes Ziel ist das Missouri History Museum am Lindell Boulevard im Forest Park, in dem wir uns eine Charles-Lindbergh-Ausstellung ansehen. Erstaunlich, wie klein dieses Flugzeug war, mit dem Lindbergh damals von New York nach Paris flog. Der Pilotensitz ist mehr ein Campingstuhl aus Bast, die Inneneinrichtung des Flugzeugs spartanisch, nur die notwendigen Instrumente sind vorhanden. Charles Lindbergh wurde im Forest Park, nach seiner Rückkehr aus Paris, begeistert von der St. Louis Bevölkerung empfangen.

In einer zweiten Ausstellung über die Geschichte von St. Louis werden die Besucher über die Vertreibung der Indianer und über das Leben Black Hawks informiert. Auf einer Schautafel wird auf Wieds Teilnahme an der Versammlung hingewiesen, einige Bilder von Bodmer hängen zu dokumentarischen Zwecken in der Ausstellung.

Die nächsten Tage sind wolkenverhangen, es regnet pausenlos und ist unangenehm kalt geworden. Gegen drei Uhr in der Nacht werde ich wach, der Innenhof des Hotels ist eingeschneit.

Am 30. März fahren wir erneut zum Gateway Arch. Wenn man direkt unter dem Bogen steht und nach oben schaut, wird einem die imposante Konstruktion des Denkmals bewusst. Die Dimension des Bauwerks fasziniert ganz besonders durch den schmalen Bogen am höchsten Punkt, der dem Ganzen etwas Filigranes verleiht. Wir lösen Tickets für eine Fahrt „to the top". Man wird in eine kleine Kabine gebeten, die dann ruckweise in einer Minute die 192 Meter hoch gezogen wird. Das ist nichts für Leute, die unter Klaustrophobie leiden. Der Blick aus dieser Höhe auf St. Louis ist großartig – mir ist allerdings die ganze Zeit ein wenig blümerant zumute, da der Bogen an dieser Stelle höchstens fünf Meter breit ist. Im Anschluss besichtigten wir im Untergeschoß das Museum of Westward Expansion, wo auf einer Zeittafel auf Wieds Reise hingewiesen wird.

Am letzten Märztag ist unser Ziel die Jefferson Library in der University of Missouri. Die Bibliothekare und Archivare sind sehr hilfsbereit und unterstützen uns bei der Suche nach Zeitungsartikeln über die Versammlung in Jefferson Barracks. Man ermöglicht uns den Zugang zu allen Mikrofilmen und Archiven, wobei sich herausstellt, dass die Filme in einer anderen Bücherei in Downtown archiviert sind.

An der Olive Street liegt die St. Louis Public und die Central West Library. Freundlich werden wir von Tom Ernest Winkelmann begrüßt, seine Vorfahren kamen aus Oldenburg in die USA. Nach kurzer Recherche stellen wir zu unserem Bedauern fest, dass wegen eines Feuers in grauer Vorzeit die Jahrgänge 1833 nicht archiviert wurden.

Im St. Louis Zoo im Forest Park interessieren mich vor allem die Tiere, die zu Wieds Zeiten noch frei in der Wildnis lebten. Der Eintritt ist frei. Der Zoo existiert seit der St. Louis Weltausstellung von 1904, die Gebäude aus der damaligen Zeit verleihen der Anlage etwas Nostalgisches. Zahlreiche Schulklassen sind im Zoo unterwegs.

Die Primaten sind durch eine Glasscheibe von ihren Verwandten getrennt. Eigentlich sollten wir die asiatischen Lion-tailed-Macaque-Affen sehen, aber zu meiner großen Verblüffung steht ein Homo sapiens mit Khaki-Kleidung, Gummistiefeln und Schutzmaske im Käfig und schaut verbittert auf seinen nur leicht tröpfelnden Wasserschlauch. Ein nordamerikanischer Uhu ist in einer Voliere eingesperrt, in einer größeren Voliere steht regungslos ein Adler: „Nest of the bald eagle. 20 years ago, no bald eagle nested in Missouri." Wir kommen zu den Gorillas. Das Gorilla-Männchen hält sich wegen des Geschreis der Schulkinder die Ohren zu. Was für eine Farce: „The Jungle of the Apes". Die Präriehunde haben ihr viel zu kleines Gehege wild umgepflügt. Im Bärengehege sehen wir einen Andenbären und den amerikanischen Grizzlybären. Der Grizzly ist ein gewaltiges Tier, bestimmt zwei Meter groß, sein Aktionsradius im Gehege umfasst vielleicht zwanzig mal zwanzig Meter. Es leben nur noch 1 000-1 200 von ihnen in Freiheit, viele davon im Yellowstone Nationalpark. Wie nach jedem Zoobesuch ergreift mich auch hier eine tiefe Melancholie.

Am späten Nachmittag packt uns der Einkaufswahn – wir fahren in eine 17 Kilometer entfernte Shoppingmall. Als wir die Mall verlassen, ist es fast acht Uhr und stockdunkel. Das Licht des VWs ist nicht besonders gut, um es vorsichtig auszudrücken. Der Lichtkegel reicht gerade mal knapp drei Meter weit. Da auch die gesamte Armaturen-Innenbeleuchtung nicht funktioniert, wird die Rückfahrt zu einem Abenteuer, auch weil wir in der Dunkelheit Probleme mit dem Lesen der Straßenkarte haben. Wir zockeln über Nebenstraßen und haben keine Ahnung mehr, wo wir uns befinden. Wenn keine Straßenlampen oder andere

Autos die Straße erhellen, fahren wir so gut wie ohne Sicht, was die Stimmung im Auto nicht besser macht. Plötzlich, wie durch ein Wunder, entdecken wir eine Straße, die uns bekannt vorkommt. Kurz darauf sind wir wieder im Bilde, und alles wird gut.

Wir haben erfahren, dass es in der St. Louis Public Library im Missouri History Museum Library and Research Center doch eine Abteilung gibt, die Zeitungen von 1833 archiviert haben soll. Die Mitarbeiter dort sind zwar nicht besonders freundlich, dafür ist unsere Suche aber endlich erfolgreich. Im Missouri Republican finden wir einen Artikel über die Versammlung in Jefferson Barracks mit General Atkinson und Häuptling Black Hawk.

Im Laufe des 4. Aprils steigen die Temperaturen bis auf 20 °C, der Himmel ist wolkenlos. Der Creve Coeur Lake im Memorial Park ist nur wenige Meilen von unserem Hotel entfernt und liegt im früheren Flussbett des Missouri Rivers. Wir machen eine Wanderung um den See und sind die einzigen, die in Windjacken unterwegs sind. Die Einheimischen laufen bereits in Hemden oder T-Shirts herum. Es wird nach Herzenslust gejoggt und Fahrrad oder Rollerblades gefahren. Einige Besucher angeln. Auf dem See findet eine Ruderregatta statt. An der Westseite befinden sich mehrere Fußball- und Footballplätze, schon von weitem hört man die Geräuschkulisse der Zuschauer, darunter viele Mädchen. Auf mehreren Plätzen wird von Freizeitmannschaften ein Fußballturnier ausgetragen, unweit davon findet ein Football-Turnier statt. Bekanntermaßen haben sich die beiden Sportarten Mitte des 19. Jahrhunderts in England aus einer Form des Treibballs entwickelt.

Am 7. April führt uns eine Exkursion nach Cahokia in Illinois zu einer der ältesten Indianersiedlungen Nordamerikas. Leider ist das Cahokia Mounds State Historic Museum geschlossen, dafür entschädigt aber der kurzweilige und interessante Besuch der Tempel von Cahokia. An diesem Ort stand eine indianische Großstadt, gegründet etwa 600 nach Christus, die in ihrer Blütezeit den Azteken- oder Maya-Metropolen in nichts nachstand. Cahokia bestand aus rund einhundert bis zu dreißig Meter hohen Erdpyramiden, die als Tempel benutzt wurden oder auf denen Wohnhäuser standen. Vom größten Hügel, dem Monks Mound, haben wir einen ausgezeichneten Blick auf die Landschaft. In Richtung Westen ist St. Louis gut zu erkennen.

Da es meine Absicht war, die inneren westlichen Gegenden von Nord-America, und wo möglich die Rocky-Mountains zu bereisen, so war St. Louis ohne Zweifel die zweckmässigste Basis für eine solche Unternehmung. Es fragte sich nun, ob es zweckmässiger sey, mit den Caravanen zu Lande nach Sta Fe zu gehen, oder den Missouri aufwärts zu beschiffen? Nachdem ich mit mehren des Landes kundigen Männern über diesen Gegenstand geredet, schien mir der Plan, dem Laufe des Missouri zu folgen, für meine Absichten der passendste, denn 1) konnte ich auf der Landreise keine Indianer beobachten. Trifft man sie, so muss man sich mit ihnen schlagen, kann sie also nicht vollkommen kennen lernen, und 2) verursacht eine solche Reise grosse Schwierigkeiten, ja die Unmöglichkeit, bedeutende naturhistorische Sammlungen zu machen. Diese Gründe waren für mich überwiegend, ich hoffte daher von den Herren der americanischen Pelzhandel-Compagnie (American-Fur-Company)14 eine Passage den Missouri aufwärts auf ihrem Dampfschiffe Yellow-Stone zu erhalten.

Da bis zu jenen entfernten und menschenleeren Gegenden bis jetzt keine weissen Ansiedler vorgedrungen sind, so herrscht dort allein die American- Fur-Company durch ihre Handelsposten und ihre vielen Angestellten, indem ihre Waaren nun schon selbst den gefährlichsten Indianer-Stämmen ein Bedürfnis geworden sind; fremde Reisende können aus dieser Ursache ohne den Willen und den Beistand dieser Gesellschaft auf keinen glücklichen Fortgang ihrer Unternehmungen rechnen.

Den Werth dieses Rathes vollkommen einsehend, suchte ich die Bekanntschaft des Herrn Pierre Chouteau, der die Geschäfte der Gesellschaft zu St. Louis leitete, und des Herrn McKenzie, welcher gewöhnlich am oberen Missouri wohnte, und jetzt ebenfalls im Begriffe stand, mit dem Dampfschiffe die Reise nach Fort Union an der Mündung des Yellow-Stone zu machen. Beide empfingen mich zuvorkommend und gewährten mir meinen Wunsch mit vieler Güte; ich traf daher meine Anstalten zu der bevorstehenden Dampfschiff-Reise den Missouri aufwärts.

Kapitel X
Von St. Louis bis zu den Grenzen der Ansiedlungen

Am 10. April gegen 11 Uhr Morgens setzte man die Dampfmaschine des Yellow-Stone in Bewegung, nachdem sich die Reisegesellschaft versammelt hatte. Man hatte als Signal zur Abfahrt einige Kanonenschüsse abgebrannt, worauf sich die Bewohner von St. Louis in Menge am Ufer versammelten, unter ihnen auch die Saukis in ihrem originellen Anzuge, so wie einige halb civilisirte Kickapu-Indianer. Die Bemannung des Yellow-Stone bestand etwa aus 100 Personen, grösstentheils sogenannten Engages oder Voya-geurs, welche dem Whisky hinlänglich zugesprochen hatten und auf dem Verdecke versammelt waren, wo sie zum Abschiede ein rollendes Feuer aus ihren Flinten und Büchsen machten. Der Yellow-Stone lief schnell bei den am Ufer liegenden Dampfschiffen vorbei, während viele Stimmen uns Lebewohl zujauchzten.

Auf den Tag genau 176 Jahre nach Wied verlassen auch wir St. Louis und machen uns auf den Weg nach St. Charles, Missouri. Die Gebäudefassade der 800 North 3rd Street ist mit einem aufgemalten Schaufelraddampfer verschönert worden. Mit dieser Reminiszenz an vergangene Zeiten verabschieden wir uns auf Höhe der ehemaligen Hafenanlage von Saint Louis. In nördlicher Richtung geht's durch kilometerlange Industriegebiete bis zur 13 Meilen entfernten „Columbia Bottom Conservation Area". Auf dem Weg zum Mississippi und Missouri River fahren wir durch abgeerntetes Farmland. Bei eisiger Kälte und unangenehmem Nieselregen wandern wir durch eine urwüchsige Wald- und Flusslandschaft bis zum Zusammenfluss der beiden Flüsse. Die Wassermassen des Missouris (Big Muddy) vermischen sich in pittoresken Strudeln mit denen des Mississippis. Von nun an wird der Missouri River die nächsten 2 341 Meilen bis zu seinen Quellflüssen unser ständiger Begleiter sein.

Der Yellow-Stone lief nun in den Missouri ein, der an seiner Mündung etwa so breit ist als der Mississippi an dieser Stelle, dessen Wasser sich aber noch mit seiner schmutzig gelblichen Farbe von dem grünlichen des letzte-ren eine Zeit lang getrennt erhält, indem es am Ufer des Staates Missouri, das andere hingegen am Illinois-Ufer hinab eilt. Unsere Canadier feuer-ten zur Bewillkommung des Stromes, dem wir uns für eine geraume Zeit geweiht hatten, ihre Gewehre ab.

In Fort Bellefontaine, Missouri, machen wir einen ausgedehnten Spaziergang am Missouri River entlang und bestaunen die Treppenkonstruktion aus den dreißiger Jahren des 20. Jahrhunderts, die von der Höhe des Hangs fast bis zum Wasser führt. Das ursprüngliche Cantonment Belle Fontaine wurde am Südufer des Missouri Rivers an der Mündung des Cold Creeks gebaut und war ehemals ein von der Regierung betriebener Handelsplatz. Als einziger Militärposten im Louisiana Territory diente Fort Belle Fontaine als Startpunkt für viele Expeditionen in das neu erworbene Territorium der Vereinigten Staaten, einschließlich der Lewis-und-Clark-Expedition.

Die Yellowstone hatte 1833 die Nacht irgendwo zwischen Fort Bellefontaine und St. Charles verbracht und erreichte St. Charles am Morgen des 11. April. St. Charles war zu Wieds Zeiten eine der ältesten Niederlassungen der Franzosen, heute bummeln in der Stadt Touristen an den historischen Häusern vorbei. Die Main Street besteht größtenteils aus liebevoll restaurierten Häusern, in denen die üblichen Geschäfte untergebracht sind, wie man sie aus Touristenorten kennt.
Wenige Meilen flussaufwärts legte die Yellowstone am 11. April abends für die Nacht an der Isle au Bonhomme an. Bonhomme Island kann man nicht mehr Insel nennen, nur noch ein kleines Flüsschen trennt die Insel vom Ufer. Heute führt der 386 Kilometer lange Katy-Trail-Fahrradweg an dem kleinen Eiland vorbei.

12. April. Die deutsche Ortsgründung Hermann, Missouri, ist bekannt aufgrund seiner Weingüter wie Stone Hill Winery oder Hermannhof Winery. Das Hermann Motel ist in indischer Hand und die Übernachtung, auch wegen unserer Mitgliedschaft im Triple A (so etwas wie der ADAC in Deutschland), recht günstig. Leider ist es regnerisch und kalt. In Lindee's Breakfast Lunch Dinner bestelle ich zum Vergnügen der Kellnerin Bratwurst mit Kraut und Süßkartoffeln. Die Adam Puchta Winery wurde 1855 gegründet. Bei einer Führung erfahren wir, dass der alte Puchta aus der Region Bayern-Tschechien kam. Wir verabschieden uns am frühen Morgen des 13. Aprils ohne Weinprobe von den freundlichen Verkäuferinnen, obwohl ein Schild die Meinung vertritt: „Only drink wine when it is time – it's time".

Von Cote-Sans-Dessein erreicht man bald die am südlichen Missouri-Ufer
gelegene Jefferson-City, die sogenannte Hauptstadt des Staates Missouri,
wo der Gouverneur wohnt. Bis jetzt ist dieser Ort nur ein grosses Dorf, mit

ein Paar kurzen Strassen und isolirten Gebäuden auf der Uferhöhe. Das Haus des jetzigen Gouverneurs lag gerade vorn auf der Höhe des Ufers, und war ein einfaches Backstein-Gebäude von geringer Grösse.

Jefferson City ist die Hauptstadt des US-Bundesstaates Missouri und Verwaltungssitz des Cole County. Mit rund 43 000 Einwohnern ist die Stadt die fünfzehntgrößte in Missouri. Die 1866 gegründete Lincoln University ist hier ebenso angesiedelt wie ein katholischer Bischofssitz. Benannt wurde die Stadt nach Thomas Jefferson, dem dritten amerikanischen Präsidenten. Unsere Unterkunft ist das Super 8 Motel an der Jefferson Street. Wegen der eisigen Kälte und des Dauerregens verlassen wir das Motel nicht mehr.

Am nächsten Morgen, dem 14. April, ist es immer noch sehr kühl. Dem Wetter entsprechend ist auch unsere Stimmung eher frostig. Im State Capitol gibt es eine Ausstellung über die deutschen Einwanderer und ihren Einfluss auf das Leben in den USA. Ende des 19. Jahrhunderts sind aus Süddeutschland, vornehmlich Baden und Württemberg, hunderttausende nach Missouri ausgewandert Die Deutschen prägten den Staat Missouri stark mit ihren handwerklichen Fähigkeiten. Zimmerleute, Schreiner und Schmiede waren in dem aufstrebenden Staat sehr gefragt. Die Ausstellung über die Geschichte des Staates Missouri überzeugt mit Details und nützlichen Informationen, außerdem ist das Capitol gut geheizt, sodass wir uns bei der Besichtigung reichlich Zeit lassen.

65 Meilen von Jefferson City entfernt liegt „The Town of Arrow Rock". Das Dörfchen ist eine wahre Idylle, 79 Einwohner leben in freundlichen Häusern aus der Pionierzeit, in die man sich augenblicklich zurückversetzt fühlt. Kein Wunder, dass hier in den 70er Jahren Teile des Films „Tom Sawyer und Huckleberry Finn" gedreht wurden. Der Himmel reißt auf, die Wolken verschwinden.
Auf einer Tafel steht: „1816: Bison were gone from the area – 1836: Last elk sited in selling county – 1838: Last confirmed cougar shot – 1840: Last black bear killed". Ein Wanderweg führt durch einen dichten Wald auf Jameson Island bis zum Missouri River, der um diese Jahreszeit kaum befahren ist. Von Arrow Rock machen wir am 15. April eine Exkursion auf die Nordseite des Missouri Rivers. Die Felder sind teilweise bestellt. Die Landschaft ist sanft hügelig. Auf einem Schrottplatz grasen fette Schweine zwischen rostigen Autos. Vor einiger Zeit muss hier ein Sturm durchgerast sein, weit verstreut liegen Bleche und anderes Zeug in der Gegend herum. Ein Wohnmobilheim ist komplett zerstört. Auf

einem Grundstück grasen Ziegen mit ihren Zicklein, die Wäsche hängt auf der Leine, Hunde verbellen uns, Greifvögel segeln elegant durch die Luft.

Brunswick, Missouri. Der 925-Seelen-Ort liegt am Grand River. Sein Name entspricht dem deutschen „Braunschweig". Nach einer kurzen Rast direkt am Grand River Brunswick Access, genau an der Stelle, wo Lewis und Clark am 13. Juni 1804 campierten, setzen wir unsere Exkursion fort.

Miami ist ein kleines Dorf mit 160 Einwohnern. Der Indianerstamm der Miamis wurde durch die spanischen Inquisitoren aus dem Gebiet des heutigen Florida bis zum Missouri River vertrieben. Auch hier haben vor kurzem Stürme wild gewütet. Eine Krananlage liegt halb versunken im Wasser.

„Welcome to Lexington". Die Stadt hat um die 4 500 Einwohner und ist bekannt geworden durch die Firma Dunhill, die als eines der ersten Unternehmen Nylon-Bekleidungsstücke fertigte, wie zum Beispiel die legendäre Nylonjacke. Neben der Wentworth Military Academy gibt es in Lexington auch die Park University und einige andere Lehrinstitute. Am 16. April beziehen wir Quartier im Midway Hotel, etwas außerhalb des Zentrums. Das Motel ist interessanterweise auch unter indischer Führung. Das preiswerte Zimmer ist nicht schlecht, jedenfalls wenn man stahlharte Nerven hat. Der Raum riecht ein wenig nach Urin, sodass Elke großzügig Geruchsspray einsetzt.

Auf dem Weg nach Liberty in Missouri passieren wir am 17. April Missouri City, wo ein großes Kohlekraftwerk Strom produziert. Mitten in einem Waldstück steht ein knallroter Container mit der weißen Aufschrift „Hamburg Süd". Trecker sind auf den Feldern im Einsatz. In dieser Gegend wird eine Menge Kies abgebaut, riesige Abbauflächen mit den typischen Kiesteichen prägen die Landschaft.

(19. April) Um 4 Uhr nach Mittag war es endlich den vereinten Anstrengungen der Mannschaft gelungen, den Yellow-Stone von der Sandbank zu ziehen, und etwas unterhalb des einfallenden Fishing Creek an das rechte Ufer in tieferes Wasser zu bringen. Nachdem man Brennholz eingenommen, wozu man das Red-Mulberry (Maulbeer) und das Eschenholz am meisten liebt, setzte man die Reise langsam fort, und erreichte vor der Dämmerung den Hügel am linken Ufer, auf welchem ehemals das Fort-Osage lag, von welchem man nur noch einige demolirte Wälle und Pfähle sah. Nicht weit oberhalb Fort-Osage legten wir am linken Ufer für die Nacht an, und fanden daselbst einige interessante Pflanzen.

Fort Osage ist perfekt rekonstruiert worden und bringt einem dadurch die Zeit der Besiedlung des nordamerikanischen Westens nahe. Museumsführer tragen die Tracht jener Zeit. Die Historic Trekkers des National Gatherings halten in historischer Kleidung neben dem Fort ihr traditionelles Treffen ab. Die Mitglieder haben Zelte aufgestellt und spielen auf rührende Weise das Leben der Siedler nach. Etwas irritierend sind nur die riesigen Pickups neben den Zeltplätzen. Diese Gegend war ehemals der Hauptsitz des indianischen Stammes Osage. Von einem Aussichtsturm des Forts hat man einen ausgezeichneten Blick auf den Missouri River. Flussabwärts führt eine Eisenbahnbrücke über den Fluss, davor steht ein Kohlekraftwerk.

Liberty, Missouri, ist bekannt geworden durch den legendären Jesse James, der hier den ersten erfolgreichen Banküberfall in der Geschichte der USA verübte. Liberty ist eine kleine, gemütliche Stadt. Wir beziehen Quartier im Super 8 Motel an der Stuart Road.
Die Yellowstone lag vor 176 Jahren immer noch 3,5 Meilen vor Fort Osage und kam wegen Sandbänken und aufgrund von Treibgut und Baumstämmen nur mühsam voran. Wir haben also Wied gegenüber einen kleinen zeitlichen Vorsprung.

18. April. Telefonat mit Bob Boehm, einem Verwandten von Ruth Jody, aus Shawnee, Kansas. Bob echauffiert sich darüber, dass wir im Hotel wohnen, wo er doch ein komfortables Haus besitzt. Wir sollen sofort auschecken und bei ihm einziehen. 40 Minuten später parken wir unseren VW-Bus vor dem Haus der Boehms. Shawnee Town liegt etwas außerhalb von Kansas City. Janet und Bob Boehm begrüßen uns freundlich, zeigen uns ihr Heim und weisen uns in ihre Gepflogenheiten ein. Bob erzählt, dass in Kansas City eine Menge Mafiageld investiert worden ist, was an den vielen protzigen Villen zu erkennen sei. Er arbeitet für eine Druckerei, Janet ist als Musiklehrerin selbstständig.
Die beiden haben gewöhnungsbedürftige Angewohnheiten, zum Beispiel gehen sie abends schon um 8 Uhr ins Bett und stehen dafür morgens um 4 Uhr auf. Zudem leben sie verdammt gesund. Er ist Marathonläufer und hat fast hundert Läufe absolviert. Auch Janet soll sportlich aktiv sein, ihr sieht man es allerdings nicht an. Den Abend verbringen wir notgedrungen im Keller, im Basement, wie man hier so schön sagt. Bei einer Tornadowarnung dient das Basement den Boehms als Schutzraum. Der Keller steht voller Pokale von Bob, außerdem hängen eine Menge Fotos und Medaillen an der Wand, was aber den Aufenthalt im Keller nicht gemütlicher macht.

Am kommenden Tag fahren wir mit unseren sportlichen Gastgebern in das Steamboat Arabia Museum nach Kansas City. Wir nehmen an einer Führung teil, die mich begeistert. Auf anschauliche Weise wird die Geschichte des Steamboat Arabia, vom Schiffbau über den Untergang bis zu den Ausgrabungen des Wracks, dargestellt. In der Nähe von Kansas City fand man den in den 1850er Jahren gesunkenen Raddampfer im tiefen Schlick des Missouris. Die geborgenen Utensilien, wie Schuhe, Porzellan, Werkzeuge, Kleidung und Waffen, wurden hervorragend restauriert. Staunend stehen wir vor den Vitrinen. Auch Teile des Schiffes, wie das Ruder, die Heizkessel oder der Anker, sind beeindruckende Ausstellungsstücke.

Der Regen fiel in Strömen herab, und dauerte fort, bis wir den Landungsplatz des etwas vom Flusse entfernten Dorfes Liberty erreichten. Einige Gebäude und einzelne Wohnungen lagen hier vor dem Waldberge am Ufer, wo schon eine kräftige Vegetation durch den Regen erfrischt glänzte. Viele bunte Menschen hatten sich am Landungsplatze versammelt, während man verschiedene Geschäfte besorgte. Von hier aus erreichten wir die Mündung des Blue-Water-River, dessen klares blaues Wasser sich sehr von dem des Missouri unterscheidet.

Auf unserer Agenda steht am 20. April der Besuch des Blue Rivers. Der Riverfront Park grenzt mit seinem Waldgürtel ein Industriegebiet vom Fluss ab. Nach einigen vergeblichen Anläufen landen wir auf dem Gelände des Güterbahnhofs von Kansas City, ein gigantisches Areal zum Rangieren und Beladen von Güterwagons. Den Zugang zum Blue Water River zu finden, stellt sich als schwieriges Unterfangen heraus. Es dauert einige Zeit, bis ich endlich am Ufer stehe. Der Fluss ist heute nur noch eine einzige braune Brühe. Plötzlich tauchen zwei Security-Leute vom nahe gelegenen BAYER-Werk CropScience auf, denen ich rasch die Geschichte unserer Wied-Mission erzähle. Offensichtlich glauben sie mir und fragen mich, ob ich noch mehr Fotos machen möchte. Freundlich dankend lehne ich ab.

Da es uns bei den Boehms zu langweilig wird, verabschieden wir uns einen Tag früher als geplant von ihnen. In dieser asketischen Atmosphäre fühlen wir uns nicht besonders wohl, sodass wir uns auf den Weg nach Leavenworth, Kansas, machen.

Auf dem Fairfax Trafficway fahren wir durch scheinbar endlose Industriegebiete. Raucher stehen vor den Gebäuden und inhalieren freudlos. Ich bin heilfroh, als wir auf der Kansas State Route die Gewerbeansiedlungen hinter uns lassen und endlich wieder durch ländliche Gebiete fahren.

Der nächste Morgen (22. April) war warm und heiter. Wir erreichten um 6 Uhr mehre Inseln von schmalen Canälen getrennt. Der Steuermann hielt so nahe am linken Ufer hin, dass unsere Hühner vom Schiffe auf das Land flogen. An den Hügeln sah man zum Theil offenes Land, bald aber erreichten wir eine Stelle wo die meisten Bäume weggehauen waren, und der Anblick einer Schildwache überraschte uns nicht wenig. Es war dies der Landungsplatz des Cantonment Leavenworth, eines Militärpostens, wo vier Compagnien des 6. Linien-Infanterie-Regiments (etwa 120 Mann stark) unter Major Riley zur Beschützung der indianischen Linie stationirt sind. Ihnen waren noch 100 Rangers beigegeben, berittene und bewaffnete Milizen, welche des indianischen Kriegs kundig sind.

Fort Leavenworth in Kansas ist immer noch ein wichtiger amerikanischer Militärstützpunkt. Um auf das Militärgelände zu kommen, muss man sich an einer der sechs Kontrollstationen ausweisen. Am Stadtrand befindet sich neben den üblichen Gewerbeansiedlungen auch unser Motel Super 8, wo wir uns für die Nacht einquartieren. In Leavenworth gibt es mehrere Gefängnisse, neben dem Federal Prison und dem Leavenworth Prison betreibt auch die CCA (Corrections Corporation of America) einen Knast. Bei der CCA handelt es sich um ein privatisiertes Gefängnis.

Wir wurden hier angehalten und das Schiff nach Branntwein visitirt, der nicht in das indianische Gebiet eingeführt werden darf; kaum wollte man uns eine kleine Portion desselben für naturhistorische Endzwecke gestatten. Nicht weit von hier sind Kickapus und Delawaren angesiedelt, so wie mehre andere Indianer. Unsere Holzhauer wurden auf eine der Flussinseln gesendet, um Brennholz zu schlagen. Während des ganzen Tages befanden sich die Officiere der Garnison an Bord, und unsere Jäger durchstreiften die Umgebung.

Kapitel XI
Von Cantonment Leavenworth bis zu den Punca-Indianern

Um 5 Uhr Abends am 22. April verliess der Yellow-Stone das Cantonment, nahm jenseit am Ufer das von seinen Leuten daselbst gehauene Brandholz ein, und wir erreichten dann bei einer Insel die enge Stelle des Flusses, welche von den Osagen und Konzas mit dem Namen Wassobä-Wakandagä (Bear-Medecine) belegt wird.

Unser VW-Bus wird am 22. April nicht nach Branntwein durchsucht, sodass wir Leavenworth unbehelligt auf der Westseite des Flusses über die Centennial Bridge Richtung Norden verlassen können.

Da die Dämmerung nach Zurücklegung dieser Stelle Wassobä-Wakandagä bald eintrat, so blieb man für die Nacht liegen.

Der Weston Bend State Park, Missouri, ist ein naturbelassener Park. Von seinen Uferhöhen hat man einen großartigen Blick auf den Missouri River und das gegenüberliegende Militärgelände von Fort Leavenworth. Wir wandern durch einen romantischen Wald, überqueren Eisenbahnschienen und erreichen nach kurzer Zeit den Missouri River. Hier in der Nähe war die von Wied beschriebene enge Stelle „Wassobä-Wakandagä".

In dieser Gegend sollte den Kikapu-Indianern, welche wir in St. Louis gesehen hatten, Land gegeben werden, und ihr Gebiet soll bis zum Independence-River reichen. Bis zu dem Independence-River, der am westlichen Ufer mündet, hatte unsere Schiffahrt viel Schwierigkeiten, alsdann erreichten wir an derselben Seite des Flusses nackte Grashöhen, an welchen ehemals ein Dorf der Konza's stand, dessen Stelle auch gewöhnlich noch auf den Landcharten angegeben wird. Die Spanier unterhielten daselbst einen kleinen Posten von einigen Soldaten.

„Welcome to Atchison, Kansas". Atchison haut einen nicht um, ist aber auch nicht unangenehm. Wir quartieren uns für zwei Tage im Motel Super 8 ein. Nach dem Frühstück machen wir eine Exkursion Richtung Westen nach Horton, Kansas. Unser Ziel ist die Kickapoo Indian Reservation. Horton erreicht man über den US Highway 73 durch leicht hügeliges Farmland. Fünf Meilen weiter westlich fahren wir in die 6 570 Hektar große Kickapoo Nation Reservation. Dem Kickapoo-Stamm gehören um die 1 700 Mitglieder an. Ihr ursprüngliches Siedlungsgebiet war das Westufer des Michigans Sees. Nach Auseinandersetzungen mit den Franzosen siedelte der Stamm ins südliche Illinois um. 1819 überließen die Kickapoo ihr Land in Illinois der US-Regierung im Austausch gegen ein Reservat in Missouri, das sie wiederum 1832 gegen dieses winzige Reservat in Kansas eintauschten. 1985 lebten in der Reservation noch 603 Kickapoo-Indianer, heute sind es nur noch um die 500.

Am Eingang des Reservats liegt das Golden Eagle Casino. Die Eingänge werden von Polizisten bewacht. Wer unter 18 ist, muss draußen bleiben. Beim Eintritt in das Gebäude schlägt einem der Geruch kalten Rauchs entgegen. Das Casino ist eine große Halle, vollgestellt mit Spielautomaten jeder Art. Um halb zwölf Uhr vormittags ist es gut besucht, überwiegend von weißen Rentnern. Vor den Automaten sitzen aber auch einige Indianer. Die Spieler starren fast regungslos auf die Maschinen. Die Automaten machen einen höllischen Lärm, blinken, klappern und versprechen Glück und Seligkeit. Fotos von Gewinnern animieren zum Weitermachen. Einige Spieler sind mit ihrer Kreditkarte über ein Kabel direkt mit dem Automaten verbunden. Im Casino kann man billig essen, Kaffee gibt's umsonst. Wer Suchtprobleme hat, kann eine Telefonnummer wählen. Der Raum ist klimagekühlt, das Personal besteht überwiegend aus Indianern.

Neben dem Casino befindet sich das Kickapoo Tribal Council und das Kickapoo Legal Department. Auf dem Pow-Wow-Platz der Kickapoos an der Foxtail Road machen wir Rast. Ein Pow-Wow-Platz ist der Treffpunkt der Indianer für Veranstaltungen jeder Art, häufig für Musik- und Tanzveranstaltungen. Die Sonne steht senkrecht am Himmel, die Temperatur beträgt 30 °C.

Hinter dem Delaware River fahren wir in die Falcon Road. Die meisten Felder machen einen armseligen Eindruck, eine Rinderherde grast am Wegesrand. Die 170th Street markiert die nördliche Grenze der Reservation. Da alles quadratisch angeordnet ist, habe ich keine Orientierungsprobleme dabei, über die Goldfinch Road zurück zum Golden Eagle Casino zu gelangen.

Im Super 8 lerne ich einen Gast kennen, der in Deutschland geboren ist. Seine Eltern sind nach Amerika ausgewandert, als er sieben Jahre alt war. Geboren ist er 1959. Er erzählt, dass er Professor sei und sich gerade ein neues Business aufbaue. Normalerweise organisiere er Rockkonzerte. Im krassen Gegensatz zu seinen Erzählungen steht allerdings sein Äußeres: Er sieht so unglaublich abgerissen und ungesund aus, dass mir ein wenig angst und bange wird. Zweifellos ist dieser Mann ein Psychopath, der nie Professor war, sich gerade kein neues Business aufbaut und mit Sicherheit noch nie in seinem Leben ein Rockkonzert veranstaltet hat. Ich sehe zu, dass ich Land gewinne.

Trotz der Hitze laufen wir ein wenig in Atchison herum. Die Bewohner sehen aus, als ob sie ein hartes Leben meistern müssen. Viele junge Frauen sind übergewichtig, stark tätowiert und gepierct.

Wenige Meilen von Atchison entfernt liegt der Lewis and Clark Lake. Bei milden Abendtemperaturen genießen wir den Sonnenuntergang inmitten einer dicht bewaldeten Vegetation. Schildkröten tauchen auf, Enten flattern über das Wasser, die abendliche Geräuschkulisse der Frösche und Vögel erfüllt den Ort mit tiefem Frieden.

Wir verlassen Atchison und machen uns auf den Weg nach St. Joseph, Missouri. Die 23 Meilen dorthin führen an Bahngleisen entlang, auf denen sich ein kilometerlanger Güterzug im Schneckentempo vorwärts bewegt. Vergebens halten wir Ausschau nach Hobos, die als blinde Passagiere auf den Güterwagons mitfahren. Die State Route 116 sieht aus wie ein graues Band in grüner Landschaft. Sie führt in beschaulicher Idylle an kleinen Teichen und Seen, weidenden Pferden und satten Wiesen vorbei. St. Joseph in Missouri ist entlang des Missouri Rivers bis zum Zentrum hin stark geprägt von Industrie- und Gewerbegebieten.

Neben der Stelle der steilen Ufer hat man ein Trading-House oder Handels-haus erbaut, welches von einem gewissen Roubedoux, einem Angestellten der Fur-Company bewohnt wurde. Roubedoux weiss beworfenes Haus, umgeben von lebhaft grünen Prairies, nahm sich vor den grünen Hügeln sehr nett aus, und Herr Bodmer skizzierte diese angenehme Landschaft in der schönsten Beleuchtung der Abendsonne. Nur diese Stelle der Hügelkette trägt den Namen der Black-Snake-Hills.

Im Robidoux Row Museum entdecken wir zu meiner Überraschung eine Kopie von Bodmers Bild „Blacksnake Hills", auf dem die Handelsstation von Robideoux zu sehen ist. Die von Wied erwähnten Blacksnake Hills sind heute das Downtown von St. Joseph, die Berge in der damaligen Form gibt es nicht mehr. Inzwischen dominieren kilometerlange Einkaufszentren die Hügellandschaft.

Wir beschließen, Saint Joseph zu verlassen, um die nächsten Tage auf einem Campingplatz am 50 Meilen entfernten Big Lake in der Nähe von Mound City, Missouri, zu verbringen. Inzwischen ist es unglaublich windig geworden, sodass die einstündige Fahrt zum Big Lake einem Abenteuer gleicht. Windböen schütteln den Bus hin und her, ich halte die ganze Zeit das Lenkrad fest umklammert.

Der Big Lake State Park liegt in einem ehemaligen Flusslauf des Missouri Rivers. Ein Schild weist darauf hin, dass die Lewis and Clark Expedition an dieser Stelle Halt machte. Wir buchen einen Stellplatz für drei Nächte auf dem Campingplatz des State Parks am Lake Shore Drive für 57 $. Ein angenehmer Platz mit schönem Blick auf den Big Lake, dessen Wasser durch den starken Wind heftig am schäumen ist. Nachdem alles für die erste Nacht im VW vorbereitet ist, kommen wir mit Einbruch der Dunkelheit langsam zur Ruhe. Fasziniert beobachten wir, wie die Amerikaner mit riesigen Campingwagen angerauscht kommen. Einer hat sogar die Größe eines Überlandbusses. Als Zugmaschine benutzen die meisten Pickups. Auf so einem Campingplatz herrscht eine arg gewöhnungsbedürftige Atmosphäre. Im VW-Bus bleibt es auch nach Einbruch der Dunkelheit immer noch unglaublich warm, erst nach Stunden wird die Temperatur erträglich.

In der Nacht vom 24. auf den 25. April ist es empfindlich kühler geworden. Der Ablauf der Morgentoilette auf einem Campingplatz ist etwas umständlich. Die Duschen haben den Charme der 70er Jahre und sind heiß begehrt, vor den Toiletten muss man minutenlang ausharren.
Am frühen Vormittag machen wir einen Abstecher nach Mound City, das 9 Meilen vom Big Lake State Park entfernt liegt, und besorgen uns bei McDonald's einen eklig süßen Kaffee. Mound City hat 1 193 Einwohner. Die Farmer sind auf eineinhalb Meter höher gelegten Treckern unterwegs.

Unser zweiter Ausflug führt uns auf die Westseite des Missouri Rivers in die Reservate der Sac-, Fox- und Iowa-Indianer. Die Reservate erstrecken sich über zwei US-Bundesstaaten, die der Sacs and Fox befinden sich in Nebraska, das der Iowa-Indianer in Kansas.
Die Fahrt zum Casino führt in den Anhöhen des Flusstals durch einen dichten Wald in hügeliger Landschaft. Schilder zeigen an, wo wir uns befinden: „Iowa Tribe of Kansas" und „This is Iowa Tribal Office".

Das Casino ist kleiner als das in der Kickapoo Reservation und ist über Mittag nicht besonders gut besucht. Im hinteren Bereich der Halle ist ein großer Saal für Bingo-Veranstaltungen. Es riecht unangenehm nach kaltem Rauch. Eines haben die Spieler jeden Alters gemeinsam: Sie sitzen regungslos und mit abwesendem Blick vor den Spielgeräten und drücken, schlagen und hebeln an den Automaten herum.

Wir verlassen das White Cloud Casino und fahren durch eine reizvolle Landschaft. Bussarde drehen ihre Runden, segeln reglos durch die Luft. Kurz darauf verlassen wir die Iowa Reservation. Der Missouri River fließt still und träge Richtung Südosten.

Das Native American Heritage Museum, früher die von einer christlichen Organisation geführte Iowa and Sac & Fox Mission, hat leider geschlossen. Auf den Schautafeln ist ein Foto von einer Indianerfamilie zu sehen, die man in die Kleidung der Weißen gesteckt hatte. Selten habe ich so unglücklich dreischauende Menschen gesehen wie auf diesem Foto.

„Nebraska – The Good Life". Fahrt durch die etwa 61 Quadratkilometer große Sac und Fox Reservation. Preston, Nebraska, erreichen wir über eine Schotterstraße. Die Landschaft kann man nur als absolutes Nichts bezeichnen, als etwas Abwesendes, Wesenloses, nicht Greifbares.

In der folgenden Nacht ist es so kalt, dass wir zusätzliche Decken benötigen. Immer wieder werden wir durch heftigen Regen, lauten Donner und grelle Blitze geweckt. Der Morgen ist dagegen mild, am Horizont ziehen schnell dunkle Wolken heran. Im Laufe des Sonntags verlassen die meisten Camper die Anlage, abends sind wir fast die Einzigen auf dem Platz.

Gegen Mittag stiessen wir in der Nähe des Tarkio-River mehrmals auf den Grund, jedoch ohne Schaden zu nehmen. Malerische Waldungen wechselten hier mit dem grün bewachsenen aufgeschwemmten Boden am Flusse ab, überall indianische Jagdhütten im Walde, allein nirgends sah man Menschen. Man reist an diesem Flusse Tausende von Meilen ohne ein menschliches Wesen zu sehen.

Unser heutiges Tagesziel ist Rock Port, Missouri. Wir überqueren den Tarkio River und erreichen die Thurnau Conservation Area. Das Naturschutzgebiet ist dschungelartig bewaldet. Auf Wiesen stehen windschiefe Scheunen und verlassene Farmgebäude. Stürme und Hochwasser haben auch hier heftig gewütet, Treibholz und umgestürzte Bäume säumen das Ufer.

In Brownville, Nebraska, besichtigen wir ein nachgebautes Steamboat an der Captain Meriwether Lewis National Historic Landmark, ein Schild weist auf die „Cooper Nuclear Station" hin, ein Atomkraftwerk mit Siedewasser-Reaktor-Technik.

Der Indian Cave State Park ist ein naturbelassener Park, der Blick auf den Missouri River ist bezaubernd. Eine Gewitterfront beunruhigt uns, sodass wir uns zügig auf den Rückweg machen. Hinter uns baut sich die dunkle Wolkenwand unheildrohend auf. Es regnet sich langsam ein. Rinder stehen eng beieinander. Der Missouri River ist schon heftig aufgewühlt. In Mound City wollen wir uns an einer Tankstelle Wasser besorgen. Das Unwetter erwischt uns genau dort. Regenmassen stürzen vom Himmel, es blitzt und donnert, heftige Windböen schütteln den VW durch. Ich stehe auf dem Parkplatz der Tankstelle, bewege den Bus nicht von der Stelle. Untergangsstimmung macht sich breit. In der Tankstelle fällt das Licht aus. Das Unwetter zieht direkt über uns hinweg. Der Sturm rast mit einer unglaublichen Gewalt durch die Landschaft. Der Parkplatz steht nach kurzer Zeit unter Wasser. Als wir hören, dass Tornado-Warnungen durchgegeben werden, beschließen wir, nicht mehr zum Campingplatz zurück zu fahren, sondern in einem Super 8 Motel in Mound City zu übernachten.

Am nächsten Morgen berichten die Nachrichten ausführlich über den gestrigen Sturm sowie über den Verlauf der Schlechtwetterfront, die erfreulicherweise abgezogen ist. Es wird mehr über das Wetter berichtet, als über die Schweinegrippe, die jetzt, aus Mexiko kommend, die USA erfasst hat. Die Berichte über die Infektionskrankheit, die durch das Influenza-A-Virus H1N1 verursacht wird, beunruhigen mich erst, als ich mehr darüber auf „Spiegel-Online" lese. Die EU hat eine Reisewarnung für Mexiko und die USA ausgesprochen.

Wir verlassen Mound City und Big Lake nördlich Richtung Nebraska City. Unser Ziel ist Lincoln, Nebraska. Wir sind um sieben Uhr zum Dinner bei Ginny Baldwin eingeladen. Ginny ist die Cousine von Kay Smith. Gary Smith hat den Kontakt hergestellt. Aus Wieds Reisebuch wissen wir, dass die Yellowstone die nächsten Tage kaum vorankam, sodass wir für einige Tage unsere Reiseroute verlassen können, um einen Abstecher nach Lincoln in Nebraska zu machen.

(26. April) Von der Mündung des Nischnebottoneh bis zu den Council-Bluffs hinauf zieht sich vor der malerischen Hügelkette eine schmale grüne

Prairie hin, die Mündung selbst öffnet sich zwischen hohen Bäumen am östlichen Ufer. Der Fluss war ehemals reich an Bibern, welche aber jetzt ausgerottet sind. In der tief hinter den Wald sich senkenden Abendsonne, welche die Gegend herrlich beleuchtete, hatten wir einen vortrefflichen Rückblick auf die violet, sanft-roth und purpurglänzende Hügelkette, während der breite Spiegel des Flusses und die umgebenden hohen Waldungen wie im Feuer glänzten; Ruhe herrschte in dieser abgeschiedenen Natur, da sich der Wind gelegt hatte, und nur das Brausen und Pochen des Dampfschiffes die erhabene Stille unterbrach. Wir übernachteten in der Gegend von Morgans-Island, wo etwas abwärts ehemals ein Trading-House für die Nation der Otos gestanden hatte.

(27. April) Am östlichen Ufer zeigte sich die grüne Prairie am Nischnebottoneh, gegen über Morgans-Island wuchs häufig der Black-Walnut-Baum in den Wäldern. An dem steilen Flussufer bemerkte man sehr deutlich die mit Thon und Sand abwechselnden Schichten, oben darauf eine dicke Lage fruchtbarer schwarzer Pflanzenerde, und etwa 8 Fuss tief unter der Oberfläche ein schwarzes Lager von bituminöser Kohle oder von Kohlenschiefer. Da wo die weite Prairie links sich an die Holzungen anschloss, trat der Little-Nemaha-Fluss hervor, bei dessen Mündung der Missouri sehr seicht war. Nachdem unser Schiff heftige Stösse erhalten, und ein Sturm mit heftigem Regen vorüber gezogen, geriethen wir gegen Mittag auf eine Sandbank, und man musste das Boot zum Sondiren aussenden; allein der Wind, der aus der offenen Prairie aus Süd-Westen immer heftiger zu wehen begann, trieb uns immer tiefer in die Bank hinein. Seine Heftigkeit stieg mit jeder Minute, schon legte er das Schiff etwas auf die Seite, welchem man dadurch zuvorzukommen suchte, dass man es mit starken Seilen an die im Wasser liegenden Stämme befestigte. Nach dem Mittagessen schifften mehre Jäger ans Land, allein kaum war das Boot zurückgekehrt, als der Sturm plötzlich dergestalt zunahm, dass man für das Schiff in Besorgnis gerieth. Der eine unserer Schornsteine wurde niedergerissen und man fürchtete für das Verdeck. Die grossen Kasten auf der Höhe desselben, in welchen sich eine Menge von lebenden Hühnern befanden, wurden über Bord geblasen und der grösste Theil ihrer Bewohner ertrank. Unsere befestigten Taue hatten glücklicherweise gehalten, und da endlich die Heftigkeit des Windes etwas nachliess, hoffte Capitain Bennett das Schiff unter das 20 Fuss hohe steile Flussufer in den Ueberwind legen zu können; allein der Wind nahm von

neuem zu und wir geriethen immer tiefer in die Sandbank. Nach vier Uhr hatte der Wind abgenommen, das Boot konnte umher schiffen und verlorene Gegenstände auffischen, der Zimmermann stellte den erlittenen Schaden wieder her. Als eben die Sonne untergieng, erreichten wir eine Insel, zwischen deren hohen Pappelstämmen das prächtige Abendroth hindurch leuchtete, und zufällig traf es sich, dass der Name dieser Insel Good-Sun-Island vortrefflich zu dieser Erscheinung passte. Wir legten mit der Dämmerung an der vier bis fünf Meilen langen Insel an.

Am folgenden Tage (28. April) musste man das Schiff etwas erleichtern, um fortzukommen, daher wurde das gestern eingenommene Brennholz, so wie andere Gegenstände ausgeschifft. Ungeachtet der Erleichterung stiess das Schiff bald wieder auf den Grund, und da man nicht vorwärts kommen konnte, so liess man die Maschine rückwärts wirken, brachte dann das Dampfschiff an das rechte Ufer und übernachtete hier.

Am 29. April fand man bei Duft, Nebel und Regen hinlänglich Wasser und schiffte ab. Um 7 ½ Uhr Morgens befanden wir uns bei einer Temperatur von 58° Fahr. an der Stelle, welche man die Narrows of Nishnebottoneh nennt. Hier, etwas 30 Meilen von seiner Mündung, kommt dieser Fluss vor der sonderbaren Kalkhügelkette dem Missouri so nahe, dass zwischen beiden nur noch ein Zwischenraum von ein Paar hundert Schritten bleibt. 12 Meilen oberhalb seiner Mündung theilt er sich in seine drei Quellarme. Man legte am rechten Ufer an, um Holz zu hauen. Als ich nach dem Schiffe zurückkehren wollte, rief mir der Steuermann Defond zu, es befinde sich ganz in meiner Nähe eine Klapperschlange, deren Gerassel er vernehme. Ich suchte nach und fand sogleich das Thier. Nachdem ich die Schlange durch einige leise Schläge betäubt hatte, setzte ich sie in ein Gefäss, in welchem sich schon ein Heterodon und eine schwarze Schlange lebend befanden, und wo sie bald ihre Munterkeit völlig wieder erhielt. Alle drei vertrugen sich friedlich mit einander, wurden aber später sämmtlich in ein Fass mit Branntwein gesetzt, um darin die Reise nach Europa zu machen. Die eben genannte Art der Klapperschlangen kommt häufig am Missouri vor; allein ich habe daselbst auch nur diese einzige Art beobachtet.

Wegen Mangel an Wasser musste man das Schiff an einer Sandbank zum Theile ausladen und blieb für die Nacht hier liegen.

Am Morgen des 30. Aprils machte man mancherlei Versuche, um von der Stelle zu kommen, sondirte, setzte 30 Mann aus, kehrte endlich aber wieder nach der Stelle zurück, wo man während der Nacht gelegen hatte.

Der 1. Mai brachte uns Regen und dunklen Himmel, der Wald triefte von Wasser, während der Nacht hatte man darin leuchtende Insecten umher fliegen gesehen. Im heftigsten Regen, da ein neues Gewitter herauf gezogen war, brachte man den 15 Holzhauern jenseit des Flusses ihr Essen, Schweinefleisch und gekochten Mays.

Nach einem Abstecher zum Missouri mit Blick auf Morgan Island setzen wir unsere Reise am 27. April auf dem State Highway U fort. Die Sicht ist schlecht, die Wolken hängen tief. Um meiner Chronistenpflicht nachzukommen, machen wir einen Abstecher zum Nishnabotna River. Durch die Veränderung des Flussbettes fließt der Fluss heute direkt in den Missouri River. Vom Watson Access werfen wir wegen des schlechten Wetters nur einen kurzen Blick auf den Fluss, schießen ein Foto und sehen zu, dass wir weiter kommen. „People of Iowa welcome you". Über den Nishnabotna River erreichen wir Hamburg, Iowa. „Welcome to Hamburg", so begrüßen uns die Verkaufshallen der Gebrauchtwagen- und Landmaschinenhändler.

Wir überqueren den Missouri River bei strömendem Regen über die Nebraska City Bridge. Nebraska verspricht „The Good Life". Wir fahren durch die Landschaft vor Frazers Island, passieren ein Kohlekraftwerk. Das Farmland ist bestellt, das Vieh grast wohlgenährt auf satten Weiden.

Über die State Route 128 geht es schnurstracks nach Westen, die Straße wirkt wie mit dem Lineal gezogen. Ihr Symbol ist eine Kutsche mit Planwagen. Felder, Felder, Felder. Präriegras ist nur noch vereinzelt zu sehen. Auf der endlos erscheinenden Straße erreichen wir nach zwei Stunden Lincoln, Nebraska.

Lincoln ist Hauptstadt und Regierungssitz des Staates Nebraska sowie Sitz der University of Nebraska-Lincoln und gehört mit seinen knapp 250 000 Einwohnern zu den eher kleineren Großstädten der Vereinigten Staaten. Namensgeber der Stadt ist Abraham Lincoln. In der Stadt gibt es jede Menge Parks, die Straßen sind von zahlreichen Bäumen gesäumt – kein Wunder, dass Lincoln 1976 von der National Arbor Day Foundation zur „Tree City USA" gewählt wurde.

Ginny Baldwin und Dave Wiegand empfangen uns freundlich. Dave ist 62, Ginny 65 Jahre alt. Die beiden züchten Araberpferde. Praktisch übergangslos muss ich mir Gummistiefel und eine Winterjacke anziehen, um Dave beim Füttern der Pferde zu helfen. Dave ist konservativ, Mitglied bei den Scientologen und Wachmann bei einer Sicherheitsfirma. Während wir die Pferde füttern, erfahre ich alles über seine Araberpferde. Ginny ist politisch das genaue Gegenteil von Dave, sie ist eher liberal und linksgerichtet orientiert. Vor dem Dinner nehmen wir uns an die Hand und Ginny spricht ein Gebet. Es gibt, Obacht, Schweinefleisch! Mitten in der Nacht wache ich mit einem trockenen Mund auf – mein erster Gedanke ist: Schweinegrippe?

Bis auf ein paar Schleierwolken ist der Himmel am Morgen des 28. Aprils strahlend blau, aber es ist bitterkalt. Ginny erzählt uns, dass es in der Nacht Bodenfrost gegeben hat. Dave hat das Haus schon um 4 Uhr in der Früh verlassen. Der Historic Haymarket im Bahnhofsviertel ist ein schöner Platz zum Bummeln, in den restaurierten Gebäuden sind kleine Geschäfte, Restaurants und Bars untergebracht. In einer Buchhandlung wird links-alternative Literatur angeboten. Ich telefoniere mit Gary Smith. Er fragt nach Dave und lacht lauthals auf, als ich ihm erzähle, dass Dave zwar den Republikanern nahe steht, Propaganda für die Scientologen macht und den Waffenbesitz als Grundrecht eines jeden Amerikaners betrachtet, aber dennoch ein netter Kerl ist.

Am nächsten Tag ist das Wetter schlecht, es nieselt zäh vor sich hin. In den Nachrichtensendungen herrscht große Aufregung, es gibt ein erstes Todesopfer der Schweinegrippe in den USA. Nachmittags fahren wir mit Ginny nach Lincoln, wo sie uns das Universitätsviertel und die Technische Universität zeigt. Sie ist nicht nur die Leiterin der Bibliothek, sondern auch Professorin für Mathematik. Was für eine Persönlichkeit, diese freundliche, bescheidene Frau. Ich liebe ihr Understatement. Von Ginny erfahren wir, dass die Stadt Lincoln wegen der hier vorhandenen großen Salzvorkommen gegründet wurde.

Die News informieren auch am kommenden Tag ausführlich über die Schweinegrippe. Es wird über einen ersten Fall in Seattle, Washington, und von Krankheitsfällen in Missouri und Kansas berichtet. Um Nebraska und die Staaten weiter nördlich hat die Schweinegrippe bisher einen Bogen gemacht. Auch Ginny beginnt langsam, sich Sorgen zu machen. Dave hält das alles für eine Kampagne der Pharmaindustrie.

Wir besichtigen das im Art-Deco-Stil erbaute Nebraska State Capitol, den Sitz der Legislative des Bundesstaats Nebraska. Das Gebäude wurde von 1922 bis 1932 nach Plänen des US-amerikanischen Architekten Bertram Grosvenor Goodhue errichtet. Goodhue bediente sich bei der Gestaltung des Capitols neugotischer Elemente. Im Zentrum des Gebäudekomplexes schuf er einen 122 Meter hohen

Turm, der mit einer goldenen Kuppel abschließt. Wir fahren mit dem Fahrstuhl bis zu einer Aussichtsplattform. Das Capitol hat einen ganz besonderen Charme, die Architektur scheint an den sozialistischen Klassizismus angelehnt, ebenso wie die Inneneinrichtung mit jeder Menge heroischer Malereien. Die goldene Kuppel könnte dagegen auch in Istanbul stehen.

Im Nebraska History Museum sehen wir eine gut gemachte Ausstellung über die Geschichte des Staates Nebraska. Eine separate Ausstellung gilt den eigentlichen Eigentümern dieses Landes. Die Ausstellung dokumentiert umfangreich das Leben der Indianer. Einigen Beschreibungen sind Bilder von Karl Bodmer beigefügt.

Am Freitag, den 1. Mai, hat Dave einen day off. Zur Feier des Tages fährt er mit uns nach Kearney, Nebraska, in das Museum Great Platte River Road Archway. In diesem Museum wird die Geschichte der Besiedlung des mittleren Westens durch die Europäer gezeigt. Es geht schnurgerade auf der Interstate 80 Richtung Westen. Dave unterhält uns auf das Vortrefflichste. Die Themen reichen von den Pionieren bis zu den Cowboys, von den Scientologen bis zur National Rifle Association, von Barack Obama bis zum Umweltschutz. Die Ausstellung im Great Platte River Road Archway ist interessant gemacht und aufwendig gestaltet. Indianer kommen allerdings kaum darin vor.

Am nächsten Tag erteilt mir Dave eine Trainingsstunde im Lassowerfen. Man glaubt nicht, wie schwer das ist. Bei der darauf folgenden Reitstunde komme ich mir etwas lächerlich vor. Unbeholfen sitze ich auf einem der Araberpferde, das Dave an einer Leine im Kreis herum führt, und fühle mich wie Chris Howland als Jefferson Tuff-Tuff in Winnetou 1.

Abends sehen wir uns gemeinsam im Fernsehen das weltberühmte und legendäre Kentucky-Derby in Louisville an. Ginny und Dave sind voll bei der Sache, Elke und ich lassen uns von der Stimmung mitreißen. Das Rennen gewinnt Mine That Bird mit dem Jockey Calvin Borel. Ich muss während der Fernsehübertragung an Wied denken:

(14. October 1832. Louisville) Um uns von einer neuen Einrichtung der westlichen Staaten zu unterrichten, brachte uns Herr Wenzel nach der Stelle, wo in Zukunft die Pferderennen gehalten werden sollen. Es ist bekannt, dass die Pferde von Kentucky für die besten des Landes gelten. Eine Gesell-

*schaft trat zusammen, kaufte einen schönen, flachen, mit lichtem Walde
bedeckten, eine Meile im Umfange haltenden Platz, liess daselbst Renn-
bahnen ebnen, das Ganze mit Pallisaden einfassen, in der Mitte mehre
Gebäude, u.a. eins für die Actien-Besitzer (Stockholders), andere für die
Richter, Zuschauer u.s.w. erbauen, und die Ställe für die Rennpferde in
der Nähe anlegen. Das erste dieser Wettrennen sollte die ganze nächste
Woche hindurch dauern. Die Hengste, welche zum Wettlaufe bestimmt
und zum Theil aus der Ferne herbei geschickt waren, schienen meist von
sehr gutem Schlage, nicht gross, aber gut gebaut zu seyn. Diese Wettrennen,
wenn gleich noch in ihrer Entstehung, werden gewiss auf die Vervollkomm-
nung der Pferdezucht vortheilhaft einwirken, so wie sie den Bewohnern der
Stadt und Umgebung Nutzen und Vergnügen verschaffen.*

Am 3. Mai verabschieden wir uns von Ginny und Dave und reisen zurück zum
Missouri River, um die Wied-Reise fortzusetzen.
Etwas außerhalb von Nebraska City machen wir nach zweistündiger Fahrt in der
Riverview State Recreation Area eine erste Rast. Ein Besucher des Naturschutz-
gebiets erzählt mir, dass es im Missouri River immer noch jede Menge Fische
gibt, unter anderem auch den legendären Catfish, den Katzenfisch. Auch der
American Eagle lebt hier noch in freier Wildbahn, wir sollten auf große Nester
achten.

*Am 3. Mai erreichten wir früh den Hügel, welcher bei den Otos und Omahas
den Namen Ischta-Mansö trägt. Man hat sich nun schon der Mündung des
La Platte-Flusses genähert. Schon vier bis fünf Meilen von der Vereinigung
unterscheidet man die beiden Gewässer an ihrer Farbe, indem die des La
Platte klar und blau ist, und sich am westlichen Ufer zusammen hält. Nach
einer halben Stunde erreichten wir am linken oder westlichen Ufer die erste
Mündung des genannten Flusses, welche durch eine flache Insel von der
zweiten getrennt ist, und in ihrem Hintergrunde sanft abgeflächte grüne
Hügel zeigt.*

Im Platte River laden Sandbänke Badegäste zum Sonnenbaden ein, allerdings
ist das Wasser nicht mehr klar und blau, sondern nur noch eine einzige braune
Brühe.
Unser Quartier in Omaha, Nebraska, ist die Econo Lodge. Das Joslyn Museum
und Downtown sind von dort aus gut zu Fuß zu erreichen.

Unsere erste Exkursion führt uns aber erst mal am 4. Mai nach Bellevue, Nebraska. Das Sarpy County Museum hat montags normalerweise geschlossen, aber ein Museumsangestellter gewährt uns dennoch Einlass. Die Geschichte Bellevues ist in allen Facetten dargestellt. Einige Bilder von Karl Bodmer sind ausgestellt, der Druck vom ehemaligen Bellevue sogar im Original mit Stempel.

In der Gegend zeigte das Missouri-Ufer am Rande der ebenen Prairie einen Streifen von hohen schäftigen Bäumen, und vor uns sahen wir schon die grün bewaldete Hügelkette, an welcher man die Gebäude von Belle-Vue, der Agentschaft des Major Dougherty bemerkte. Gegen zwei Uhr nach Mittag erreichten wir Herrn Fontenelle's Wohnung, die aus einigen Gebäuden mit schönen Mayspflanzungen bestand, und vor angenehm grünen Waldhügeln lag. Der Yellow-Stone legte hier an, und wir nahmen die Lage der Gebäude in Augenschein, von welchen man eine sehr schöne Uebersicht des Flusses hat, besonders von der Höhe des Berges. Gegen 5 Uhr Abends verliessen wir Belle-Vue und steuerten am westlichen Ufer hinauf, als uns zwei Mackinaw-Böte entgegen kamen, welche ein neulich voran geschickter Bote für unser Schiff besorgt hatte. Wir legten einige Meilen oberhalb Belle-Vue für die Nacht an, wo Enten und Strandläufer das Ufer in unserer Nähe belebten.

Der Fontenelle Park, in dem seinerzeit Major Doughertys Agentschaftsposten und Fontenelles Wohnung standen, liegt in der dicht bewaldeten Hügelland-schaft des Missouris, wobei der Flussverlauf heute ein anderer ist als zu Wieds Zeiten. Im Fontenelle Forest Natur Center hängen zur Dokumentation einer Ausstellung ebenfalls einige Bilder von Bodmer.
Unser nächstes Ziel ist der Mandan Park, in dem sich die Mount-Vernon-Gärten befinden. Inmitten dieser Anlage steht ein Gedenkstein für Maximilian zu Wied. Aufgestellt wurde er 1934, mit Blick auf den Missouri River, unweit von der Stelle entfernt, an die Yellowstone damals anlegte.

Das Joslyn Art Museum ist von außen wie von innen ein imposantes Gebäude. Der Ursprungskomplex aus dem Jahr 1931 wurde von Bertram Goodhue und Herschel Elarth erstellt, die Erweiterung des Museums ist 1994 von Sir Norman Foster perfekt an das Ursprungsgebäude angepasst worden. Die Fassaden beider Gebäude wurden mit einem rosafarbenen Marmor belegt. Verbunden sind die Gebäude durch eine Glaskonstruktion. Im Innern begeistert der in den 30er

Omaha, Nebraska: Joslyn Art Museum – Statue eines Sioux Kriegers (Brcin)

Jahren gebaute Gebäudetrakt mit wunderschönem Art-Deco-Design. In den Ausstellungsräumen beeindrucken die Werke von Künstlern wie McKenney, Alfred Jacob Miller und natürlich Karl Bodmer. Auf der ganzen Welt gibt es nichts Vergleichbares. Wir besichtigen die Werke aus der Zeit der Erforschung und Besiedelung des nordamerikanischen Westens und ganz besonders die Wied und Bodmer gewidmeten Ausstellungsräume. Die Reise in das innere Nordamerika wird dem Betrachter auf faszinierende Art und Weise nahe gebracht. Die Originaltagebücher von Maximilian Wied und die Aquarelle und Druckstöcke von Karl Bodmer sind im Besitz des Museums, und genau hier gehören sie auch hin. Leider ist der Direktor nicht im Haus, ich hätte ihn gern getroffen, um ihm von unserer Reise zu erzählen.

Am 4. Mai Morgens 7 ½ Uhr 69 ¾° Fahr. Die Hügelkette des linken Ufers war malerisch mit jung-grünem Walde bedeckt und von abwechselnder Gestalt. In ihren gelben Thonufern nisten Tausende von Schwalben, und wir erblickten nun vor den grünen Gebüschen die weissen Gebäude von Herrn Cabanne's Handelsposten, welche man mit Kanonenschüssen begrüsste, und alsdann daselbst landete. Unser Schiff blieb heute hier liegen, da man mancherlei Geschäfte zu besorgen hatte, und wir wurden während der ganzen Zeit unserer Anwesenheit von Indianern belagert, die in unseren Cajüten eine unangenehme Hitze verursachten.

Früh am 5. Mai verliess der Yellow-Stone Cabanne's Trading-House bei angenehm warmem und hellem Wetter. Man schiffte an der Mündung des Boyers-Creek am östlichen Ufer vorbei, wo der Missouri eine Wendung macht, und man die Ruinen der Gebäude des ehemaligen Fortes zu Council-Bluffs erblickt.

Wir verlassen Omaha am 5. Mai in nördlicher Richtung auf dem Abbott Drive und folgen dabei mehr oder weniger dem alten Flussbett des Missouri Rivers. Im Dodge Memory Nationalpark werden gerade die Überreste von Cabanne's Handelshaus für eine archäologische Restaurierung ausgegraben.

Die Gegend war nun niedrig und einförmig, bis wir wieder die sie einfassenden Hügel erreichten, die zwar etwas nackt, aber von originellen Formen und mit dem schönsten grünen Teppich bedeckt waren. In der Nähe der Mündung des Soldier-River, traf ein Engage ein, welcher Briefe vom Dampfschiffe Assiniboin überbrachte. Unsere Schifffahrt gieng bis zum Abend längs einem flachen Alluviallande hin; alsdann geriethen wir auf den Sand und man befestigte das Schiff für die Nacht, arbeitete aber später mit Anstrengung, um es von der Sandbank fort zu bringen, während Donner und Blitz uns umgaben.

Auf der Cody Avenue, einem Schotterweg, fahren wir zum Soldier River, um vor dessen brauner Brühe zu erschauern.

Mit Anbruch des 6. Mai war das Schiff wieder flott und man hieb Brandholz am östlichen Ufer. Während des ganzen Vormittages hatten wir am östlichen Ufer Waldung beobachtet, jetzt öffnete sich an dieser Seite der Little-Sioux-River in den Missouri. An beiden Ufern (des Missouri River) wird diese Gegend von den Omaha-Indianern bejagt.

Wir erreichen River Sioux, Iowa, und fragen uns, ob hier noch ein paar Sioux leben. River Sioux ist eine düstere Ortschaft, die wir schnell hinter uns lassen. Ein paar hundert Meter weiter überqueren wir auf der Austin Avenue den Little Sioux River und werfen nur einen kurzen Blick auf den inzwischen zu einem Kanal umfunktionierten Fluss.

Lewis and Clark State Park: Nachdem wir einige Wohnmobilheime passiert haben, erreichen wir den See des Parks. Das Wasser dümpelt still vor sich hin –

ein paar Pelikane fliegen um die Wette. Der Blue Lake ist ein Überbleibsel des ehemaligen Missouri Rivers. Weit und breit ist kein Campingplatz-Betreuer zu sehen. In einer kleinen Box liegen Formulare, die ich ausfülle, 16 Dollar dazulege und das Paket dann in eine geschlossene Box werfe. Der See ist von Pappeln eingerahmt, Spechte hämmern ohne Unterlass.

(6. Mai) Auf den Sandbänken des Flusses zeigten sich grosse Ablagerungen von Treibholz, am Ufer häufig niedrige Weidengebüsche, dahinter hohe Pappeln mit der schmalblättrigen Weide gemischt; wilde Gänse und Enten belebten den Fluss. Etwas weiter hin in einem schönen hohen Uferwalde hatte die Mannschaft der voran geschifften Assiniboin eine Menge von Brennholz geschlagen, dessen wir uns bedienten, alsdann aber nicht mehr weit vorrückten.

In der Nacht zum 6. Mai fegt ein heftiger Sturm über den Platz. Am frühen Nachmittag fahren wir bei regnerischem Wetter zum nahe gelegenen Omaha Casino der Omaha Indian Reservation. Es besteht ein großer Unterschied zu den Casinos, die wir bisher besucht haben: Das Personal besteht fast ausschließlich aus Indianern. Auch die Tankstelle, die Reparaturwerkstatt und die Speed-Race-Bahn neben dem Casino sind in indianischer Hand. Die Omahas faszinieren mich durch ihre stolze Ausstrahlung (oder will ich das so sehen?). Vordergründig verhalten sie sich nicht anders als die Weißen, fahren die gleichen Autos und sprechen die gleiche Sprache. Die älteren männlichen Indianer haben ihre langen schwarzen Haare zum Zopf gebunden und sind in der Regel etwas stämmig, die Jüngeren tragen die Haare schon mal stoppelkurz. Die meisten Indianerinnen haben ihre Haare ebenfalls zum Zopf gebunden, ihre Physiognomie hat etwas Asiatisches. Das Casino ist etwas kleiner als das der Kickapoos, es blinkt und klingelt aber auch hier ohne Unterlass. 99% der Spieler und Spielerinnen sind ältere weiße Damen und Herren.

Zurück im Lewis and Clark State Park sitzen wir abends am Lagerfeuer, genießen den Blick auf den ruhig vor sich hinplätschernden See und bestaunen die in Formation fliegenden Pelikane, die im hinteren Teil des Sees ihre Nistplätze haben. Es ist fast Vollmond. Ab und an springt ein Fisch hoch und schnappt sich ein Insekt.

(4. Mai) Die Omahas bildeten ehemals eine zahlreiche Völkerschaft, sind aber durch Feinde und die Blattern sehr zusammengeschmolzen und besitzen gegenwärtig nur wenige kräftige junge Männer. (6. Mai) Man sagt von ihnen, dass sie die indolentesten geistlosesten, und feigsten der Missouri-Indianer wären.

Diese wenig schmeichelhaften Worte über die Omahas im Ohr besuchen wir die Omaha Indian Reservation. In Macy, Nebraska, leben knapp 1 000 Menschen, davon sind über 96% Indianer. Fast 50% der Einwohner leben unterhalb der Armutsgrenze. Die Public School ist neu und intakt. Es gibt eine Tankstelle, einen Pow-Wow-Platz und das Omaha Care Senior Living, ein Altenheim. Die Straßen sind voller Schlaglöcher. Viele Wohnhäuser sind in einem üblen Zustand, Müll liegt um die Häuser herum. Ich fühle mich wie ein schäbiger Voyeur und sehe zu, dass wir Land gewinnen.

Der Besuch in der angrenzenden Winnebago Indian Reservation verläuft erfreulicherweise ganz anders als gedacht. In Winnebago befindet sich der Tribal Court der Winnebagos und das Indian Hospital. Auch das Little Priest Tribal College, das Blackhawk Community Center, die Reformed Church und diverse Schulen mit Spielplätzen und Sportanlagen fehlen nicht. Im Statue Garden machen wir eine längere Rast und schauen uns die gegenüberliegende kleine Einkaufsmeile an. Winnebago ist im Gegensatz zu Macy prosperierend und dem amerikanischen Mainstream angepasst. Ein sichtbarer Unterschied zu US-amerikanischen Kleinstädten ist nicht auszumachen. Eine Verkäuferin meint, dass in der Stadt in den vergangenen zehn Jahren ein wirtschaftlicher Aufschwung stattfand, da die zur Verfügung stehenden Gelder sinnvoll angelegt wurden. Das Native Star Casino ist höchstens 200 qm groß, kaum Besucher verirren sich in das Gebäude. Das Casino kann also nicht der Grund dafür sein, dass Winnebago so auffallend wohlhabend ist.

(7. Mai) Wir erreichten früh die Hügelkette des linken Ufers an einer steil abgeschnittenen Stelle von gelben Kalksteinwänden, an welchen unzählige Schwalben nisten. Man nennt diese Hügel-Abschnitte Woods-Hills und sie haben keine bedeutende Ausdehnung; denn sobald sich der Fluss in seinem Schlangenlaufe wieder von ihnen abwendet, sind sie gänzlich ununterbrochen grün mit Prairie-Gräsern bewachsen. Man erreicht nun die Stelle, wo vor den Hügeln schöne Gebüsche und Waldung sich erheben und der

Wakonda-Bach (heute Blackbird Creek) sich in den Missouri öffnet. Die Hügel waren frisch grün bewachsen, und auf dem einen derselben erblickte man eine kleine kegelförmige Erhöhung, welche das Grab des berühmten Omaha-Chefs Wa-schinga-Sahba (des schwarzen Vogels) ist. In James Beschreibung von Major Longs Expedition nach den Rocky-Mountains findet man umständliche Nachrichten von diesem merkwürdigen, mächtigen, den Weissen zugethanen Chef, welcher durch Arsenik sich in Ansehen zu setzen wusste und für einen Zauberer galt, indem er seine Feinde und Rivale zur rechter Zeit aus dem Wege räumte. Eine Blatter-Epidemie raffte ihn und einen grossen Theil seiner Nation im Jahre 1800 hinweg, und man beerdigte ihn auf einem lebenden Maulthiere sitzend in aufrechter Stellung auf der Spitze eines grünen Hügels am Wakonda-Creek. Noch sterbend gab er den Befehl, man solle ihn auf jener Höhe mit dem Gesichte nach dem Lande der Weissen gewendet, beerdigen.

Am 7. Mai begeben wir uns in den Blackbird Hills auf die Suche nach dem Grab des berühmten Häuptlings Blackbird, müssen aber bald konstatieren, dass die Grabstelle nicht für die Öffentlichkeit zugänglich ist.

Am darauffolgenden Tag verlassen wir den Lewis and Clark State Park. Unser erstes Ziel ist die Blackbird/Ivy Island Wildlife Area, von wo wir die Blackbird Hills fotografieren, in denen das Grab des Häuptlings Blackbird liegt. Wir sind uns ziemlich sicher, dass von unserem Standort aus Karl Bodmer 1833 das Bild „Wasinger Sahba's Grave on Blackbird's Hills" gemalt hat.

Weiter geht's parallel der Bahnlinie von Onawa nach Sergeant Bluff. Bei Sioux City, Iowa, liegt der Sioux Gateway Airport, ein zivil und militärisch genutzter Flughafen. Militärflugzeuge und Düsenjäger donnern über uns hinweg. Ein Schild erinnert: „Selected Flowers for Mother's Day".

Salix, Iowa. Eine gewaltige dunkle Wolkenwand hat sich vor uns aufgebaut, während hinter uns der Himmel strahlend blau ist. Die Strommasten entlang der Straße wirken vor dieser Kulisse wie überdimensionierte Totempfähle.

Sergeant Bluff, Iowa. Es beginnt zu regnen. Wir fahren durch endlose Soldatensiedlungen: „Sergeant Bluff – Home of the Warriors".

Am folgenden Tag (8. Mai) früh erreichten wir Floyd's-Grave, das Grab des Sergeanten Floyd, welchen Lewis und Clarke hier begruben. Der Uferrand ist an beiden Seiten niedrig, am linken mit Pappelwald besetzt, am rechten hingegen steigt über dem Uferwalde eine Hügelkuppel winkelig, gleich dem Dache eines Gebäudes hervor; dort oben ist Floyd beerdigt. Die grünen Prairie-Hügel wechseln mit gelben Thonwänden und Wald am Ufer ab, bis man etwa eine halbe Stunde über Floyd's-River die Mündung des Big-Sioux-Flusses erreicht, dessen Ufer mit Weiden und Pappeln bewachsen sind. Am Mittage hatten wir bei einer Temperatur von 75° einen so heftigen Wind, dass der feine Sand der Sandbänke bis in das Innerste unseres Schiffes eindrang. Der breite Fluss, jenseit dessen Wendung sich die grünen, nackten Prairie-Hügel zeigten, war so vom Winde bewegt, dass der Steuermann die Sandbänke nicht erkennen konnte, weshalb wir auch schon vor der Dämmerung an einem schönen Pappelwalde anlegten, welchen die Holzhauer sogleich zu lichten begannen. In einem kleinen Waldwieschen am Ufer sah man die grossen Fusstritte der Elke, so wie der gemeinen Hirsche, denen wir gerne gefolgt wären, wenn uns nicht ein drohend aufsteigendes Gewitter zurück getrieben hätte. Heftige Blitze durchzuckten rundum den Horizont, Regen stürzte bald herab und mit der Nacht entstand Sturm, der um Mitternacht so heftig war, dass er Besorgnis hätte erregen können, wenn das Schiff nicht durch das Ufer so wohl gedeckt gelegen hätte. Der Sturm trieb die Thüre der oberen Cajüte öfters auf, und der Regen schlug in das Zimmer. Gegen den Tag kam das Gewitter mit erneuter Stärke zurück, es folgte Blitz auf Blitz und Schlag auf Schlag während der Dämmerung; jedermann glaubte das Schiff müsse getroffen werden.

Stopp am Monument von Sergeant Floyd. Floyd war der einzige Tote während der Expedition von Lewis und Clark. Zu Ehren des Sergeanten hat man in einem kleinen Park einen Obelisken aufgestellt.

Sioux City hat um die 85 000 Einwohner. Auf riesigen Güterbahnhöfen werden die landwirtschaftlichen Produkte des Landes aus den Silos in die Waggons verladen. Den historischen Kern der Stadt schauen wir uns nur flüchtig an. Wir interessieren uns mehr für den War Eagle Park, in dem sich Häuptling War Eagles Grab befindet. War Eagle war ein Santee, später Chef des Yankton Sioux Stammes, und galt als „Friend of the White Man". So steht es jedenfalls auf der Bronzetafel des hässlichsten Gedenksteins, den ich je in meinem Leben gesehen habe. Im Niemandsland am Stadtrand zwischen Sergeant Bluff und Sioux City beziehen wir für eine Nacht Quartier im Holiday Inn Express an der Lakeport Street.

Der Tag (9. Mai) erschien mit Regen, trübem Himmel und starkem Winde; die vorher sehr hohe Temperatur fiel nach dem Gewitter um 7 ½ Uhr auf 56°. Mit der Entfernung des Gewitters verliess das Schiff seine Stelle. An der Mündung des Ayowä (Iowa)-Flusses, welcher am südlichen Ufer sehr spitzwinklig in den Missouri tritt, schien an den Bluffs Thonschiefer in schmale horizontale Schichten getheilt, deren unteren schwärzlich-blau, die darüber liegenden gelbröthlich gefärbt waren.

Man setzte die Reise fort, legte aber bald noch einmal an der Prairie des rechten Ufers an, weil Herr McKenzie hier eine Pflanzung einzurichten wünschte. Für die Nacht machte man Halt an einem luftigen hohen Holzsaume der Prairie, wo sich eine Menge von Enten und Strandläufern zeigte.

Wir verlassen Sioux City am 9. Mai bei frischen 15 °C und wolkenlosem Himmel. Im Missouri National Recreational River Resource and Education Center des Ponca State Parks sehen wir eine vortrefflich gemachte Ausstellung mit vielen Bildern Karl Bodmers. Von einem Aussichtspunkt haben wir einen grandiosen Blick auf den Missouri River, der Fluss fließt breit und gemächlich dahin. Der State Park ist ein 5-Sterne-Park, alles ist tipptopp in Ordnung. Die Gebäude sind nagelneu, die Wege frisch asphaltiert, Radwege neu angelegt und jede Menge Hinweisschilder mahnen zur Einhaltung der Regeln.

Newcastle, Nebraska, hat 271 Einwohner und liegt idyllisch am Fuße der Hügellandschaft des Missouris. Der Himmel sieht spektakulär aus, weiße Wolken hängen tief vor blauer Unendlichkeit. In der Flusslandschaft ragen Sandbänke aus dem Wasser, auf denen gestrandete Holzstämme gleich Mikadostäbchen liegen. Die Uferböschungen leuchten in frischem Grün. Zu Wieds Zeiten wird es kaum anders ausgesehen haben.

Am nächstfolgenden Tage (den 10. Mai) waren gerade vier Wochen seit unserer Abreise von St. Louis verflossen. Der Character des Landes hatte sich hier schon sehr verändert. Die Gegend ist meist waldlos und nackt, der Holzwuchs nicht mehr hoch und kräftig wie am unteren Missouri; doch sieht man noch die Ranken der wilden Weinstöcke die Gebüsche umschlingen, welches noch weiter aufwärts gänzlich aufhört. Unweit der Mündung des Vermillion-River treten die grünen Prairie-Hügel dem Flusse nahe, und hier erblickten wir auf dem Rücken des einen derselben das mit Stangen und Holz umsteckte Grab einiger Dacota (Sioux)-Indianer, die hier bei einem heftigen Gewitter vom Blitze erschlagen wurden.

Vermillion in South Dakota hat etwa 10 000 Einwohner und ist der Verwaltungssitz von Clay County. 14 Kirchen bieten für fast jede Glaubensrichtung Erlösung an. Die Kuppel des Dakota Domes, ein Veranstaltungs- und Sportzentrum, glänzt silbern im Sonnenlicht. Die Stadt ist Sitz der zweitgrößten Universität in South Dakota. Natürlich fehlen auch die Fastfood-Ketten Burger King, China Buffet, Taco John's, Steak Escape und Pizza Hut nicht.

Das Super 8 Motel ist mit 60 $ doppelt so teuer wie üblich, da wegen der heutigen College Graduation jede Menge Gäste von außerhalb angereist sind. Vermillion wirkt wie eine Spießer-Idylle. Alles sieht wie geleckt aus. Allerdings sind kaum Menschen auf den Straßen, sodass auch nichts verschmutzt werden kann. Die Main Street bietet ein Bild unglaublicher Sauberkeit – so eine Stadt habe ich in den USA noch nicht gesehen. Polizeiwagen patrouillieren permanent durch die Straßen. Die Frage ist: warum? Möglicherweise existiert Vermillion real gar nicht, sondern ist nichts weiter als die Kulisse für einen Heile-Welt-Film.

Der Morgen des folgenden Tages (11. Mai) brachte uns an die Mündung des Jaques-River (heute James River), der hinter einer Sandbank verborgen blieb. Nach dem Mittagessen sahen wir in der Ferne das Dampfschiff Assiniboin, welches wir in einer halben Stunde erreichten. Es hatte aus Mangel an Wasser nicht weiter kommen können. Während wir den Assiniboin besuchten, bemerkte man plötzlich am linken oder südlichen Ufer Indianer, deren etwa 15 bis 20 über die Hügel herab ritten. Da man nicht sehr geneigt schien, sich mit ihnen einzulassen, und sich begnügte sie mit dem Fernglase zu beobachten; so benutzten wir das schöne Wetter zu einem Streifzug in die Prairie. Als ich nach dem Schiffe zurückkehrte, fand ich daselbst drei Punca-Indianer, den Chef dieses Stammes, Schudegacheh, dessen Bruder Passitopa und Hä-Cha-Gä. Sie waren sämmtlich ansehnliche, starke Männer, gross und wohl gebildet, mit stark ausgewirkten Zügen, hohen Backenknochen, stark gebogenen Nasen und feurigen, dunkel schwarzbraunen Augen. Ihre Haare hiengen zum Theil bis gegen, auch wohl über die Schultern hinab, bei dem Chef waren sie kürzer gehalten, und hinten in einer Flechte zusammen gedreht. Am Oberleibe waren diese Indianer nackt, nur um den Hals trugen sie ein verziertes Band, in den Ohrläppchen eine grosse Oeffnung, bei dem Chef mit einem Zierrathe von Muscheln behängt. Seinen Bart unter dem Kinne, der nur aus langen sparsamen Haaren bestand, hatte er lang wachsen lassen. Um das Handgelenke trugen sie ein schmales Armband von weissem Metalle, und ausser

ihren sehr einfachen ledernen Beinkleidern waren sie in grosse Bisonfelle,
der Chef aber in eine weisse wollene Decke gehüllt.

Mehrere Meilen vor Yankton in South Dakota sehen wir am 10. Mai schon in der Ferne den Wasserturm und die Kirchturmspitze der Stadt. Die Mündung des James Rivers ist aufgrund einer dicht bewaldeten Insel im Missouri nicht einsehbar. Die Stadt erreichen wir auf dem US Highway 81 über die neu erbaute Yankton Bridge. Die Brücke hat eine ungewöhnliche Konstruktion mit jeweils sieben Stützen auf jeder Seite. Wir beziehen Quartier im Motel Super 8 und fahren kurz darauf nach Nebraska, um im Murdos Aten Resort unser Dinner einzunehmen. Das Restaurant ist voll besetzt, wir müssen über zwanzig Minuten auf einen Tisch warten. Heute ist Muttertag, in den USA ein nationaler Feiertag. Das Restaurant ist voller alter Mütterchen, die zur Feier des Tages von ihren Familien eingeladen wurden. Mein Catfish aus dem Missouri River ist exzellent auf den Punkt gebraten und wird ohne Schnickschnack serviert.

Am Montag, den 11. Mai, treffen wir mittags am 32 Meilen von Vermillion entfernten Gavins Point Dam, dem in den Jahren 1952 bis 1957 erbauten, untersten Staudamm am Missouri, ein. Der Damm sowie Stau- und Kraftwerk haben nicht nur den Fluss, sondern auch die Natur und das Leben der Menschen am Missouri nachhaltig verändert. Das Wasserkraftwerk wird von drei Generatoren betrieben, die eine Nennkapazität von 44 099 KW produzieren. Hinter dem Staudamm befindet sich ein großer Freizeit- und Erholungspark. Wied und seine Begleiter passierten diese Stelle auf den Tag genau vor 176 Jahren.

(11. Mai) Die steilen Uferwände, welche auf Lewis und Clarkes Charte
Calumet-Bluffs genannt sind, haben tiefe Schluchten, sind unten aschbläu-
lich und nach oben gelb gefärbt.

Von der Lewis and Clark Marina in South Dakota sind die Calumet Bluffs auf der gegenüberliegenden Seite des Sees in Nebraska gut zu erkennen. Auf der Südseite besichtigen wir kurze Zeit später das Lewis & Clark Visitor Center, in dem auch einige Bilder von Bodmer hängen.

Wir erreichen die von jenen Reisenden Sego-Island genannte Insel und
fanden hier nur sehr wenig Wasser. Von hier aus erreichten wir Lewis und
Clarkes sogenannte White-Bear-Bluffs, welche Herr Bodmer zeichnete.

Über den Highway 121 und später auf der C54 Road geht's zum Weigand Campground. Große Werbeschilder zeigen, was an Freizeitbeschäftigungen möglich ist: Golfen, Segeln, Motorboot fahren, Reiten, Jagen, Wandern. Auf einer Karte vor dem Lewis & Clark Visitor Center habe ich die White Bear Bluffs entdeckt, auf deren Klippen wir jetzt mehr oder weniger entlang fahren.

Der Weigand Campground ist ein großer, heute kaum besuchter Campingplatz. Bei unserem abendlichen Spaziergang bewundern wir die üppigen Sandsteinfelsen der Uferböschung des Missouris.

Der Morgen des 12. Maies war kalt, es hatte während der Nacht gereift. Die Indianer sassen in ihre Bisonfelle gehüllt auf dem Ufer. Während der Yellow-Stone liegen blieb, machte der Assiniboin einen Versuch die seichte Stelle des Flusses zu passiren, während dessen die Jäger in die Prairie ausgiengen. Die Indianer hatten eine Unterredung mit ihrem Agenten, wo der Chef den Wunsch aussprach „ihr grosser Vater (der Präsident) möge ihnen verschiedene Gegenstände zukommen lassen, besonders Geräthschaften zum Ackerbaue." Der Anstand des Redners bei dieser Gelegenheit war schön, den rechten Arm und Schulter trug er entblösst, während er mit der Hand gesticulirte, sein männlich schönes Gesicht hatte vielen Ausdruck. Die Blattern waren diesen Indianern zum Theil durch einen Arzt eingeimpft worden, welchen Major Bean im vergangenen Jahre mit zu ihnen hinauf genommen hatte, und welcher 2600 Indianer verschiedener Stämme impfte. Die Sondirböte kehrten zurück und man arbeitete fleissig um das Dampfschiff zu erleichtern, indem man einen Theil der Ladung in das angehängte Keelboat Maria brachte. Gegen 2 Uhr endlich konnte man den Anker lichten, alsdann ein Stück den Fluss abwärts laufen, welches mit einer solchen Schnelligkeit geschah, dass die Indianer zu schwindeln begannen und sich auf den Boden setzten. Man umschiffte auf diese Art eine Sandbank und folgt dem südlichen Ufer aufwärts, wo wir uns in Zeit von 20 Minuten den Hütten der Punca-Indianer gegenüber befanden. Sie lagen gleich weisslichen zugespitzen Kegeln in einem schattigen Walde, und vor ihnen dehnte sich im Flusse eine Sandbank aus, die durch einen schmalen Wassercanal vom Lande getrennt war. Auf dem Rande der Bank befand sich die ganze Truppe versammelt und es war unterhaltend anzusehen, wie der bunte Haufe zusammen lief, in braune Bisonfelle, weisse und rothe wollene Decken gehüllt, zum Theil nackt und dunkelbraun. Man

setzte unseren indianischen Besuch an der Sandbank aus und das Boot
brachte einige Felle mit zurück.

Am Morgen des 12. Mai ist der Himmel bewölkt, es ist frisch und windig. Zum
Duschen gehe ich zum Bootshafen. Während der heißen Dusche muss ich an
Wied denken, der seinerzeit in dieser Gegend mit Puncah Indianern Kontakt
hatte, während ich heute Wasservögeln hinterherstarre. Ich muss auch an die
Besatzung der Yellowstone denken: Sie bestand aus etwa 100 Personen, die
hauptsächlich damit beschäftigt waren, das Schiff zu ziehen, Holz zu schlagen
und Wild zu jagen. Die hygienischen Bedingungen jener Zeit sind für uns ver-
wöhnte Zeitgenossen kaum mehr vorstellbar.
Wir fahren in die Anhöhen der Flusslandschaft des Missouri Rivers und haben
einen ausgezeichneten Blick auf die gegenüberliegende Hügellandschaft in South
Dakota. Der Straßenbelag der 895 Road wird zunehmend schlechter. Auf unserer Karte sehen wir, dass sich inmitten dieser Einsamkeit eine Siedlung mit dem
Namen Devils Nest befindet. Allein der ungewöhnliche Name lässt der Phantasie freien Lauf. „Private Development. No Outlet. No Trespassing. No Hunting".
Wie aus dem Nichts taucht auf einer Anhöhe ein Skilift auf.

Santee Sioux Reservation: Die Straße führt durch Farmland mit großen Feldern
und Getreidesilos, die Farmen liegen weit verstreut. „Mystical Spirits", so wird
ein kleines Gebäudeensemble genannt. Der Wind weht heftig. In dieser urwüch-
sigen Landschaft hat der Mensch die Natur noch nicht gänzlich besiegt.
Santee ist eine Ansammlung von ein paar Häuschen und wirkt recht beschaulich. Ein Schild zeigt an: „Land and Resources Santee Sioux Dakota". Vor der
Schule warten zwei gelbe Schulbusse. Neben dem Kindergarten befindet sich
ein großzügiger Kinderspielplatz, die Beschriftung ist indianisch. Es gibt einen
kleinen Lebensmittelladen und eine Jagdhütte zum Übernachten. Das war es
dann auch mit Santee, der größten Gemeinde im Reservat.

Am Bazile Creek machen wir einen kurzen Stopp, erinnern uns an Wieds
Beschreibung:

(11. Mai) Nach Dr. Morse's Report sollen sie (die Puncas) im Jahre 1822 im
Ganzen 750 Köpfe gezählt haben; jetzt nimmt man die Zahl ihrer streitba-
ren Männer etwa auf 300 an. Die Bande von ihnen, welche wir gegenwärtig

hier trafen, hatte etwa 8 bis 9 Lederzelte an der Mündung des Basil-Creek in einem schönen Walde aufgeschlagen.

(12. Mai) Wir erreichten steile Hügel, hinter welchen sich Manoels-Creek (nach dem Spanier Manoel Lisa so benannt, der ehemals hier Pelzhandel trieb) öffnet, befanden uns gegen Abend in der Nähe des Dampfschiffes Assiniboin, welches vor uns lag, und machten Halt in der Nähe des Basil-Creek, wo ehemals die Puncas wohnten, deren Gräber sich in Menge auf den Hügeln befinden. Baumstämme im Flusse hatten heute unsere Schaufelräder bedeutend beschädigt.

Niobrara, Nebraska, hat 406 Einwohner. „Welcome. Jesus is Lord". Der Ort verfügt über einen Golfplatz, eine Trading Post mit Tankstelle und ein Hotel mit dem schönen Namen „Two Rivers Saloon". Es fehlen auch nicht die Sportmen's Bar und das Museum of Niobrara. Der Niobrara State Park ist ein großzügiger Park mit einem naturbelassenen Campingplatz und einem fabelhaften Blick auf die Niederungen des Niobrara und Missouri Rivers.

Etwas weiter aufwärts fanden wir am linken Ufer einen grossen Prairie-Brand. Aus dem Walde schlug die Flamme wohl 100 Fuss hoch empor, feuriger Rauch erfüllte die Atmosphäre. Ein Wirbelwind hatte eine merkwürdig hohe Rauchsäule gebildet, welche sich auf eine höchst seltsame Art in sanftem Bogen bis in unseren Zenith erhob.

Von Springfield in South Dakota führt die Bottom Road im Flusstal des Missouris nach Running Water. Die Boddenlandschaft ist in ihrer Schönheit kaum mit Worten zu beschreiben.

Kapitel XII
Von L'eau qui court bis Fort-Pierre am Teton-River

Am Morgen des 13. Maies lief der Yellow-Stone bei der Mündung des Running-Water-River (heute Niobrara River) vorbei, als der Thermometer 55° zeigte; der Assiniboin schiffte vor uns. Wir erreichten die Mündung des Punca-Creek, der längs der Hügelkette schief gegen den Missouri herab läuft. Eine wilde Seitenschlucht öffnete sich hier auf den Missouri, an deren steilen Wänden unsere Holzhauer sich kletternd vertheilten, und die mit ihren schwarzen Beeren bedeckten Cedern nieder hieben, deren Holz einen sehr aromatischen Geruch verbreitete. Am Nachmittage sahen wir die Gegend wenig anziehend, ziemlich flach und weniger schön grün; das Schiff erhielt heftige Stösse. Die sich in der Ferne erhebenden Hügelketten nahmen nun immer mehr sonderbare Formen an, sie erhoben sich zum Theil wie Wälle und Batterien, oben tafelförmig abgeflächt. Auf ihnen steht der Thurm, eine isolirte, runde, kurz kegelförmig zugespitzte Thonkuppe.

In der Nacht zum 13. Mai hat es heftig geregnet, am frühen Morgen ist es bewölkt und frisch. Unsere Reise führt uns weiter Richtung Nordwesten. Auf dem Nebraska Highway 12 überqueren wir den Ponca Creek, für längere Zeit der letzte Fluss, den Wied in seinem Reisebericht erwähnt. Wir machen einen Abstecher zum Missouri River, zum Sunshine Bottom. Eine Boat Ramp lädt zum Bootfahren ein, Wochenendhäuschen und Wohnmobile stehen dicht am Fluss, mit Pappeln bewachsene Sandbänke sind zu sehen.
Die Utopia Road führt durch eine wilde, urwüchsige Landschaft. Der Old Baldy hat eine auffällige Hügelform, er sieht von weitem aus wie ein halbes Ei. Gross in Nebraska besteht nur aus wenigen Häusern, ein Schild weist den Weg zum „Nebrask Inn". Heftige Stürme haben der Natur stark zugesetzt, reihenweise sind Bäume entwurzelt worden, auch ein Schuppen hat die Fassung verloren.
Plötzlicher Schnitt – Zivilisation. Wir fahren auf dem US Highway 18 über den Fort Randall Dam und passieren das Kraftwerk und den Lake Francis Case. Die Betonmassen des 1957 erbauten Staudamms sind gewaltig.
Wir buchen einen Stellplatz in der Randall Creek Recreation Area. Die natur-belassene Anlage befindet sich vor dem Damm direkt am Missouri River, die Waschräume und Sanitäranlagen sind ganz passabel. Im Park steht ein gelber Schulbus. Die Schüler spielen auf den Sportanlagen, eine kleine Gruppe spielt

Volleyball. Beim näheren Hinschauen entdecken wir, dass es sich ausschließlich um Indianer handelt.

Am folgenden Morgen (14. Mai) fanden wir eine beschwerliche Schifffahrt, mussten sogar ein Stück den Fluss wieder hinab laufen, wobei der Assiniboin uns einholte und bei uns vorbei gieng, worauf wir ihm am nördlichen Ufer aufwärts folgten. Man setzte später 40 Mann aus, um das Schiff zu erleichtern, lief glücklich über eine Sandbank und legte den Assiniboin wieder zurück. Im vergangenen Jahre hatte man in dieser Gegend vom Dampfschiffe aus die ganze Prairie mit Bisonheerden bedeckt gesehen, jetzt zeigte sich hier kein Leben, ausser einigen wilden Gänsen und Enten, die seit dem Ende der grossen Wälder unterhalb des La Platte Flusses ebenfalls selten geworden waren; die Einförmigkeit dieser öden wilden Landschaft wurde jedoch plötzlich durch den Anblick eines den Fluss herab rudernden Canoes unterbrochen, in welchem vier weisse Männer sassen. Schnell bemannte man ein Boot. Die Herren McKenzie und Sanford warfen sich wohl bewaffnet in daselbe, um mit ihnen zu reden, da man sie für desertirende Engages der Compagnie hielt. Man bekam von ihnen die Nachricht, dass die Arikaras, ein gefährlicher indianischer Stamm, drei Biberjäger und unter ihnen einen gewissen Glass, einen alten in der Gegend wohl bekannten Mann, unlängst ermordet hatten. Auf einer Insel, welche wir erreichten, befand sich eine ächte Wildniss. Eine zweite Insel hatte die Merkwürdigkeit, dass sich ihr gegenüber eine heisse Quelle im Lande befinden soll, deren Wasser aber keinen mineralischen Geschmack besitzt. Am linken Ufer, etwa 5 bis 6 Meilen unterhalb Cedar-Island beobachteten wir die Ueberreste indianischer Hütten. Für die Nacht befestigte man das Schiff am westlichen Ufer, während es heftig wetterleuchtete.

In der folgenden Nacht kriecht die Kälte in den Schlafsack. Da helfen nur noch wärmere Klamotten, da unsere Schlafsäcke der Kälte nur bis 4 °C trotzen können. Strümpfe und Fleecejacke bringen ein wenig Linderung. Fröstelnd gehe ich zur Morgentoilette. Nach einer warmen Dusche kehren allmählich die Lebensgeister zurück.

Eine erste Exkursion führt uns in die Yankton Sioux Reservation. Die drei Meilen bis zum Fort Randall Casino sind auf dem South Dakota Highway 46 schnell zurück gelegt. Wir verlassen die Hügellandschaft des Missouri Rivers und fahren auf einer schnurgeraden Straße in einer fruchtbaren Ebene. Vor uns fährt ein Gefangenentransport, die Insassen gehören der Gattung „Sus scrofa domestica" an – Hausschweine.

Das Fort Randall Casino ist die bisher professionellste Spielstätte auf unserer Tour. Auch dieses Casino wird ausschließlich von Indianern betrieben. Das Personal ist von unauffälliger Professionalität, aber immer präsent. Ein Mann von der Security schlendert wie zufällig durch die Korridore. Die Besucher sind überwiegend Weiße im Rentenalter, die Anzahl der Spieler hält sich an diesem Vormittag in Grenzen. Ein Automat bimmelt ohne Unterlass, einer der Glücksritter hat gerade 1 600 Dollar gewonnen und reagiert ziemlich cool auf seinen Gewinn. Die Apparate sind so aufgestellt, dass der Raum eine gewisse Großzügigkeit ausstrahlt. Es wird mit Spiegeln gearbeitet, sodass die relativ kleinen Räume größer wirken. Die Pokertische sind nicht besetzt, ebenso wie die Spielräume außerhalb der großen Halle.

In Wagner, South Dakota, leben um die 1 700 Menschen, davon sind 63% Weiße, oder wie man in den Vereinigten Staaten auch sagt: „Euro Americans", und 34% Native Americans. Am Stadtrand stehen ein paar kleinere Gewerbegebäude, auf einem frischgemähten Rasengrundstück liegt ein überfahrenes Reh, der Körper des Tieres ist bereits aufgebläht. Es ist kurz vor zwölf Uhr, die Temperatur beträgt 14 °C. An der Hauptstraße sind fast alle Geschäfte geöffnet. Die Wagner Community School macht einen gefälligen Eindruck. Um Wagner herum gibt es mehrere Rinderfarmer. Ronald Kafka betreibt eine Livestock Farm. Hinter einem Sojafeld befindet sich ein frisch gepflügter Acker, auf der gegenüberliegenden Seite steht ein kleines Wäldchen. Eine Menge Überlandleitungen unterbrechen die Monotonie der Landschaft, aus der Ferne sehen die Rinder und Kühe wie kleine schwarze Punkte auf grünem Teppich aus. Nur vereinzelt begegnen uns Autos. In der weiten, schimmernden Ferne liegen niedrige grüne Hügel, der Missouri River leuchtet silbergrau. Auf einem Pow-Wow-Platz direkt am Ufer des Missouri Rivers machen wir unsere Mittagspause. Gegenüber steht ein ungewöhnliches Gebäude mit einer Art Zeltspitze in der Mitte. Später erfahre ich, dass es sich um den Old Tribal Complex der Yankton Sioux handelt.

In Marty sind über 90% der Einwohner indianisch – wir befinden uns in der Hauptstadt der Yankton Sioux Reservation. In dem 420 Seelen zählenden Ort fällt das Yankton One Community College ebenso auf wie die St. Paul Catholic Church, die mit einem klassischen europäischen Kirchturm überrascht. Zwischen den landwirtschaftlichen Flächen liegt ein klitzekleiner Kinderfriedhof. Auf einem Grabstein lese ich, dass ein Mädchen namens Evers mit vier Jahren gestorben ist.

Vor dem örtlichen Museum spricht uns ein älterer Herr an. Er kennt einen der Museumsbetreiber und fragt, ob wir Interesse an einer Führung haben. Gesagt, getan. Wir landen bei Ed Staudemier, einem der Supporter des Museums. Seine Mutter ist 1925 aus der Gegend von Oldenburg nach Amerika gekommen. Ed ist ein netter älterer Herr Ende siebzig. Zu Beginn unserer Führung gehen wir über eine Wiese. Plötzlich sehen wir eine Schlange! Ed winkt lässig ab, sie sei harmlos und gut für die Umwelt. Ich frage nach giftigen Schlangen. Ed meint, das es den ganzen Missouri River aufwärts Rattlesnakes gibt, jedoch nicht mehr so viele wie früher. Gut zu wissen.

Ich frage Ed Staudemier nach dem Leben in der Reservation und erfahre zu meiner nicht geringen Verblüffung, dass einige der Reservate gar nicht von Indianern bewohnt werden. In der Yankton Sioux Reservation wird 99% der Landwirtschaft von Weißen betrieben. Die Indianer verpachten oder verkaufen ihr Land, weil sie kein nachhaltiges Interesse an der Landwirtschaft haben. Sie sind nicht sesshaft genug, sind mehr Jäger und Fischer. Die meisten Natives leben in Marty, auf Karten gekennzeichnet als Tribal Land. Jetzt erst verstehe ich das Symbol der Feder auf unserer Karte, es weist immer auf eine indianische Community hin. Das Zusammenleben zwischen Weißen und Indianern verläuft problemlos. Den Indianern werden Wohnungen oder Häuser zur Verfügung gestellt, die sie aber nach einiger Zeit wieder aufgeben, weil es nicht ihrer Kultur entspricht, fest an einem Platz zu leben.

In einer ehemaligen Lagerhalle sind Gebrauchsgegenstände aus den vergangenen 120 Jahren aufbewahrt, es sieht aus wie auf einem riesigen Flohmarkt. Die Museumsstücke sind weder katalogisiert noch hinter Vitrinen versteckt. Längst vergessene Gegenstände des täglichen Lebens werden in den Hallen aufbewahrt, von Trockenhauben bis zu Schaufensterpuppen. Eine zweite Lagerhalle steht voll mit historischen landwirtschaftlichen Maschinen und Geräten. Zum Schluss besichtigen wir noch ein vollständig eingerichtetes Haus sowie eine Kirche, eine Schule, eine Post und die Werkstatt eines Schmieds aus der Zeit um 1900. Nach knapp eineinhalb Stunden verabschieden wir uns vom bescheidenen und freundlichen Ed Staudemier.

Bei angenehm warmem Wetter machen wir einen Spaziergang durch die Randall Creek Recreation Area. Der Park ist geprägt durch Pappeln und Zedern und erfüllt von zahlreichen Vogelstimmen, vom Papageienvogel über Spechte bis hin zu Schwalben. Ein Hinweisschild warnt: „No Digging or Collecting Artifacts". Wir verlassen die Randall Creek Recreation Area am 15. Mai in Richtung National Wildlife Refuge (NWR). Von Ravinia geht's auf einer Schotterstraße zum Lake Andes. Unweit des Hauptquartiers der Naturschutzbehörde haben wir direkt am See einen weiten Blick auf das Wasser. Auf Schautafeln wird Flora und Fauna erklärt. Über einen Deich geht's auf die Westseite des Sees. Die Monotonie der Ebene vermittelt den Eindruck einer schier endlosen Weite. Das Straßensystem ist nach Quadraten und Zahlen angeordnet. Bunt bemalte Farmhäuser sind Farbtupfer in der sonst eintönigen Landschaft. Interessant ist die Konstruktion der Strommasten entlang der Straße: Die Kabel werden über Isolatoren an beweglichen Auslegern entlang geführt.

Geddes wird dominiert von Getreidesilos und macht einen etwas trostlosen Eindruck. Im Zentrum, besonders an der 4th Street, der ehemaligen Einkaufsstraße, wirkt der Ort wie eine Geisterstadt. Das Gebäude der First State Bank schreckt jeden potentiellen Bankräuber ab.

Der South Dakota Highway 50 West führt uns in eine Bucht der Pease Creek Recreation Area. Der Campground liegt windgeschützt in einer naturbelassenen Landschaft. Nach kurzer Suche finden wir einen Stellplatz für unsere Yellowstone, zahlen 14 Dollar und docken an das Stromnetz an.

Der kommende Tag (15. Mai) zeigte uns in dem Ufergebüsche, hinter welchem sich die Prairie ausdehnte, viele Spuren eines indianischen Lagers; eine Menge Köpfe von Elken, Hirschen u.a. Thieren lagen umher, Pferdespuren waren überall zu sehen, und ein gangbar nieder getretener Pfad führte durch die Gebüsche. Am Mittag, als der Thermometer 79° zeigte, kam uns der Assiniboin wieder vor, und verschwand wie das Keelboat Maria aus unseren Augen. Wir befanden uns um 4 Uhr nach Mittag wieder an der Stelle, wo wir während der Nacht gelegen hatten; mit Hülfe des zurückgesendeten Keelboats, welches man beladen hatte, gelang es uns jedoch endlich vorwärts zu kommen, während in Süd-Westen ein Gewitter mit Blitzen aufstieg. Unter Blitzen aus dunklen Gewölken holten wir den Assiniboin wieder ein, dessen Holzhauer an den steilen Bergen kletterten und die rothen Cedern herab stürzten. An dieser Stelle befand sich die enge tiefe Schlucht eines kleinen vertrockneten Baches, in welcher man eine schöne fahl gelbliche Fledermaus fieng, Schlangen und die zerstreuten Knochen der Bisonten erblickte. Ringsum übersah man das Amphitheater sonderba-

rer Bergkuppen, zu den Füssen den schönen breiten Fluss, von unzähligen Sandbänken zerschnitten, die uns die Schwierigkeiten unserer Schifffahrt vor Augen legten, an seinem Ufer, so weit entfernt von allen Wohnungen civilisirter Menschen, zwei ansehnliche Schiffe, denen brausend der Dampf entströmte. Man hatte einen Canal von fünf Fuss Wassertiefe entdeckt; allein die sehr trübe dunkle Witterung zwang uns früh anzulegen.

Im Laufe des Abends wird es immer frischer, sodass wir uns für die Nacht warm anziehen. Neidisch schaue ich zu den Einheimischen rüber, die bei diesen kühlen Temperaturen in kurzen Hosen und T-Shirts am Lagerfeuer sitzen.

Am folgenden Morgen (16. Mai) erreichten wir um 9 Uhr, nachdem man ein sogenanntes Dorf der Prairie-Dogs zurück gelegt hatte, die Cedern-Insel, wohin man von der Mündung des Missouri 1075 Meilen rechnet. Wegen des starken Windes verlängerte sich unser Aufenthalt zu Cedar-Island und wir benutzten diese Frist zum Jagen. Als die Nacht kam, zündete man auf dem Ufer Feuer an, nachdem das zum Sondiren aufwärts gesendete Boot zurückgekehrt war.

Am 16. Mai frühstücken wir bei herrlichstem Sonnenschein. Man kann sich kaum mehr vorstellen, dass es in der Nacht bitterkalt war. Wied erwähnt in seinem Reisebuch, dass es auch 1833 nachts bis in den Juni hinein sehr kühl war. Er berichtete von einem Indianer, der noch im Juni an Erfrierungen gestorben ist, während dessen Gefährtin mit einem erfrorenen Fuß davon kam. Wir verlassen den Campingplatz und fahren auf der 285th Street westwärts. Ein Rebhuhn stolziert über die Straße, ignoriert die Gefahr. Die Landschaft ist flach und besteht aus Farmland. Auf den Feldern liegen unzählige Strohballen.

In Platte, South Dakota, komme ich in einem Coffeeshop mit den Verkäuferinnen ins Gespräch. Als sie erfahren, dass ich aus Deutschland komme, dreht sich das Gespräch schnell um den Zweiten Weltkrieg. Gern lasse ich nicht unerwähnt, dass ich nach diesem Krieg geboren bin. Amerikaner lieben es, wenn wir Deutschen uns für die Befreiung von der Nazi-Diktatur durch die US-Soldaten bei ihnen bedanken. Gern tue ich ihnen diesen Gefallen. In Platte kaufen wir im General Store eine Decke für die kalten Nächte im Bus.

Snake Creek State Recreation Area: Der Campground ist gut besucht, so dass wir einen Stellplatz zugewiesen bekommen. Eingepfercht zwischen überdimensionalen Wohnmobilen und großen Pickups sieht unser VW-Bus aus wie ein kleines braunes Mäuschen. Das Publikum ist gänzlich anders als auf dem Campground Platte Creek. Während dort aktive Naturburschen campten, stehen hier mehr Rednecks, Typen, denen man nur ungern im Dunkeln begegnen möchte. Punkt Zehn Uhr ist für den amerikanischen Camper Schluss, er zieht sich in seine vier Wände zurück. Kurz darauf fährt der Sheriff seine Runde über den Platz.

Am 17. Mai früh sah man die ersten Antilopen, ein Rudel von sechs Stück über die Hügel entfliehen, leider waren sie zu fern, um sie deutlich unterscheiden zu können; allein später ward uns diese Freude, indem ein solches Thier an den Uferhöhen so lange stehen zu bleiben so gefällig war, bis wir dasselbe recht deutlich und nahe betrachtet hatten. Da man bei der Sondirung des Fahrwassers nur vier Fuss Tiefe gefunden hatte, so wurde das Dampfschiff an dem Weidenufer befestigt, und wir griffen zu den Jagdgewehren. Man arbeitete sich durch die dichten Ufergebüsche von Pappeln und Weiden hindurch, wo man die grossen Fährten der Elke, so wie der virginischen Hirsche kreuz und quer im weichen Boden abgedrückt fand, und trat in die Prairie, die sich vollkommen eben 300-400 Schritt weit bis zu den Hügeln ausdehnte. Der Abend war sternhell und kühl.

Am 18. Mai erblickten wir die ersten Bisonsthiere, die uns auf dieser Reise vorgekommen. Mehre Jäger wurden sogleich an's Land gesetzt, um sie zu verfolgen. Sie stiegen in einer Schlucht hinauf und verschwanden hinter den Höhen. Auch wir begaben uns an's Land bei einer Temperatur von 68° am Mittage. Mit uns übrigen kehrten auch die Bisonjäger auf das Schiff zurück. Sie hatten zwar ihren eigentlichen Endzweck verfehlt, dagegen aber einen starken Cabri-Bock erlegt, so wie einen ganzen Haufen von Prairie-Dogs, deren Köpfe sämmtlich von der Büchsenkugel zerstört waren. Da sich diese kleinen Thiere bei Annäherung eines fremdartigen Gegenstandes in ihre Höhlen zurück ziehen, und alsdann nur mit dem Kopfe hervor blicken, so schiessen sie die Americaner mit ihren langen Büchsen meistens gerade auf diesen Theil. Sie essen sie übrigens sehr gern. Von der Antilope, welche sie auf der Stelle zerlegt hatten, brachten sie die Haut und den Kopf, sowie das Fleisch zurück. Sie lieferten ausserdem einen schönen grossen Adler und eine Natter ab. Da das Wasser des Flusses so seicht war, so konnten wir am nächstfolgenden Tage (19. Mai) unsere Stelle nicht verlassen, und unsere Excursionen wurden fortgesetzt.

Des Wassermangels wegen blieben wir mehre Tage hier liegen und hatten einige heftige Gewitterstürme auszuhalten.
Am 21. Mai war es so kühl, dass man im Schiffe Kaminfeuer anzündete.
Der Fluss war etwas gewachsen und man versuchte fort zu schiffen.

Da die Yellowstone in den nächsten Tagen nicht von der Stelle kam, bleibt uns Zeit für Exkursionen in die Pine Ridge Indian Reservation und Rosebud Reservation sowie in die Black Hills.

Let's go to the West. Wir überqueren den Lake Francis Case beziehungsweise Missouri River am 17. Mai auf der State Route 44 über die Platte-Winner Bridge. Der Straßenbelag ist leicht rötlich, die Straße wenig befahren. Es geht durch Marlboro Country. Pferde, Rinder und Kühe grasen auf fetten grünen Wiesen und erfreuen sich noch ihres Lebens.

Die Rosebud Reservation war ursprünglich Teil eines Sioux-Reservats, das durch den Vertrag von Fort Laramie von 1868 eingerichtet worden war. Wer es gern einsam mag, ist in diesem Reservat goldrichtig.

„Welcome to Mission". Ein Schild fordert: „Support our troops", ein anderes weist den Weg zur Sinte Gleska University, einer indianischen Universität. Mission ist ein schlichter Ort mit knapp 1 000 Einwohnern. Immer wieder tauchen Schilder am Straßenrand auf, die an die Verkehrstoten erinnern: „Why Die?"

„Welcome to the Land of the Sicangu Lakota Oyate". Wir haben Rosebud, die Hauptstadt der Reservation erreicht. Der Ort wird von standardisierten blass-blau-grauen Holzhäusern geprägt. In der Nähe des Stadions befindet sich ein kleiner Markt, daneben dreht sich ein kleines Plastikriesenrad für Kinder. Die Toiletten der Tankstelle an der Hauptstraße sind wegen Vandalismus geschlossen. Die Indianer vor dem Tankstellenshop geben ein trauriges Bild ab, stehen dort wie ein Symbol des amerikanischen Albtraums.

St. Francis, South Dakota. Ein Gebäudeblock erinnert an sozialen Wohnungsbau. Überall Verbotsschilder, vor allem Alkohol ist untersagt. Das Buechel Memorial Lakota Museum ist leider geschlossen, dafür hat die St. Charles Borromeo Parish Kirche geöffnet. Diese katholische Kirche ist insofern interessant, als sie von außen in grellem Helllila gestrichen ist. Der unfreundliche Priester weist gerade zwei Indianerjungen als Messdiener ein, die völlig konsterniert dreinblicken. Wir kaufen einem Indianer einen kleinen 30×50 cm großen Teppich ab, der angeblich von seiner Großmutter gewebt wurde. Er hätte da auch noch… matt winken wir ab. Der Indianer wirkt verwahrlost und sieht völlig erschöpft aus.

Weiter geht's durch die Vororte Richtung Westen. Braun-weiß gescheckte Indianerpferde grasen auf Weiden, Farmland sehen wir nicht. Bald durchfahren wir den wilden, einsamen Crazy Horse Canyon. Der Little White River windet sich mit uns durch das Tal. Auf einem Grundstück stehen Unmengen von Waschmaschinen, ein surrealistisches Bild in dieser Bilderbuchlandschaft. Ein Pow-Wow-Platz liegt romantisch auf einer Waldlichtung, links leuchtet ein Tipi im Sonnenlicht. Auf dem BIA Highway 7 überqueren wir den Little White River über die Lampert Bridge. Wir fahren nun Richtung Nordwesten.

In Parmelee, South Dakota, finden wir am State Highway 63 endlich eine Tankstelle. Die Bewohner des Ortes machen einen freundlichen Eindruck, viele junge Menschen sind auf den Beinen. Der Besitzer der Gas Station ist ein Weißer, die Indianer im Shop sind gut gelaunt. Ein Schild an der Kirche fordert: „Have Respect". Hinter Parmelee liegen in karger Landschaft Felder brach, vereinzelt sehen wir Farmen, wie zum Beispiel die Emanuel Farm, die Rinderzucht betreibt. Kurz darauf verlassen wir die Reservation.

Die Weite der Felder ist in ihrer Monotonie bemerkenswert. Norris, South Dakota: „United we stand. One Nation under God". Die Sacred Heart Parish Kirche steht einsam in der dürren Landschaft. In dem Örtchen wohnen nicht mehr als zwanzig Menschen, überwiegend Indianer.

Von Norris bis Belvidere bleiben wir alle hundert Meter stehen, um die ungewöhnlichen Gesteinsformationen der Cedar Buttes zu bestaunen. Die Straße führt durch eine unbeschreibliche Landschaft mit wie von Außerirdischen geschaffenen Sandsteinformationen. Mutterseelenallein fahren wir auf dem endlos braungrauen Band der 63, zwischen den Formationen weiden Tausende von Rindern. Rechts des Highways fließt der Black Pipe Creek, vor uns der White River. Als wir einen Blick auf den Fluss werfen, kommen Hunderte von Schwalben angeflogen, piepen aufgeregt und umfliegen uns hektisch, um uns von ihren Nestern zu vertreiben, die sich unter der Flussbrücke befinden. Aus der Ferne grüßt, in warmem Blau gehalten, der Wasserturm von Kadoka. Quartier beziehen wir im Budget Host Inn für 66 Dollar die Nacht. Kadoka liegt am östlichen Eingang des Buffalo Gap National Grassland und ist gleichzeitig die Eingangspforte zu den Badlands.

Am nächsten Tag stoppen wir an einem Kassenhäuschen: „Entering Badlands National Park". Das Ticket gilt für 7 Tage. Die Badlands sind ohne Übertreibung die unglaublichste Naturlandschaft, die ich je gesehen habe: einzigartig, fantastisch, phänomenal. Diese Landschaft ist wie nicht von dieser Welt. Die Natur hat in Millionen von Jahren die unglaublichsten Kunstwerke geformt. Für die Gläubigen: Gott hat an dieser Stelle ein Meisterwerk erschaffen. Es wird eindringlich vor Klapperschlangen gewarnt. In der wüstenähnlichen Landschaft herrschen über 40 °C, was uns aber nicht davon abhält, in den Schluchten und Felsen herumzulaufen. Auf einem Parkplatz treffen wir einen Reisenden, der ebenfalls mit einem VW-Bus T3 unterwegs ist. Ein freundlicher Typ, um die 70 Jahre alt. Wir erfahren, dass er ein pensionierter Wissenschaftler ist. Er leidet stark unter der Parkinsonkrankheit. Umso beeindruckender, dass er allein unterwegs ist. Der Innenraum seines VWs ist bis unter die Decke vollgepackt, unter anderem mit seinem Rennrad. Er schläft auf der oberen Ebene des Busses. Bei einem Fachgespräch über unser Reisegefährt berichtet er, dass VW-Camper an der Westküste vor allem bei jungen Leuten sehr gefragt sind.

Über den Dillon Pass erreichen wir Scenic, South Dakota, das wie ein kleines Westerndorf wirkt. Verfallene Holzhäuser aus der Pionierzeit vermitteln den Eindruck, die Zeit sei stehen geblieben. Niemand wäre überrascht, wenn sich High Noon Cowboys auf der Straße duellieren würden. An der Grenze zum Reservat betreiben ein paar Weiße Schnapsbuden, in welche die Indianer ihre Wohlfahrtsschecks tragen. Einen traurigeren Gegensatz kann man sich kaum

South Dakota: Badlands-Nationalpark

vorstellen: auf der einen Seite das wilde schöne Land, auf der anderen Seite die immens hohe Zahl seiner Bewohner, die auf Staatshilfe angewiesen sind.

Hinter Scenic verlassen wir auf dem Highway 44 die Badlands und reisen durch das Buffalo Gap National Grassland. Auf der Sage Creek Road fahre ich respektvoll an einer frei herumlaufenden Büffelherde vorbei. Auf einer Weide wimmelt es von Präriehunden, die die Besucher nicht aus den Augen lassen.

In der Ferne sehen wir schon die dunklen Berge der Black Hills, die wie ein Irrtum der Natur in den Himmel aufragen. Es geht stetig bergab, wir fahren am Fuße der Black Hills durch trockenes Land. Die Temperaturen liegen bei 32 °C, was die Heizung im Bus nicht davon abhält, auf Hochtouren zu arbeiten. Die Vororte von Rapid City sind geprägt durch die bereits bekannten Gebrauchtwagenhändler. Für jede Automarke gibt es auch eine Reparaturwerkstatt. Wir beziehen Quartier im Budget Host Inn an der Mount Rushmore Road. Das Hotel ist preiswert, für zwei Nächte zahlen wir umgerechnet 80 €. Einige Räume sind als Appartements an Indianer vermietet.

Unseren Abendspaziergang machen wir in Rapid City Downtown. Der historische Kern ist ansehnlich und gut erhalten. Weiße und indianische Jugendliche beleben das Straßenbild, von den fast 70 000 Einwohnern sind über 12% indianischer Herkunft. Leider bettelt mich ein Indianer an, seine Strategie ist mein (weißes) schlechtes Gewissen. Er kommt mir vor wie ein Staubsaugervertreter.

Am nächsten Morgen ist der Himmel wolkenlos, ein leichter Wind weht. Der Druck des hinteren linken Reifens bereitet mir Kopfzerbrechen. An einer Tankstelle lassen wir den Reifendruck nachfüllen, wir sollen in einigen Tagen wiederkommen.

Die Ausstellung im Sioux Indian Museum ist für mich nicht besonders interessant, sodass ich meinen Rundgang zügig beende. Viele Kinder, ein oder zwei Schulklassen, laufen mit uns herum. Ich sehe nur indianische Gesichter. Bildhübsche junge Menschen, alle nach der heutigen Mode gekleidet. Auch die Lehrerinnen sind indianischer Herkunft. Auf einem 3D-Plakat sehe ich die Lage der Black Hills inmitten der Wüste, ein gigantisches, ellipsenförmiges Felsmassiv.

Abends besichtigen wir den Berlin Wall, eine kleine Ausstellung über den Fall der Berliner Mauer mit einem Teilstück der Mauer als Denkmal. Danach schlendern wir zum Veranstaltungszentrum Rushmore Plaza Civic Center Theater. Im Foyer hängen Fotos der Bands, die hier bereits auftraten. Darunter ist das Foto einer deutschen Band aus den 1980ern aus Hannover namens Scorpions.

Im Kunstgewerbehaus Prairie Edge werden wir von einer mannshohen Indianerfigur begrüßt. In diesem Geschäft wird die indianische Kunst auf höchstem Niveau vermarktet. Man kann alles, aber auch wirklich alles, kaufen, von Indianerliteratur über Malerei, vom Kunsthandwerk bis zum gehobenen Nippes.

Der hintere Autoreifen auf der Fahrerseite hat erneut erheblich an Druck verloren. Bei einem Reifenhändler finden kompetente Monteure schnell das Corpus Delicti: ein Nagel im Reifen. Flugs ist der Schaden behoben, 11 Dollar wechseln den Besitzer.

Über den US Highway 16 fahren wir an diesem Mittwoch in die Black Hills bis Keystone, South Dakota – The home of Mount Rushmore. Die heiligen Black Hills der Lakota-Sioux sind South Dakotas größte Touristenattraktion. Ich hätte mir eine Goldgräberausrüstung besorgen sollen, denn Goldsuche wurde in den Bergen im großen Stil betrieben. Ein Sattelschlepper ist liegen geblieben, zum ersten Mal sehe ich die legendären Ranger-Hüte der Highway Patrol. Keystone ist ein abgeschmackter Touristenort, an dem alles aus der sogenannten „guten alten Zeit" vermarktet wird: Präsidenten, Goldgräber, Bären, Wölfe, Wilder Westen, Reptilien, Dinosaurier, Weihnachten. Noch der letzte Kitsch wird marktschreierisch angepriesen. Diese Stadt des Schreckens verlassen wir nicht ungern. Ein paar Meilen von Keystone entfernt finden wir an der Old Hill City Road einen kleinen Campingplatz mit dem schönen Namen Kamp's Kamp. Der Campingplatz liegt idyllisch an einem dicht bewaldeten Hang. Eigentümer der Anlage ist ein Herr Briesemeister.
Vier Uhr nachmittags verlassen die Touristenbusse die Black Hills, wir hingegen machen uns auf den Weg. Unser erster Ausflug führt uns, an den vier Präsidenten vorbei, zum Mount Rushmore National Memorial. Ich muss dabei an das Cover des Albums „Deep Purple in Rock" denken, wo statt der Präsidenten die Köpfe der Musiker in Stein gehauen sind. Der Blick hinauf zu den Präsidenten George Washington, Thomas Jefferson, Theodore Roosevelt und Abraham Lincoln ist eher unspektakulär, daher sparen wir uns die Parkgebühr von 10 Dollar. In der zerklüfteten Felslandschaft steht eine Riesenziege, eine Snow Goat, und ignoriert die wie wild fotografierenden Touristen. Als die Ersten damit beginnen die Ziege füttern zu wollen, verschwindet sie rasch in den Bergen.
In Anlehnung an das Denkmal für die Präsidenten wird von einer polnisch-amerikanischen Steinmetzfamilie zu Ehren des legendären Indianerführers Crazy Horse seit vierzig Jahren in den Black Hills an einem Monument gearbei-

tet. Crazy Horse war der radikalste unter den Indianerhäuptlingen. Er führte die Sioux im Kampf von Little Big Horn gegen die Elite-Truppen General Custers. Er galt als unbesiegbar, bis er begann, den Weißen zu vertrauen. Crazy Horse überzeugte mehr als 900 Angehörige seines Volkes davon, die Waffen niederzulegen. Kurz nach seiner Verhaftung starb er durch Bajonettstiche des weißen Wachpersonals. Seine Familie beerdigte Crazy Horse am Ufer einer Biegung des Flusses Wounded Knee in einem anonymen Grab.

Das Wetter ist schlechter geworden, der Himmel grau und milchig. Die Tour auf dem Highway 244 führt am Horse Thief Lake vorbei durch eine dicht bewaldete Landschaft mit gezackten Felsformationen. Direkt neben einer Eisenbahnlinie fahren wir zurück zum Campingplatz. Die Eisenbahn wird nur noch zu rein touristischen Zwecken genutzt – allerdings mit einer Dampflokomotive der Black Hills Central Railroad, die mit großem Getöse durch die Landschaft zockelt.

Am 21. Mai ist der Himmel stark bewölkt. In eisiger Kälte müssen wir unsere Morgentoilette machen, alles ist klamm und ungemütlich. Zum ersten Mal stellen wir das Dach des VWs hoch. Ein erhebendes Gefühl, im Bus aufrecht stehen zu können. Jetzt können wir Koffer und andere Reiseutensilien auf der oberen Liegefläche verstauen.

Auf geht's zur nächsten Exkursion, allerdings nicht ohne Fleecejacke. Sogar die Einheimischen sind heute mit Windjacke und langer Hose unterwegs. Von Hill City fahren wir auf dem Highway 16 Süd durch eine hinreißende Berglandschaft. Reklameschilder erinnern uns daran, dass wir in einem Feriengebiet unterwegs sind.

„Entering Custers State Park – Fee Area". 12 Dollar für eine Wochenkarte. Der Highway 87 windet sich durch dicht bewaldete Höhen und Täler, führt uns zu den Black Hills Needles Rock Formations. Durch das Needle's Eye, eine Öffnung in einer der Felsformationen, passt unser Van gerade so hindurch. Die Bäume, darunter viele Birken, beginnen gerade zu grünen. Ein schöner Kontrast zu den vielen dunklen Nadelgehölzen. Die Wälder liegen voll mit Holzbruch, Forstarbeiter haben abgebrochene Äste in Form eines Kegels zusammengestellt.

Sylvan Lake Resort – Dining & Lodging: Der Sylvan Lake liegt verwunschen zwischen einer Ansammlung von ungewöhnlichen Felsen. Bei einem Spaziergang um den See erfreuen wir uns an der intakten Naturlandschaft. „12 Miles Travel At Own Risk". Wir schrauben uns auf dem Highway 87 höher und höher in die Berge. Der Blick in die Tiefe ist beängstigend und fantastisch zugleich.

Das Keelboat des Assiniboin hatte sich am 22. in Bewegung gesetzt und einen Theil unserer Ladung aufgenommen, da der Fluss etwas gewachsen war; man hatte den Yellow-Stone mit Hülfe der an's Land gesetzten Mannschaft nach einem beinahe fünftägigen Aufenthalte an dieser seichten Stelle, flott gemacht. Wir Jäger befanden uns zufällig auf den Hügeln, als die Schiffsglocke rief; wir eilten daher möglichst schnell nach der Weidendickung des Ufers hinab, kamen jedoch zu spät. Das Dampfschiff hatte es für gut befunden uns nicht zu erwarten, und wir waren nun genöthigt ein Paar Stunden lang dasselbe zu verfolgen, über Steintrümmer, Felsstücke, wildzerstörte Ufer zu klettern, durch Weiden- und andere Dickungen voll Dornen und Kletten zu kriechen, oder durch Sümpfe zu waten. Erst um 11 Uhr des Mittages trafen wir in Schweiss gebadet an Bord wieder ein. An beiden Ufern des Flusses zeigten sich jetzt sonderbare Hügel, zum Theil mit merkwürdigen Kuppen hoch aufgethürmt, gleich alten Thürmen oder Ruinen. Die Uferhöhen hatten zum Theil schwarze Stellen, verursacht durch ein schwarzes glänzendes Gerölle der steinkohlenähnlichen Schichten, welche hier weit verbreitet sind. Eine solche starke Schicht von bituminöser Kohle lief gleich einem netten Bandstreifen an beiden Flussufern in gleicher Höhe längs allen Hügeln der Gegend so weit fort, als das Auge nur reichte, und es ist nicht schwer diese über die ganze Gegend ausgedehnten Lager mehre hundert Meilen weit zu verfolgen. Einige hohe Hügel dieser Gegend tragen die Benennung der Bijoux-Hills, weil hier ein gewisser Bijoux mehre Jahre gewohnt hatte. Wir legten hier für die Nacht an, welche so stürmisch war, dass uns einer der Schornsteine nieder gerissen wurde.

Die Yellowstone konnte ihre Reise am 22. Juni 1833 fortsetzen, sodass es für uns höchste Zeit wird, zurück zum Missouri River zu fahren.

Abschied von Kamp's Kamp und Keystone. Im Nationalpark Custer State Park sind Hänge neu bepflanzt worden, da auch hier Stürme verheerende Schäden angerichtet haben. Unter dem Gras ist die Erde häufig rot. Ein paar Hirsche schauen neugierig zu uns rüber, auf Weiden grasen Quarterhorses, die gefleckten Ponys der Indianer. Eichhörnchen toben in den Bäumen, wilde Truthähne stolzieren eitel am Wegesrand. An der Straße stehen zwei gewaltige Bisons, keine fünf Meter von uns entfernt. Eine Herde Bisons trabt gemächlich über einen Hügel. Ich hatte den Begriff Bisonstau schon mal gehört, jetzt weiß ich was damit gemeint ist. Die Besucher des Parks stoppen ihre Fahrzeuge, zücken ihre Fotoapparate und fotografieren aufs Wildeste drauflos. Durch den Stopp bildet sich der Stau. Einige Meilen entfernt wieder eine Herde, diesmal Esel. Die Karawane stoppt, wir machen uns schnell aus dem Staub.

Auf der State Route 36 verlassen wir den Nationalpark Richtung Hermosa in South Dakota. Ein letzter Blick zurück auf die Berge, die auch aus der Ferne nichts von ihrem Reiz verloren haben.

Zwei Uhr mittags. An der Tankstelle tankt neben mir ein riesiger Indianer mit langen, schwarzen Haaren, ein cooler Typ. Er fragt mich mit tiefer Stimme, woher ich komme. Als er hört, dass ich Deutscher bin, antwortet er: „Ick sprecken Deutsch." Er hat zehn Jahre in Norwegen gelebt und ist viel durch Europa gereist.

Hermosa ist ein eher fader Ort, prompt drücke ich das Gaspedal durch und steuere den VW-Bus auf dem South Dakota Highway 40 Richtung Südwesten, wieder in das Buffalo Gap National Grassland. Rechts und links des Highways grasbewachsene Hügel so weit das Auge reicht, es folgen endlose Meilen durch Wiesen und Felder. Größere Gegensätze als die Black Hills, die Prärie und die Badlands kann man sich nicht vorstellen, und das alles nur wenige Autostunden voneinander entfernt.

Der silbern glitzernde Cheyenne River bildet die Grenze zur Pine Ridge Indian Reservation. Von der Höhe des Red Shirt Table, eines Tafelbergs, schauen wir in die wild zerklüfteten Schluchten der Badlands. Indianerinnen haben einen kleinen Stand aufgebaut. Sie verkaufen selbst gemachten Schmuck, hinter ihnen die gewaltige Kulisse der Badlands.

Die staubbedeckte Schotterstraße der East BIA 2 führt Richtung Osten durch die blondbraune Prärie des Pine Ridge Reservats und bald darauf durch die Naturlandschaft der Badlands. In der kargen Landschaft wachsen süßlich duftende Salbeibüsche, Sweetgras und Wacholder. Ab und zu stehen Mobile Homes am Wegesrand. Es ist unglaublich einsam. Kein Auto, kein Mensch weit und breit. Eine Autopanne würde uns in große Verlegenheit bringen. Wir fahren Meile um Meile auf dieser unbefestigten Straße, nur gefolgt von unserer eigenen Staubwolke. In nördlicher Richtung befindet sich der Sheep Mountain Table, auf den sich die Überlebenden der Oglala-Sioux zum verbotenen Geistertanz zurückzogen. Die Soldaten der US-Armee konnten den Indianern nicht folgen, da nur ein kleiner Pfad zwischen zerklüftetem Sandstein auf das grasbewachsene Plateau führte und damit unpassierbar für die Pferde der Soldaten war. Auch heute soll dort noch der Geist der amerikanischen Ureinwohner beim Tanz beschworen werden.

„Entering Badlands National Park in Cooporation with Oglala Sioux Tribe". Auf dem BIA 2 halten wir uns Richtung Osten. Man erwartet in der Reservation einiges, aber nicht das Kindergartenschild der „Lakota Waldorf School". Kurz darauf erreichen wir das futuristische Gebäude des Oglala Lakota College. Im Lakota Prairie Ranch Resort Motel & Restaurant essen wir zu Mittag. Die indianische Bedienung ist bildhübsch, strahlt Eleganz und Würde aus. Ich blättere in Prospekten der Reservation und bin überrascht von den vielen kulturellen Veranstaltungen, die angeboten werden.

Bei unserer Weiterfahrt mahnt ein Schild: „Drugs are not Traditional". Wenn man weiß, dass die durchschnittliche Lebenserwartung in der Pine Ridge Reservation gerade mal zwischen 45 und 52 Jahren liegt, die Hälfte der Bevölkerung ein Einkommen unterhalb der Armutsgrenze hat, in vier von fünf Familien jemand alkoholkrank ist und die Arbeitslosenquote bei 80 Prozent liegt, dann fragt man sich resigniert, ob die Probleme der Indianer jemals zu lösen sind.

Interior, South Dakota, ist in der Ferne zu sehen, dahinter leuchten die Badlands. Der White River führt durch die aufgeweichten Kalksedimente des Bodens kalkigweißes Wasser mit sich. Auf dem White River KOA Campground buchen wir für 27 $ einen Stellplatz.

Die Badlands wirken an diesem regnerischen Samstag nicht so spektakulär wie bei unserem ersten Besuch, die Formationen sehen wegen des fehlenden Sonnenlichts eher grau und glanzlos aus, die vielen Besucher gehen mir etwas auf die Nerven. White River, South Dakota: Ein Schild vor einer Statue von Jesus erklärt: „I am alive". White River ist ein indianischer Ort außerhalb der Reservation. Es gibt einen Pow-Wow-Platz und ein Casino. Früher war der White River die Grenze der Reservation, deshalb leben hier auch heute noch hauptsächlich Indianer.

„Welcome to the Rosebud Indian Reservation". Auf einem Schild wird darauf hingewiesen, dass im Reservat der Film „Journey Through Rosebud" gedreht wurde. In Mission machen wir unsere Mittagspause im gut besuchten Hot Stuff Pizza Restaurant und bestellen Salat und Hot Dogs. Die Indianer im Lokal sind durchweg gut gelaunte, attraktive Frauen und Männer.

Bald sind wir wieder im Hoheitsgebiet der USA und passieren die Littau Angus Ranch. Am Straßenrand stehen ein paar Rebhühner, was sie lieber lassen sollten, denn auf der 18 wird nicht gerade langsam gefahren. Ein Fasan stolziert gemächlich über die Straße, ich muss mein ganzes fahrerisches Können aufbieten, um ihn nicht in die ewigen Jagdgründe zu befördern. Einige Plakate weisen großflächig auf das Thema Abtreibung hin. Es wird mitgeteilt, dass ein Fötus bereits 400 Herzschläge am Tag hat.

In Winner beeindruckt eine Musterhaus-Ausstellung für Trailer Homes. Wenn man genug Geld dabei hat, kann man sich direkt eines mitnehmen.

Wir erreichen die Hügellandschaft des Missouri Rivers, die sich weit ins Landesinnere ausdehnt. Ein Radfahrer kommt uns entgegen. Respekt, die Tour nach Mission ist ganz großer Sport!

Auf dem Campground der Snake Creek State Recreation Area bekommen wir diesmal einen Stellplatz auf der südöstlichen Seite der Anlage zugewiesen. Das Naturschutzgebiet liegt inmitten der von Wied erwähnten Bijou Hills. Während des Abendessens schlängelt eine dunkle, zwei Meter lange Schlange an uns vorbei. Entsetzt springen wir auf, um uns in Sicherheit zu bringen.

Am folgenden Morgen (23. Mai) fanden wir den Assiniboin stark vorgerückt am Fusse der Bijoux-Hills liegend. Unser Schiff konnte mit grosser Anstrengung erst am Mittage seine Stelle verlassen, kam auch nicht weit, sondern legte bald an einer Sandbank an und sondirte.

(24. Mai) Da man das Keelboat erwartete, um das Schiff zu erleichtern, so hatten wir Musse zum Jagen. Um 11 Uhr Mittags rief uns die Glocke zurück. Man liess nun das Schiff ein Paar Tausend Schritte den Fluss hinab laufen und folgte dann mit vielen Anstrengungen dem nordöstlichen Ufer aufwärts, worauf man das Keelboat Maria erreichte, welches ebenfalls festgesessen hatte, von seinen bis an den halben Leib im Wasser arbeitenden Leuten aber wieder flott gemacht war. Während man den Yellow-Stone durch Ausladen erleichterte, bestieg ich mit Herrn McKenzie die benachbarten Höhen. Wir kletterten durch eine benachbarte Schlucht hinauf, erreichten die Grashöhen und endlich die nackten rauhen Kuppen, welche in der Höhe der vorerwähnten bituminösen Kohlenschicht liegen. Als wir die nackten sterilen Anhöhen erreicht, die zu der schwarz verbrannten Stratification gehörten, fand ich den Boden gänzlich anders als er mir von unten geschienen. Das Ganze besteht aus einem durch Feuer bearbeiteten Thone, der an der Oberfläche zum Theil schwarz gebrannt ist. Zwischen vier und fünf Uhr, als das Keelboat voran geschifft war, folgte der Yellow-Stone längs des nordöstlichen Ufers, welches Wände von Thonschiefer, die genannte Art von Steinmark, Fraueneis und ein schön grünes crystallisirtes Fossil enthalten, welches man am Ufer unter den Bergen

in grossen zerbrechlichen Stücken fand. Wir liefen bei den mit Tüchern bedeckten Waaren vorbei, welche der Assiniboin ausgeschifft hatte, um sich zu erleichtern, und folgten dem Rande des ebenen Alluviallandes, welches vor den sonderbaren Hügelketten sich ausbreitet, deren schwarze Mittelschicht von bituminöser Kohle ununterbrochen fort strich. In der Nähe des Dry-River sank die Sonne hinter dem hier und dort am Ufer verbreiteten Pappelwalde und wir legten für die Nacht an.

Am 24. Mai verlassen wir gegen zehn Uhr den Campingplatz. Bei einem letzten Spaziergang über die Anlage muss ich an die 1980er Jahre denken, als unser VW-Camper in Amerika eines der modernsten Fahrzeuge seiner Zeit war. Fünfundzwanzig Jahre später stehen auf den Campingplätzen meist Riesencamper und Monsterbusse.

Der Highway 47 auf der westlichen Seite des Missouris ist eine gut zu befahrene, aber unbefestigte Straße, die im ewigen Auf und Ab der Hügel fast ausschließlich durch Farmland führt. Beim Abzweig Landing Creek GPA biegen wir ab, um zum Fluss zu gelangen. Schon nach wenigen Kilometern ist die Straße modrig und von riesigen Schlaglöchern durchsetzt. Sofort muss ich an das Auspuffrohr denken. Wenn es einen Schlag bekommt, ist unsere Reise hier erst mal zu Ende. Der Dry Creek und der Landing Creek fließen einige hundert Meter zum Fluss hin in einen Fjord. Wir müssen leider wenden, das Risiko einer Autopanne ist zu hoch. An dieser Stelle dümpelte die Yellowstone ihrerzeit mehrere Tage vor sich hin.

Die 47 führt stracks nach Norden. Vor dem White River geht es downhill mit 8% Neigung. Im Hintergrund leuchtet das silbrigweiße Band des Flusses.

Schon um 5 Uhr des nächsten Morgen (25. Mai) hatten wir den White-River erreicht, der am westlichen Ufer in einer ziemlich flachen, grünen, von Weiden- und Pappelgebüschen bedeckten Gegend mündet. Die umgebenden niedrigen Hügel sind sanft abgerundet, und mit Prairie-Gras grün bewachsen. Um Mittag 12 Uhr als der Thermometer bei kaltem rauhem Winde 64° zeigte, wurde das Keelboat von 29 Mann an der Cordelle gezogen, und wir erreichten die Stelle, wo gegen über auf der Niederung mit verbranntem Holze, ehemals das sogenannte Cedar-Fort, ein Handelsposten der Missouri-Fur-Company gestanden hatte. Etwa 20 Minuten oberhalb CedarFort erreicht man Big-Cedar-Island, eine mit lichtem Walde von alten Pappeln und Cedern bedeckte, wenigsten eine halbe Stunde lange

Insel, auf ihrem Boden zum Theil mit Gebüschen bedeckt, an welcher man in dem östlichen Canale aufwärts schiffte.

Die Uferlandschaft des White Rivers ist fruchtbar und dicht bewaldet. Auf dem Missouri River schippern einige Boote herum. Auf der gegenüberliegenden Missouri-Seite sehen die dunklen Hügelkuppen aus wie mit einem Lineal gezogen. Wir spazieren einen Trampelpfad entlang, brechen unsere Wanderung aber nach wenigen hundert Metern ab, da der Pfad plötzlich zugewachsen ist. Unsere Angst vor Zecken und Schlangen ist einfach zu groß.

Chamberlain, South Dakota. Ein Schild warnt: „If you bring illegal drugs to South Dakota, plan a long, long stay." Morgen ist Memorial Day, Feiertag in den USA. Die Campingplätze sind ausgebucht, daher beziehen wir Quartier im Super 8 Motel in den Lakeview Heights. Wir haben 19 °C und einen strahlend blauen Himmel, der Hotelpool lädt zum Schwimmen ein.
Memorial Day: Die Flaggen sind gehisst, der Himmel bewölkt, es weht ein leichter Wind. Im Laufe des Tages wird es wärmer und schwüler, die Temperatur steigt bis auf 27 °C im Schatten. Genau das richtige Wetter für einen Spaziergang zum Missouri River, denken wir uns. Chamberlain zeichnet sich durch seine vollständige Langweiligkeit aus, die Stadt ist gänzlich reizlos und bereitet mir körperliches Unwohlsein. Die Zihon Lutheran Church buhlt mit den Jehovah's Witnesses, der Trinity Lutheran Church und der Christ Episcopal Church an der Main Street um die Gunst der Gläubigen. Die Uferböschungen sind neu, ebenso die Dämme und die beiden Brücken. Trotzdem wirkt alles trist und fad, zudem ziehen nachmittags dunkle Wolken auf. Kurze Zeit später trübt ein warmer Regen unsere Stimmung zusätzlich.

Gegen Mittag befanden wir uns an einer Stelle, wo ehemals auf dem Rücken der Hügel ein Arikkara-Dorf gestanden hatte, welches von den Dacotas zerstört und seine Bewohner vertrieben wurden. Gegen über lag Fort-Lookout, wo die französische Pelzhandel-Compagnie einen Handelsposten besass. An einer Landspitze zur Linken, welche der Missouri bei seiner Wendung nach Westen bildet, zeigten sich nun die Gebäude von Sioux-Agency, wohin Major Bean und Herr Bodmer vor einigen Tagen voran geeilt waren. Der Yellow-Stone begrüsste den Posten mit mehren Kanonen-Schüssen, während er stolz in einem grossen Bogen an das Ufer lief. Sein Willkomm wurde in dem Fort durch das Aufziehen der Flagge beantwortet, während die ganze Bevölkerung, etwa 50 Menschen, meist Dacota-Indianer, am Ufer versammelt stand. Wir bewillkommten unsere beiden Reisegefährten, staunten neugierig die Indianer an, und liefen dann noch etwa eine Meile weiter, bis zu einem weitläufigen Walde, wo man Holz einnahm und für die Nacht liegen blieb. Um die mir so höchst interessanten Dacotas kennen zu lernen, gieng ich während eines starken Regens durch die Gesträuche und hohes Gras nach der Agency zurück, wo mich Major Bean sehr freundlich aufnahm, obgleich seine Wohnung nach hiesiger Weise nur sehr roh und ländlich eingerichtet, und von zu vielen Besuchern belästigt war.

Sioux-Agency, oder wie man es auch wohl jetzt zu nennen pflegt, Fort-Lookout, ist ein etwa 60 Schritte im Quadrat haltender, rundum mit viereckig beschlagenen und dicht an einander gesetzten 20 bis 30 Fuss hohen Palissaden umgebener Raum, in welchem inwendig die Wohngebäude an die Umzäunung gelehnt erbaut sind. Unmittelbar neben dem Fort in nördlicher Richtung hatte die Fur-Company des Herrn Soublette ein Wohnhaus mit Waaren-Vorrath, und in entgegengesetzter Richtung befand sich ein ähnlicher Posten der American-Fur-Company. Die Lage dieses Forts ist angenehm auf einer mit Gebüschen bewachsenen und abwechselnd offenen, von Hügeln begrenzten Grasfläche am Flusse, hinter welcher sich die weite Prairie, anfänglich mit einzelnen alten Bäumen und abwechselnden Holzstreifen ausdehnt, bald aber ihren eigenthümlichen nackten Character annimmt. Etwa zehn Lederzelte oder Hütten der Dacotas vom Stamme der Yanktons waren in der Nähe des Forts aufgeschlagen, welche mit ihrer zugespitzt kegelförmigen Gestalt einen originellen Anblick gaben. Die Dacotas bilden gegenwärtig noch einen der zahlreichsten Indianer-Stämme in Nord-America. Pike gab ihre Anzahl auf 21,575 Seelen an, und auch jetzt noch schätzt man sie immer auf 20,000 Köpfe; ja, einige behaupten sogar, dass sie jetzt noch 15,000 Krieger stellen können, welches wohl etwas zu hoch angenommen scheint. Am Missouri leben drei Hauptstämme von ihnen, die Yanktons, die Tetons und die Yanktonans. Zu Sioux-Agency oder am weitesten abwärts am Missouri wohnen die Yanktons, bei welchen wir uns gegenwärtig befanden. Einer der angesehensten Männer unter ihnen und den Weissen sehr zugethan, war Big-Soldier, Wahktägeli, ein grosser ansehnlicher Mann von etwa 10 bis 11 Zoll (preussischen Masses) und etwa 60 Jahren, mit einer stark gebogenen Nase und grossen lebhaften Augen. Da Herr Bodmer sogleich bei seiner Ankunft, den Big-Soldier in ganzer Figur malen wollte, so erschien dieser in seinem ganzen Staate, das Gesicht mit Zinnober roth angestrichen, und mit kurzen schwarzen parallelen Querstreifen auf den Backen. Auf dem Kopfe trug er lange Raub-vogelfedern kreuz und quer durch einander, Zeichen seiner Heldentathen, besonders der erlegten Feinde. Sie waren in horizontaler Lage mit rothen Tuchstreifen befestigt. In den Ohren trug er lange Schnüre von blauen Glasperlen, und um den Hals auf der Brust hängend die grosse Silber-Me-daille der Vereinten Staaten. Seine Leggings von Leder mit dunklen Kreu-zen und Streifen bemalt, waren an der Aussenseite höchst nett mit einem breiten gestickten Streifen von gelben, rothen und himmelblauen Figuren von gefärbten Stachelschweinstacheln verziert. Seine Bisonrobe war weiss gegerbt, und in der Hand trug er seinen Tomahack.

Spät am Nachmittag fahren wir in die Chamberlain Recreation Area, vorbei am Yachthafen der Cedar Short Marina. Während der Campingplatz gestern vollständig belegt war, ist er heute fast leer. Der Shoreline Drive führt bis auf die Höhe des ehemaligen Fort Lookout, das in den Fluten des Stausees unterge-gangen ist. Die Abenddämmerung verleiht der gleichförmigen Szenerie etwas unwirklich Sentimentales.

Dienstag, 26. Mai. Unglaublich – es ist kalt, um die 10 °C. Der Himmel ist dicht bewölkt. Von einem Tag auf den anderen beträgt der Temperaturunterschied 20 °C. Ein McDonald's-Werbeschild weist auf das „Akta Lakota Museum and Cultural Center" hin. Auf dem stattlichen Gelände befindet sich nicht nur das Museum, sondern auch ein Schulkomplex für die Kinder aus der Reservation und einige Wohnblöcke, in denen Indianer wohnen. Die Ausstellung im Museum ist, wie Chamberlain sonst auch, langweilig. Veranstalter der Ausstellung ist die christliche St. Joseph-Stiftung. Es ist also kein Wunder, dass die weißen Ein-dringlinge nicht als Bösewichte auftauchen, sondern als Gutmenschen geschönt werden. Am kritischsten sind noch Aussagen der Indianer selbst: „Wir haben Euch nicht eingeladen, was wollt Ihr also hier?" Heute wissen sie es aber ganz genau. Im Souvenirshop werden von einem schlecht gelaunten Indianer Rekon-struktionen von Artefakten, Bilder, Schmuck und Stickereien verkauft, viele davon „Made in India".

Der kommende Morgen (27. Mai) war kühl, windig und der Himmel bedeckt, um 7 ½ Uhr 54° Fahr. Es war so kühl, dass man während des

ganzen Tages Kaminfeuer brannte. Der Assiniboin lief nach Mittag schnell
bei uns vorbei und wir folgten ihm nach. Man legte nicht weit oberhalb
der Bäche wieder an, welche von Lewis und Clarke mit dem Name Three-
Rivers bezeichnet sind.

Am Mittwoch ist der Himmel fast wolkenlos, die Temperatur liegt bei 15 °C.
Störend ist nur noch der kalte Wind. Zum Frühstück gibt es wie immer Cornflakes. Der Apfel, der mit dem Plastikmesser nicht zu schneiden ist, sieht selbst
aus wie aus Plastik gemacht.
Das Lewis & Clark Visitor Center ist auch nicht besonders prickelnd. Reizvoll
bleibt aber die Parallelität der Reise von Lewis und Clark und Maximilian Wied.
Man hat das Kielboot, mit dem Lewis und Clark damals unterwegs waren, im
Originalmaßstab in das Museum integriert. Von der Terrasse hat man einen
weiten Blick auf das ehemals wunderschöne Tal. In einer Mappe sind zwei Bilder
von Bodmer zu sehen, der einzige Hinweis auf die Reise von Wied.
Wir verlassen Chamberlain, einen Ort, der mir nichts gab und den ich ganz
schnell vergessen möchte. Unser nächstes Ziel ist die Crow Creek Reservation.
Die Anzahl der Stammesmitglieder beträgt 3 000, die der Reservatsbewohner
2 816. Fort Thompson hat 1 375 Einwohner und ist die Hauptstadt der Reservation. Der Ort besteht überwiegend aus den typischen indianischen Holzhäusern.
Holzhaus trifft es nicht ganz: Das Ständerwerk ist aus Holz, die Außenverklei-
dung aus Kunststoff, der aussieht wie Holz. Eine katholische Kirche fehlt ebenso
wenig wie die christliche Episkopalkirche. Ein Krankenhaus, ein Hotel, ein
Altersheim mit dem beschönigenden Namen Golden Age Center, eine Tankstelle mit angrenzendem Supermarkt sowie das Casino runden das Bild ab. Die
Pow-Wow-Anlage ist in einem guten Zustand. „Don't drink"-Schilder mahnen
sicher nicht ohne Grund.
Das Lodge Star Casino, das wir uns kurz ansehen, ist rauchfrei. Die Automaten
sind großzügig im Raum verteilt. Der Kaffee schmeckt so fade wie in fast allen
Casinos. Obwohl zwei Uhr nachmittags bekanntermaßen nicht die beste Zeit
zum Spielen ist, hypnotisieren um die zwanzig Spieler die Spielautomaten. Die
Hälfte der Besucher sind Indianer, das Personal ist vollständig indianisch.

Von Fort Thompson geht es weiter zum Big Bend Dam, dem nächsten Staudamm und unserem heutigen Ziel. Der drei Kilometer breite Damm wurde 1966
in Betrieb genommen. Auf dem Campingplatz des Big Bend Dam buchen wir
einen Stellplatz. Am Ende des Dammes, auf der südlichen Seite des Missouri

Rivers, beginnt die Lower Brule Sioux Reservation. Der Good Soldier Creek mündet in eine Bucht des Sees. Hinter einer der Schleusen warten Pelikane auf Nahrung, die Fische schwimmen ihnen aus dem Wasserauslass direkt in die weit geöffneten Schnäbel.

Am Morgen des 28. Maies hatte man früh einen Theil der Waaren zum Keelboat gebracht und dadurch das Dampfschiff erleichtert, welches um 8 Uhr vollbracht war. Man rechnet von hier bis zur sogenannten Big-Bend, einer grossen Krümmung des Missouri, 15 Meilen. Um 1 Uhr hielten wir bei einer Temperatur von 63° Fahr. an der Prairie an, um Holz zu fällen.

Endlich, am Donnerstag, den 28. Mai ist das Wetter fantastisch: Wolkenloser Himmel, leichter, warmer Wind. Auf dem Campingplatz geht es sehr familiär zu, jeder spricht mit jedem. Ein Camper erzählt, dass viele Rentner von Mai bis September auf den Campingplätzen wohnen und erst in den Wintermonaten wieder in ihre Wohnungen zurückkehren. Ein anderer berichtet, dass er seit fünfzig Jahren mit einer Deutschen verheiratet ist. Auch er kommt jedes Frühjahr hierher und bleibt bis Ende September, obwohl er nur 90 Meilen entfernt in South Dakota wohnt. Ich erfahre, dass man nur 14 Tage auf einem Campingplatz stehen darf, deshalb wechseln die Camper zwischen den verschiedenen Plätzen hin und her. Weiterhin berichtet der Mann, dass der Winter dieses Jahr ganz besonders unangenehm war: lang, kalt und feucht. Viele Bewohner verlassen als Rentner South Dakota und siedeln um, zum Beispiel nach Florida. Nach einiger Zeit bekommen sie Heimweh und verbringen daher die Sommermonate in ihrer Heimat.

Kurz vor 12 fahren wir nach Fort Thompson, tanken, kaufen Wasser und machen uns auf dem Highway 34 auf den Weg zum Big Bend in die West Bend Recreation Area. Ein Autotransporter hat große schwarze Mercedes-Limousinen geladen, eine Tankstelle wird von Stefan und Stefanie betrieben. Am Horizont sehen wir einige Windkrafträder, was hier eher selten vorkommt. Wir fahren in Richtung Westen direkt auf der Grenze der Crow Reservation und der Vereinigten Staaten. In Amerika wird Rinderzucht betrieben, in der Reservation leuchtet die blanke Prärie. Die Straße zum Bend führt an einer kleinen Indianersiedlung, der Big Bend Community, vorbei.

Unser Aufenthalt war nicht von langer Dauer, wir überholten den Assiniboin und erreichten die Big-Bend, den sogenannten grossen Bogen, welchen der Missouri um eine flache Landspitze beschreibt. Folgt man dem Flusse, so hat man um diesen Bogen 25 Meilen zu schiffen, während der Durchmesser der Landzunge in gerader Linie an den Hügeln hinüber nicht mehr als 1 ½ Meilen beträgt. Die grosse Halbinsel, um welche der Missouri sich windet, ist flach und hat einen Saum von Pappeln und Weiden; gegenüber ist das Ufer höher, steil und nackt. Der Little Soldier sass am Caminfeuer und rauchte seine Pfeife, wobei er, wie alle Indianer, den Rauch in die Lungen einzog, ein Gebrauch der gewiss Ursache vieler Brustkrankheiten ist.

Beim Einchecken auf dem Campingplatz der West Bend Recreation Area frage ich das Mädchen an der Rezeption, ob es auf dem Gelände Schlangen gibt. Sie antwortet ohne eine Miene zu verziehen: „Yes." „What kind of snakes?" „Bullsnakes." „Are they dangerous?" „Just a little bit." Das junge Mädchen mahnt eindringlich, nach Einbruch der Dunkelheit nicht ohne Feuer im Freien zu sitzen, da die Moskitos nachtaktiv sind und 50% der Mücken den gefährlichen West-Nil-Virus in sich tragen. Das Virus kann eine Entzündung des Gehirns oder eine Meningitis, eine Entzündung der Hirnhaut, auslösen. In South Dakota sind bereits einige Menschen lebensgefährlich an diesen Entzündungen erkrankt. In den Duschräumen hängen entsprechende Warnungen über das Virus.

Der Bend hat tatsächlich eine ganz ungewöhnliche Form: Der Missouri führt steil nach Norden, macht am höchsten Punkt einen Bogen nach links, kommt dann Richtung Süden wieder herunter und geht nach einem weiteren scharfen Bogen nach links ab. An der schmalsten Stelle ist der Bogen ungefähr eine Meile breit. Am heutigen Standort des Campgrounds haben früher die Dampfschiffe angelegt.

Der Campingplatz ist schlicht und naturbelassen. Die Hitze macht uns sehr zu schaffen, vor zwei Tagen hatten wir noch 4 °C, heute sind es 30 °C. Neidvoll blicke ich auf die Boote, die sich vom Hafenbecken zum Fischen aufmachen.

Der 29. Mai fand uns beinahe am Ende der Big-Bend und um 7 Uhr hielten wir eine Meile oberhalb derselben an, um Cedernholz an einer kleinen Wand des Ufers zu hauen. Hier erstiegen wir die hohen steilen Hügel, die zum Theil oben nackt und schwarz verbrannt waren, und von deren Höhe man den ganzen zurückgelegten Bogen des Flusses übersehen konnte. Im Süden erblickte man einige hervortretende Hügelkuppen der sogenannten Medecine-Hills, welche etwa 8 Meilen von dem am westlichen Ufer mündenden Medecine-Creek gelegen sind. Wir hatten hier eine originelle Ansicht der schwarzbraunen und schwarz bunten Prairie-Höhen, über welchen die Geier schwebten, liefen bei einem zweiten Cedar-Island vorbei, und beobachteten die schwarze Meerschwalbe, welche über dem Flusse schwebte. Man rechnet von jener Insel zu Lande 30 Meilen nach Fort-Pierre am Teton-River, zu Wasser 35 Meilen. Wir hielten später an, um Holz zu hauen, fanden die meisten der früher erwähnten Pflanzen, die Horste des weissköpfigen Adlers und des blauschulterigen Falken und legten für die Nacht an, wo die Wölfe rings um uns her heftig heulten.

Schon früh am Morgen des 29. ist es unerträglich heiß. Unklugerweise machen wir über die Mittagszeit einen Spazierganz am Wasser entlang. Der Blick auf den weiten Bogen des Flusses ist beeindruckend. Wir legen uns an einen kleinen Strand, um die Flusslandschaft auf uns wirken zu lassen. Die Hitze nimmt von Minute zu Minute zu. Schlagartig wird mir klar, dass es ein Fehler war, ohne Wasser und Kopfbedeckung loszumarschieren. Verschwitzt flüchten wir zurück zum Campingplatz. Neben den Waschräumen ist eine Wasserpumpe. Als ich eine Gruppe von Campern frage, ob es sich um Trinkwasser handelt, bejaht eine der Frauen meine Frage auf Deutsch. Silvia kommt ursprünglich aus Flensburg, lebt aber mit ihrem amerikanischen Mann Steven schon seit 27 Jahren in den USA. Sie erzählt, dass sie 90 Meilen entfernt wohnen und drei Kinder haben. Ohne Umschweife bietet sie bei Problemen oder Fragen ihre Hilfe an. Ich erfahre, dass der Winter so streng war, dass sie vor drei Monaten noch beim Eisfischen im Big Bend waren. Beiläufig streue ich ein, dass ich gern mal auf dem Bend Boot fahren würde.

Elke geht's nach dem Spaziergang gar nicht gut, ihr ist flau zumute. Das Maintenance-Fahrzeug des Campingplatzes fährt vor, ein stattlicher Herr um die 70 heißt uns willkommen. Er berichtet von den Schneemassen des vergangenen Winters. Trotzdem fehle der Regen, es sei viel zu trocken. Zu meinem Leidwesen erfahre ich von ihm, dass es auf der Anlage auch Rattlesnakes gibt.

Silvia und Steven fahren am Nachmittag mit ihrem Pickup vor, sie haben ein Boot auf dem Anhänger. Zu meiner Begeisterung werden wir zu einer Bootstour eingeladen. Leider kann Elke die Tour wegen ihres Sonnenstichs nicht mitmachen. Das Fischen auf dem Missouri River beziehungsweise Lake Sharpe ist eine interessante Erfahrung, das Bootfahren bei herrlichstem Sommerwetter wunderbar. Bereitwillig beantwortet Steven meine zahlreichen Fragen, ich erfahre alles über Schusswaffen, Angeln, Jagen und South Dakota. Er ist ein rustikaler Bursche und begeisterter Jäger, kurz: Ein Amerikaner, der jedem Klischee entspricht. Das Waffengesetz in Deutschland kann er gar nicht verstehen. Ich erfahre, dass das Jagen und Fischen in den USA richtig teuer ist, für einen erlegten Hirsch muss man zum Beispiel 800 Dollar zahlen. Silvia hat nach den vielen Jahren in den Vereinigten Staaten die amerikanische Gastfreundschaft tief verinnerlicht. Mehrfach erwähnen beide, wie sie sich darüber freuen, mich an Bord zu haben. Steven zeigt mir den alten Flussverlauf. Diesen kann er an seinem Tiefenmesser ablesen, außerdem weisen aus dem Wasser ragende Holzstämme darauf hin. Diese Stämme sind Überbleibsel der Bäume, die man seinerzeit beim Fluten hat stehen lassen. Ungefragt erklärt Steven mir, welcher Mückenschutz am wirksamsten ist und dass wir uns für den VW-Bus unbedingt noch eine elektrisch betriebene Klimaanlage besorgen müssen. Außerdem warnt auch er vor Klapperschlangen, Mücken und Zecken. Dazu erzählt er mir eine kleine Geschichte: Als er sich nach dem Pflanzen von einigen hundert Bäumen umzog, hatten sich prompt zehn Zecken bei ihm festgebissen. Während Steven schallend über seine Geschichte lacht, läuft es mir eiskalt den Rücken runter. Das Fischen im See ist hingegen eine simple Angelegenheit: Angelleine ins Wasser halten, Sekunden später Leine mit Fisch einholen. Steven filetiert für uns vier Fische, die Elke auf unserem Kocher zubereitet.

Nachdem man am 30. früh Holz eingenommen hatte, erreichte man auf dem Ufer ein Lederzelt, in welchem 3 Engages der Compagnie und einige Indianer wohnten, welche zur Aufsicht auf etwa 100 Fort-Pierre angehörige Pferde bestimmt waren. Um 7 Uhr hatten wir Simoneau's Island zur Rechten, eine Insel, welche auf Lewis und Clarke's Specialcharte Elk-Island genannt ist, und mit hohem frisch grünem Pappelwalde bedeckt war. Um ½ 6 Uhr Abends erreichten wir die Mündung des Teton-River oder Little-Missouri, der aus Weiden- und Pappelgebüschen hervor tritt. Die Dacotas nennen ihn den bösen Fluss, Uatpah-Sitscha. Unmittelbar oberhalb der Mündung des Teton hatte ehemals die französische Pelzhandel-Compagnie ein Fort, welches einging, worauf man ein neues unter dem Namen Fort-Tecumseh anlegte, jedoch auch dieses gieng ein, und man erbaute Fort-Pierre (nach Herrn Pierre Chouteau so benannt) noch ein wenig höher aufwärts am westlichen Ufer, einer Insel gegen über. Nachdem das Dampf-

schiff etwas vorgerückt war, erblickten wir das Fort, und Freude äusserte sich allgemein! Man zog gegenseitig die Flagge auf. Das Fort, welches aus den Bäumen am Ufer hervorblickte, nahm sich nett aus; ein Dörfchen von 13 Dacota-Zelten lag links daneben und gewährte mit seinen Kegelgestalten einen eigenthümlichen Anblick. Auf unserem Schiffe begann zuerst das Begrüssungsfeuer aus den Kanonen, welches auf dem Lande durch ein Lauffeuer aus dem kleinen Gewehre beantwortet wurde, und es folgte nun auch auf unserem Verdecke ein heftiges Gewehrfeuer. Bevor wir den Landungsplatz erreichten, erblickten wir am Ufer ein isolirtes, baufälliges, altes Haus, den einzigen Ueberrest von Fort-Tecumseh, und legten 10 Minuten später bei dem Landungsplatze von Fort-Pierre an, am 51. Tage nach unserer Abreise von St. Louis. Die ganze Bevölkerung, einige 100 Personen, an ihrer Spitze die Weissen, besonders der hier die Direction führende Theilhaber der Fur-Company, Herr Laidlow, empfieng uns. Unter ihnen befanden sich eine Menge von Indianern, ihre vom Schiessen beschmutzten Gewehre in der Hand, sie hatten bei dem Willkomm tüchtig mitgefeuert. In grosser Begleitung zogen wir, sobald wir den Fuss an's Land gesetzt, nach dem Forte, wohin ein gerader Weg etwa 5 Minuten weit führt.

Am kommenden Tag ist das Wetter unglaublich, keine Wolke trübt das strahlende Blau. Abschied vom Big Bend. Wir halten uns auf der Westbend Road südlich, fahren hinunter bis zum Missouri River. Das Tal des Missouri Rivers ist in dieser Gegend extrem fruchtbar, Landwirtschaft wird im großen Stil betrieben. Der SD Highway 47 führt über den Big Bend Dam, direkt dahinter beginnt die Lower Brule Reservation. Eine Herde Mustangs grast friedlich auf Weideland. Bald darauf fahren wir auf dem BIA Highway 5 Richtung Westen. BIA steht für „Bureau of Indian Affairs". Die 5 ist auch als „Native American Scenic Byway" ausgeschildert. Die Straßenschilder sind nun wieder mit dem indianischen Symbol der Pfeilspitze gekennzeichnet.

„Love for Jesus – he died for you" erinnert ein Schild am Straßenrand. In den sanft geschwungenen Hügeln der Great Plains spielen Präriehunde. Lower Brule in South Dakota ist der Hauptort der Reservation. Die Fassade des Golden Buffalo Casinos in Lower Brule ist vollständig mit Holz verkleidet. So gut wie die Architektur ist auch der Kaffee. Das Personal ist indianisch, an der Kasse sitzen zwei besonders hübsche Frauen. Das Publikum besteht zu 50% aus älteren Weißen und zu 50% aus Indianern. Wie in jedem Casino klirren, summen und klingeln die Automaten pausenlos. Der Spielraum ist weitläufig eingerichtet, in der Mitte der Halle dominiert ein Black-Jack-Spieltisch. Das Spiel wird von einer spärlich bekleideten Frau auf einem Monitor geleitet, die die Spieler aufreizend animiert ihre Einsätze einzubringen.

Ein Schild mahnt: „Meth is death". Meth ist die Abkürzung für die chemische Droge Methamphetamin, eine besondere Art von Amphetamin. In ländlichen Gebieten der USA hängen am Straßenrand überdimensionale Plakate mit Aufschriften wie „What Meth can do to you". Die Droge ist seit einigen Jahren zum großen Problem in ländlichen Gebieten geworden, vor allem in den Plains. Jeder kann sie sich in irgendeinem Hinterzimmer zusammenbrauen.

Das Bureau of Indian Affairs – Tribal Headquarters Lower Brule und das gegenüberliegende Lower Brule's Sioux Tribe Justice Center stehen auf einer Anhöhe. Von dort hat man nicht nur einen weiten Blick auf den Fluss, sondern auch auf die Gebäude, die durch ihre indianische Architektur beeindrucken und perfekt in die Landschaft eingebettet sind.

Am Medicine Creek lag die Yellowstone vor 176 Jahren über Nacht, bevor sie Fort Pierre erreichte. Die Flussniederungen beider Flüsse verschmelzen zu einer wilden Naturlandschaft. Viel anders kann es 1833 auch nicht ausgesehen haben: ein Sumpfgebiet mit Schilf, Wasserpflanzen, abgebrochenen, verfaulten Ästen und Baumstämmen. Die Szenerie könnte wahrlich einem Bild von Karl Bodmer entsprungen sein. Eine weitere interessante Impression: Auf der einen Seite der Straße steht einsam das kleine Wohnhaus eines Indianers, auf der anderen bearbeitet ein Riesentraktor eine Ackerfläche, dahinter steht die große Farm eines weißen Farmers. Einige Pflanzen im Wasser leuchten grelllila, wie auf einer schlecht kolorierten Postkarte. Von einer Anhöhe aus sehen wir soweit das Auge reicht nichts als Prärie, bevölkert von unzähligen Präriedogs. Ein Heuwagen kommt uns entgegen, auf einer Weide galoppiert eine Pferdeherde, Rinder grasen friedlich vor sich hin.

Auch Stanley County ist ein Teil der Reservation. Früher lebten hier Hunderttausende von Büffeln, es war ihr Land, ihre naturgegebene Lebensgrundlage. Die Präriedogs haben überlebt, hoffentlich weiden hier eines Tages auch wieder Büffelherden.

Fort-Pierre ist eine der ansehnlichsten Niederlassungen der Fur-Company am Missouri und bildet ein grosses, von hohen Pickets umgebenes Quadrat, in welchem rundum die Gebäude stehen. Die Lage dieser Niederlassung ist angenehm. Weit dehnt sich die grüne Prairie aus, wo weidende Heerden von Pferden und Rindvieh Leben verbreiten. Ueberall waren Indianer zu Fuss und zu Pferd auf der grünen Ebene zerstreut und ihre originellen Todtengerüste standen in Menge in der Nähe des Forts, hinter welchem sich unmittelbar, gleich einem kleinen Dorfe, die Lederzelte der Dacota-Indianer vom Stamme der Tetons und der Yanktons erhoben. Unter ihnen zeichnete sich das Zelt des alten Dolmetschers Dorion aus, eines Halb-Dacota, der hier mit seiner indianischen Familie wohnte. Dieses Zelt war gross, und roth angestrichen, an den Spitzen der Zeltstangen flatterten Skalpe im Winde. Eine grosse Menge von indianischen Hunden umgab dieses Lager. Viele von ihnen hatten gänzlich die Gestalt, Grösse und Farbe der Wölfe, sie bellten nicht, sondern bleckten die Zähne, wenn man sich ihnen nahete.

Wir trieben nahe am Fort in den Gebüschen ein Stück Wild auf, sahen am helllichten Tag in der Prairie die Wölfe umhertraben, ohne ihnen nahe kommen zu können, und schossen vergebens mit der Büchse nach ihnen. Unser Besuch in den indianischen Zelten geschah diesmal ohne Einladung. Da wo wir zuerst einkehrten, fanden wir mehre grosse, ansehnliche Männer versammelt. Der Hausherr war von mittlerer Grösse und sehr heller Hautfarbe, dabei von angenehmen, gefälligen Zügen. Seine Frauen waren sehr nett und sauber gekleidet, besonders diejenige, welche die erste Rolle zu spielen schien. Nachdem wir uns mit den Männern unterhalten, wurde die Pfeife in der Runde geraucht, deren die Dacota sehr schöne aus dem rothen verhärteten Thone oder Steine in verschiedenen Gestalten verfertigen, mit einem langen, platten, breiten, hölzernen Rohre, welches mit Büscheln roth-, gelb- oder grün-gefärbter Pferdehaare geziert, und an seinem Vordertheile mit bunt farbigen Schnüren von Stachelschweinstacheln dicht umwunden ist. Wir waren während unseres hiesigen Aufenthaltes an Bord des Schiffes beständig von Indianern blockirt, welche nicht von der Stelle wichen; unsere Zeit war daher zwischen diesen Besuchen und unseren Excursionen in die Prairie getheilt.

Pierre ist die Hauptstadt South Dakotas, gegründet 1880. Sehenswürdigkeiten sind das Capitol, das Cultural Heritage Center im Capitol, das South Dakota Discovery Center & Museum und der Lake Oahe. Ich bin gespannt, ob man uns auch mit Gewehrschüssen empfangen wird, aber nichts dergleichen geschieht. Quartier beziehen wir in einem Motel Super 8, leider bekommen wir nur einen Raum im Souterrain. Wenn wir aus dem Fenster schauen, blicken wir auf die Radkappen der parkenden Autos.

Am Sonntag, den 31. Mai, ist es mittags unerträglich heiß, 33 °C im Schatten. Die Historic Site von Pierre ist im weitläufigen Sinn das Viertel um das Capitol herum. Beeindruckend schöne Häuser deuten darauf hin, dass bei den Bewohnern Geld keine Rolle spielt. Pierre ist mit seinen 14 000 Einwohnern nicht besonders groß. Wenn man vom Capitol ein paar Hundert Meter weiter nördlich geht, sieht man schon die Prärie. Pierres Straßen und Gärten sind mit Bäumen gesäumt, an Sportplätzen herrscht kein Mangel, am westlichen Horizont flimmert das Panorama der Hügellandschaft des Missouri Rivers.

Das Museum des Cultural Heritage Centers ist ein architektonisches Meisterwerk. Die Architektur besticht durch die sparsame Verwendung äußerer Materialien, da es in einen Hügel hineingebaut wurde. Kirchen gibt es reichlich, von der River Center Church über die Faith Lutheran Church bis zur Church of the Nazarene, um nur einige zu nennen.
Auf der gegenüberliegenden Flussseite von Pierre liegt Fort Pierre, ein kleines Städtchen mit knapp 2 000 Einwohnern. Dort ist es vorbei mit dem bürgerlichen Reichtum, vielmehr ist der Wohntrailer angesagt.

Unser erstes Ziel ist das nördlich gelegene ursprüngliche Fort Pierre Chouteau. Unweit des ehemaligen Forts befindet sich das Gebäude der Wapka Sica Historical Society der Sioux Indianer. „You are entering a Native Interpretive Prairie Area". Auch dieses Gebäude besticht durch seine ungewöhnliche Architektur.
Am Eingang zum Fort Pierre Chouteau sind ein paar vergilbte Schautafeln aufgestellt, ein schmaler Weg führt zu einem Gedenkstein. Zu meinem Leidwesen ist die Gedenkstätte eine einzige Enttäuschung. Das Gras steht so hoch, dass es nicht angeraten erscheint, den 200 Meter entfernten ehemaligen Standort des Forts aufzusuchen. Außerdem begrenzen eine Golfanlage und ein Feld die weiteren möglichen Zugänge, der Weg zum Fort Pierre ist „No Trespassing". Auf dem Nachbargrundstück der Gedenkstätte betreibt Leslie Matteson die Chouteau Trading Post. Er verkauft Fossilien, Mineralien, Versteinerungen und dergleichen. Wir erfahren, dass Leslie zwei Jahre in Deutschland in Mainz bei der US-Armee stationiert war. Ein paar Brocken Deutsch hat er noch parat. Als ich nach Artefakten vom Fort Pierre Gelände frage, erzählt er aufgebracht, dass das FBI, Polizei und andere staatlichen Organisationen bei ihm Weihnachten überfallartig alles abgeholt haben. Seiner Meinung nach besaß er die größte private Sammlung von indianischen Gegenständen. Er klagt gerade auf Rückgabe, es geht dabei um 200 000 Dollar. Wir kaufen eine schön bearbeitete Steinscheibe,

dafür schenkt er uns einen Stein, aus dem die Indianer ihre Pfeilspitzen machten.

(7. Juni) Ich erstieg mit Herrn Bodmer die glatten, höchst steilen hohen Anhöhen am Flusse, deren auffallende Formen oft vollkommene Krater zu bilden scheinen. Erde und Steine zeugten hier überall von einer Veränderung durch Feuer. Die erstere war hart, bröckelig, häufig geborsten, die letzteren braun, schwärzlich und häufig verschlackt. Wo dieser Thon der Hügel nass ist, hat er einen hohen Grad von Klebrigkeit und Zähe. Die meist völlig rund-pyramidenförmigen Kegelkuppen waren hier auf das sonderbarste gebildet. An ihrer Spitze bemerkte man allemal sehr regelmässige parallel-horizontale Reifen, welche rund um liefen, der untere Theil der Pyramide hatte senkrecht herab laufende Furchen oder Risse.

Der nächste Ausflug führt uns zum Oahe Dam. John F. Kennedy hat die Anlage 1962 eingeweiht. Von allen bisher gesehenen Staudämmen am Missouri River ist der Oahe Dam der größte und mächtigste. Vor dem Damm befindet sich die Downstream and Recreation Area: „Welcome to OHAE Project Center". Es gibt nicht nur einen topmodernen, schön gelegenen Campingplatz, sondern auch einen Pow-Wow-Platz. Fasziniert schaue ich von dort zu dem 75 Meter hohen Staudamm hinauf. Der South Dakota Highway führt auf einer Länge von über 3,6 Kilometern über den Staudamm. Die Größe des Bauwerks wirkt wie ein Bollwerk, ist eigentlich eine Kriegserklärung gegen die Natur. Das Kraftwerk erinnert an eine gigantische Raketenstartrampe. Am Ende des Damms steht eine kleine, niedliche Holzkirche, daneben das Besucherzentrum. Ich zeige der Frau an der Kasse die Schlammkegel aus Wieds Reisebuch, die seinen Beschreibungen nach hier in der Nähe haufenweise gestanden haben müssen. Die Frau sagt, dass sie seit 30 Jahren in dieser Gegend lebe, so etwas wie diese Formationen habe sie jedoch noch nie gesehen. Ich vermute, dass die Kegel in den Fluten des Stausees untergegangen sind.

Am 2. Juni belud man den Yellow-Stone mit etwa 7000 Bisonroben und anderem Pelzwerke, womit er nach St. Louis zurückkehren sollte, für uns war zur Fortsetzung der Reise der Assiniboin bestimmt. Das Wetter war in dieser Zeit sehr ungünstig; es regnete bei einer Temperatur von 57° Fahr., und man brannte während des ganzen Tages Kaminfeuer. Der Assiniboin hatte unser Gepäcke schon an Bord genommen, lag aber am östlichen Ufer;

denn der Versuch ihn herüber zu führen war wegen des niederen Was-
serstandes misslungen. Als wir am Nachmittage Herrn Laidlow im Forte
besuchten, kamen eben sechs Dacota-Indianer aus der Prairie angeritten,
deren Horde, 200 Zelte stark, etwa eine Tagesreise von hier gelagert war.
Sie brachten die Nachricht, dass zwei Tagesmärsche von hier die Heerden
des ihnen so wichtigen Tatanka (Bison) zahlreich anzutreffen seyen. Herr
Lamont, welcher heute von uns Abschied genommen, um mit dem Dampf-
schiffe nach St. Louis zu reisen, schiffte sich mit einigen Clerks der Com-
pagnie ein; man salutirte ihn mit mehren Kanonenschüssen, und noch vor
Abend lief der Yellow-Stone schnell den Fluss hinab.

Vor La Framboise Island schauen wir den Anglern zu, indianische und weiße
Jungen angeln mit großem Ernst. Der Samen des Cottonwood, der amerikanischen Pappel, fliegt in Massen durch die Luft, sodass man meinen könnte,
es schneit. La Framboise Island ist dicht bewaldet und Heimat einer Vielzahl
von Vogel- und Wildarten, sogar der Weißkopfseeadler nistet auf der Insel und
Hirsche durchstreifen den dichten Wald. Die Insel ist ein wahres Naturparadies,
durchzogen von zahlreichen Wanderwegen.
Am Damm hat der Ausflugsdampfer Capital City Queen angelegt. In der War-
teschlange stehen viele aufgeregte Frauen mit ihren Fotoapparaten, sodass ich
nach kurzer Zeit keine Lust mehr auf diese Bootstour verspüre.
Am Verendrye Drive in Fort Pierre steht in luftiger Höhe das Verendrye Monument. Die ganze Gegend war früher in französischem Besitz. Im Jahr 1743
wurde an dieser Stelle eine Bleiplatte von den französischen Brüdern Francois
und Louis La Verendrye vergraben, um das Gebiet für Frankreich zu deklarie-
ren. Die Platte wurde 1913 von Schülern entdeckt und gilt als einer der frühesten
Beweise europäischer Präsenz in diesem Teil des Landes. Heute beeindruckt
mehr der weite Blick in das Tal des Missouri Rivers, auf Fort Pierre, Pierre und
die La Framboise Insel.
Downtown Fort Pierre hat schon bessere Tage gesehen, macht aber gerade wegen
seiner Morbidität einen besonders liebenswerten Eindruck auf mich. Vom Bad
River spazieren wir an der Silver Spur Bar vorbei. Gegenüber in der Deadwood
Street ist die Chateau Lounge, ein Lokal, das uns wärmstens ans Herz gelegt
wurde, weil dort angeblich das beste Steak der Stadt serviert wird. Die Vielzahl
der Autos vor dem Gebäude stützen diese These. Doch das Gebäude der Chateau Lounge hat eher den Charme einer deutschen Frittenbude. Ich werfe einen
kurzen Blick hinein und weiß, dass es nicht unser Restaurant werden wird.

Am Nachmittag ziehen wir um in das Budget Host State Motel an der North Euclid Avenue. Als abends die Sonne ins Zimmer scheint, erfüllt eine Atmosphäre von Ruhe und Harmonie den Raum. Mit der besten aller Ehefrauen genieße ich beim Shark Beer die wärmende Abendsonne.

Am 3. Juni besichtigen wir das South Dakota State Capitol. Das elegante Gebäude wurde zwischen 1905 und 1910 erbaut. Der Boden des Capitols besteht aus Terrazzo-Fliesen, die von 66 italienischen Künstlern verlegt wurden. Durch den südeuropäischen Stil wirkt die Inneneinrichtung freundlich und licht. Über eine Marmortreppe gelangt man in die oberen Stockwerke bis in eine Rotunde. Die Kuppel der Rotunde ist 96 Meter hoch und mit allerlei Symbolen bemalt. Die dritte Etage beherbergt das Repräsentantenhaus und den Senat. Die demokratische Anordnung und das edle, vornehme Ambiente beider Kammern strahlen ernsthafte Seriosität aus. Von der vierten Etage aus kann die Öffentlichkeit den legislativen Prozess beobachten.

Während die Herren McKenzie, Sanford und Mitchill ihren Aufenthalt im Forte nahmen, begaben wir übrigen uns an Bord des Assiniboin, von wo ich am 4. Juni noch eine interessante Excursion in die Prairie machte, um auch das östliche Ufer kennen zu lernen.

Am folgenden Tag besuchen wir die Triple U Buffalo Ranch, 31 Meilen von Pierre entfernt. Nach einer Stunde Fahrt biegen wir in die Tatanka Road ein, wo uns auf halbem Weg ein Gatter jäh stoppt: „Welcome. Open the Gate." Nach weiteren vier Meilen erreichen wir die Gebäude der Ranch. Die Ranch umfasst 60 000 Hektar in der natürlichen Prärielandschaft South Dakotas. Auf dem Ranchgelände sind Teile des Films „Der mit dem Wolf tanzt" mit Kevin Costner gedreht worden. Das riesige Farmgelände ist die Heimat von 3 500 amerikanischen Büffeln, von American Quarter Horses, Hirschen, Rehen, Kojoten und Präriehunden. Die Ranch bietet im Herbst und Winter Büffeljagden an, um den Bestand der Bisons auf 3 500 zu halten. Büffelfleisch kann man in allen Variationen kaufen, als Steak, Braten oder Burgerfleisch. Wir erfahren, dass Büffelfleisch – im Gegensatz zu Rind- und Schweinefleisch – zu mager und zu trocken ist, um sich als Massennahrungsmittel durchzusetzen. Wir können uns auf der Farm frei bewegen und ansehen, was wir wollen. Leider ist der Bus, der gerade zu den Büffelherden aufbricht, voll besetzt. So will die Ironie des Schicksals, dass wir zwar die Buffalo Ranch gesehen haben, aber keinen einzigen Buffalo.

Kapitel XIII
Von Fort-Pierre nach Fort-Clarke bei den Dörfern der Mandans

Unsere Abreise hatte sich am 5. Juni bis gegen 10 Uhr verzögert, alsdann aber gab man drei Kanonenschüsse und lief ab. Der Assiniboin war zur Reise aufwärts vollkommen eingerichtet und hatte 60 Mann an Bord. Herr McKenzie war noch im Forte zurück geblieben und holte uns zu Mittag in Gesellschaft des Herrn Laidlow ein, der uns das Geleite zu geben wünschte. Wir hatten an einer Insel angelegt, welche bei den Canadiern den Namen der Isle au village de terre trägt, weil jenseit des sie vom festen Land trennenden Canales ehemals ein Dacota-Lager stand. Diese Insel war mit einem beinahe undurchdringlichen Dickicht von schmalblättrigen Weiden bewachsen, und auf ihrem Sandstrande, wo man die Fusstritte des Wildes in Menge fand, wucherte ein gelbblühendes, kriechendes Gewächs, so wie eine Art von Weinranken in dem nahen Dickichte. Dieselben Gewächse fanden wir auch am Abend wieder, als wir an einer ähnlichen Weidendickung übernachteten, die so dicht und verwirrt war, dass einer unserer grossen Hunde ein Elkkalb lebendig fangen konnte, welches man klagen hörte, aber dennoch nachher nicht zu finden im Stande war.

Letzte Besorgungen im Dakota Mart in Pierre. Auf dem Parkplatz des Supermarkts steht ein Truck, in dem sich Leute über Handfeuerwaffen informieren können. An der Wand hängen martialische Waffen und entsprechendes Zubehör. Im Truck wird nichts verkauft, es wird nur beraten. Der Verkäufer erzählt, dass sie durchs Land fahren, um die örtlichen Waffengeschäfte zu unterstützen. Zum Abschied klimpert er auf seinem Banjo und singt dazu eine kleine Ballade.

Wir verlassen Pierre am Freitag, den 5. Juni. Auf dem South Dakota Highway 1804 führt unsere Reise über den Oahe Damm weiter Richtung Norden.
Der Campingplatz der Cow Creek Recreation Area verfügt nicht nur über einen Stromanschluss, sondern auch über akzeptable Waschräume. Das Naturschutzgebiet liegt in einer beschaulichen Fjordlandschaft. In der Nähe ist eine kleine Siedlung mit Ferienhäusern. Am Bootsanleger stehen jede Menge Pickups und Bootsanhänger. Innerhalb kürzester Zeit schlägt das Wetter um, es wird frisch und sehr kühl. Langsam kriecht die Kälte in den Bus. Im Wetterbericht wird für die kommende Nacht vor einem Unwetter gewarnt.

Am 6. früh zeigte der Thermometer 66 ½°. Man war genöthigt einige Waaren auszuladen, um das Schiff zu erleichtern, und unsere Jäger brachten während dessen interessante Gegenstände ein, besonders mehre Vögel, u. a. den grauen Würger, den wir bis jetzt noch nicht gesehen hatten.

Am nächsten Tag hat sich der Campingplatz spürbar geleert. Die Nacht war unerfreulich, peitschender Regen zerrt an unseren Nerven. Unsere Schlafsäcke und Decken trotzen der Kälte nur noch knapp. Es weht ein scharfer, kalter Wind. Die Temperatur liegt bei 8 °C oder 48,2° Fahrenheit, der Himmel ist grau und wolkenverhangen.

Verzweifelt benutzen wir unseren Fön als Heizgerät und lassen ihn so lange laufen, bis der Sicherungsschalter wegen Überhitzung kapituliert. Leider brennt dabei die Sicherung durch. Ich greife zum Handbuch, finde den versteckt liegenden Sicherungsschalter erst nach längerer Suche.

Hartgesottene Einheimische lassen sich trotz des unwirtlichen Wetters und der rauen See nicht vom Fischen abhalten.

Notgedrungen fahren wir zurück nach Pierre, um uns dort ein Heizgerät zu besorgen. Im Wal-Mart-Supermarkt kaufen wir einen Holmes Heater für 11 Dollar. Endlich haben wir es im VW-Bus gemütlich warm, das Heizgerät leistet gute Dienste.

Man verweilte hier bis zum Mittage des 7. Juni, wo wir bei einer angenehmen Temperatur von 77 ½° Fahr. weiter schifften, einigemal auf den Grund geriethen, und endlich unsere an das linke Ufer gebrachte Waaren wieder einnahmen. Dieser Aufenthalt gab uns Zeit zu einer Excursion. Kein jagdbares Thier wollte sich unseren Doppelflinten darbieten, und da die Sonne sich senkte, so traten wir den Rückweg an, fanden das starke Geweih eines Elkhirsches von 12 Enden, und trafen spät auf dem Assiniboin ein.

Die Nacht zum 7. Juni war perfekt, das Heizgerät sprang beim Unterschreiten von 18 °C an, um das Fahrzeug wieder aufzuheizen.

Spaziergang zum Lake Oahe. Millionen von Mücken sind unterwegs. Interessanterweise attackieren sie uns nicht, sondern schwirren nur um uns herum, als warteten sie auf einen Angriffsbefehl. Es beginnt zu regnen, die Fischer knattern eilig zurück zum Bootsanleger.

Unser Dinner nehmen wir im Outpost Lodge unweit vom Campingplatz ein. Ein rustikales, gemütliches Lokal. Die meisten Gäste sind Fischer oder Leute aus der Umgebung. Die Bedienung ist nett, das Bier ausgezeichnet, das Essen exzellent. Elke bestellt Rippchen und meint, nie zuvor bessere gegessen zu haben. Ich bekomme das beste Rindersteak meines Lebens serviert. Das Outpost Lodge kann man mieten. Ich denke laut darüber nach, mich hier anzusiedeln und das Lokal zu übernehmen, aber Elke winkt leider desinteressiert ab.

Das Wetter hat sich leider nicht gebessert, Kaskaden von Regentropfen fegen gegen die Autoscheiben und es sieht so aus, als ob sich das auch nicht so schnell ändern wird. Ein Paar aus Alaska erzählt, dass möglicherweise eine neue Kältewelle anrollt, Genaueres weiß man noch nicht.

> *Am folgenden Morgen (8. Juni) erhielten wir noch einen Abschiedsbesuch von Herrn Laidlow, und sahen dann Fontenelle's aus 60 Mann und 185 Pferden bestehende Truppe in einer langen Reihe auf den Hügeln ziehen. Sie durchritten in unserem Angesichte den Breechcloth-Creek. Häufig das Loth auswerfend rückten wir in dem seichten Missouri langsam vor, und erreichten bald nach Mittag die Stelle, wo man das Holz zu dem Baue von Fort-Pierre geschlagen hatte. Von hier rechnet man 15 Meilen bis zur Mündung des Chayenne-Flusses.*

Als ich am folgenden Morgen die Augen aufschlage, sehe ich einen hellen Streifen am Himmel. Gute Güte, die Sonne scheint passend zur heutigen Abreise. Auf der Sansarc Road fahren wir durch ein Meer aus Weizen. Entlang der Straße stehen neben hochmodernen Silos feinste Landmaschinen, Trecker und anderes Erntegerät. Auf einmal ein Stoppschild: Wir haben die State Route 63 erreicht, auf der es Richtung Norden bis zum Cheyenne River geht.

„Welcome to the Cheyenne River Sioux Tribe Indian Reservation". Der Cheyenne River fließt durch ein breites Tal und ist randvoll mit Wasser. Die Prärie wirkt so unverwüstlich, als ob ihr die Jahre seit Wieds Reise nichts anhaben konnten.

„Welcome to Eagle Butte". 80% der 1 300 Einwohner sind Indianer. Am Ortsrand steht eine Mühle, ein Kieswerk ist in Betrieb –hier scheint es Arbeit zu geben. Es fehlt nicht an Unterstützung für die Armee: „Head Support Troops". Wir sehen eine Elementary School und ein kleines Schwimmbad, das aber geschlossen ist. Außerdem gibt es das Indian Health Service Hospital und eine Feuerwehr. Eve's Nagelstudio fehlt ebenso wenig wie ein Supermarkt, und natürlich gibt es einen Pow-Wow-Platz. Wir setzen unsere Reise fort, da das Super 8 Motel, in dem wir über Nacht bleiben wollten, gerade renoviert wird.

Es geht vorbei an einigen schmucken Ranches, bevor wir rechts in die BIA Road 19 einbiegen. Die Straße ist zu Beginn noch asphaltiert, später wird sie zu einer Schotterstraße. Eine Herde Indianerpferde überquert in aller Seelenruhe die Straße. Unvermittelt stellt sich das Gefühl von Freiheit und Abenteuer ein. Die Naturbelassenheit und Wildheit der Landschaft ist atemberaubend. Eine Wanderung müssen wir wegen des eiskalten Windes nach kurzer Zeit abbrechen. Auf unserer Weiterfahrt tauchen ab und zu kleine Farmen oder Ansiedlungen auf. Ansiedlung meint, dass drei, vier Trailer Homes zusammengestellt wurden, die sich teilweise in einem trostlosen Zustand befinden. In einer Fernsehsendung wurde über Menschen berichtet, die ihre Wohncontainer für immer verließen und ihre Tiere in den Trailern zurückließen.

Die wilden, zerklüfteten Schluchten der Hügellandschaft wirken unnahbar, während die gelben Prärieblumen mit dem frischen Grün der Gräser um die Wette leuchten. Die Route führt uns an den Ausläufern der verschiedenen Bodden vorbei, die vom Lake Oahe weit ins Landesinnere reichen. Über den Stove Creek wird eine neue Brücke gebaut, da der Bach dort alles in einem Anfall von Raserei weggerissen und weggespült hat.

Die Reservation verabschiedet uns mit der Bitte: „Respect our Homeland". Kurz darauf überqueren wir den Missouri River auf der Brücke der US-Route 212. Der Missouri River Lake Oahe ist randvoll mit Wasser, weit über den normalen Wasserstand hinaus.

Die West Whitlock Recreation Area ragt wie eine Faust in den See. Vor dem Campingplatz ist eine kleine Siedlung mit Trailern, Wochenend- und Wohnhäusern. Früher war das hier Indianerland. Ein Schild verbietet das Graben nach indianischen Fundstücken.

Uns gegenüber steht Greg mit seinem Wohnwagen und warnt eindringlich vor einer Bullsnake, die er auf dem Weg zu den Waschräumen gesehen hat. Der Biss einer Bullsnake ist zwar nicht tödlich aber sehr schmerzhaft und kann zu leichten Lähmungserscheinungen führen, die erst Stunden später abklingen. Auf dem Campingplatz wimmelt es von Erdlöchern, in denen sich Schlangen eingenistet haben.

Wir inspizieren die nähere Umgebung des Naturschutzgebietes und werden dabei wild von Moskitos attackiert. Aus diesem Grund sitzen wir schon vor der Dämmerung im VW-Bus. Auch die Amerikaner tragen Mützen mit Nackenschutz, Windjacken, Kapuzen und lange Hosen zum Schutz vor den Quälgeistern.

(8. Juni) Um ¾ auf 7 Uhr Abends gieng die Sonne unter, und es hatte sich zu dieser Zeit starker Wind erhoben, man konnte daher die Mündung des Chayenne nicht mehr erreichen, der wir uns am kommenden Morgen, am 9. Juni erst um ½ 7 Uhr gegen über befanden, nachdem das mit Weiden und Pappeln bedeckte Chayenne-Island zurück geiegt war. Die Gegend um die Mündung dieses jetzt kleinen Flusses ist weit, und die Hügelketten sind niedrig; er tritt aus grün bewaldeten Ufern hervor. An seiner Mündung und etwas aufwärts an beiden Seiten des Missouri lebte ehemals der Stamm der Arikkaras, welcher durch die Dacota's von hier aufwärts getrieben wurde, bis er sich endlich gänzlich von den Ufern des Missouri entfernte. Jenseits der Gebüsche an der Mündung des Chayenne liegt vor den Hügeln eine Prairie, gänzlich weissbläulich-grün gefärbt von den sie bedeckenden Artemisia-Gesträuchen. Wir waren heute nur sehr langsam vorgerückt und blieben, nachdem die Böte in allen Richtungen sondirt hatten, um 2 Uhr nach Mittag gänzlich sitzen, dabei war unser Holzvorrath verbrannt, und man schickte die Holzhauer in den Wald des linken Ufers. Nach etwa einer halben Stunde sah man die Böte eilig mit der Nachricht zurückkehren, man habe feindliche Indianer im Walde bemerkt, und die Arbeiter hatten sich geweigert ihr Geschäft zu beginnen. Um ihnen Muth zu machen und sie während der Arbeit zu beschützen, bewaffneten sich auf dem Schiffe alle, welche abkommen konnten. Die Büchsen und Gewehre wurden scharf geladen und 26 Schützen stiessen sogleich nach dem Lande ab. Sie bildeten im Walde hinter den Bäumen eine Vorpostenlinie, in deren Schutz die Holzhauer arbeiteten; allein es blieb alles ruhig.

9. Juni: Regen prasselt pausenlos auf das Autodach, der Himmel ist eine einzige graue, breiige Masse. Das Gute daran ist lediglich, dass es auch die Mücken nicht aus ihren Verstecken treibt. Der Verwalter des Campingplatzes fährt mit einem Karren über die Anlage, schüttet systematisch jedes Loch mit Erde zu und macht dann die Erdhügel mit seinem Gefährt platt. Begleitet wird er von seinem Hund, der in freudiger Erwartung einer Schlange aufgeregt hin und her springt.

12 Uhr mittags. Ausflug nach Gettysburg, South Dakota. Es nieselt immer noch vor sich hin. Die Straße führt durch plattes Farmland. Wir landen in der tiefsten Provinz – „Gettysburg - where the battle wasn't" hat 1 300 Einwohner. In der Post besorge ich einige Kartons für unsere Sammlung von Prospekten, Rechnungen und Karten. Plötzlich Sirenengeheul. Mein erster Gedanke: Tornadoalarm! Ich frage eine Kundin nach der Sirene. Lachend erklärt sie mir, dass es die Lunch-

Sirene ist. Eine andere Kundin erzählt mir von ihrem Sohn, der in Deutschland, irgendwo in Thüringen, studiert. Sie schickte ihm mal ein Paket mit amerikanischen Würstchen, es wurde aber vom deutschen Zoll wieder zurück geschickt.

Die NPC, die Northern Plain Cooperative, betreibt Schweinefarmen. Die Schweine sind mit ihren Ferkeln in kleinen, putzigen Häuschen untergebracht. Nissenhallen, Silos, Trecker, Mähmaschinen und andere landwirtschaftliche Geräte prägen das Stadtbild.

Im Dakota Sunset Museum ist die Hauptattraktion der Medicine Rock, ein Stein, der den Indianern sehr wichtig ist und vom Missouri hierher gebracht wurde. Ansonsten gibt es den üblichen Querschnitt vieler Gegenstände des täglichen Lebens aus den letzten 100 Jahren.

An der Tankstelle erzähle ich einem Mittvierziger im T-Shirt, dass ich das Gefühl habe, dass der Reifendruck bei unserem VW nachlässt. Der freundliche Zeitgenosse zeigt mir erst mal seine Tätowierungen, bevor er mit einem flugs herbeigeholten Messgerät den Reifendruck unseres Fahrzeugs misst. Am hinteren linken Reifen müssen 10 atü dazu, am rechten 15. Netterweise hilft er mir auch noch beim Luftnachfüllen.

Gettysburg verabschiedet uns mit der Mahnung: „Choose life long before birth toes and fingers wiggle and heart beats".

In dieser Gegend lebten die Arikara-Indianer. Am Rand der Campinganlage steht der gut gemachte Nachbau einer Erdhütte dieses Stammes. Wir wandern auf extra dafür gemähten Wegen durch die Flusslandschaft. Dabei attackieren uns – trotz des schlechten Wetters – Armeen von Mücken, die nur eines wollen: unser Blut. Ich habe in dieser wilden, unübersichtlichen Flussniederung wegen der Schlangen und Moskitos ein permanent ungutes Gefühl, woran auch der beschauliche Blick auf den Fluss nichts ändert. Bei dem kleinsten Geräusch zucke ich zusammen und bin heilfroh, als ich wieder im VW-Bus sitze.

Es hatte sich bei bedeutender Wärme ein starker Wind erhoben, der wie die hohe Temperatur, am folgenden Morgen, dem 10. Juni, noch fort dauerte. An diesem Tage erreichte man schon frühe eine Insel, wie es scheint Lewis und Clarkes Caution-Island, wo uns ein Paar weisse Wölfe ohne die mindeste Scheu beschauten. Links der Insel gegen über befand sich ein sanftes Prairie-Thal mit frischem Grase, und ein wenig abwärts am jenseitigen Ufer die Landspitze, welche die Franzosen Pointe aux frenes, die Dacota aber Psächte-Oju nennen. Man umlief nun die westliche Land-

spitze, Pointe aux asniboix genannt, in der Dacota-Sprache Panchä-Oju,
nach einer daselbst wachsenden Wurzel, welche die Americaner Artishok
nennen, und bemerkte auf tafelförmigen Höhen einen Trupp Elke, welche
stolz der weiten Prairie zu trabten. In der Nähe der Pascal-Insel riss das
Boot am Hintertheile des Schiffes los, und trieb fort, man holte es aber
wieder ein. Nach Mittag erreichten wir am östlichen Ufer die Mündung des
Little- Chayenne-River, der aus der Prairie kommt und an seiner Mündung
mit Gebüschen geziert ist.

Am 10. Juni stelle ich zu meinem Leidwesen fest, dass der schon einmal repa-
rierte und gestern aufgepumpte Reifen wieder erheblich an Druck verloren hat.
Damit steht ein Besuch in Gettysburg bei Schatz Auto-Repair an. Der alte Schatz
ist wortkarg, doch sein Handwerk beherrscht er: Auto aufbocken, Reifen runter
– und tatsächlich hat wieder ein Nagel den Reifen beschädigt. Schatz murmelt:
„I fix it." Innerhalb kürzester Zeit repariert er den Reifen und der VW-Bus ist
wieder fahrbereit.

Gut gelaunt machen wir uns auf den Weg zu einer zweiten Exkursion in die
Cheyenne Reservation. Ein paar dunkle Wolken am Himmel schrecken uns
nicht.

In dieser Gegend giebt es überall noch viele Elke; denn am folgenden
Morgen (am 11. Juni) bemerkten wir einen Trupp von wenigstens dreissig
dieser grossen Thiere, auch Wölfe sahen wir in Menge, oft drei bis vier bei
einander, meistens von weisser Farbe. Gegen über der am östlichen Ufer
in grüner Niederung gelegenen Mündung des Otter-Creek enthielten die
Waldungen und Gebüsche des westlichen Ufers, hinter welchen sich die
nackten grünen Prairie-Hügel erhoben, viele Elke, welche der Lärm des
Dampfschiffes vertrieb. In diesem Walde erreichten wir ein unbewohntes
Loghouse, früher Handelsposten für den Winter, in dessen Nähe, etwa 180
Schritte entfernt, ein hübscher Fluss, der Moreau's-River, sich öffnet. Man
nimmt diesen Fluss als die südliche Grenze des Gebietes der Arikkara-Na-
tion an, obgleich diese öfters viel weiter abwärts streifen.

Der Scenic Native Byway führt auf einer Sandstraße durch Prärielandschaft,
wobei ich hoffe, dass wir nicht wieder von einem Nagel angegriffen werden. Der
Horizont wird von den Twin Buttes begrenzt. Mitten in der Prärie kommt uns

ein gelber Schulbus entgegen, was in dieser Einsamkeit etwas surreal wirkt. Die Aberle Ranch ist ein einziger Schrottplatz. Aberle sammelt offensichtlich Oldtimer, die um seine Ranch herum in der Landschaft stehen. Ein eigenartiges Bild, denn man erwartet in dieser Einsamkeit alles, aber nicht eine Ranch, die von Unmengen von Schrottautos umgeben ist. Die gelbgrüne Prärie leuchtet wie eine Illumination. Vor Promise ist die Straße durch die starken Regenfälle fast unbefahrbar. Ich steuere den VW-Bus auf einem schmalen Grat zwischen zwei mit Wasser und Schlamm gefüllten Fahrrinnen. Wir bekommen einen gehörigen Schrecken, als uns plötzlich ein riesiger Trecker entgegenkommt. Kurz darauf sehen wir, dass dieses Gefährt die Sandpiste planiert, um sie wieder befahrbar zu machen. Bald haben wir das Schlimmste überwunden und erreichen das Tal des Moreau Rivers.

Promise, South Dakota, ist nur eine Siedlung von fünf Häusern und einer Farm. Auf einer Wiese starren uns Bullen an, stark und mächtig. Es sind muskelbepackte Kraftmaschinen, denen man nicht in die Quere kommen möchte.

Wir wollen uns den Moreau River von der Brücke der Promise Road aus etwas genauer ansehen, aber Horden von Mücken verhindern dieses Vorhaben. Am Straßenrand liegt ein überfahrenes Stachelschwein, kein schöner Anblick. Das Tal ist reizvoll, wir folgen dem Moreau River ein paar Meilen flussaufwärts. Im Gegensatz zu den kargen, dunklen Hügelformationen strahlt die Uferlandlandschaft des Flusses eine wilde Urwüchsigkeit aus. Es ist noch gut zu sehen, wie rasend der Moreau River vor einiger Zeit getobt haben muss. Flussbiegungen sind meterhoch ausgespült, teilweise bis an Farmgebäude heranreichend. Hinter dem Veo Creek weiden Pferde auf den Wiesen der Hänge. Man könnte meinen, sie seien einem Werbespot entsprungen. In diesem Tal wird jedes Klischee eines amerikanischen Western erfüllt – die Landschaft ist weit und hügelig, Pferde grasen ruhig und friedlich, und es ist grün, unglaublich grün. Der wolkenverhangene Himmel tut sein Übriges, um dem Betrachter das Gefühl unendlicher Weite zu suggerieren.

In der Nähe unseres Campingplatzes liegt Bob's Steakhouse hoch über dem Missouri River, von hier hat man einen grandiosen Blick auf das Flusstal. In Bob's Restaurant soll es die gewaltigsten Steaks weit und breit geben. Tatsächlich, die Steaks sind gigantisch groß, so groß, dass einem die Fleischmassen fast den Appetit verderben. Deshalb lassen wir das übrig gebliebene Fleisch in eine Doggybag genannte Box einpacken. Wir werden daran sicherlich noch einige Tage zu kauen haben.

West Whitlock Camp Ground. Wir beginnen unsere Tour bei angenehmen Temperaturen um die 23 °C, der Himmel ist bis auf ein paar Wölkchen strahlend blau. Auf der unbefestigten 302rd und später auf der 303rd Avenue fahren wir Richtung Norden nach Akaska. Zunächst geht's durch eine flache Prärielandschaft. Auf der Straße warten die Nägel nur darauf, sich in die Reifen zu bohren. Von einer Anhöhe haben wir einen weiten Blick, in der Ferne sehen wir schon die Häuser von Akaska. Die 40-Seelen-Gemeinde liegt, von Bäumen umgeben, in einer reizvollen Talmulde. In Akaska stehen hochwertige Trailer Seite an Seite, eine richtige Siedlung. Ein interessantes Naturschauspiel fesselt unsere Aufmerksamkeit: Kleine, schwarze Vögel attackieren einen Greifvogel. Die Angriffe gehen so weit, dass einige der kleineren Vögel auf dem Rücken des Greifvogels landen und ihm wütend auf den Kopf hacken.

Mobridge in South Dakota hat knapp 3 500 Einwohner und eine Menge kleinerer Gewerbeansiedlungen. Die Indian Creek Recreation Area liegt etwas außerhalb des Ortes in einer idyllischen Bucht. Wir bekommen einen Stellplatz zugewiesen. Ich frage die Dame an der Rezeption, ob es Schlangen auf der Anlage gibt. Nach meinem Gefühl lacht sie etwas zu laut: „Yes, Rattlesnakes and Bullsnakes." Aber das Krankenhaus sei nicht weit. Na, danke.
Bei angenehmen 23 °C richten wir uns auf dem Stellplatz ein. Ein Aufschrei meiner Begleiterin lässt mich zusammenzucken: Der Platz ist von einer Armee Ameisen okkupiert worden, die sich mit aller Macht gegen uns Eindringlinge wehren. Unverzüglich wechseln wir den Platz.

Am Freitag ist der Himmel fast wolkenlos, bei angenehmen 23 °C weht ein leichter, frischer Wind. Wied schiffte heute vor 176 Jahren im Laufe des Mittags an dieser Stelle vorbei. Die Gegend war seinerzeit extrem gefährlich für die Handelsgesellschaften und Trapper, weil die hier lebenden Arikara (auch Riccari genannt) den Weißen gegenüber feindlich eingestellt waren.

> *Uebrigens sind die Biber in dieser Gegend noch zahlreicher als in den meisten übrigen Theilen des Missouri-Laufes, weil die Trapper (Biberfänger) ihre eisernen Fallen (Trapps) in dem Gebiete der feindseligen Arikkara-Indianer nicht zu legen wagten.*

Diese Feindschaft führte 1823 zu einem ersten Feldzug der US-Armee gegen einen Plains-Stamm.

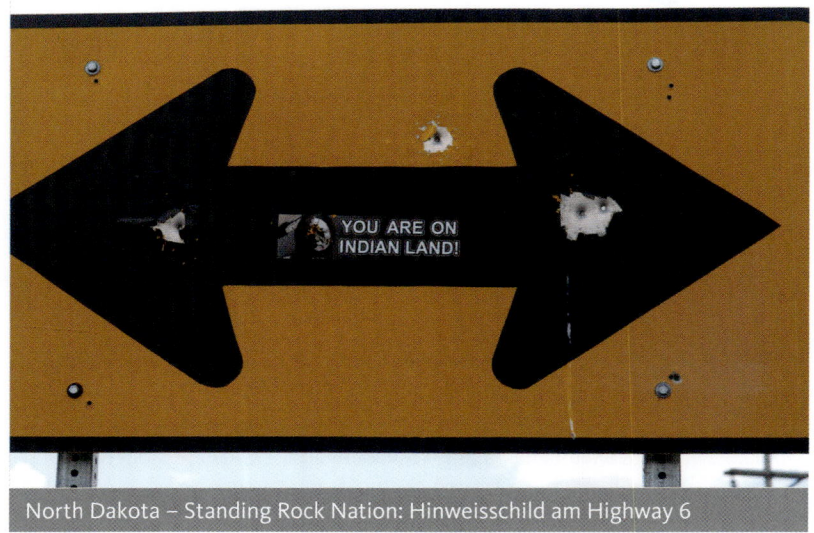

North Dakota – Standing Rock Nation: Hinweisschild am Highway 6

„Welcome to Standing Rock Nation. Take good care of the land, your family and your life". Auf der Halbinsel der Indian Memorial Recreation Area fahren wir auf dem Highway 1806 Richtung Norden. Links liegt die große Bucht des Grand Rivers, Schilder am Straßenrand mahnen zur Vorsicht: „Home a good day, drivers care".

Am 12. Juni Morgens lud man die Kanonen, Gewehre und Büchsen scharf, da man sich den Dörfern der feindseligen Arikkara-Nation näherte. Wir erreichten Grand-River, mit Wald und dichten Gebüschen an den Ufern und einem grünen Weiden- und Pappelboden an der Mündung, wo wir eine weisse Meerschwalbe fliegen sahen, ohne ihre Species bestimmen zu können. Da man hier auf den Grund stiess, so lief man an das östliche Ufer hinüber, wo sich jetzt graue Uferwände von geringer Höhe befanden, und erreichte nach einer halben Stunde die Mündung des Riviere du rempart, der aus einer hübschen schmalen Hügelkette, Le rempart genannt, am westlichen Ufer hervor tritt, dann bald eine mit Weiden bewachsene Insel, auf welcher die grosse Special-Charte von Lewis und Clark ein Arikkara-Dorf angiebt, wovon aber gegenwärtig nichts mehr zu sehen war. Von den Hügeln hatten wir eine schöne Aussicht auf den nahen Bogen des Flusses, an welchem die Dörfer der Arikkaras liegen, die wir nach einer kurzen Fahrt von ein Paar Meilen erreichten.

Die beiden Dörfer dieses Stammes liegen am westlich Ufer nahe neben einander und sind durch einen kleine Bach getrennt. Das südliche Dorf trägt bei den Arikkaras den Namen Hohka-Wiratt, das nördlichste heisst Nahokahta. Beide Dörfer liegen in einer nackten, mit Gras bewachsenen, sanft nach dem Flusse abhängenden Prairie auf dem steilen, etwa 30 bis 40 Fuss hohen Flussufer. Seit nicht völlig einem Jahre stehen diese Dörfer gänzlich verlassen, weil ihre den Weissen höchst feindseligen Bewohner so viele Americaner tödteten, dass sie endlich selbst vorhersahen, nächstens von den Vereinten Staaten ernstlich gezüchtigt zu werden, und deshalb die Auswanderung vorzogen. Gegen Abend legte sich der Wind und die Abendsonne beleuchtete die Gegend sehr schön; eine Reihe von steilen Höhen am östlichen Ufer erschien purpurroth gefärbt, rechts und links am Ufer grüne Gebüsche, vor uns abwechselnde Hügelformen, darunter einige ausgezeichnete Kegelspitzen.

Rechts der Straße befanden sich in den Hügeln des Flusstals die von Wied beschriebenen Arikara Dörfer Hohka-Wiratt und Nahokahta. Die Arikara sind nach den kriegerischen Auseinandersetzungen aus dieser Gegend vertrieben worden, und die heute in der Reservation lebenden Sioux haben offensichtlich kein Geld oder Interesse an der Geschichte dieser Dörfer. Da nur schwer passierbare Feldwege in die Hügel führen, verzichten wir auf einen Abstecher dorthin. Kenel in South Dakota ist ein kleines Indianerdorf mitten in der Prärie und Ausgangspunkt zum rekonstruierten Fort Manuel Lisa. Leider haben wir Pech, das Fort ist geschlossen. In seinem Reisebuch erwähnt Wied das Fort Manuel Lisa:

(13. Juni) Wir hatten nach der Abreise von den verödeten Arikkara-Dörfern die Mündungen zweier Bäche passirt, von welchen diese Indianer den einen Okoss-Tirikaruch d.h. „den Bach des blinden Bison" nennen. In dieser Gegend hatte in früherer Zeit ein bekannter Pelzhändler dieses Flusses, Manoel Lisa, ein Fort oder Trading-House erbaut, von welchem jetzt nichts mehr zu sehen war, obgleich die Stelle noch immer Manoel Lisa's Fort genannt wird.

In diesem Teil der Standing Rock Reservation wird kaum Landwirtschaft betrieben, was den Vorteil hat, dass wir die Prärielandschaft in ihrem ursprünglichen Zustand sehen. America's Byway bietet einen Anblick wie gemalt: das frische Grün der Natur, darüber der blaue Himmel, verschönt mit weißen Wolken. Plötzlich rauscht in einem Höllentempo ein Krankenwagen mit eingeschaltetem Warnlicht an uns vorbei. Ich tippe auf Schlangenbiss.

Fort Yates, North Dakota, liegt auf einer Insel im Missouri River und ist die Hauptstadt der Standing Rock Reservation. Über einen Damm geht es nach Fort Yates und zur Sitting Bull Historic Site. Auf den Hinweisschildern stehen auch die indianischen Bezeichnungen. Etwa 200 Menschen bewohnen den Ort. Wie in anderen Indianerorten auch fällt in Fort Yates auf, wie modern und in welch gutem Zustand die Gebäude der Verwaltung und Administration sind. Das Gleiche gilt für das Sitting Bull College. Die Bewohner des kleinen Örtchens werden gut versorgt. Es gibt alles, von der Catholic Indian Church über den Missouri Drive-In bis zu Taco Jones. Am Ortsrand steht eine gut gepflegte Sportanlage, an der Yates Street der Buffalo Footmarket. Ein Kulturzentrum fehlt ebenso wenig wie ein Krankenhaus oder das Bureau of Indian Affairs. Fort Yates besticht durch farbenfrohe Holzhäuser und hochmoderne Architektenwohnhäuser. Aber auch die üblichen Messiehäuser fehlen nicht. Als Abschiedsgruß bekommen wir die Mahnung „No Alcohol, No Drugs" mit auf den Weg.

An einer Kreuzung studieren wir unsere Karte. Wir sind auf der Suche nach dem richtigen Weg nach McLaughlin, South Dakota. Plötzlich stoppt ein Auto mit Indianern neben uns: „Everything allright?"

In der Ferne glänzen schon die großen Getreidesilos von McLaughlin im Sonnenlicht. Riesige Trucks transportieren Getreide oder Nutzvieh. McLaughlin ist mit fast 700 Bewohnern die größte Stadt des Reservats und strahlt eine lebendige Geschäftigkeit aus. Ich finde die Ortschaft angenehm, weil sie trotz einer gewissen Morbidität etwas undefinierbar Spezifisches ausstrahlt und die Menschen zudem einen entspannten Eindruck machen.

Nach einer kurzen Rast auf unserem Campingplatz fahren wir bei allerbestem Sommerwetter nach Mobridge, wo wir sonnengeblendet die Main Street einmal rauf und runter gehen. Ein Lebensmittelladen heißt Merkel's Foods. Auf der Straße sind fast nur Indianer zu sehen, eine junge Frau hat sich für den Abendspaziergang kräftig aufgeputzt. Unser VW-Bus wird von Jugendlichen bestaunt, sie kriegen sich vor Lachen über unser Gefährt kaum wieder ein.

*Der Fluss führte Schaum, Spähne, Stämme, Zweige und dergleichen herab,
man fand ihn am nächsten Morgen, (13. Juni) um 3 ½ Zoll gewachsen.
Links in der Ferne zeigte sich eine Bergkette mit vielen Kuppen, in deren
Nähe der Cannonball-River fliesst, näher dem Missouri eine Reihe oben
flacher Hügel mit mehren Einschnitten, La butte de Chayenne, und von
den Arikkaras Uatolkahk genannt. In dieser Gegend sahen wir in einem
Pappelwalde einen hohen Baum gänzlich mit Geiern bedeckt.*

Am Morgen des 13. Juni werden wir von höllisch lauten Motorbootgeräuschen
aufgeschreckt, die vom Missouri River herüberwehen. Unzählige Boote treiben
auf dem Wasser. Heute beginnt ein Angelwettbewerb, hier Fishing Tournament
genannt.

Wir fahren erneut in die Standing Rock Reservation, um das Grab Sitting Bulls
und das Monument der legendären Sakakawea, die Lewis und Clark auf deren
Expedition 1803-1806 begleitet hatte, zu besichtigen. Das Sakakawea Monument
ist in Form eines Obelisken gestaltet, auf einer Tafel wird das Leben dieser interessanten Frau beschrieben. Das Grab Sitting Bulls, oder wie er richtig hieß, Tatanka
Yotankas, ist anrührend in seiner Schlichtheit. Es befindet sich auf einer Anhöhe
mit weitem Blick auf den Missouri River und die Hügellandschaft des Flusses.

South Dakota – Standing Rock Reservation: Grabstelle Sitting Bulls

Nur wenige Meilen entfernt liegt das Grand River Casino & Resort. Um elf Uhr vormittags versuchen bereits die ersten Spieler ihr Glück. Von allen bisher besuchten Casinos ist das der Standing Rock Sioux Tribe Nation das architektonisch ansprechendste, exklusivste und attraktivste. Im Spielraum sieht es aber aus wie in jedem anderen Casino auch.

Wir verlassen Mobridge auf dem Highway 1804, der direkt durch die Prärie Richtung Norden führt.
Pollock, South Dakota, ist ein Provinzkaff wie aus dem Bilderbuch. Landwirtschaft und Silos prägen die Landschaft. Im Ort dominiert die breite Main Street mit schmucklosen Gebäuden. In einem Store besorge ich Bier. Bei meiner Bestellung sind die Leute von meinem fremdländischen Akzent so überrascht, dass die Gespräche für kurze Zeit verstummen.

(13. Juni) Gegen Abend passirte man den Beaver-Crek, der am östlichen Ufer mündet, und es zog nun ein sehr heftiges Gewitter herauf, das uns während der Nacht sehr viel Regen brachte.

„Welcome to North Dakota". Die Beaver Bay Recreation Area liegt an der Beaver Bay, der Mündung des früheren Beaver Creeks. Auf dem Campingplatz gibt es keine gut gelegenen Stellplätze mehr, außerdem ist hier das Ziel des Fishing Tournaments, sodass pausenlos Pickups mit ihren Bootsanhängern über den Platz donnern. Nach kurzer Beratung beschließen wir, weiter bis nach Bismarck, der Hauptstadt von North Dakota, zu fahren.
Am Stadtrand von Bismarck passieren wir den Flughafen, das United Tribes Technical College, einige Militärgebäude, und bald darauf die University of Mary. Bismarck ist die Hauptstadt North Dakotas, hat knapp 60 000 Einwohner und ist ein wichtiges Handelszentrum für Weizen und Vieh. „Welcome to Bismarck". Als Quartier für die nächsten Tage wählen wir das Hotel Select Inn an der Interchange Avenue.

Am nächsten Morgen (dem 14. Juni) war der Himmel bedeckt und es wehete ein rauher Wind. Früh lief ein weisser Wolf, welcher nur an der Oberseite des Schwanzes etwas schwärzlich gefärbt war, auf 60 bis 80 Schritte neben dem Schiffe hin, indem er sich nicht einmal nach dem fremdartigen lärmenden Gegenstande umsah, bis er von einer Büchsenkugel getroffen in den Fluss stürzte. Nachdem man eine auf Lewis und Clarkes Charte nicht

angegebene Insel zurück gelegt hatte, zeigten sich in der Prairie des west-
lichen Ufers jenseit des Uferwaldes zwei ziemlich isolirte kurze Tafelberge,
welche nicht weit vom Cannonball-Flusse liegen, und wir erreichten dann
eine Oeffnung in der Hügelkette, aus welcher dieser Fluss hervor tritt, der
jetzt viel Wasser hatte. Bald nach Mittag, bei einer Temperatur von 70°
legte man an der schmalen Prairie des rechten Ufers an, wo Galium dasy-
carpum Nees, Tradescantia virginica mit rother Blume und eine schöne
uns noch neue Pflanze mit Blättern von kohlartiger Textur und schönen
hell violetten Blumen, so wie mehre andere wuchsen. Da einer der Was-
sercylinder unserer Dampfmaschine einer Reparatur bedurfte, so hatten
wir nach Mittag Zeit, uns in die Prairie zu zerstreuen. Etwas oberhalb der
Stelle, wo das Schiff lag, öffnete sich ein Bach, welchen Lewis und Clarke
auf ihrer Special-Charte Fish-Creek nennen. Das Wasser des Missouri war
bedeutend gewachsen, und während der Nacht mussten unsere Leute mit
langen schweren Stangen die herabschwimmenden Baumstämme abweh-
ren, ohne jedoch gänzlich verhindern zu können, dass wir Stösse erhielten,
von welchen das ganze Gebäude erbebte.

Am Ufer des Missouris steht ein grober Nachbau der Yellowstone. Entlang des
Wanderwegs am Fluss informieren Tafeln über die Geschichte Bismarcks, des
Missouris und der hier früher lebenden Indianerstämme. An einem Bootssteg
liegt das Lewis and Clark Riverboat, ein als Schaufelraddampfer umgebautes
Motorschiff. In flimmernder Hitze sind an diesem Sonntag eine Menge Leute
unterwegs. Diverse sportliche Aktivitäten werden betrieben, unter anderem
Wasserski, Fahrradfahren, Rollerbladen und Jogging. Andere wiederum relaxen
am Fluss.
Die Temperatur beträgt 24 °C im Schatten. Ich habe leichte Kopfschmerzen, hoffentlich liegt das an der Hitze und nicht am West-Nil-Virus.

Neben unserem Hotel ist das East 40 Food & Drink Lokal. Ich weiß nicht, ob
das Lokal geöffnet ist und drücke aus Neugier einfach mal die Türklinke runter.
Donnerwetter, die Tür öffnet sich. Wir kommen in einen Vorraum, ich öffne die
Tür zum Restaurant. Sekunden später heult die Alarmanlage mit infernalischem
Lärm los. Erschrocken verlassen wir das Gebäude und warten eine Minute, um
uns dann dezent in unser Hotel zurückzuziehen und die weiteren Gescheh-
nisse aus sicherer Entfernung von unserem Zimmer aus zu beobachten. Prompt
fahren zwei Polizeiwagen vor, später noch ein Dritter. Die Fahrzeuge stehen so,

dass sie fast das gesamte Gebäude im Blick haben. Kurz überlegen wir, ob wir den Vorfall aufklären sollen, entscheiden uns dann aber, die Sache auf sich beruhen zu lassen. Die Durchsuchung des Lokals dauert eine halbe Stunde, in der Zwischenzeit ist auch der Eigentümer eingetroffen. Als klar wird, dass sich im Lokal keine Einbrecher befinden, wird die Aktion beendet.

Mandan, North Dakota, liegt auf der Westseite des Missouri Rivers. Die Stadt ist nicht besonders attraktiv, sodass wir nach kurzer Besichtigung weiter in den Fort Abraham Lincoln State Park fahren. Der Park ist über 400 Hektar groß, weitläufig angelegt, und man hat einen herrlichen Blick auf den Missouri. Im Park befinden sich auch die Ruinen des Abraham Lincoln Forts, das im 19. Jahrhundert ein wichtiger Stützpunkt der US-Armee war. In diesem Fort verabschiedete sich der legendäre General Custer in die ewigen Jagdgründe.

(15. Juni) Die gewitterhafte Nacht brachte man etwas unterhalb des Heart-River hin. Ein rauher starker Nord-Ost-Wind von Regen begleitet begrüsste den Morgen des 16. Juni sehr unangenehm. Man erreichte bald die Mündung des Heart-River, der aus grünen Gebüschen an einer Stelle mündet, wo die Hügelkette sich dem Missouri nähert. Der Wind, der das Schiff in der Seite fasste, trieb dasselbe gegen das Ufer, und verursachte eine unangenehme Bewegung, auch waren wir gezwungen schon um 6 Uhr anzulegen. Erst gegen Abend legte sich der Wind so weit, dass man an die Fortsetzung der Reise denken konnte. Während der Nacht Blitze und Donner.

Im Fort Abraham Lincoln State Park wurde das Mandan-Dorf On-a-slant mit fünf Erdhütten unterschiedlicher Größe nachgebaut. Die Mandan lebten von 1575 bis 1781 in dieser Gegend. Zum ersten Mal während unserer Reise sehen wir ein rekonstruiertes Indianerdorf. In jedem dieser Hütten wird ein Aspekt des Stammeslebens der Mandan dargestellt, sogar die Totengerüste sind nachgebaut worden. Die Anlage vermittelt einen guten Einblick in das Leben der Indianer vor Ankunft der weißen Eroberer. Die runden Erdhütten haben einen Durchmesser von zehn bis fünfzehn Metern, der Rahmen besteht aus Holz und wurde mit Erde und Lehm gefüllt. Das Dach ist mit Gras bedeckt. Der Abstand vom Boden bis zur Decke beträgt etwa drei Meter. In der Mitte des Hauptraumes befindet sich die Feuerstelle, mit Ästen und Häuten wird der Raum geteilt.

Am 15. Juni war der Fluss 9 Zoll gewachsen und trieb viel Holz und Schaum hinab, welches man erwartet hatte; denn man rechnet am Mis-

souri für den Monat Juni gewöhnlich zwei hohe Fluthen, welche durch das Schmelzen des Schnees in den Rocky-Mountains erzeugt werden. Um 9 Uhr legte man am westlichen, grün bewaldeten Ufer an, um die erlittenen Schäden des Schiffes auszubessern, ein Aufenthalt, welchen die Jäger benutzten, um einige Meilen weit in die Prairie zu gehen. Gegen 11 Uhr rief die Schiffsglocke zur Abfahrt. Der Strom war jetzt sehr kräftig, so dass man nur langsam fortrücken konnte, dabei bliess ein frischer, doch nicht unangenehmer Wind. Wir befanden uns nun schon in dem wahren Gebiete des indianischen Stammes der Mandans. An der nächsten Stelle, wo wir die Hügel erreichten, zeigte sich ein isolirter Kopf vor den übrigen Höhen, der den Namen des Bald-Eagle-Head trägt.

Am nächsten Tag ist der Himmel bewölkt, die Luftfeuchtigkeit ist extrem hoch. Das North Dakota Heritage Center ist das größte Museum North Dakotas. Die Ausstellung umfasst die Geschichte Nordamerikas von der Vorgeschichte bis hin zur Gegenwart. 100 Millionen Jahre alte Dinosaurier-Fossilien sind ebenso zu sehen wie Exponate der Lewis-und-Clark-Expedition. Auch die Geschichte der Indianer wird ausführlich dokumentiert und ist ein wesentlicher Teil der Ausstellung. Die Auseinandersetzungen zwischen den Indianern und Siedlern wird auf bemerkenswert objektive Art dargestellt. Vis-à-vis des Museums befindet sich das Capitol des Staates North Dakota, das wie ein einsamer grauer Monolith inmitten der ansonsten hochhausfreien Stadt steht.

Fünf Uhr nachmittags. Die Sonne kämpft sich durch die Wolken, das Thermometer zeigt 24 °C an. Für 33 Dollar besorgen wir Tickets für eine neunzigminütige Flussfahrt mit dem Lewis & Clark-Riverboat. Die Fahrt flussabwärts führt fast bis zum Fort Abraham Lincoln State Park. Am Ufer des Missouris stehen einige protzige Villen. Elegante Motorboote liegen an hauseigenen Stegen vor edlen Gärten, als seien sie dem Prospekt eines Luxus-Immobilien-Fonds entsprungen. Die Tour auf dem Missouri ist trotz des einsetzenden Regens eine amüsante Erfahrung. An Bord gibt es verschiedene Reisegruppen, wie zum Beispiel einige ältere Damen, die lila Shirts und rote Hüte tragen und munter vor sich hin schwatzen. Die Temperatur ist in kürzester Zeit auf 16 °C gesunken. Mit leichter Schadenfreude registriere ich, dass auch die Amerikaner ein wenig frösteln. An Bord wird gegen gutes Geld schlechte Pizza verkauft, wir verzichten gern.

Unser Dinner nehmen wir lieber im East 40 Food & Drink Restaurant ein, natürlich ohne uns als Auslöser des gestrigen Alarms erkennen zu geben. Als wir das Restaurant verlassen, stürzen Wolkenbrüche vom Himmel, dazu blitzt und donnert es ohne Unterlass. In kürzester Zeit sind die Straßen überflutet. Klitschnass erreichen wir unser Hotel. Der Fernseher traktiert uns mit einem vor dem Unwetter warnenden, nervtötenden Dauerpiepton. Der Wetterkanal berichtet, dass es in diesem Jahr durchschnittlich um 8 Grad Fahrenheit kühler ist als normalerweise. Die Moderatorin fragt: „Where is the summer?"

Am Dienstag, den 16. Juni, wird im Fernsehen immer noch vor Unwettern gewarnt, das Wetter hat sich jedoch beruhigt. Der Himmel ist bewölkt, die Luft superklar, die Temperatur liegt bei 18 °C.

> *(15. Juni) In der Nähe der Mündung des Apple-Creek machte man Holz, sah dann links im Lande die Hügelketten mit höchst originellen Formen und schöner Beleuchtung sich fortsetzen, besonders beim Untergange der Sonne, wo eine angenehme weite Aussicht sich eröffnete, mit überall grünen Ufern, über welchen die sonderbarsten Gestalten der Hügel sich erhoben.*

Auf dem Weg zum Apple Creek fährt plötzlich ein Polizeiauto mit eingeschalteter Sirene hinter uns her. Polizeikontrolle. Tausend Gedanken schießen mir durch den Kopf: Wie hat man sich noch mal zu verhalten, damit man nicht erschossen wird? Ich stoppe den VW-Bus, halte die verschwitzten Hände auf dem Lenkrad. Der Polizist kommt von hinten an die Beifahrerseite, Elke kurbelt die Fensterscheibe runter, übergibt dem Polizisten Führerschein und Pass. Der Polizist moniert, dass wir zu schnell gefahren seien. Elke bringt ihn zum Lachen, indem sie antwortet: „Mit diesem Auto?" Wir erfahren, dass amerikanische Polizeiautos über Radar auch die Geschwindigkeit entgegenkommender Fahrzeuge messen können. Der Polizist ist etwa Mitte dreißig, relaxt und freundlich. „Where are you guys from?" Er erzählt uns, dass er auf einem Militärstützpunkt in Landshut geboren wurde. Als ich nach dem Strafzettel frage, winkt er cool ab und wünscht uns eine gute Fahrt.

Wir verabschieden uns am Mittwoch bei bewölktem Himmel, hoher Luftfeuchtigkeit und einer Temperatur von angenehmen 25 °C von Bismarck. Der Außenspiegel auf der Fahrerseite löst sich langsam in alle Bestandteile auf, sodass ich ihn mit Klebeband so justiere, dass ich zumindest auf meiner Seite den rückwärtigen Verkehr sehen kann. Ein Schild gibt einen letzten Gruß mit auf die Reise: „Have a great day and smile".

Bereits nach wenigen Meilen ist die Straße nicht mehr asphaltiert, die Land-schaft unbewohnt und dunstig verhangen. Wir überqueren den Square Butt Creek, den Wied noch als „Hunting Creek" beschrieb, und erreichen die Square Buttes, früher „Butte-carrée":

> *Am nächsten Morgen (17. Juni) hatten wir frühe die Ansicht der soge-nannten Butte-carrée (Square-Hill), so wie einiger origineller Abschnitte in der Hügelkette. Kurz vor der Mündung von Lewis und Clarkes Hunting-Creek ist der Missouri wohl eine halbe Meile breit, wird aber bald wieder schmäler, seine Wassermasse war jetzt wieder im Fallen. Wir waren einer Wendung des Flusses zur Linken gefolgt, und erreichten nun, nachdem wir die Mündung eines kleinen Baches passirt hatten, die sogenannte Butte-carrée, welche sich in der Prairie des westlichen Ufers hinter dem Pappel-walde erhebt.*

Ein paar Rinder weiden auf den Hügeln und genießen arglos ihr unbeschwertes Leben. Der Blick von der Höhe der Buttes in das Missouri-Tal sorgt für innere Erhabenheit.

Im Cross Ranch State Park fahren wir runter zur Thunder Boatramp. Unge-wohnterweise sorgen Sonnenkollektoren für Strom. Im Park befindet sich auch ein rustikaler Campingplatz, aber nach Besichtigung der Waschräume verzich-ten wir darauf, über Nacht zu bleiben.

Die Straße vom Park Richtung Norden ist asphaltiert, wird aber bald zu einer matschigen Schlammstraße. In der Ferne sehen wir ein gewaltiges Kraftwerk, das wie ein weithin sichtbares Menetekel in den Himmel ragt. Der Weg ist mise-rabel zu befahren, der Wagen wird durch die tiefen Fahrrinnen hin und her geschleudert. Wir schlingern förmlich durch den Matsch. In letzter Sekunde kann ich verhindern, dass wir in einen tiefen Graben rutschen. Nach und nach bessert sich der Weg, kurz vor dem Highway 200 haben wir das Schlimmste hinter uns. An der Eisenbahnlinie in Hensler stehen mehrere Getreidesilos, bereit, ihren Inhalt in die weite Welt bringen zu lassen.

Washburn, North Dakota: Der Missouri River sieht von der Brücke wunderbar naturbelassen aus, mit Sandbänken und bewaldeten Ufern. Von Washburn bis zum Fort Clark sind es auf dem Missouri etwa 12 Meilen, was bedeutet, dass Wieds Zusammentreffen mit den Dakotas in der Nähe der heutigen Brücke stattgefunden haben muss:

Nachdem wir abwechselnd Prairien mit ihren Hügeln, steile Thonufer am Flusse, und Streifen von Wald zurück gelegt, wo sich am östlichen Ufer ein kleiner Bach, als Abfluss eines See's öffnete, Wölfe gesehen und einen Schwan erlegt hatten, setzten wir die Reise bis zur Dämmerung fort, und liefen um diese Zeit an einer grossen Weidendickung des östlichen Ufers hin, als plötzlich vor uns Schüsse fielen, deren Blitze in den dämmernden Gebüschen hell leuchteten. Herr McKenzie vermuthete sogleich die Anwesenheit einer indianischen Kriegsparthei, welchen man immer gerne ausweicht, da ihnen nie viel Gutes zuzutrauen ist. Man berathschlagte was zu tun sey. Es folgten am Ufer viele Schüsse, welche hell aufblitzten und heftig knallten, da es der Gebrauch der Indianer ist, sehr viel Pulver zu laden, auch bemerkten wir bald in den dunklen Gebüschen die sonderbaren geisterartigen Gestalten der Indianer in ihren weiss angestrichenen Bisonroben. Niemand kannte die Absicht dieser Leute, daher sah man der Zusammenkunft mit gespannter Erwartung entgegen. Die Indianer brachen zuerst das Stillschweigen, indem sie uns zuriefen, „sie seyen hier in friedlicher Absicht und wünschten an Bord zu kommen." Da man nun durch den Dolmetscher Ortubize vernahm, sie seyen Dacotas vom Stamme der Yanktonans, so unterhielt man sich einige Zeit mit ihnen, während ein Uebergang von Brettern nach dem Lande eingerichtet wurde. Drei und zwanzig meist grosse starke Männer betraten nun das Schiff und man liess sie an der einen Seite der grossen Cajüte in einer Reihe nieder sitzen. Die Yanktonans werden als die treulostesten und gefährlichsten aller Dacotas angesehen, und sie sollen schon öfters Weisse getödtet haben. Sie waren meist starke, schlanke, wohlgebildete Männer, mit langen, wild herab hängenden Haaren. Nachdem wir mit diesen Yanktonans die Pfeife in der Runde geraucht hatten, leerte der Chef vor Herrn McKenzie einen Beutel mit altem übelriechenden Pemmikan (pulverisirtes getrocknetes Fleisch) aus, als ein Geschenk, und stand dann auf, um ihn anzureden. „Sein Volk habe früher mit den Mandans in gutem Einverständnisse gelebt, sey aber seit einem Jahre, wegen des Mordes eines Dacota mit ihnen entzweit, und wünsche nun wieder Frieden zu schliessen. Um der Fur-Company mehr Biber zu geben, wünschten sie am Missouri frei jagen zu können und deshalb sey ihnen der Friede mit den Mandans wichtig; sie hofften daher, Herr McKenzie werde sich für sie verwenden und ihnen erlauben ihn zu begleiten." Erst spät führte man unseren Besuch in einen anderen Raum, wo man ihnen Essen vorsetzte und sie auch für die Nacht beherbergte; jedoch am anderen Morgen giengen sie ans Land und legten den Weg nach Fort-Clarke zu Fusse zurück.

Während der Nacht hatte ein heftiges Gewitter getobt und der kommende Morgen, (des 18. Juni) war trübe, feucht und windig. Man verliess früh die Stelle der Zusammenkunft, von wo man noch 12 Meilen bis nach Fort-Clarke rechnet.

Washburn in North Dakota ist ein kleines Provinznest im McLean County mit knapp 1 300 Einwohnern. Zunächst besuchen wir das McLean County Museum an der Main Street. Wie in jedem dieser kleinen Museen sind die Leute auskunftsfreudig. Auch hier finden wir die übliche Mischung von unwichtigem Krimskrams und historisch wertvollen Artefakten. Eine Besonderheit sind die unzähligen ausgestopften Tiere, die in dieser Region lebten beziehungsweise leben.

Im North Dakota Lewis & Clark Interpretive Center läuft gerade eine Ausstellung, die haargenau zu unserer Reise passt: „Karl Bodmer's America". Im Eingangsbereich hängt ein Bild des amerikanischen Künstlers Michael Haynes mit dem Titel „Maximilian and Bodmer among the Mandan". Das Bild zeigt Bodmer beim Porträtieren eines Indianers sowie den schreibenden Wied. Die Ausstellung ist gut gemacht und steht der Ausstellung „200 Jahre Karl Bodmer" des NONAM Museums in Zürich in nichts nach.

Informationen über Wied und Bodmer fehlen ebenso wenig wie Leihgaben des Lindenmuseums aus Stuttgart und der Familie Wied. Zu den Originalen gehört unter anderem das doppelläufige Gewehr, mit dem Maximilian Wied auf jedes Tier schoss, das ihm über den Weg lief. Die Bilder Bodmers sind von den Original-Druckplatten gedruckt worden, die sich im Besitz des Joslyn Museums in Omaha befinden. Ein Unterschied in der Druckqualität ist nicht auszumachen, einzig die Kolorierungen sind etwas zu bunt geraten. Jedes dieser Werke ist mit dem Stempel des Joslyn Museums versehen.

Für uns wird es Zeit, eine Unterkunft zu suchen, sodass wir uns auf schnellstem Wege zum Garrison Dam aufmachen. Der US Highway 83 führt geradewegs nach Kanada, in zwei Stunden wären wir da. Bei dem bereits erwähnten Kraftwerk handelt es sich um ein mächtiges Kohlekraftwerk. Die Falkirk Mining Company fördert im Tagebau acht Millionen Tonnen Braunkohle im Jahr. Hochmoderne Förderbänder führen über den Highway, überdimensionierte Bagger sind im Einsatz.

Garrison Dam: Der Lake Sakakawea beeindruckt mit seinen Wassermassen, der 1953 fertiggestellte Staudamm durch seine schiere Größe. Am Ende des Damms in nordwestlicher Richtung steht das Wasserkraftwerk auf Höhe des ehemaligen Flussverlaufs des Missouri Rivers. Hinweisschilder zeigen an: „Weather Info Call 511".

In Pick City gibt es alles, was Camper, Fischer, Jäger und Reisende so benötigen: Bier, Eis, Lebensmittel und einen Geldautomaten. Eine halbe Meile nördlich von Pick City liegt der Sakakawea State Park. Der Campground des Parks liegt für unsere Zwecke perfekt, wir buchen einen Stellplatz mit Blick auf den See. Im Laufe des Abends komme ich mit George, unserem Nachbarn, ins Gespräch. George ist Rentner, kommt aus Montana und hat fünf Jahre auf der US-Basis Ramstein in Deutschland als Feuerwehrmann gearbeitet. Er warnt uns eindringlich vor im Gras wimmelnden Zecken, im Englischen „Ticks" genannt. Um die Zecken bei ihren Angriffen besser erkennen zu können, hat George einen hellen Teppich vor seinem Camper liegen.

Am Donnerstag, den 18. Juni, heulen morgens auf einmal die Sirenen los. Tornadoalarm? Eilig haste ich zu George, der lässig abwinkt, das sei nur ein Probealarm. Als wir kurz darauf den State Park verlassen, erkundigt sich Elke vorsichtshalber nochmals bei den Rangern, die ihr Georges Vermutung bestätigen.

Im Scott's Bait & Tackle Shop in Pick City sprechen uns zwei ältere Herren auf unseren VW-Bus an. Wie es der Zufall will, ist der eine 1951 im Alter von 18 Jahren aus Deutschland in die USA ausgewandert, der andere hat deutsche Vorfahren. Außer dem Wort „Dummkopf" beherrscht er allerdings kein Wort unserer geliebten Muttersprache. Die beiden Herren hätten gern weiter geplaudert, aber wir haben ein straffes Programm zu absolvieren.

Wied erreichte Fort Clark auf den Tag genau am 18. Juni 1833 mit dem Dampfschiff Assiniboin:

Bei einem Thermometerstande von 63° legten wir um ½ 8 eine rundliche Weideninsel zurück und erreichten alsdann den Wald am westlichen Ufer, in welchem sich die Winterwohnungen eines Theiles der Mandan-Indianer befinden, während man in der Ferne schon das grösste der Dörfer dieses Stammes, Mih-Tutta-Hang-kusch erblickte, in dessen Umgebung die ganze Prairie mit einzelnen Reitern und Fussgängern bedeckt war. Als wir mehr vorrückten, zeigten sich die Hütten jenes Dorfes und das davor liegende Fort-Clarke, durch den Hintergrund der bläulich-grünen Prairie-Höhen gehoben, und die bunte amerikanische Flagge flatterte an dem Fahnenbaume. Auf einer Landspitze des linken Ufers hielten vier weisse Männer zu Pferde, Indianer in ihren Bisonroben sassen gruppenweise am Ufer, und es begann jetzt das Kanonen- und Gewehrfeuer der Begrüssung. Der Assiniboin legte bald vor dem Forte an dem ziemlich hohen, sanft abgeböschten Ufer an, wo mehr als 600 Indianer unserer harrten.

Die Fort Clark Trading Post State Historic Site war einst Heimat der Mandan und später der Arikara-Indianer. 1822 bauten die Mandan eine Erdhütten-Siedlung auf den Klippen am Missouri River. Im Jahre 1830 wurde Fort Clark von der American Fur Company erbaut, ein Handelshaus südlich des Dorfes. Heute weisen nur noch archäologische Funde auf die damaligen Bewohner hin. Im Jahre 1837 infizierten Passagiere des Dampfschiffs St. Peters die Indianer mit Pocken, die Infektion vernichtete 90% des Stammes. 1838 besiedelte der Arikara-Stamm das verlassene Dorf. 1851 wurde durch einen Cholera-Ausbruch und 1856 durch eine weitere Pockenepidemie auch der Arikara-Stamm fast vollständig ausgelöscht.

Wied verließ Fort Clark am 19. Juni 1833 nach nur einer Nacht, kehrte aber auf seiner Rückreise am 8. November 1833 zurück, um im Fort zu überwintern. Der zweite Aufenthalt wird von Wied im zweiten Band seiner „Reise in das Innere Nordamerika" ausführlich beschrieben. Am 18. April 1834 verließen Maximilian Wied, Bodmer und Dreidoppel Fort Clark dann endgültig in Richtung Leavenworth.

Fort Clark: Neben den Parkplätzen befindet sich ein Unterstand, es gibt erfreulicherweise keinen Souvenirshop oder ähnliches. Bis auf einen Gärtner sind wir die einzigen Besucher der Anlage. Der Flussverlauf des Missouris hat sich in den vergangenen 176 Jahren verändert und verläuft nun etwa eine Meile weiter östlich. Die Flächen sind teilweise gemäht. Mich beunruhigen die vielen Erdlöcher, in denen es sich möglicherweise zahlreiche Schlangen gemütlich gemacht haben. Auf Schautafeln entlang der Wege wird die Geschichte des Dorfes und des Forts ausführlich dargestellt. In einer Schutzhütte liegen ein Gästebuch und einige Prospekte. Ich lese: „Important visitors to the site, such as artist, government German scientist and explorer, Prinz Maximilian, also recorded life at the site. The image above is an 1834 litograph by Bodmer of the Mandan village at

Mih-tutta-Hangkusch, Mandan Dorf (Karl Bodmer)

Fort Clark and in June 1837 the steamboats docked at Fort Clark, carrying passengers in fact with smallpox and soon the deceits through the Mandan village, killing about 90% of the inhabitants."

Obwohl von den Erdhütten nur Mulden und vom Fort überhaupt nichts mehr zu sehen ist, regen die Gelände des ehemaligen Mandan-Dorfes Mih-Tutta-Hangkusch und des Fort Clark meine Phantasie an. Der Gedanke daran, dass Wied und seine Begleiter auf den Tag genau vor 176 Jahren am Ufer des Missouri Rivers anlegten, berührt mich stark. Ich blicke vom Standort des früheren Fort Clark hinunter auf den imaginär fließenden Missouri River und sehe die Assiniboin am Ufer anlegen. Vor meinem geistigen Auge sehe ich Wied, Bodmer und Dreidoppel bei der Begrüßung durch die Häuptlinge Ha-na-tah-nu-mau, Mahto-toh-pa, Di-pä-uch, Bel-lohk-ita-i-nu und Peh-ris-ka-ruh-pa, sehe die europäischen Reisenden durch das Dorf schlendern, von den Indianern bestaunt:

Wir giengen bald ans Land und durchmusterten die zahlreiche Anhäufung der braunen indianischen Gestalten, von welchen die Weiber und Kinder in zahlreiche Haufen gedrängt auf dem Boden sassen, die Männer aber zu Pferde oder zu Fusse umher standen und ihre Bemerkungen über die weissen Ankömmlinge machten. Hier sah man ausgezeichnet grosse und schöne

Männer und vortreffliche Trachten, denn alle hatten sich nach Kräften auf-
geputzt. Die stolzen Crows ritten zum Theil auf schönen Pantherdecken
mit rothem Tuche unterlegt, und führten, da sie nie Spornen tragen, eine
Peitsche von Elkhorn in der Hand. Diese kriegerischen Reiter mit ihren
bunt bemalten Gesichtern, Federn in den lang herabhängenden Haaren,
Bogen und Pfeile über den Rücken geworfen und in der Hand eine Flinte
oder Bogenlanze, welche letztere bloss zum Staate dient, gaben einen uns
neuen, höchst interessanten Anblick. Diese merkwürdige Versammlung
gaffte die Fremdlinge neugierig an, und wir unterhielten uns durch Zeichen
mit ihnen, begaben uns aber nachher in das Fort, welches im kleineren
Masstabe nach der Art aller übrigen Handelsposten oder Forts der Compa-
gnie erbaut ist. Unmittelbar hinter dem Forte befanden sich in der ebenen
Prairie 70 Lederzelte der Crow-Nation aufgeschlagen, welche wir sogleich
besuchten. Merkwürdig war die grosse Zahl wolfsartiger Hunde von allen
Farben, deren gewiss 5 bis 600 hier umher liefen. Sie fielen die Fremden
sämmtlich an, und nur mit Mühe gelang es, sie mit Steinen zurück zu trei-
ben, wobei einige alte indianische Weiber behülflich waren. Von hier gien-
gen wir etwa 300 Schritte weit in nordwestlicher Richtung von dem Forte
am Missouri hinauf nach dem Hauptorte der Mandan-Indianer, Mih-

North Dakota: Fort Clark State Historic Site

Tutta-Hangkusch. Dieses Dorf bestand aus etwa 60 grossen, halbkugelför-migen Erdhütten, und war mit einem Zaune von Pfählen umgeben, an welchem man an den vier Hauptecken fleschenartige Aufwürfe mit einer Verkleidung von Weiden-Flechtwerk und Schiesslöchern angelegt hatte, welche zur Vertheidigung dienen und den Fluss und die Ebene bestrichen. In der unmittelbaren Umgebung des Dorfes Mih-Tutta-Hangkusch standen die Todtengerüste zerstreut, auf welchen diese Indianer wie die Dacotas ihre Verstorbenen niederlegen, dabei aber noch verschiedene hohe Stangen mit daran aufgehängten Fellen und anderen Gegenständen, welche man dem Herrn des Lebens, Omahank-Numakschi, oder dem ersten Menschen, Numank-Machana opfert. Eine grosse Menge von Pferden weidete überall, Indianer von allen Altern und Geschlechtern bewegten sich hin und her, überall wurde man von ihnen angehalten, musste die Hände mit ihnen schütteln, und sich von allen Seiten besehen lassen. Eripuass, ein grosser ansehnlicher Mann von gutmüthiger Physiognomie, war von vielem Ein-flusse in seinem Volke. Als die Nacht herbei gekommen war, besuchten wir Eripuass in seinem Zelte. Das ganze Lager der Crows war jetzt mit Pfer-den angefüllt, zum Theil mit ihren Füllen, welche man sämmtlich einge-trieben hatte, um sie vor Diebstahl zu sichern. Diese etwa aus 400 Zelten bestehende Nation soll 9- 10,000 Pferde besitzen, unter welchen man sehr gute findet. Die Hunde hatte man jetzt zum Theil in die Zelte genommen und wir waren ihrem Angriffe weniger ausgesetzt, als während des Tages; dennoch mussten wir uns hindurch schlagen. Das Innere der Hütte selbst gab einen interessanten Anblick. Ein kleines Feuer in der Mitte erleuch-tete hinlänglich, der Chef sass dem Eingange gegenüber, rund um so viele grosse ansehnliche Männer als nach ihrem Range Platz fanden, sämmtlich nackt nur mit dem Breechcloth bedeckt. Man liess uns auf Bisonfellen Platz nehmen, dann zündete der Hausherr seine Dacota-Pfeife an, mit langem, plattem, mit gelben blanken Nägeln beschlagenem Rohre, liess einen jeden von uns einige Züge thun, indem er die Pfeife festhielt, und sie circulirte als-dann links herum. Obgleich die Crows als stolze Indianer mit Verachtung auf die Weissen herab blicken, so sind sie in ihren Hütten dennoch sehr gastfrei gegen dieselben, dabei contrastirt aber sehr auffallend mit ihrem Stolze ein bedeutender Hang zum Diebstahle und zum Betteln, wodurch sie sehr lästig werden.

Die zweite Reise in die Vergangenheit führt zu der acht Meilen entfernten Knife River Indian Villages National Historic Site. Dazu müssen wir an der Basin Electric Power Cooperative Leland Olds Station, einem Braunkohlekraftwerk, vorbei, dass nur wenige Meilen von der Mündung des Knife Rivers entfernt liegt. Auf dem Gelände des Kraftwerks befand sich zu Wieds Zeiten das Mandan-Dorf Ruhptare:

(18. Juni) Drei Meilen von diesem Dorfe (Mih-Tutta-Hangkusch) am Flusse aufwärts liegt das zweite Dorf der Mandans, Ruhptare genannt, von etwa 38 Erdhütten. (19. Juni) Um 10 Uhr erreichten wir am südlichen Ufer Ruhptare, auf einer über dem Flusse ein wenig erhabenen Ebene gelegen. Das Dorf war mit einem Zaune von Stangen umgeben und bildete mit seinen gewölbten Erdhütten etwa den Anblick eines neuseeländischen Hippah.

Wied erwähnt die Dörfer der Mönnitarris im ersten Band seiner Reisebücher:

(19. Juni) Hier öffnet sich der Knife River in den Missouri, ein kleiner Fluss, an welchem die jetzt noch bestehenden drei Dörfer der Mönnitarris erbaut sind. Das obere und grösste, dabei am weitesten vom Missouri entfernte ist Elah-Sa (das Dorf der grossen Weiden), das mittlere heisst Awatichay, das kleine Dorf, und das kleinste, nur aus 18 Hütten bestehende, an der Mündung des Knife River ist Awachahwi.

Das Knife River Indian Villages NHS Museum ist in einem hübschen Gebäude untergebracht. Es gibt die 7 Trails Trading Post, einen Souvenirshop und diverse Ausstellungsräume. Bei einer Führung wird ausführlich über die Gartenarbeiten der Indianerfrauen informiert, die Sonnenblumen, Mais und Kürbisse anpflanzten. Eine Ausstellung über die Kultur und Geschichte der Indianer runden die Führung ab, zur Illustration dienen mehrere Bilder von Karl Bodmer. Auf dem Weg zu dem früheren Mönnitarris Dorf Awatichay besichtigen wir zunächst eine rekonstruierte Erdhütte, um dann auf einem Wanderpfad weiter zu schlendern. Die Mulden der Erdhütten sind noch gut zu erkennen. Nach einem Drittel des Weges brechen wir die Wanderung aber wegen der zunehmenden Hitze ab. Ein letzter Abstecher führt uns zum Big Hidatsa Village, das von 1740-1850 bewohnt wurde und von Wied mit dem Namen Elah-Sa beschrieben wurde. Es war das größte von den drei Hidatsa-Dörfern und etwa 5 Kilometer von der Mündung des Knife Rivers entfernt.

Am 19. Juni verliess das Dampfschiff Assiniboin Fort-Clarke bei einem starken rauhen Winde und dunkel bedeckten Himmel, der Thermometer von Fahrenheit zeigte um 9 Uhr Morgens 60 ½°. Um Holz einzunehmen legte man bald für eine Stunde am nördlichen Ufer an, während Sturm und Regen uns in dem Schiffe eingeschlossen hielten. Die Gegend war ziemlich offen und flach, wir übersahen vor uns den schönen breiten Spiegel des Flusses und in der Ferne am südlichen Ufer die röthliche Masse der Erdhütten des unteren Dorfes der Mönnitarri's, Awachahwi genannt, welches wir in einer halben Stunde erreichten. Um 12 Uhr am Mittag trat die Sonne hervor, der Thermometer zeigte 70° bei starkem Winde. Das südliche Flussufer belebte sich jetzt vor seinen Weidengebüschen mit einer Menge von Indianern zu Fuss und zu Pferd; es waren die Mönnitarris, welche aus ihren drei Dörfern herbei geströmt, um das Dampfschiff zu sehen und uns zu begrüssen. Die Erscheinung dieses Schiffes der Compagnie, welches seit zwei Jahren jeden Sommer einmal die Reise zum Yellow-Stone aufwärts macht, ist für die Indianerstämme dieser Gegenden ein Ereignis von grosser Wichtigkeit und dem höchsten Interesse. Sie kommen alsdann weit her, um diese brausenden Maschinen zu sehen, welche in ihren Augen eine der grössten Medecines der Weissen sind. Der Anblick des hier am Flusse versammelten rothbraunen Haufens, denn auch selbst ihre Bisonfelle hatten meist diese Farbe, war im höchsten Grade merkwürdig. Für uns entfaltete sich jetzt der anziehendste Anblick, welchen wir bisher auf dieser Reise gehabt hatten. Das Dampfschiff legte an dem Weidengebüsche an und wir sahen nun unmittelbar vor uns den zahlreichen, bunt gemischten, bunt bemalten und mannichfaltig verzierten Haufen der elegantesten Indianer des ganzen Missouri-Laufes! Die schönsten kräftigsten Menschen von allen Altern und Geschlechtern, in höchst originellen, zierlichen und characteristischen Trachten zeigten sich gedrängt dem überraschten Auge, und es gab hier plötzlich so viel zu sehen und zu beobachten, dass man ängstlich jeden Augenblick benutzte, um nur die Hauptzüge dieses einzigen Gemäldes aufzufassen. Wirklich sind die Mönnitarris wohl die grössten und wohlgebildetsten Indianer am ganzen Missouri-Laufe, es kommen ihnen in dieser Hinsicht, so wie in der Eleganz ihres Anzugs, nur die Crows bei, welche sie vielleicht in letzterer Hinsicht noch übertreffen. Lachend gaben diese schönen kräftigen Menschen, die Elfenbeinzähne zeigend, ihren Empfindungen freien Lauf, und die unnatürlichen und hässlichen Moden, so wie die mannichfaltigen Costüme der weissen Leute mögen ihnen nur zu oft Stoff

zu treffenden Bemerkungen dargeboten haben. Jedoch das Dampfschiff
fieng nun an zu brausen, Herr Kipp, der Dolmetscher Charbonneau und
die Mönnitarri-Chefs nahmen Abschied von uns und eilten dem Lande zu,
worauf der Assiniboin rasch seinen Lauf den Missouri aufwärts fortsetzte.

Kapitel XIV
Von Fort-Clarke an die Mündung des Yellow-Stone-Flusses

(19. Juni) Gegen Abend liefen wir bei einem im Walde des nördlichen Ufers gelegenen Winterdorfe der Mönnitarris vorbei, welches jetzt unbewohnt war, und erreichten dann eine Landspitze rechts, mit hohem steilem Bergufer, an welcher einst Herr Sanford im Monat April grosse Anhäufungen von Schlangen vereint fand, die er auf mehre Tausend schätzte.

Am Morgen des 19. Juni weht ein warmer Wind, der See bietet ein tolles Panorama. Der Campingplatz liegt um die zwanzig Meter über dem Wasserspiegel. Wenn ich es nicht besser wüsste, würde ich glauben, mich auf einer Insel im Meer zu befinden.

Ich plaudere mit George, dem Feuerwehrmann aus Montana. „Vorsicht Leute!", erzählt er mir, „Montana ist mit 380 000 Quadratkilometern größer als Deutschland mit seinen 357 000. Wie viele Einwohner hat Hannover?" „Etwa 520 000", antworte ich. „Wie viele mit Umland?" „So um eine Million." George trumpft auf: „Siehst du! Montana hat 944 000 Einwohner." Er gibt mir ein paar Tipps für unsere Weiterfahrt nach Montana: Wir sollen ausreichend Benzin und Wasser mitnehmen und Vorsicht walten lassen bei den Nebenstrecken. Es könne sein, dass bei einer Panne längere Zeit niemand vorbei kommt. Daher sollten wir immer das Mobiltelefon dabei haben, um im Notfall die 911 anrufen zu können. Falls wir überhaupt einen Telefonkontakt haben würden. Im Notfall könnten wir überall campen, auf dem Wal-Mart-Parkplatz ebenso wie auf den Pow-Wow-Plätzen der Indianer. Man dürfe dort lediglich keinen Alkohol trinken. Wandern sei fast überall erlaubt. Falls Probleme mit dem Auto auftreten sollten, könnten wir ruhig die an der Strecke liegenden Farmen anfahren und dort um Hilfe bitten. Üblicherweise dürfe man auch dort campen. Abrupt wechselt George über zum Thema Bären und erzählt, dass es in Montana Schwarzbären und Grizzlybären gibt. Der Grizzly sei richtig gefährlich, aber auch mit den Schwarzbären sei nicht zu spaßen. „Der Bär ist wild!", warnt George. „Trefft ihr auf einen Bären, lauft um Gottes willen nicht weg, er ist schneller als ihr. Nicht auf Bäume klettern, der Bär kann das besser als jeder Mensch. Schaut den Bären nicht an, geht langsam und devot zurück und bleibt ganz ruhig. Jedes laute Geräusch macht Bären nervös, vor allem Schreie verabscheuen die Tiere. Lasst keine Lebensmittel im oder ums Auto herum liegen. Der Bär riecht Nahrung bei gutem Wind noch aus 20 Meilen Entfernung. Wird man von einem Bären verfolgt, weil er Nahrung gerochen hat, sollte man ihm diese unbedingt zum Fressen hinwerfen. Der Bär knackt jedes Auto mühelos." Als ich unseren VW erwähne, lacht George spöttisch auf: „Die alte Karre ist für den Bären ein Kinderspiel, da braucht er sich noch nicht einmal anzustrengen. Der Bär öffnet Türen mühelos, schlitzt Autos wie mit einem Dosenöffner auf. Triffst du auf einen Grizzlybären mit Bärenkindern, na, dann viel Spaß beim Spielen! Einer deiner letzten Gedanken könnte der an deine Lebensversicherung sein." Für den Fall, dass wir beim Wandern in einer einsamen Gegend auf einen Bären treffen, rät uns George, miteinander zu sprechen und ihn zu ignorieren, sodass der Bär denkt, wir gingen ihn nichts an. Auf keinen Fall sollten wir schweigend weitergehen und einander dann unvermittelt laut fragen: „Hast Du den Bären gesehen?" Es gilt also Vorsorge zu treffen, keine Angst zu haben, wachsam und vorsichtig zu sein.

Wir wechseln zum leidigen Thema Rattlesnakes. Diese seien in Montana kaum verbreitet, das Gleiche gelte auch für Zecken. Manchmal treffe man auf Berglöwen, Luchse oder Füchse, auch da solle man vorsichtig sein, ebenso bei frei lebenden Büffeln. Wenn diese ihre massigen Körper in Bewegung setzen würden, na dann, prost Mahlzeit!

Georges nonchalant vorgetragenen Hinweise und Mahnungen, erzählt mit der Attitüde des erfahrenen Großwildjägers, beunruhigen mich so sehr, dass ich anschließend erstmal unseren VW-Bus auf etwaige Schwachstellen im Tür- und Fensterbereich untersuche und zu der Erkenntnis komme, dass George recht hat – unser Fahrzeug zu knacken ist für Bären eine leichte Übung.

Ausflug in das Audubon National Wildlife Refuge am Lake Audubon. Ein zweiter Damm trennt den Lake Audubon vom Lake Sakakawea. Gewaltige Wassermassen sind aufgestaut worden, der Zufluss zum Lake Audubon kommt vom Snake Creek.

Das Naturschutzgebiet ist sechzig Quadratkilometer groß, zwölf davon sind Feuchtgebiete, in denen zahlreiche Vogel- und Säugetierarten leben. Der See und die ihn umgebenden Feuchtgebiete beeindrucken durch ihre wilde Schönheit. Das Auto zu verlassen ist leider so gut wie unmöglich, da nach kurzer Zeit Schwärme von Moskitos ihre Tätigkeit aufnehmen. Ein Schild informiert: „This Wetland Project is a Cooperative Effort between US Fish and Wildlife Service and Ducks Unlimited".

Pick City. Im Tankshop arbeitet ein junger Mann, den wir „den Schweiger" nennen, weil er bisher noch kein Wort mit uns gewechselt hat. Als ich ihn nach der Mountain Time frage, wird er redselig und erzählt, dass die Zeitzone genau durch Pick City führt. Auf der anderen Seite des Missouri Rivers sei die Central Time, kurz hinter seinem Shop beginne die Mountain Time.

Am Samstag, den 20. Juni, ist der Himmel wolkenlos, ein heißer Tag kündigt sich an. Von nun an führt unsere Reise nur noch Richtung Westen. Wegen der Hitze haben wir uns mit ausreichend Wasser eingedeckt. Die Assiniboin passierte diese Stelle am 19. Juni 1833:

> *Dass übrigens diese Gegend häufig von Schlangen bewohnt seyn müsse, bezeugt der Name des nun in dieser Gegend bald mündenden kleinen Baches, welcher unter der Benennung des Snake-Creek bekannt ist. Eine halbe Meile von hier öffnet sich aus etwas flach eröffnetem Wiesenthale der Miry-Creek, auf dessen Hügeln wir einige Cabris erblickten. Der Abend war kühl und windig, wie die Nacht.*

Wir starten unseren VW-Bus und folgen dem Missouri River auf dem Lewis and Clark Trail. Dabei tragen wir einen Wettkampf mit der Sonne aus, die uns auf dem Weg nach Westen zu überholen versucht. Zur Erinnerung: Im Bus funktioniert die Klimaanlage nicht, dafür aber die Heizung, die ständig heiße Luft produziert. Der Fahrtwind lindert diese Unannehmlichkeit ein wenig.

Rechts und links des Highways taucht ein riesengroßes Braunkohletagebau-Gebiet auf, betrieben von der North American Coal Corporation Freedom Mine in Beulah, North Dakota (gegründet 1983). Das Werk fördert mehr als 16 Millionen Tonnen Kohle pro Jahr und ist damit das größte in den Vereinigten Staaten. Riesenbagger schlagen ihre Löffelzacken in den Boden, um ihren Feldzug gegen die Natur fortzuführen. Von der Straße aus sieht die geschundene Erde aus wie eine Mondlandschaft.

> *Nach zehn Uhr, nachdem man Holz eingenommen, erreichten wir sonderbare oben abgeplattete Hügel, welche die Benennung L'ours qui danse tragen, weil wie man sagt, die Indianer hier den Bärentanz, ein Medecine-Fest feierten, um sich Glück zu ihren Jagden zu verschaffen. Am Mittage wehete ein starker rauher Wind, während das Thermometer auf 70° stand. Die Gegend war ziemlich flach, grüne Waldsäume fassten den Fluss ein.*

Unsere Jäger fanden sich nach und nach am Ufer wieder ein. Man setzte die Reise fort, sah die Bisonten entfliehen, und befestigte das Schiff in der Dämmerung an einigen Bäumen des nördlichen Ufers.

Am Horizont erkennen wir die Silhouette der Killdeer Mountains, die aus der Ferne wild und verwegen aussehen. Rechts des Highways stehen zwei Erdöl-pumpen, hochmodern und nagelneu. Es folgt Erdölfeld auf Erdölfeld, jedes so groß wie ein halber Fußballplatz, alle neu erschlossen.

Killdeer, North Dakota, begrüßt uns mit der Erkenntnis „Christ is the answer". High Noon. Die Mittagshitze drückt bleiern aufs Gemüt. An der Tankstelle sehen wir drei Pärchen, die mit ihren Motorrädern unterwegs sind. Es sieht cool aus, wie sie mit ihren in der Sonne glänzenden Maschinen ohne Helm und im T-Shirt davon brausen. Lunch im Buckskin Grill an der Main Street. Im Lokal sitzen mindestens zwanzig Biker zwischen sechzig und siebzig Jahren, alle in der typischen Harley-Davidson-Kluft gekleidet. Ihre silbern glänzenden Maschinen stehen poliert in Reih und Glied vor dem Grill-Restaurant.

Zum Little Missouri State Park geht es hoch in die Berge mit Blick auf die North Dakota Badlands. Eine hinreißend schöne Berglandschaft. Auf dem Weg zum Campingplatz kommen uns Trucks einer Erdölgesellschaft entgegen. Auf dem Plateau weht ein kräftiger Wind. Der Badlands Trail Rides and Eastview Campground bietet Ausritte und Pferdewanderungen an. Außerhalb der Saison weiden die Pferde auf der Campinganlage. Auf der Electric Side des Camping-platzes finden wir einen Stellplatz mit weitem Blick in die Täler der Hügelland-schaft. Das Auto steht bald in der richtigen Position, das Stromkabel ist schnell angeschlossen. Außer uns stehen hier nur noch zwei weitere Camper.

Am folgenden Morgen (21. Juni) war der Fluss stark gewachsen, seine Wassermasse imposant. Stämme, Holz, Aeste, Späne u.s.w. trieben herab, bedeckten seine Oberfläche und gaben dem Schiffe heftige Stösse. Wald-säume und traurige öde Hügel ohne Vegetation zeigten sich; in den schma-len Prairies oder vor den letzteren wuchs gesellschaftlich die Artemisia, in den Schluchten der Höhen, Gesträuche. Man erreichte am südlichen Ufer eine flache grün bewachsene Stelle, wo der Little Missouri mündet.

Sonntagmorgen werden wir von den Arbeitsgeräuschen der Erdölfelder ober-halb des Hangs sowie dem Motorlärm der Trucks geweckt. Um halb elf Uhr morgens geht es auf dem Highway 22 weiter durch diese traumhafte Landschaft, in der sich Kegelformationen und Plateauhügel mit baumbewachsenen, grünen Tälern abwechseln.

Fort Berthold Reservation: Das Reservat ist 3 415 923 km^2 groß und hat um die 8 400 eingeschriebene Stammesmitglieder, wovon knapp 6 000 in der Reservation leben.

„Let's bring our people together". Ein handgemaltes Schild mahnt zur Solidarität. Wir verlassen das Tal des Little Missouri Rivers und lassen das Wilde, Zerklüftete, Unbeschreibliche hinter uns. In der Ebene stehen immer mal wieder gottverlassen einzelne Wohnhäuser oder Wohncontainer. Außer Viehzucht gibt es kaum Landwirtschaft. Von der Höhe der Flusslandschaft haben wir einen grenzenlosen Blick in die Weiten North Dakotas. Trucks der Erdölfirma Halliburton rasen an uns vorbei. Der ehemalige US-Vizepräsident Dick Cheney war von 1995 bis 2000 Vorstandsvorsitzender dieses Unternehmens. Kritik wurde laut, als Halliburton während des Irak-Krieges ohne öffentliche Ausschreibung Exklusivverträge von der US-Regierung zugesprochen bekam.

Mühsam quälen wir uns einen Hügel hoch, starker Wind bläst schwer gegen den Bus. Der Missouri River glänzt wie ein Streifen silbernes Lametta.
Four Bears-Village: „Welcome to MHA Nation". M steht für Mandan, H für Hidatsa und A für Arikara. „Protect our future, say no to drugs" steht für die Probleme in den Reservaten.
An der Tankstelle am Ortseingang erkundige ich mich bei einem jungen Indianer nach einem Internetzugang und erfahre, dass es im 4 Bears Casino & Lodge einen gibt. Das Casino ist bis auf den letzten Platz besetzt. Von den Spielern sind 95% Weiße, der Altersdurchschnitt liegt bei sechzig Jahren. Die jüngeren Besucher sind teilweise mit ihren Kindern unterwegs. Während die Eltern im Casino vor den Spielautomaten sitzen, spielen die Kinder in einem Nebenraum mit großer Begeisterung Gewalt- und Ballerspiele.
New Town, Hauptstadt der Fort Berthold Reservation: Von den knapp 2 000 Einwohnern sind 67% Indianer und 30% Weiße. Über dem Eingang des Bureau of Indian Affairs hängt ein Schild der MHA Nation mit dem Bild „Dancer of the Hidatsa Dog Society" von Karl Bodmer. Ein Aushang weist darauf hin, dass Arbeitgeber den Anordnungen, Gesetzen, Erlassen und Verfügungen der TERO-Bestimmungen unterliegen. TERO steht für Tribal Rights Employment Office des Three Affiliated Tribes der Dakota Coalition. Auf der Main Street

herrscht reger Verkehr. Ein schwer bewaffnetes Armeefahrzeug eskortiert zwei Trucks, ein weiteres patrouilliert an der Straße.

Ölpumpen und Öltanks schließen sich in rascher Folge an. Riesige Satellitenschüsseln senden die Förderergebnisse an die Zentrale der Ölkonzerne.

Der Highway 37 bringt uns nach Parshall, North Dakota. In Parshall leben 42% Weiße, Namen wie Langhans und Reimer weisen auf deutsche Einwanderer hin. Indianerkinder spielen vor den Geschäften. Der Ort ist Namensgeber für das 2006 entdeckte Parshall-Ölfeld. Es handelt sich dabei um die produktivsten Onshore-Ölquellen in den Vereinigten Staaten. Damit haben wir auch die Erklärung für die vielen neuen Erdölfelder, die wir während der Fahrt gesehen haben. Die Dakota Quality Grain Cooperative mit mehreren Silos liegt an einer Eisenbahnlinie, was darauf hindeutet, dass im Reservat auch Landwirtschaft betrieben wird. Bei so viel Produktivität darf natürlich auch ein Golfplatz nicht fehlen.

Parshall Bay Campground. Ein Protestschild: „Absolutely No – EOG Resources – Field Traffic. Thank You!" Das ist der erste dezente Hinweis darauf, dass es Menschen gibt, die mit dem massiven Erschließen der Erdölfelder nicht einverstanden sind. Die EOG Resources ist eines der größten Rohöl- und Erdgasunternehmen in den Vereinigten Staaten. 2011 wurden die geschätzten Erdölreserven der EOG mit 745 Millionen Barrel angegeben.

Der Campingplatz liegt lauschig an der Parshall Bay des Van Hook Arms. Vor den Campingwagen liegen helle Teppiche. Seit meinen Gesprächen mit George weiß ich, dass man auf den Teppichen die Zecken besser sehen kann. Dunkle Wolken ziehen auf, später fängt es an zu nieseln. Der Bootssteg des Campingplatzes führt einige Meter in den Goose Egg Lake hinein, lädt zum Schwimmen ein. Am See sitzen, die Augen schließen, seinen Gedanken nachhängen – das Leben könnte nicht schöner sein.

Etwa 3 Meilen unterhalb des Goose-Egg-Lake legten wir an. Der Fluss macht hier einen grossen Bogen, welchen einige Canadier Le grand détour nennen.

Früh am folgenden Morgen (22. Juni) sahen wir Wild mancherlei Art, Bisonten, Elke und virginische Hirsche. Der Strom des angeschwollenen Flusses war so stark, dass wir lange Zeit vergebens ankämpfen mussten, um eine gewisse Landspitze zu umschiffen, dabei war der starke Westwind uns entgegen, und beide vereint warfen das Schiff dreimal wieder zurück an das südliche Ufer. Der erste Stoss war so kräftig, dass die Gallerie am unteren Verdecke gänzlich zerbrach. Man sah sich nun genöthigt 40 Mann ans Land zu setzen, um das Schiff mit Tauen aufwärts zu ziehen. Jenseits der gefährlichen Stelle nahmen wir die ausgegangenen Jäger wieder ein. Sie waren von oben bis unten in Blut gebadet und mit Wildpret behangen, da sie zwei Elke erlegt hatten. Nach vier Uhr legten wir an einer hübschen schmalen frisch grünen Prairie vor den Hügeln an, um Holz zu hauen.

Am 22. Juni verlassen wir den Campground der Parshall Bay Recreation Area und besuchen das Three Affiliated Tribes Museum in New Town. Das Museum befindet sich direkt neben dem 4 Bears Casino & Lodge auf der Westseite des Missouris. Die Ausstellung wurde ausschließlich von Indianern gestaltet, die Geschichte wird daher konsequent aus indianischer Sicht erzählt. Als Fazit wird die Versöhnung zwischen Weißen und Indianern als einzige realistische Lösung angesehen. Das Leben der Mandan-Indianer am Missouri River wird durch einige Bilder Karl Bodmers dokumentiert. Im Museumsshop erzählt mir eine Indianerin, dass die Reservation einen finanziellen Anteil an der Ölförderung erhält. Durch die Ölquellen hat sich der Lebensstandard im Reservat stark verbessert. Sie sagt: „Hope they find more."

Am Nachmittage erblickten wir in der Prairie des nördlichen Ufers einen grossen Bären (Grizzly Bear) und man setzte sogleich Ortubize und noch einen anderen Jäger aus, um die Jagd zu versuchen, allein vergebens. Bei der Prairie, wo wir die Bären erblickten, öffnet sich nördlich der White-Earth-River. Man schiffte hier über den Missouri und legte für die Nacht am südlichen Ufer an, wo einige Leute hinaus giengen um Biberfallen (eiserne Tellereisen) zu legen.

Bei unangenehmer Hitze verlassen wir New Town in nördlicher Richtung, kurz darauf die Fort Berthold Reservation. Die Wolken hängen tief im Tal, nach 25 Meilen taucht vor uns der White Earth River auf.

Der Old Scenic Highway ist eine Schotterstraße. Das nachmittägliche Sonnenlicht verleiht den langweiligen Prärie- und Weizenfeldern und flackernden Ölfeldern etwas Magisches. Dunkel aufziehende Wolken sorgen zusätzlich für eine dramatische Note.

„Welcome White Earth Recreation Area". An der westlichen Landspitze des White Earth Rivers stehen weit verstreut einige Holzhäuser, Wohnwagen und Wohnmobilheime. Dahinter liegt der Campingplatz des Naturschutzgebietes.

„Overnight Camping Permit Required". Der Stellplatz kostet 15 Dollar die Nacht, es gibt keine Waschräume, nur ein Plumpsklo. Aber was hatten die Reisenden 1833 für sanitäre Anlagen? Was sie jedenfalls nicht dabei hatten, waren elektrische Zahnbürsten und Zahnpasta in der Tube. Wied soll mit seinen 51 Jahren fast keine Zähne mehr gehabt haben. Ich stelle mir die Indianer mit ihren blendend weißen Zähnen vor, wie sie entsetzt auf den fast zahnlosen Wied geschaut haben. Der Bate-Shop ist geschlossen, sodass wir uns unangemeldet auf Platz 10 stellen. Ich schaue auf die White Earth Bay, bewundere die grün-gelbliche Hügellandschaft auf der Ostseite der Bucht, die eigenartigen Formationen der kegelförmigen Hügel. Ein einsamer Reiter reitet ohne Eile durch die Hügel, begleitet von seinem Hund. Die Landungsspitze zur Bucht und zum Missouri hin strahlt eine metaphysische Gelassenheit aus. Lange war ich nicht so bei mir. Gegenüber der Mündung des White Earth Rivers hatte vor 176 Jahren die Assiniboin für die Nacht angelegt.

Greg Gunderson, der Besitzer des Campingplatzes spricht uns an. Zur Begrüßung überreicht er uns ein „Missouri River Traveler's Guide & Journal", einen Becher mit dem Logo seiner Firma, der White Earth Trading Post, und Visitenkarten. Gregs Alter ist schwer zu schätzen, irgendwo zwischen 40 und 60 Jahre. Er hat lange, graue Haare und einen gewaltigen grauen Vollbart. Er spricht einige Brocken Deutsch, die er während seiner Zeit bei der Armee in Deutschland gelernt hat. Wir erfahren, dass sein Großvater aus Norwegen einwanderte und ein sogenannter Woodworker war, der Holzhäuser bauen konnte. Da North Dakota mit seiner Landschaftsstruktur den Großvater an Norwegen erinnerte, siedelte er sich hier für immer an. Greg erzählt, dass der White Earth River vor der großen Flutung durch den Stausee drei Meilen weiter flussabwärts in den Missouri River floss. So sehr hat sich die Landschaft durch den Garrison Damm verändert.
Am 23. Juni ist der Himmel zwar wolkenlos, aber es weht ein sehr heftiger Wind. Das Wasser des Missouris fließt rasend schnell, auf den schmutzig braungraugrünen Wellen tanzen weiße Schaumkronen. Schweren Herzens verlasse ich diesen für mich inspirierenden Ort, aber die Reise muss weitergehen. Wacker kämpft unser treuer VW gegen den starken Wind an.

(23. Juni) Als man um 11 Uhr an einem Walde des südlichen Ufers anlegte um Holz zu hauen, erblickte man plötzlich am nördlichen Ufer Indianer, die uns auch sogleich anriefen. Sie waren die ersten Assiniboins, welche

wir sahen. Am Ufer sitzend erwarteten sie das Boot, welches ihnen Herr McKenzie sogleich hinübersendete. Man liess die Indianer ringsum in der grossen Cajüte Platz nehmen, und die Pfeife cirkulirte; auch erhielten sie reichlich zu essen, welches ihnen sehr zu gefallen schien. Ihrer Aussage zu Folge hatten sie seit dem Frühjahre, wo sie in diese Gegend gezogen waren, sehr viel gehungert; denn die Bisonten waren selten. Nachdem man den Indianern das Schiff gezeigt, dessen Dampfmaschine sie sehr beschäftigte, ob sie gleich alle äusseren Zeichen des Staunens unterdrückten, setzte man sie an einem hohen schattenreichen Pappelwalde des nördlichen Ufers wieder aus.

Auf den Bergen bemerkten wir wieder nackte abgerundete Erdkegel, wie durch einen Maulwurf aufgehäuft, auf ihrer Spitze zum Theil ein kleines Thürmchen oder einen Kegel, ihre Seiten vom Regenwasser bearbeitet, abgekantet, abgerundet, oder mit parallel senkrecht herablaufenden Furchen bezeichnet. Mit der Dämmerung legten wir an einem hohen Pappelwalde an, als eben ein Stück Wild durch den Fluss schwamm. Man nahm hier Klafterholz ein, welches die verschiedenen Handelsposten durch ihre Engages für die Dampfschiffe schon in Bereitschaft gesetzt hatten.

(24. Juni) Gegen 8 Uhr Morgens erreichten wir die Mündung des Muddy-River, der aus Gebüschen am nördlichen Ufer mündet. Gegen Mittag wurde das Wetter angenehm und warm, der Thermometer zeigte 77°.

Im Lewis & Clark State Park kostet der Stellplatz 15 $ die Nacht. Wir halten uns nicht lange auf, brechen bald zu einer Besichtigung des 20 Meilen entfernten Williston auf. Williston ist die Hauptstadt des Williams Countys und mit über 14 000 Einwohnern die neuntgrößte Stadt North Dakotas. 94% der Einwohner sind Weiße, von denen wiederum fast 50% norwegische Vorfahren haben. Die Stadt liegt inmitten der Bakken Formation, dem größten Erdölfeld Nordamerikas. Willistons profitiert wie kaum eine andere Stadt vom Ölboom. Neben Einkaufzentren haben sich auch jede Menge Gewerbebetriebe und Dienstleistungsunternehmen der Erdölbranche angesiedelt. Im Motel Super 8 frage ich nach einem freien Zimmer – keine Chance, das Motel ist komplett ausgebucht. Williston ist Boomtown – dem Rausch des schwarzen Goldes vollkommen verfallen.

Zurück auf dem Campingplatz des Lewis & Clark State Parks ist es im Auto brüllend heiß, draußen kann man sich aber wegen der Mücken auch nicht aufhalten. Ich töte einen Moskito, das Blut spritzt. Mein erster Gedanke: Ist da das Nil-Virus drin?

> *Die letzte Nacht vor unserer Ankunft zu Fort-Union verstrich und der 24. Juni brach mit bedecktem Himmel und leichtem Regen an, das Wetter besserte sich aber später. Früh waren die Ufer bewaldet, und es erhoben sich jenseit der Gebüsche die Hügelketten, welche in ihrer Mitte breite ziegelrothe Schichten zeigten. Ziegelrothe Kegel waren auf die Höhen aufgesetzt, zuweilen auch sonderbar isolirte graue Figuren auf ziegelrother Unterlage oder Schicht.*

Bei wolkenlosem Himmel und angenehmen Temperaturen um die 21 °C verlassen wir am Mittwoch, den 24. Juni, den Lewis & Clark State Park in Richtung Westen.

Trenton, North Dakota: Die Trenton Lake Recreation Area war früher ein Teil des Missouri Rivers. Mittendrin liegt ein Campingplatz. Die missgelaunte Frau an der Rezeption informiert uns einsilbig darüber, dass Strom und Waschräume vorhanden seien. Wenn wir uns den Platz ansehen wollten, müssten wir jedoch eine Gebühr bezahlen. Hinter Trenton beginnen die von Wied beschrieben Hügel:

> *Schon dehnte sich in geringer Entfernung längs des nördlichen Ufers hin die originelle Hügelkette aus, an welcher Fort-Union, das Ziel der Bestimmung unseres Dampfschiffes, liegt. Lange Strecken der Hügel waren in dieser Gegend ohne alle Vegetation, zum Theil von schmalen schwarzen Schichten quer gestreift, die Ufer-Prairies mit Artemisia bewachsen.*

Acht Meilen später erreichen wir das Missouri-Yellowstone Confluence Interpretive Center. Gegenüber vom Museum fließt der Yellowstone in den Missouri River.

> *Indem wir den zahlreichen Windungen des Missouri von der einen seiner thalbegrenzenden Hügelketten zu der anderen folgten, erreichten wir gegen 7 Uhr Abends die Mündung des Yellow-Stone-River, eines starken schönen Flusses, der dem Missouri in dieser Gegend an Breite nicht viel nachgibt. Er tritt vor der ansehnlichen, weisslich gefärbten Hügelkette heraus, und ihn umgiebt oberhalb seiner Mündung hoher und schöner Pappelwald, mit*

Weidengebüschen. Beide Flüsse vereinigen sich in einem stumpfen Winkel und man wendet hier plötzlich stark nordwestlich in dem Missouri hinauf, der an seiner Vereinigung nicht bewaldet ist, sondern Prairies von wohl 30 oder mehren Meilen Ausdehnung zeigt.

In der Ferne sehen wir schon unser Ziel: Fort Union. Ich stelle mir vor, wir würden mit Böllerschüssen begrüßt werden, wie Wied seinerzeit:

Bei der nächsten Wendung des Flusses zur Rechten zeigte sich eine hübsche Ansicht: sanfte Höhen mit mannichfaltig abgerundeten und flachen Kuppen, angenehm grün gefärbt, bildeten den Hintergrund, davor die lebhaft grünen hohen Pappelwaldungen und Weidengebüsche am Flusse, welcher dunkelblau in glänzender Abendbeleuchtung mit abwechselnden Windungen durch die Prairie hinab glitt; noch etwas weiter entfernt erblickte man Fort-Union in der grünen Ebene, wo die schöne americanische Flagge von den letzten Strahlen der Abendsonne vergoldet in der blauen Luft wehete, während weidende Trupps von Pferden diese ruhige Scene belebten. Als das Dampfschiff sich näherte, donnerten die Kanonen zu Fort-Union, und es entspann sich ein rollendes Gewehrfeuer des Willkomms, welches man von unserem Schiffe ebenfalls mit Kanonen und Gewehren beantwortete.

Am 75. Tag nach unserer Abreise von St. Louis stoppe ich den VW-Bus auf dem Besucherparkplatz von Fort Union. Begrüßt werden wir nicht von Böllerschüssen, sondern von Schwärmen von Moskitos. Wild wedeln die Besucher mit den Armen, ganz anders, als bei Wied damals.

Am Ufer vor dem Forte angekommen, empfing uns Herr Hamilton, ein Engländer, der während Herrn McKenzie's Abwesenheit die Direction des Platzes geführt hatte, so wie mehre Clerks (Commis) der Compagnie und eine Menge ihrer Leute von allen Nationen, Americaner, Engländer, Deutsche, Franzosen, Russen, Spanier und Italiener, etwa 100 Mann an der Zahl, mit mehren indianischen oder Halfbreed-Weibern und Kindern. Am 75. Tage nach unserer Abreise von St. Louis liess der Assiniboin den Anker vor Fort-Union fallen.

Kapitel XV
Fort-Union und Umgebung

Die Fort Union Trading Post National Historic Site ist ein teilweise rekonstruierter Handelsposten am Missouri River. Die Rekonstruktion des Verwaltungsgebäudes innerhalb des Forts wurde im Jahr 1987 fertig gestellt, die Mauern und Bastionen 1989 und das Handelshaus 1991. Das Fort wurde 1829 von Kenneth McKenzie für die John Jacob Astor's American Fur Company gebaut. Bis 1867 war die Fort Union Trading Post der wichtigste Umschlagplatz für Büffelroben und Pelze am oberen Missouri und damit der am längsten existierende Pelzhandelsposten in Nordamerika. Waren wurden mit den Assiniboine, Crow, Cree, Ojibwa, Blackfoot, Hidatsa und anderen Indianerstämmen im Tausch gegen Perlen, Tonpfeifen, Gewehre, Decken, Messer, Kochgeschirr, Stoffe und vor allem Alkohol gehandelt. Fort Union stand auf dem Assiniboine-Territorium und wurde auf Wunsch der Assiniboine-Stämme gebaut, damit sie einen festen Standort für den Tauschhandel hatten und bei Konflikten mit anderen Stämmen durch die Bewaffnung des Handelspostens geschützt waren. Das Fort ist seit 1961 eine National Historic Landmark.

Wied, Bodmer und Dreidoppel erreichten Fort Union mit dem Dampfschiff Assiniboin am 24. Juni 1833 gegen 7 Uhr abends und blieben bis zum 6. Juli 1833. Der Blick auf Fort Union ist für mich ein überwältigendes Erlebnis. Ich habe es geschafft, ich bin angekommen. Schlagartig sind alle Träume ausgeträumt, die Imagination wird von der Realität verdrängt. Vom Parkplatz der National Historic Site bis zum Fort Union sind es dreihundert Meter, nach einhundert Metern überquert man die Staatsgrenze zwischen Montana und North Dakota. Eine Kuriosität in doppelter Hinsicht, die Parkplätze stehen in Montana, und damit in der Mountain Time Zone, das Fort in North Dakota in der Central Time Zone. Vor dem Fort stehen als Teil der Museumsausstellung sechs große, weiße Indianerzelte, eine Reminiszenz an die alten Zeiten. Zwischen den Zelten tollen Präriedogs herum. Im Hintergrund rollen schier endlose Eisenbahnwaggons vorbei. Im ehemaligen Herrenhaus sind der Souvenirshop und ein kleines Museum untergebracht. Von der zweiten Etage der Blockhäuser hat man einen großartigen Blick auf den Missouri River. Auf der südlichen Seite des Missouri Rivers besteht das Tal bis zu den Hügeln aus landwirtschaftlich genutzten Flächen, dazwischen stehen ein, zwei Farmen. In östlicher Richtung führt der North Dakota Highway 58 über den Fluss. Auf der Brücke liegen zwei überfahrene Tiere, große White-tailed Deers, niemand kümmert sich darum, die Kadaver fortzuschaffen. Östlich der Brücke befindet sich das Missouri-Yellowstone Confluence Interpretive Center.

Das Fort wurde neu erbaut, die Rekonstruktion wirkt gelungen. Im Trading Room in einem der Blockhäuser brennt gemütlich ein Feuer. Wir erfahren, dass in diesem Raum die Waren lagerten, die mit den Indianern getauscht wurden. Mr. Carr, ein Museumsangestellter, erzählt stolz, dass seine Vorfahren aus Bayern in die USA eingewandert sind. Der wie ein Ranger gekleidete Museumswärter ist mit der Geschichte von Wied und Bodmer vertraut. Kein Wunder, Wieds Tagebücher und Bodmers Bilder sind wichtiger Bestandteil der kleinen Ausstellung im Museum. Als ich Mr. Carr von unserer Reise erzähle, ist sein lakonischer Kommentar nur: „Good Stuff." Die Tatsache, dass ich mich jetzt an diesem Ort befinde, beflügelt mich derart, dass ich mich mühelos in die Zeit von Wied zurückversetzen kann:

Das Fort liegt auf einem ziemlich über dem Flusse erhabenen Alluviallande in einer Prairie am nördlichen Missouri-Ufer, welche sich etwa 1500 Schritte bis zu der Hügelkette hin erstreckt, auf deren Höhe wieder weite Ebenen sich ausbreiten. Der Fluss fliesst kaum mehr als 50 bis 60 Schritte von dem Forte entfernt in der Richtung von Westen nach Osten vorbei, ist hier ansehnlich breit und sein jenseitiges Ufer bewaldet. Das Fort selbst bildet ein Quadrat, dessen äussere Seiten eine Länge von etwa 80 Schritten haben. Seine Einzäunung besteht aus 16 bis 17 Fuss hohen, starken, viereckig beschlagenen, dicht an einander gesetzten Pfeilern (pickets), an deren Spitze man gegen das Uebersteigen noch eine Art von kleinen spanischen Reitern angebracht hat. An der südwestlichen und nordöstlichen Ecke befinden sich Blockhäuser, oben mit einem zugespitzten Dache, und mit zwei Stockwerken, mit Schiesslöchern versehen, in welchen unten die kleinen, aber dennoch brauchbaren Kanonen aufgestellt waren. In der Fronte der Umgebung nach dem Flusse hin befindet sich der wohlverwahrte Haupteingang, ein grosses Flügelthor. Diesem gegenüber liegt an der hinteren Seite des Hofraums das Herrenhaus, einstöckig, zu jeder Seite der Thürme mit vier hellen ansehnlichen Glasfenstern. Fort-Union ist einer der wichtigsten Posten der Pelzhandel-Compagnie, weil er als Centralpunct der beiden noch höher aufwärts nach den Rocky-Mountains hin vorgeschobe-

nen Handelsposten, und des ganzen Geschäftes innerhalb und in der Nähe jenes Gebirges anzusehen ist. Der eine jener Handelsplätze, welcher den Namen Fort-Cass trägt, liegt 200 Meilen aufwärts am Yellow-Stone und ist für den Handel mit dem Stamme der Crows bestimmt; der andere, Fort McKenzie, 650 Meilen aufwärts am Missouri, oder etwa eine Tagesreise unterhalb der Fälle dieses Flusses, dient zur Betreibung des Pelzhandels mit den drei Stämmen der Blackfoot-Indianer. Letzter Posten ist etwa seit zwei Jahren gegründet, und da die Dampfschiffe nicht viel über Fort-Union hinauf schiffen können, so sendet man Keelboats ab, durch welche man die genannten Handelsposten mit den zum Tauschhandel mit den Indianern nöthigen Waaren versorgt. Sie überwintern alsdann dort und bringen im Frühjahre die Pelzwaaren nach Fort-Union hinab, von wo man sie im Laufe des Sommers mit dem Dampfschiffe nach St. Louis hinab befördert. Die nächste Umgebung von Fort-Union ist eine weit ausgedehnte Prairie, in nordöstlicher Richtung von einer Kette mässig hoher, abgerundeter Thonschiefer- und Sandsteinhügel durchschnitten, von deren Höhe man eine schöne weite Aussicht in das Land jenseit des Missouri und auf die Vereinigung desselben mit dem Yellow-Stone hat.

Seit Wieds Reise hat sich nicht viel geändert. Das Fort liegt immer noch auf einem ziemlich über dem Fluss erhabenen Schwemmland in einer Prärie am nördlichen Missouri-Ufer. Der Fluss fließt heute nicht mehr fünfzig bis sechzig Schritte vom Fort entfernt, sondern hundertfünfzig Meter weiter südlich als 1833, aber immer noch von Westen nach Osten. Auch nach der Rekonstruktion bildet das Fort ein Quadrat, dessen äußere Seiten eine Länge von etwa 70 Metern haben. Die Einzäunung besteht immer noch aus 16 bis 17 Fuß hohen, starken, viereckig beschlagenen, dicht aneinander gesetzten Pfeilern. Wie 1833 befindet sich der Haupteingang auf der südlichen Frontseite nach dem Fluss hin, und diesem gegenüber an der hinteren Seite des Hofraums steht das nachgebaute Herrenhaus. Was sich verändert hat, ist der Stellenwert von Fort Union. Die American Fur Company existiert nicht mehr, Fort Union ist daher auch nicht mehr einer der wichtigsten Handelsposten dieser Gesellschaft. Die Zukunftsaussichten von Fort Union prognostizierte Wied schon 1833 skeptisch:

An diesem Flusse selbst hat das Wild und die übrigen Pelzthiere schon in einem hohen Grade abgenommen und man behauptet, dass daselbst

Fort Union am Missouri (Karl Bodmer)

das Pelzgeschäft in 10 Jahren durchaus nicht mehr von Bedeutung seyn könne.

Auch die nähere Umgebung des Forts ist noch so ähnlich wie damals von Wied beschrieben. Es ist immer noch eine weit ausgedehnte Landschaft, die Prärie wurde allerdings teilweise in Farmland umgewandelt, das in nördlicher Richtung von einer Kette mäßig hoher, abgerundeter Tonschiefer und Sandsteinhügel durchschnitten wird. Es wachsen auch heute noch Kakteen, die in ihrer Blütezeit Ende Juni hellgelbe, grüngelbe oder bräunlich blutrote Blumen tragen. Von der Höhe der Hügel hat man nach wie vor eine weite Aussicht auf das Land jenseits des Missouris und auf die Vereinigung desselben mit dem Yellowstone River.

Nachdem wir das Fort kennen gelernt, wurden Excursionen in die Prairie unternommen, besonders nach den Hügelketten, und Herr Bodmer nahm mehre Ansichten der Gegend auf.

Unser Ziel ist der in nördlicher Richtung des Forts gelegene Bodmer Overlook. Dort hat Karl Bodmer zwei Bilder gemalt, einmal den Blick auf den Zusammenfluss des Yellowstone und des Missouri Rivers, und einmal den Blick auf Fort Union.

Die Sonne steht bereits hoch am Himmel, als wir unsere Wanderung beginnen. Am Parkplatz warten schon die Mücken auf uns, die sich unserem eineinhalb Meilen langen Marsch für einige Zeit anschließen. Der gut ausgeschilderte Pfad führt über Weideflächen, die von Rinderherden bevölkert werden. Die meiste Zeit geht es bergauf, bei dieser Hitze eine schweißtreibende Angelegenheit. Gott sei Dank haben wir genug Wasser dabei. Erschöpft erreichen wir nach einer halben Stunde den Bodmer Overlook. Genau an dieser Stelle saß also seinerzeit Karl Bodmer und skizzierte die Landschaft mit leichtem Strich. Ob auch damals ein warmer, milder Wind wehte? Dieser Ort löst erneut eine euphorische Stimmung bei mir aus, weil ich den identischen Blick Bodmers von vor fast 200 Jahren teile – nur dass bei ihm keine Eisenbahnlinie am Fort Union vorbei führte, keine Fahrzeuge auf asphaltierten Straßen fuhren und in den Indianerzelten die Ureinwohner dieses Erdteils lebten.

Fort Union, North Dakota

Kapitel XVI
Fort-Union

Wir benutzten die Tage unseres hiesigen Aufenthaltes, um Excursionen in die benachbarten Uferwaldungen und in die Prairie zu machen.

Von Fort Union bis nach Fairview, Montana, sind es 12 Meilen, also ein Katzensprung. Der Blick auf die Hügellandschaft des Flusstals ist prächtig, dunkle Wolken verleihen der Landschaft etwas Bedrohliches, was ein aus den Wolken schießender Blitz noch verstärkt. Es beginnt zu regnen, über uns toben Blitze, na, das sind mal Begrüßungssalven. Die Temperatur beträgt 27 ° C. Ein minutenlanger Hagelschauer mit murmelgroßen Körnern treibt uns von der Straße, lässt uns unter einem Vordach Schutz suchen. Bereits nach fünf Minuten herrscht wieder eitel Sonnenschein. Das Motel in Fairview ist nicht nach unserem Geschmack, sodass wir 11 Meilen weiter Richtung Süden nach Sidney, Montana, fahren. „Welcome to Sidney". Da es in der Gegend um Fort Union keine Campingplätze gibt, müssen wir uns ein Hotel suchen. Dies stellt sich als nicht einfach heraus, da sich in den Hotels Handwerker, Saisonarbeiter und Monteure der Erdölfirmen einquartiert haben. Im überteuerten Richland Motor Inn beziehen wir am Mittwoch, den 24. Juni, Quartier. Als die Hitze des Tages etwas nachlässt, machen wir einen ersten Erkundungsgang durch Sidney. An jeder Ecke wird für Casinos und Spielhallen geworben, vor dem Güterbahnhof warten eine Menge Trucks auf ihren Einsatz. Über den Bahnhof wird das Öl aus der Bakken Formation zu den Raffinerien transportiert.

Herr McKenzie hatte uns eine gute Wohnung in seinem Hause gegeben, und wir lebten hier angenehm, wiewohl einfach und den Mitteln dieser entfernten Gegenden angemessen; denn wir durften nicht hoffen einen so guten Tisch zu finden, als derselbe an Bord des Dampfschiffes gewesen war. Wir hatten täglich frisches oder getrocknetes Bisonfleisch, Brod aus Mehl gebacken, Kaffee und Wein fehlten nie. Die ersten Tage verstrichen schnell unter Besichtigung des Fortes und der nächsten Umgebung, während man auf dem Schiffe schon am 25. Juni das Ausladen und den Transport der Vorräthe und Waaren nach dem Forte begann, wodurch Leben und Thätigkeit überall verbreitet wurden. Man schiffte sogleich wieder 800 Packs (jeder zu 10 Stück) Bisonroben ein, wobei heftiger Regen eintrat, der diesen von den Indianern gegerbten Fällen sehr schädlich ist. Aus dieser Ursa-

che war man genöthigt, alle Packs zu öffnen um sie von neuem wieder zu trocknen, welches grossen Aufenthalt verursachte. Ausser den Bisonroben lud man noch viele Biber-Bären-Wolfs-Luchs-Fuchs- u. a. Felle ein, von den Wölfen und Luchsen 62 Packs (jedes zu 100 Stück). Einige anwesende Indianer waren während dessen nicht wenig lästig; denn sie hörten nicht auf um verschiedene Gegenstände zu bitten und zu betteln, besonders um Tabak, zu dessen Bereitung und Anschaffung aus dem Walde sie selbst zu träge waren. Die meisten der jetzt anwesenden Indianer sahen sehr ärmlich aus und viele besassen nicht einmal eine eigene Tabakspfeife.

Obwohl uns Herr McKenzie aus nachvollziehbaren Gründen keine Wohnung in Fort Union geben kann, leben auch wir angenehm und den Mitteln dieser entfernten Gegenden angemessen. Wir haben täglich frisches Gemüse und Obst, Brot, Kartoffeln und Nudeln. Kaffee und Bier fehlen nie. Die ersten Tage verstreichen schnell unter Besichtigung des Forts und der näheren Umgebung.

Am Donnerstag, den 25. Juni, machen wir einen Ausflug in die 15 Meilen südlich gelegene Seven Sister Wildlife Management Area. Der Fahrtwind weht warm ins Auto, die Heizung bläst heiße Luft von unten dazu, eine schwer zu ertragende Mischung. Ich hoffe auf Abkühlung am Yellowstone River. Die Temperaturen im grün bewaldeten Flusstal sind tatsächlich etwas angenehmer, aber als wir es uns am Wasser gemütlich machen wollen, bekommen wir bald Besuch von guten alten Bekannten: Moskitos, und zwar besonders schlecht gelaunten und bösartigen. Nach kurzer Zeit machen wir uns frustriert wieder auf den Rückweg.
Die Digitalanzeige in Sidney zeigt 100 Grad Fahrenheit an, das sind 38 °C. Im Schatten! Der Wetterkanal berichtet, dass der Temperaturrekord in Sidney gebrochen wurde – seit Beginn der Messungen war heute der wärmste Tag. In den Medien herrscht große Aufregung: Michael Jackson hat sich mit 50 Jahren in die ewigen Jagdgründe verabschiedet.

Am 26. Juni sollte nach Mittag der neubeladene Assiniboin seine Rückreise nach St. Louis antreten, die Gesellschaft versammelte sich deshalb noch einmal an Bord, um daselbst gemeinschaftlich das Mittagessen einzunehmen. Gegen 3 Uhr, als sich die ganze Bevölkerung des Platzes am Ufer versammelt, nahmen wir Abschied von unseren Reisegefährten, den Herren Sanford und Pratte, mit welchen sich einige Clerks der Compagnie eingeschifft hatten, um in die Vereinten Staaten zurückzukehren.

An dem heutigen Tage hatten sich auch die hier vorgefundenen Assiniboins entfernt, um in die Prairie zu ziehen, andere zum Theil weit besser gekleidete, waren angekommen, aber nur als Vorboten einer grossen Anzahl ihrer Leute, so wie von Krihs (Crees), welche auch wirklich am 27. Juni Morgens einzeln und truppweise eintrafen.

Diese Krihs waren im Aeusseren nicht bedeutend von den Assiniboins verschieden. Sie sind starke, zum Theil sehr kräftige Menschen, mit gerade über die Schultern herab fallenden Haaren, von welchen vorn über die Augen ein breiter, platter, stumpf abgeschnittener Büschel herabhieng, der einem Manne sogar bis auf den Mund hinab reichte. Bei einigen waren die sehr lang herabhängenden Kopfhaare in mehre Zöpfe geflochten, manche trugen Mützen von Fell mit verzierten Federn aufgeputzt, und einer von ihnen hatte daran den ganzen Schwanz einer Prairie-Hen befestigt. Ihre Gesichter waren roth angestrichen, bei einigen mit schwarzen Streifen, und ihr Anzug war der der Assiniboins. Mehre von ihnen trugen lange Wolfsfelle über die Schulter, den Kopf des Thiers auf der Brust, den Schwanz auf dem Boden nachschleifend. Die Männer sollen oft stark tattowirt seyn, und Franklin sagt, diese Operation sey schmerzhaft, wovon man uns das Gegentheil versicherte. Ihre Weiber sollen zum Theil sehr wohl gebildet seyn. Man rechnet die Krihs sechs bis acht hundert Zelte stark, und folglich, wenn man wie gewöhnlich drei Männer auf jedes derselben annimmt, so geht hieraus eine Zahl von 1800 bis 2100 Männern für diesen Stamm hervor. Wir vernahmen plötzlich Flintenschüsse, die Ankündigung einer uns bevorstehenden höchst interessanten Scene, und die ganze Bevölkerung des Fortes begab sich vor das Thor, um Zeuge des Anmarsches jener wilden Horde zu seyn. In der Richtung von Nord-Westen war die ganze Prairie mit zerstreuten Indianern bedeckt, deren zahlreiche Hunde die Schleifen mit dem Gepäcke zogen. Ein geschlossener Haufe der Krieger, etwa 250 bis 300 an der Zahl, hatte sich etwa in der Stärke und Aufstellung von zwei Infanterie-Compagnien im Centro gebildet und rückte in Front im raschen Schritte gegen das Fort heran. Die indianischen Krieger marschirten geschlossen etwa drei bis vier Mann hoch, nicht sehr regelmässig ihre Glieder beobachtend, jedoch ziemlich geschlossen, und bildeten eine ziemlich ansehnliche Linie. Vor der Mitte, wo etwa bei einem europäischen Bataillone die Fahnen marschiren, traten Arm an Arm drei bis vier Chefs vorher, und aus dieser bunten martialisch bemalten Masse, fielen überall einzelne sehr schwer geladene, und daher heftig knallende Flintenschüsse. Der ganze Haufe dieser wilden Krieger stimmte jetzt seinen originellen Gesang an, der viele einzeln abgebrochene Töne so wie das Kriegsge-schrei enthielt. Alle diese Indianer waren in ihre Bisonroben gehüllt und auf die mannichfaltigste, höchst fantastische Art aufgeputzt. Die meisten hatten das Gesicht gänzlich mit Zinnober angestrichen, andere gänzlich schwarz, in den Haaren trugen sie Adler- und Raubvögel-Federn, einige hatten Mützen von Wolfsfell, welche sie bei der grossen Hitze unmöglich abkühlen konnten, und auch diese Pelzmützen waren zum Theil mit rother Farbe beschmutzt; andere hatte grüne Blätter um den Kopf befestigt, an ihren Fersen schleiften lange Wolfsschwänze nach, Ehrenzeichen für erlegte Feinde, und ihre Lederanzüge waren zum Theil neu und schön. Als sie nahe heran rückten, erblickte man furchtbar martialische Gestalten unter ihnen, und dieser Eindruck wurde noch durch die aus ihren Reihen hervorschal-lenden Töne des Gesanges und der heftig geschlagenen Trommel erhöht. Sie rückten auf etwa 60 Schritte heran, machten an einem natürlichen, von dem Missouri neben dem Forte hinauf laufenden Graben halt und erwarte-ten, die Chefs vor der Fronte, unsere Bewillkommung. Herr McKenzie hatte ihnen die beiden Dolmetscher Halero und Lafontaine entgegen gesandt, welche den Chefs die Hände drückten, und sie nach dem Thore des Fortes führten. Dieses war wie immer geschlossen, mit einer Wache besetzt, und man lässt nie zu viele Indianer zugleich ein, da man ihnen nie unbedingt trauen darf. Auch jetzt liess man nur die Chefs und etwa 30 der Hauptkrie-ger ein, welche sich in dem für solche Zusammenkünfte bestimmten Locale rings umher an den Wänden niedersetzten. Schon circulirten ihre dicken steinernen Pfeifen mit den langen platten Röhren, und sie zeigten uns ein dergleichen vorzüglich schönes, mit gelben Pferdehaaren ausgeschmücktes, welches zum Geschenke für Herrn McKenzie bestimmt war.

Stadtfest in Sidney am 27. Juni. Der Umzug wird von einer Fanfare eingeleitet. Bunt gekleidete Menschen sitzen auf Umzugswagen und winken in die Menge, eine Menge Pickups begleiten den Umzug, werben für örtliche Produkte. Dazwi-schen Traktoren, Pferdekutschen und Reiter mit Hunden. Über Mittag schauen wir uns einige Veranstaltungen an, alles wirkt etwas bieder und kleinstädtisch. The National Guard sponsert das Mittagessen: Brötchen, Rindfleisch, Kartoffel-salat, Bohnen und Chips.

Rodeo. Fünf Dollar Eintritt. Auf den Tribünen sitzen um die 300 Zuschauer. Die Veranstaltung ist überraschend kurzweilig. Von 2 Uhr mittags bis 6 Uhr nachmittags sehen wir eine Menge interessanter Darbietungen, wie zum Beispiel diese: Drei Cowboys müssen aus einer zwölfköpfigen Rinderherde drei Rinder in eine Koppel treiben. Klingt simpel, ist es aber nicht. Die Rinder sind nummeriert, jeweils drei haben die gleiche Nummer. Während die Cowboys in die Arena kommen, ruft ihnen der Ansager eine Nummer zu. Die Männer müssen nun die Rinder mit den gleichen Nummern von der Herde trennen und in eine Koppel treiben, was nicht ganz einfach ist, da die Herde hektisch vor den heranreitenden Cowboys flüchtet. Erschwerend kommt noch hinzu, dass die Aufgabe in drei Minuten erledigt sein muss, und die gehen schnell vorbei. Erwähnenswert ist auch die Darbietung, wilde Kühe zu melken: Wieder reiten drei Cowboys in die Arena, zu Fuß folgen ihnen weitere. Die Kuhherde harrt der Dinge, die da kommen werden. Zeitlimit ist wieder drei Minuten. Der Ansager gibt eine Nummer durch. Die Pferdecowboys versuchen nun die Kuh mit der entsprechenden Nummer mit einem Lasso einzufangen. Nachdem dies einem der Reiter gelungen ist, nehmen zwei aus dem Fußvolk das Tier in eine Art Schwitzkasten, um es auf dem Boden festzuhalten. Ein dritter Laufcowboy hält das Tier am Schwanz fest, während ein weiterer sich daran macht, die sich heftig wehrende Kuh zu melken und die Milch in ein Gefäß zu füllen. Mit diesem Behälter rennt er zum Preisrichter und schüttet vor dessen Augen den Inhalt in einen Messbecher – erst dann stoppt die Uhr. Zum Schluss der Veranstaltung findet noch ein Pferderodeo statt. Die Pferde werden durch einen engen Gurt so von Schmerzen traktiert, dass sie wie wild die tollkühnsten Sprünge machen, um die lästigen Reiter schnellstmöglich los zu werden. Die Zuschauer machen nicht den Eindruck, als ob sie sich mit Gedanken an den Tierschutz belasten würden, so lebhaft werden die Wettkämpfer angefeuert.

Während innerhalb des Fortes die Ruhe allmählig wieder eintrat, hatte sich ausserhalb desselben eine neue Scene von grossem Interesse gebildet. Die Weiber der Indianer waren in westlicher Richtung neben dem Forte beschäftigt, flüchtige Jagd- oder Reisehütten von eingesteckten Stangen und den gegeneinander aufgestellten Hundeschleifen, mit grünen Zweigen bedeckt, zu errichten, da sie ihr Gepäcke nur zum Theil mitgebracht hatten. Wir besuchten mehre der neu entstandenen Hütten, wo schon in der Mitte die kleinen Feuer brannten. Ueberall forderte man von uns Whisky und

Tabak, wovon hier und da nur der letztere ausgetheilt wurde. Wollte man irgend einen Gegenstand eintauschen, so war immer Branntwein die geforderte Bezahlung, es war daher kein bedeutender Tauschhandel zu Stande zu bringen. Noch am späten Abend vernahm man im Forte den Gesang und die Trommel dieser beweglichen Menge, und Unruhe und Getümmel dauerten während der ganzen Nacht fort.

Schon am frühen Morgen des 28. Juni waren auch wir in Bewegung, um keinen Augenblick von den neuen uns umgebenden Ereignissen zu verlieren. Ein grosser Andrang der Indianer war heute in dem Forte, um verschiedene ihrer Kleidungsstücke zu vertauschen, ein Theil von ihnen zog aber schon heute wieder ab; denn als wir nach Mittag das indianische Lager besuchten, fanden wir die meisten Laubhütten schon leer, und man sah in der Ferne in drei Hauptrichtungen überall einzelne Indianer abziehen, selten mehr als zwei oder drei zusammen. Ein grosser Theil von ihnen folgte der Richtung parallel mit dem Missouri aufwärts, vermied jedoch den Uferwald und durchschnitt die Prairie in westlicher Richtung, ein anderer Theil zog nordöstlich, und diese giengen, etwa 100 an der Zahl, um sich zu einer Kriegsunternehmung gegen die Mandans und Mönnitarris zu vereinigen.

Sidney, Montana: Rodeo

Traumhaft schöner Sonntagabendspaziergang über die alte Fairview Bridge, einer ehemaligen Eisenbahnbrücke über den Yellowstone River. Der Marsch über die Brücke bei herrlichstem Sommerwetter mit einem wunderbaren Blick auf die Flusslandschaft wird vor dem Cartwright Tunnel auf der östlichen Seite schlagartig von kampfbereiten Mücken unterbrochen. Eilig treten wir den Rückzug an.

Am Abend dieses Tages hatten wir ein heftiges Gewitter mit Donner, Blitz und Regen, und auch am folgenden Tage (29. Juni) dauerte der Regen fort, so dass dadurch die erwartete Ankunft neuer Assiniboins verzögert wurde. Sie reisen mit ihren Lederzelten nicht gern bei Regenwetter, da ihr Gepäcke alsdann schwer wird; dennoch erschienen bald mehre Indianer, im höchsten Grade durchnässt und bis an die Knie beschmutzt, welches sie aber durchaus nicht beachteten. Uns überlief der Frost, wenn wir die Indianer bei der nassen kalten Witterung in blossen Füssen den ganzen Tag in dem tiefen Kothe umher gehen sahen, während wir in unseren Zimmern emsig das Kaminfeuer suchten.

Montag, 29. Juni. Wir checken aus, das Auto ist startklar. Es ist angenehm warm, flauschige Wolken dekorieren den Himmel. Genau das richtige Wetter, um eine fünftägige Exkursion in den Theodore Roosevelt Wildlife Park in North Dakota zu machen. Der Montana Highway 200 führt über den Yellowstone River und bringt uns in das McKenzie County in North Dakota. Vom höchsten Punkt der Hügelkette blicken wir in die unendlich scheinenden Weiten des Little Missouri Grassland.

Wie üblich hat die Straße mehrere Bezeichnungen: Highway 200, Highway 85, Lewis and Clark Trail und CanAm Highway. Sie führt fast wie ein gerader Strich Richtung Süden in den Theodore Roosevelt National Park. Allmählich ändert sich die Landschaft mit sanft ansteigenden Hügeln. Ein spektakulärer Blick wird angekündigt. Es geht hinab ins Tal, und tatsächlich, der Blick ist spektakulär. Es verschlägt mir die Sprache, so traumhaft schön ist es im Park. Ein Schild warnt: „Buffalos are dangerous". 10 Dollar Eintritt für 7 Tage. Der Little Missouri River fließt in seinem Tal an fantastischen Felsformationen und Sandsteinablagerungen vorbei. Kurzum: Wir sind im irdischen Paradies gelandet, in dem gemütlich am Wegesrand eine Büffelherde entlangtrabt. Ein Schaukasten vor dem Campingplatz informiert darüber, dass es hier auch Rattlesnakes, Ticks sowie alle möglichen gefährlichen Insekten gibt. Dazu kommen noch giftige Pflanzen, auf deren Verzehr man lieber verzichten sollte. Der Campingplatz liegt idyllisch am Squaw Creek und Little Missouri River. Nach einem ersten Rundgang sind wir ernüchtert – es gibt keinen Stromanschluss und keine Waschräume, ebenso auf den beiden anderen Campingplätzen in der Nähe des Parks. Es bleibt uns nichts anderes übrig, als 15 Meilen nach Watford City zu fahren, um uns dort einzuquartieren. Auf der Fahrt dorthin muss ich an die Seite fahren, weil ein Mobile Home über die Straße transportiert wird und die ganze Straßenbreite in Beschlag nimmt, sodass der Verkehr zum Erliegen kommt.

„Welcome to Watford City – 1999 Dakota City of the Year". Im Four Eyes Motel an der Main Street checken wir für drei Tage ein, zahlen 65 Dollar. Die Zimmer sind groß und sauber. Die Eigentümerin, eine Deutsch-Russin, verheiratet mit einem Polizisten, sagt, dass wir Glück haben, noch ein Zimmer zu bekommen, da eine Menge Leute auf der Fahrt nach Kanada in Watfort City Station machen.

Am Mittage des 30. Juni hatte sich eine Bande von Indianern eingefun-
den, und 25 Zelte waren neben dem Forte aufgeschlagen worden. Die klei-
nen, meist untersetzten Weiber mit ihren roth angestrichenen Gesichtern
hatten diese Arbeit in kurzer Zeit vollbracht, und sie stachen mit besondern
Instrumenten die Rasenstücke aus, mit welchen sie den unteren Umkreis
der Hütte belegen. Noch befanden wir uns nicht lange in diesem Lager,
als man eine neue Bande von Assiniboins in der Ferne anrücken sah. In
Westen längs des Uferwaldes hin, bedeckte sich die Prairie plötzlich mit
den rothen Menschen, welche meist einzeln mit ihren beladenen, zerstreut
daher schleifenden Hunden heran zogen; die Krieger, etwa 60 an der Zahl,
bildeten eine geschlossene Colonne. Sie kamen ohne Musik, die beiden
Chefs an der Spitze, und giengen bis gegen das Thor des Fortes vor. Die
ganze Colonne zog nun in das Fort ein; man rauchte, ass, trank, und es
wurden während dessen 42 Zelte aufgeschlagen. Das neue Lager gab einen
sehr hübschen Anblick, die Zelte standen im halben Monde, und ihre Feuer
rauchten sämmtlich, während Leben und Thätigkeit überall verbreitet
waren.

Am Dienstag, den 30. Juni, ist der Himmel wolkenlos. Es weht ein starker Wind. Unsere Sachen für den Ausflug in den Nationalpark sind gepackt. Im Theodore Roosevelt National Park North Unit werden wir von mehreren Bisons begrüßt, was man ja auch nicht jeden Tag erlebt. Zur Einstimmung sehen wir im Visitor Center einen Film über die Geschichte des Parks. Bis zum Campingplatz sind es 5 Meilen, weitere 10 Meilen bis zum Endpunkt Oxbow Overlook. Die Hügel entlang der Straße verblüffen mit bizarren Steinformationen, die Natur hat die sonderbarsten Kunstwerke in den schönsten Farbnuancen geschaffen. Die Mittagszeit verbringen wir auf dem Campingplatz. Ein Mitarbeiter des Parks leert die Mülleimer. Ich frage ihn nach Rattlesnakes. „Yes - there are some", antwortet er. „Und rasseln sie auch wenn man ihnen zu nahe kommt?" „Yes. Be careful." Am Nachmittag ziehen dunkle Wolken auf, wir machen uns auf den Rückweg nach Watford City. Abends beginnt es heftig zu regnen. Der Fernseher warnt mit dem bekannten schrillen Piepton vor einem Thunderstorm in der Gegend um Watford City. Nach einer Stunde wird aber bereits Entwarnung für die Region gegeben.

Am 1. Juli erhielten wir früh die Nachricht, dass während der Nacht der mit uns hieher gekommene junge Piekann-Indianer Matsokui im indianischen Lager erschossen worden sey. Der Blackfoot-Dolmetscher Berger, welcher auf diesen jungen Indianer ein wachsames Auge zu haben, beauftragt war, hatte ihn oft gewarnt, sich von den Assiniboins und Krihs, seinen angeborenen Feinden zurückzuhalten, da ihm gewiss ein Unglück begegnen werde; allein er hatte sich durch ihr anscheinend friedliches Betragen täuschen lassen, war in einem Zelte bis spät in die Nacht geblieben, und hier von einem Krih erschossen worden, der sich sogleich aus dem Staube gemacht hatte. Nach der erwähnten That, herrschte im indianischen Lager eine dumpfe Stille: allein um Mittag kamen zwei der Chefs, von anderen Indianern in Procession begleitet, als Deputation mit lautem Gesange um Herrn McKenzie wegen des Mordes Entschuldigungen zu machen.

Mittwoch, 1. Juli. Da sind wir wieder: „Welcome Theodor Roosevelt National Park". Diesmal begrüßt uns eine Herde Longhorn Cattles. Vom Campground führt ein Wanderweg über den Squaw Creek bis zum Little Missouri River: „Little Missouri Natural Trail. 1 Mile Loop." Die Wanderung durch die artenreiche Flora und Fauna ist angenehm kurzweilig. Im Varied Terrain bestaunen wir die unglaublichsten Sonnenlichtspiele zwischen grandiosen Steinformationen. Die eigentliche Sensation sind aber die sogenannten „Cannonballs". Wie der Name schon sagt, sind das gewaltige, bräunlich graue Kugeln aus Sandstein mit teilweise mehr als zwei Metern Durchmesser, die an überdimensionierte Kanonenkugeln erinnern. Mittags verlassen wir den Park, fahren zum CCC Campingplatz. Das CCC steht für Civilian Conservation Corps und ist ein Überbleibsel eines Arbeitsprogramms aus der Zeit der Wirtschaftskrise in den 1930er Jahren. Heute betreibt der US Forest Service die Anlagen. Man kann von hier aus eine fast 100 Kilometer lange Wanderung bis in den Süden des Parks machen.

Der Donnerstagmorgen begrüßt uns mit einem strahlend blauen Himmel und angenehm warmen Wind. Nach dem Frühstück besuchen wir das Pioneer Museum direkt gegenüber von unserem Motel. Im Eingangsbereich hängen zwei Originale von Karl Bodmer, ein Bild von Fort Clark und eines von Fort Union. Die Damen im Museum sind in aufgeräumter Plauderlaune und sprechen erfreulich langsam, was die Konversation erheblich erleichtert. Die Ausstellungsräume sind überraschend umfangreich bestückt, die Beschreibungen ausführlich und gut strukturiert, kurzum, ein lohnenswerter Besuch.
Wir checken aus dem Four Ears Motel in Watford City aus. Die kommende Nacht werden wir im Theodore Roosevelt National Park verbringen. Dafür besorgen wir uns Wasser, Eis, Milch und anderes mehr. Auf dem CCC Campground zahlen wir die 6 Dollar Standgebühr, positionieren unseren VW-Bus und richten uns für die Nacht ein. Von der Anhöhe genießen wir die traumhafte Stille der Abenddämmerung in diesem Ableger des irdischen Paradieses.

Am 3. Juli kehren wir dem CCC Campground den Rücken und verabschieden uns endgültig vom Theodore Roosevelt National Park. Nach zweistündiger Fahrt erreichen wir wieder Williston und bekommen diesmal ein Wochenendquartier im Super 8 Motel an der 2nd Avenue. In Downtown ist die Main Street wegen der Vorbereitungen der morgigen Feierlichkeiten zum Independence Day gesperrt. Die 11th Street hängt voll mit Stars and Stripes-Flaggen. Viele Geschäfte haben schon geschlossen. In der Nähe der Amtrak Railway Station hängt ein Schild an der Eingangstür eines Lokals: „$ 1200 fine & 30 days in jail if you are under the age of 21 and you enter this premises or if you buy alcohol for a minor". Einen Stripclub haben wir seit St. Louis nicht mehr gesehen, darum fällt uns der Nachtclub Whispers & Cocktails umso mehr auf. Verwegen aussehende Gestalten gehen, sich nervös umblickend, hinein. Ein Schild an der Main Street weist auf einen Schutzraum für den Fall eines atomaren Ernstfalls hin.
Abends wird erneut mit schrillem Piepton eine Unwetterwarnung im Fernsehen durchgegeben. Das Laufband meldet einen Thunderstorm. Bald darauf braust das angekündigte Sturmtief mit heftigen Regenfällen und Sturmböen über Williston hinweg.

Das Keelboat von Fort-Cass war angekommen, mit welchem wir die Reise nach Fort McKenzie machen sollten, das Personal in unseren Pfählen war daher zahlreich; dennoch litten wir keinen Mangel, da unsere Jäger bei ihrer letzten Excursion das Fleisch von 19 Bisonten eingebracht hatten. Es war jetzt (am 4. Juli) gerade ein Jahr seit unserer Landung in Boston verflossen. Herr McKenzie sandte an diesem Tage den Dolmetscher Berger und einen gewissen Harvey zu Lande nach Fort McKenzie ab, wohin sie auf dem nördlichen Flussufer uns voran ritten. Man begann nun das Keelboat mit den für die höher aufwärts wohnenden Nationen bestimmten Waaren und den Vorräthen zu beladen.

Der 4. Juli ist ein sehr warmer Tag. Im Harmon Park findet am Vormittag die Hauptveranstaltung zum Independence Day statt. Um die zweihundert Besucher haben es sich an diesem Samstag gemütlich gemacht. Stühle und Tische vor einer großen Bühne laden zum Verweilen ein. Die musikalischen Darbietungen sind nicht jedermanns Geschmack: Ein Quartett singt religiöse Lieder zu Playback-Musik. Zuhörer aller Altersklassen lauschen dem Gesang und spenden höflichen Beifall. Es folgt eine Marschkapelle aus Williston. Die Stücke sind zum Teil weltbekannt. Die gefällige, schmissige Marschmusik reißt das Publikum zu Beifallsstürmen hin. Der Musikdirektor ist ein uralter Mann, mit stoischer Gelassenheit dirigiert er seine Kapelle. Das Mittagessen wird vom katholischen Hospital kostenlos ausgegeben. Wir besorgen uns dick belegte Sandwiches und Limonade und genießen die entspannte Stimmung im schattigen Park.
Um vier Uhr nachmittags ist die City von Williston menschenleer, nur ein Betrunkener torkelt den Bürgersteig entlang. „Happy fourth July" wünscht die Leuchtreklame. Auch auf den schattigen Terrassen und in den Gärten ist kein Mensch zu sehen, friedlich schaukeln die Hollywood-Schaukeln im Wind. Wo sind die alle? Halb elf Uhr abends. Irgendwo am Stadtrand beginnt das Feuerwerk zum Unabhängigkeitstag. Knaller ballern ohne Unterlass, Leuchtraketen erhellen den Horizont. Das Zischen und Knallen der Raketen wird gegen Mitternacht immer heftiger, eine letzte Rakete macht sich in nördlicher Richtung auf den Weg nach Kanada, verglüht dann aber jämmerlich am Nachthimmel.

Der Tag ist von stählerner Hitze und zieht sich lang hin, der Sonntag ist auch in einer amerikanischen Kleinstadt eine zähe Angelegenheit. High Noon. Um der Langeweile zu entgehen, machen wir einen Ausflug ins nördliche Hinterland von Williston.

Über die US Route 2 geht's schnurgerade durch flache, eintönige Landschaft bis zu einer Kreuzung. Mir fällt ein Schild mit einem Maiskolben und dem Schriftzug „Ethanol" auf. Pflanzen der abgeernteten Maisfelder werden zu Biokraftstoff umgewandelt. Während der Highway 2 nun einen Bogen nach Osten macht, führt der US Highway 85 weiter zur 20 Meilen entfernten kanadischen Grenze. Ein überfahrener Elch liegt am Straßenrand. „Welcome to Ray – Home of the Jays". Ray ist ein kleines, verschlafenes Dörfchen mitten im Nichts des platten Landes. Wir sind heilfroh, dass unsere Reise morgen weiter geht. 176 Jahre zuvor und 25 Meilen weiter südwestlich beschrieb Wied den Tag vor der Weiterreise nach Fort McKenzie so:

Das Keelboat-Flora war fertig geladen und man brachte nun auch das Gepäcke der Reisenden an Bord.

Dieses Schiff war eine starke etwa 60 Fuss lange, mit einem Verdecke versehene Schaluppe von 16 Fuss Breite, mit einem Maste und Segeln. Die Waaren lagen in dem mittleren Raume. Am Hintertheile befand sich die 10 Schritte lange und 5 bis 6 Schritte breite Cajüte mit ein Paar Bettplätzen, von welchen der eine Herrn Mitchill, der andere mir angewiesen war; die übrigen Personen, drei an der Zahl, liessen ihre Betten am Abende auf dem Boden des Zimmers ausbreiten. Am Hintertheile dieser kleinen Cajüte befand sich ein kleines Fenster mit einem Schiebeladen, und an jeder Seite eine Thüre, die zugleich bei gutem Wetter dem Raume Licht und Luft gaben. Rund um das Fahrzeug herum lief ein etwa 1 ½ Fuss breiter Rand mit Quer- oder Trittleisten versehen, auf welchem die Leute auf- und abgiengen, wenn sie bei seichtem Wasser das Boot mit Stangen schieben mussten. Am Vordertheile des Schiffes befand sich der Raum für die Engages, und oben auf dem Verdecke wurde die Küche mit einem eisernen Kochofen besorgt, auch das Fleisch des erlegten Wildprets aufgehängt.

Etwa die Hälfte unserer Leute war bestimmt das Fahrzeug an einem Seile (Cordelle) aufwärts zu ziehen, wenn man nicht Segelwind hatte. Die Mannschaft, welche Herr McKenzie für die Reise zu den Blackfeet bestimmt hatte, bestand in einer doppelten Keelboat-Bemannung, und mit uns Fremden aus 52 Personen.

Als alle nöthigen Einrichtungen für unsere Reise getroffen waren, liess Herr McKenzie Abends vor dem Forte am Ufer des Missouri zur Belustigung der Leute ein kleines Feuerwerk abbrennen, wobei es mancherlei Scherz und Unterhaltung gab.

Kapitel XVII
Von Fort-Union zum Muscleshell-River

Wied verließ Fort Union am 6. Juli 1833 um 7 Uhr morgens:

> *Im Forte wehete die americanische Flagge und von beiden Seiten wurde ein*
> *Abschiedsgruss von mehren Kanonenschüssen abgefeuert. Das Wetter war*
> *warm und schön, so dass unsere Schiffzieher bald unter der Hitze litten,*
> *und sich häufig in dem schlammigen Ufer des Flusses niederlegten, um zu*
> *trinken. Jenseits des Uferwaldes, in welchem sich die Baumgräber der Assi-*
> *niboins befanden, verloren wir durch eine nördliche Wendung des Flusses*
> *das Fort aus dem Gesichte.*

Von Williston bis Fort Union sind es knapp 40 Kilometer, die wir in einer halben
Stunde zurücklegen. Nach einem letzten Besuch des Forts verlassen wir North
Dakota um ein Uhr mittags. Wied und seine Begleiter waren also schon seit einigen Stunden unterwegs, während wir unseren VW-Bus langsam auf dem Highway 327 nach Bainville, Montana, steuern. Wir folgen der Straße, die sich immer
mehr zu einer Schotterpiste entwickelt, bis zum großen, von Wied beschriebenen Missouribogen, der sich in Richtung Norden krümmt und mäandrisch nach
Westen verliert.

Wir sind allein auf der Straße. Die Gegend wird immer flacher, weitet sich aus
und wirkt bald wie ein einziges Weizenfeld, hin und wieder von Rübenanpflan-
zungen oder Erdölfeldern unterbrochen. Der stetige Wind verstärkt sich und
schiebt Wolken vor sich her, die sich immer bedrohlicher verdunkeln.

Von unserer Absicht, auf der Montana River Ranch in der Nähe von Bainville Quartier zu machen, müssen wir nach mehreren erfolglosen Telefonaten
Abschied nehmen. Später erzählt man uns an einer Tankstelle im Nirgendwo,
dass die River Ranch eine primitive Hüttenansammlung sei, die lediglich im
Herbst und Winter von Jägern genutzt würde. Den Rest des Jahres sei die Anlage
geschlossen.

Wir entschließen uns, weiterzufahren und unser Quartier in Culbertson aufzu-
schlagen. Von dort aus können wir Exkursionen zum Missouri unternehmen
und Wieds Reiseroute von 1833 nachverfolgen.

Gleich hinter Bainville beginnt The Great White Open, das heißt flachhügeli-
ges, mit Weizen bepflanztes Land, wolkenbegrenzter Horizont und endloser
Himmel, in dem sich die Cumuluswolken zu riesigen Gebirgen türmen.

Inzwischen wieder auf dem Highway 2, haben wir es mit einem höheren Verkehrsaufkommen zu tun. Mitten in der Einsamkeit wird der Highway vierspurig ausgebaut, um den vielen Tanklastern und Getreide-Trucks Platz zu machen, die zu den Silos und Abfüllstationen in Culbertson unterwegs sind. Durch die Stadt führt die Bahnstrecke Chicago-Seattle, welche die wichtigsten wirtschaftlichen Güter des Countys in den übrigen Staaten verteilt: Weizen und Öl.

Als Wied seinerzeit unterwegs nach Fort McKenzie war, begleitete ihn Alexander Culbertson (1809–1879), der Gründer und Namensgeber dieser Ortschaft, in der wir die nächsten Tage verbringen werden.

„Isch wunsche iene eine gute Takk!" Mit diesen Worten begrüßt uns Rick, der Betreiber des Diamond Coulee RV & Trailer Park in Culbertson. Rick, der einst als junger Soldat in Deutschland stationiert war, führt uns über den Platz und zeigt uns stolz die sanitären Einrichtungen. Der Trailer Park kann nicht gerade als attraktiv bezeichnet werden, aber er hat Strom, Dusch- und Waschräume, eine Waschmaschine und einen Internetzugang.

Die meisten wohnen mit ihren Familien in Campingmobilen, weil sie in der Nähe ihrem Job nachgehen. Hier zeigt sich wieder einmal die amerikanische Grundtugend, die viele Menschen in den Staaten auszeichnet: Improvisationsvermögen, Flexibilität und höchste Mobilität.

Nachdem wir einem neugierigen Mädchen unseren VW-Bus gezeigt haben, von dessen Ausmaßen es aber nicht sonderlich beeindruckt war, halte ich ein Schwätzchen mit unserem Camping-Nachbarn über den Sinn und Unsinn von Waffengesetzen. Er reinigt sein Gewehr, während er von seiner Waffensammlung im Wert von 40 000 Dollar erzählt. Über unsere deutschen Waffengesetze schüttelt er nur verständnislos den Kopf.

Am Nachmittag verdunkelt sich der Himmel erneut, ein Sturm droht aufzuziehen. Um den bisher noch regenfreien Tag zu nutzen, machen wir einen Spaziergang durch Culbertson. Ich mag diese kleine Stadt, entspricht sie doch in vielerlei Hinsicht meinen Vorstellungen von der amerikanischen Provinz. Es ist so eine gewisse Edward-Hopper-Stimmung, die nach meinem Empfinden auf solchen Orten lastet, eine Mischung aus Einsamkeit, Melancholie und billiger Verheißung, die sich in zerdrückten Bierdosen am Straßenrand ebenso ausdrückt wie in den freudlos dekorierten Schaufenstern der Geschäfte.

Wir schlendern den Broadway, die Main Street Culbertsons, entlang. Im Gegensatz zu den freundlich winkenden Autofahrern grüßen andere Fußgänger nicht. Der Grund ist simpel: es geht außer uns niemand zu Fuß.

Da es nicht wirklich etwas zu sehen oder bewundern gibt, außer weitläufigen, mit Parkplätzen flankierten, kastenförmigen Geschäftshäusern, suchen wir eine Tankstelle auf und besorgen uns ein Sixpack eiskaltes Budweiser. Die vielleicht gerade mal achtzehnjährige Verkäuferin fragt freundlich, ob sie von mir eine Dose bekommen könne, was ich aber etwas verlegen ablehne, da man Alkohol in Montana erst mit einundzwanzig Jahren kaufen darf und Verstöße gegen das Gesetz streng geahndet werden. Auf dem Rückweg zum RV-Park tröste ich mich mit der Vorstellung, dass die Nachfrage des Mädchens nur scherzhaft gemeint war.

Während Wied sich damals um Flora und Fauna kümmerte, David Dreidoppel für die Jagd verantwortlich war und Geld in der Wildnis keine große Rolle spielte, benötigt unsereins heutzutage Cash – und zwar in regelmäßigen und leider viel zu kurzen Abständen.

Wir fragen in der Bibliothek nach einem ATM (Automated Teller Machine). Es gibt in Culbertson nur einen Geldautomaten und der befindet sich in der Montana-Bar, fünfzig Meter den Broadway hinunter. Ich bin begeistert, endlich habe ich einen Grund, in diese Bar zu gehen.

Vor dem Saloon warten zahllose Fahrzeuge nebeneinander, wie damals zu Wildwest-Zeiten die Pferde. Drinnen sieht es genauso aus, wie man es aus vielen Filmen kennt: Eine lange Theke mit Fußstange, Barhocker, einfache Tische und Stühle aus Holz. Es riecht, wie es in einer Bar zu riechen hat, nach kaltem Rauch und verdunstetem Alkohol. Die Bardame sieht aus, wie Bardamen aussehen müssen: das Gesicht verlebt, die Haare schlecht getönt, die Stimme rauchig und gelangweilt. Männer mit Cowboyhüten stehen an der Bar und an den Stehtischen oder sitzen vor den „einarmigen Banditen". Sie heben nur kurz den Kopf, mustern mich und widmen sich erneut ihren Tätigkeiten. Der Saloon wird zugedröhnt mit höllisch lauter Rockmusik, deren Bässe die Gläser zum Vibrieren bringen. Der hintere Bereich der Bar ist mit Spielautomaten bestückt. Dort sitzen weitere Gäste, die sich intensiv mit den Geräten beschäftigen. Am Durchgang zum Restroom steht der wacklige ATM, oder wie die Amerikaner sagen: die „money machine".

Was sich schon in North Dakota abzuzeichnen begann, wird in Montana zur Gewissheit. In the Middle of Nowhere fragt man den Fremden nicht mehr, woher er kommt oder wohin er geht. Nachdem ich das Geld gezogen habe, nicke ich kurz, aber cool, in Richtung Barfrau und verlasse mit federnden Schritten die Lokalität.

In der Nacht fegt ein schweres Unwetter über Culbertson hinweg. Draußen ist die Hölle los. Es schüttet wie aus Kübeln, um uns herum toben Blitz und Donner. Der Sturm zerrt wild an unserem VW, Regen prasselt auf das Dach. Da wir in unserem VW-Bus durch den Faradayschen Käfig geschützt sind, bleiben wir aber einigermaßen gelassen.

Am nächsten Tag fragt Rick, wie es uns in der Nacht ergangen ist. Als wir ihm aufgeregt von dem nächtlichen Sturm erzählen, schaut er uns etwas mitleidig an. Er kann kaum begreifen, dass uns europäische Weicheier ein Sommergewitter so beunruhigen kann. Seitdem hoffen Elke und ich, nie in einen Orkan zu geraten, der auch standfeste Montana-People in Angst und Schrecken versetzen könnte.

Die folgenden Tage nutzen wir, um uns die Landschaft auf beiden Seiten des Missouris anzuschauen.

Bei einer Exkursion auf die Südseite des Missouri Rivers wollen wir die Landschaftsmarken finden, die Wied in seinem Buch beschrieb. Auf der unbefestigten County Road 152 fahren wir Richtung Westen, mit einem traumhaften Blick auf die schroffe, wilde Landschaft. Die Hügellandschaft besteht überwiegend aus Sandstein. Vögel nutzen das Sedimentgestein, um darin Nistplätze zu bauen. Autowracks und ausrangierte Landmaschinen stehen um die Farmgebäude herum und rosten vor sich hin. Wie aus dem Nichts tauchen surrealistische Gesteinsformationen auf, die aus einer anderen Welt zu stammen scheinen. Teilweise sieht es so aus, als ob Teile eines antiken Bauwerks heruntergestürzt sind. Als ich einen Abstecher in die Hügel mache, stoppt ein Farmer seinen Trecker und ruft mir zu: „Watch for Rattlesnakes!" Die Tour hat etwas Unwirkliches, eben sind da noch die unglaublichsten Formationen, kurz darauf beherrscht banaler Weizenanbau die Szenerie. Pfützen und Matsch zwingen uns zu vorsichtiger Fahrweise, der Weg muss noch vor kurzem komplett unter Wasser gestanden haben.

Die Straße endet an einer kleinen Ansiedlung. Verlassene Farmgebäude, verwitterte, unbewohnte Häuser und verfallene Schuppen stoppen uns. Im Süden grasen Rinderherden. Es scheint, als ob die Zeit in diesem unwegsamen Teil Montanas stehen geblieben ist. Die menschenleere Landschaft ist nicht im klassischen Sinne schön, sondern einsam, wild, verwegen und abenteuerlich. Voller Bewunderung schaue ich in diese archaische, endlose Weite. Am Wegesrand liegen Findlinge, die durch Gletscher hierher drifteten. Sie sehen aus, als ob sie jemand auf der Flucht zurückgelassen hätte. Kein Auto weit und breit. Wären da nicht die Reifenabdrücke im Straßenschotter, könnte man meinen, allein auf der Welt zu sein. Hin und wieder stehen Kühe auf der Fahrbahn und starren uns verblüfft an. Ansonsten bewegen wir uns durch eine leicht hügelige Landschaft mit sacht wogenden, prallgelben Weizenfeldern, die bis zur Kimm reichen, manchmal von einsamen Ranches oder graugrünen Rüben- und Bohnenanbauflächen unterbrochen, die das silbrige, schlangenförmige Band des Missouris flussabwärts begleiten. Der Blick auf den legendären Strom ist ergreifend. Wie von Karl Bodmer gemalt präsentiert sich die Flusslandschaft mit ihren vielen Inseln, Sandbänken und Schwemmholz als eine romantische Inszenierung der Natur. Man kann sehr genau den Unterschied zwischen den beiden Uferlandschaften erkennen. Die Hügel der Südseite sind bewachsen, während sich die Nordseite fast vollständig baum- und strauchfrei entwickelt hat. Hin und wieder sind Gesteinsformationen zu entdecken, die steil am Ufer emporsteigen und dabei durchaus Bodmers Skizzenbuch entstiegen sein könnten.

Wir erkunden die nördliche Flussseite bis zur Zollstation an der kanadischen Grenze, 16 Meilen hinter Plentywood.

Dort erreichen wir auch den nördlichsten Punkt unserer gesamten Reise. Auf der Rückfahrt nach Plentywood, das seinen Namen dem früheren Holzreichtum der Gegend zu verdanken hat, bemerken wir, dass auf den Wellenhügeln kein einziger Baum mehr steht.

Auf einer kleinen Anhöhe stoppen wir unseren Bus und blicken in unendliche Weite, ins unendliche Nichts. Land of Nowhere! Ein grenzenloser Horizont, der den Europäer staunen lässt. Soweit der Blick reicht: Felder, Weiden, Zäune und in der Ferne Prärie, die sich in bräunlicher Unschärfe auflöst.

In Plentywood, einer Kleinstadt mit knapp 1 800 Einwohnern und sieben Kirchen, essen wir im Gold Dollar Restaurant zu Mittag und warten den heftigen Schauer ab, der uns wie aus dem Nichts kommend überrascht hat.

Als wir einen Abstecher ins Medicine Lake Refuge machen, einem riesigen wasserreichen Naturschutzgebiet, in dem 225 Vogelarten ihr Biotop gefunden haben, überholt uns das erste Auto an diesem Tag und vermittelt das beruhigende Gefühl, nicht allein auf den abgelegenen Pisten von Gods Own Country zu sein.

Nach vier Tagen und einer eiskalten Nacht, in der wir das Holmes Heizgerät einschalten müssen, setzen wir unsere Reise fort. Wir verlassen den Diamond Coulee RV&Trailer Park in Culbertson in Richtung Poplar.

Rick schüttelt den Kopf, als wir ihm beim Abschied erzählen, dass unser nächster Aufenthalt in Poplar sein wird. Er prophezeit, dass es uns in Poplar nicht gefallen wird und dass wir abends wieder in Culbertson sein werden.

Die mittlerweile vertraut gewordenen Signalhörner der Eisenbahn begleiten unsere Weiterfahrt durch das flache Land. Die Hitze ist schier unerträglich. Das einzige, was uns auf dem US Highway 2 entgegen kommt, ist ein Pärchen auf einem Tandemrad, das sich über den flimmernden Straßenbelag vorwärts quält.

Mit der Überquerung des Big Muddy Creeks erreichen wir die Fort Peck Indian Reservation. In dem neuntgrößten Indianer-Reservat der Vereinigten Staaten leben um die 6 000 Assiniboine- und Sioux-Indianer, insgesamt beträgt die Anzahl der Stammesmitglieder knapp über 10 000. Das Reservat liegt im Nordosten von Montana, 40 Meilen westlich von North Dakota und 50 Meilen südlich der kanadischen Grenze. Der Missouri River bildet die südliche Grenze. Die Reservation ist 180 Kilometer lang und 64 Kilometer breit und hat dabei eine Landfläche von 8 519 480 km², wovon nur 3 750 km² im Besitz der Indianer sind. Die Fort Peck Indian Reservation wird als souveränes Staatsgebiet von der Bundesregierung der Vereinigten Staaten anerkannt und hat eine eigene Verfassung. Die Stammesregierung besitzt die Kontrolle über die meisten Aktivitäten innerhalb des Reservats. Zusätzlich zum Tribal Government gibt es auch Stadt- und Kreisverwaltungen sowie das Sisseton Wahpeton Sioux Council.

Wir fahren durch kleine Indianersiedlungen, winzige Orte mit Pow-Wow-Plätzen, Plakate werben für die Festveranstaltungen. In Brockton, Montana, sehen der B & S Quick Stop und die Log Cabin Bar wenig vertrauensvoll aus, sodass ich das Gaspedal durchdrücke und zügig weiter Richtung Westen fahre.

„Welcome to Poplar. Located on the Fort Peck Indian Reservation, the Reservation is home to the Assiniboin and Sioux Tribes."

Poplar ist die Hauptstadt der Fort Peck Indian Reservation. Rechts geht es zum Flughafen, zum Hospital und zum Poplar Tribal Museum, links zum Friedhof. Es gibt die Poplar High School und die Poplar Indians, den Basketball-Club der Schule. Am Ortsausgang befindet sich das Footballstadion. Der Ort riecht nach Chemie, verbranntem Gummi und Öl. Auf der Suche nach dem Smith RV Park beunruhigen uns die vielen baufälligen, zugenagelten und abgebrannten Gebäude. Die Geschäftsstraße ist menschenleer, kein Geschäft hat geöffnet. Das einzige Hotel in Poplar ist geschlossen und steht zum Verkauf. Wir fragen einen indianischen Polizisten nach dem RV Park. Er starrt uns sekundenlang wortlos an und fährt schließlich voraus, um uns dorthin zu lotsen. Das Smith RV Parkgelände ist eine absolute No-go-Area. Das Wirtschaftsgebäude ist eine nur notdürftig hergerichtete Bretterbude mit Toiletten, die wahrscheinlich genauso ausgetrocknet sind, wie der staubige Campground des kargen und baumlosen Geländes. Hier stand noch nie ein Camper und hier wird auch nie ein Camper stehen. Jetzt wissen wir, was Rick uns zum Abschied sagen wollte. Doch nach Culbertson wollen wir nicht zurückkehren.

23 Meilen weiter westlich erreichen wir Wolf Point, die nächstgelegene Ortschaft, die verheißungsvoll mit dem Silver Wolf Casino lockt. Mit knapp 3 000 Einwohnern ist die Stadt die größte Ortschaft in der Fort Peck Reservation. Nicht so heruntergekommen und abschreckend wie Poplar, wirkt Wolf Point lebendiger und prosperierender. Der Bevölkerungsanteil der Weißen liegt bei 55%, der der Indianer bei knapp 41%. Besondere Sehenswürdigkeiten hat der Ort, vom Roosevelt County Museum und der 1930 eröffneten Lewis and Clark Bridge über den Missouri mal abgesehen, nicht zu bieten. Da die Stadt aber jährlich eines der ältesten Rodeos veranstaltet, gilt Wolf Point zumindest in diesem Bundesstaat als „Grandaddy of all Montana Rodeos".

Die Digitalanzeige an der Gasstation am östlichen Ortseingang zeigt 32 °C, der Asphalt unter unseren Füßen scheint zu kochen. Die Warnung auf der Zapfsäule: „No pay, no licence, drive-off without paying for gas, it could be the last time." beunruhigt uns nicht, da wir nicht vor haben, gegen das Gesetz zu verstoßen.

Eine unter Drogen oder Alkohol stehende Indianerin bettelt mich an. Ich bin etwas konserniert, gebe ihr einen Dollar. Sie ist empört, schimpft, will zehn Dollar. Ich drehe mich weg. Die Frau bietet ein Bild des Jammers. Supermarkt Albertson. Ein ganz in Schwarz gekleideter Indianer torkelt betrunken an mir vorbei. Ich schaue weg, habe keine Lust, angebettelt zu werden. Es ist für mich ein deprimierendes Erlebnis, Angehörige eines einst so stolzen Volkes in solch erbärmlichem Zustand zu sehen. Gleichzeitig erscheint es mir auch als eine Schande, dass ein so reiches Land wie die USA ihre Ureinwohner unter menschenunwürdigen Bedingungen dahinvegetieren lässt. Trotzdem: Wolf Point ist genau der richtige Standort für die nächsten Tage.

Nachdem wir eingekauft haben, verlassen wir Wolf Point in westlicher Richtung, um kurz hinter dem Ortsausgang auf dem Rancho RV Park Quartier zu beziehen. Obwohl es nur wenige Bäume gibt, die Schatten spenden, sind wir mit unserem Stellplatz zufrieden. Der Rancho Park liegt zwischen flachem, braunem Farmland, nur 150 Meter von der Bahnlinie Chicago-Seattle entfernt, die uns mit Signal- und Schienengeräuschen begrüßt. Das Motel und die angrenzenden Dusch- und Waschräume sind renovierungsbedürftig. Die Zimmertüren des Motels wurden teilweise zugenagelt, einige Fenster notdürftig mit Pappe und Plastik ausgebessert. Die Sanitäranlagen sehen hässlich, brüchig und schmutzig aus, aber aus den Duschköpfen und Wasserhähnen kommt warmes Wasser, und das allein zählt.

Der 65-jährige Ron, Angestellter des Campgrounds und ein waschechter Sioux, weist uns in die Örtlichkeiten ein. Er erzählt, dass er ein erfolgreicher Traditional Indian Dancer war, der Deutschland im Jahr 1992 mit seiner indianischen Tanzgruppe bereist hat. Von ihm erfahren wir, dass das marode Gelände nicht ihm, sondern einem Weißen gehört, den der Zustand des Rancho Parks nicht zu stören scheint.

Ron wird für mich in den folgenden Tagen immer mehr zu einer unerschöpflichen Informationsquelle.

Während wir uns für die Nacht einrichten, erscheinen noch einige Neuankömmlinge, darunter zwei Radfahrer, die hastig ihr Zelt aufschlagen, da sich erneut ein Unwetter ankündigt.

Wenn ich an dieser Stelle sage, dass das Gewitter, das in dieser Nacht tobt, das heftigste Gewitter ist, das ich jemals erlebt habe, darf mir das jeder Leser glauben – doch keiner dieser hartgesottenen Bewohner Montanas würde mir zustimmen. Die Blitze kommen aus allen Richtungen und erhellen den Nachthimmel, der aussieht wie elektrisch aufgeladen, im Sekundentakt. Die nachfolgenden Schockwellen erzeugen einen Donner von nie zuvor gehörter Lautstärke. Es ist ein Gefühl, als ob die Götter einen Kampf mit Blitzschwertern ausfechten.

Am nächsten Morgen beobachten wir, wie der Campingplatzbesitzer Ron mit dem Zeigefinger heranwinkt und ihm irgendwelche Instruktionen erteilt. Minuten später beginnt der Indianer auf einem kleinen befahrbaren Rasenmäher den Rasen zu mähen.

Als Ron uns vor dem VW-Bus entdeckt, macht er an unserem Stellplatz Halt, um einen kleinen Plausch zu halten. Dabei fällt mir auf, dass er auf einer Seite seines Kiefers keine Zähne mehr hat. Doch arm scheint Ron nicht zu sein, denn er erwähnt, dass er auf beiden Seiten des Missouris Land besitzt, auf dem man Öl gefunden hat. Er hofft, dass sich die Ausbeutung der Ölquellen lohnt.

Außerdem erfahren wir, dass er sich seit seiner Kindheit so gut mit Heilpflanzen auskennt, dass seine Lehrer von ihm lernen konnten. Seitdem gilt er in seinem Stamm als Medizinmann, der bei Krankheiten um Rat gefragt wird. Seine Vorfahren haben ihn gelehrt, in größeren Zusammenhängen zu denken, ganzheitlich sozusagen, und den Menschen als eine Summe von Körper, Geist und Seele zu betrachten. Selbst Krebskranke hat er angeblich schon geheilt.

Nachdem er meine Frage, ob ich ihn mal zu einem kleinen Pow-Wow in seinem Büro besuchen dürfe, lachend bejaht hat, widmet er sich wieder der Rasenpflege und knattert auf dem Mäher davon.

Nachmittags besuche ich Ron wie angekündigt im Motelzimmer No. 1. An den Wänden hängen Familienbilder und Trophäen. Einige seiner gewonnenen Pokale stehen neben dem laufenden Fernseher, der auch während meines Besuches nicht ausgeschaltet wird.

Ron bietet mir einen Stuhl an und antwortet ohne zu zögern auf meine Fragen. Er spricht langsam in einem melodischen Sound. Dabei wirkt er zufrieden, ist offenbar im Einklang mit sich selbst und erklärt, dass es seine Bestimmung sei, sein Volk zu beraten, den Missbrauch von Drogen und Alkohol zu bekämpfen und die Natur – besonders in der Reservation – zu schützen.

Mit einem freundlichen Lächeln erzählt er mir dann von seiner Zeit als Traditional Indian Dancer. In Deutschland tanzten sie damals vor 8 000 Leuten und wurden von schwer bewaffneten Polizisten beschützt. Nach dem Besuch eines Volksfestes wurden sie von rechtsradikalen Skinheads verfolgt, bis die Polizei die Nazis vertrieb.

Ron räumt ein, dass es Alkohol- und Drogenprobleme gibt. Die Kreuze an den Straßenrändern erinnern an die Drogentoten. Die Polizei verhaftete in den letzten Monaten viele Dealer, doch Ron bezweifelt, dass diese Maßnahme ausreichen wird, um das Drogenproblem zu lösen. Er schaut mich mit traurigen Augen an. Die Dealer, betont er, sind ausnahmslos Weiße. Die hohe Arbeitslosigkeit und die fehlenden Zukunftsaussichten in den Reservaten verstärken unter seinen Brüdern und Schwestern die Flucht in die Drogenwelt. Er selbst, so bemerkt Ron mit einem gewissen Stolz, hat sechs Kinder, aber keines von ihnen raucht, trinkt oder nimmt Drogen.

Ich erfahre, dass seine Frau eine Weiße war, die vor einigen Jahren an Krebs starb. Er lernte sie nach seiner Kriegsverletzung in Vietnam kennen, wo sie ihn als Krankenschwester betreute. Sie erzogen ihre Kinder nach den Maßstäben der Weißen und ermöglichten ihnen eine sehr gute Bildung. Ein Sohn wurde Multimillionär in der Telekommunikationsbranche. Nach dem Tod seiner Frau verschenkte Ron seine beiden Häuser in Oregon an seine Kinder und kehrte in die Reservation zurück. Schließlich ist er in dieser Gegend aufgewachsen und will – wie viele seiner Stammesbrüder auch – für den Rest seines Lebens wieder dort leben, wo er aufgewachsen ist.

Nur wenn es ihm in Montana zu kalt wird, fährt er die 1 100 Meilen zu seinen Kindern in das sonnige Oregon. Bei ihnen besitzt er noch sein Zimmer, das er mit traditionellem Indianerschmuck dekoriert hat. Dort befinden sich seine Tanztrophäen und Erinnerungsfotos aus der Zeit, als er noch erfolgreich in der Baubranche tätig war und unter anderem ein riesiges Sportstadion als Vorarbeiter einer hundertköpfigen Baukolonne hochgezogen hat. Später arbeitete er dann als Organisator für den Bühnenaufbau großer Konzerthallen und traf neben anderen bekannten Stars auch einmal Elvis Presley, der Ron mit seinen langen Zöpfen anblickte und bewundernd sagte: „Oh, a native, an Indian." Ron ahmt gekonnt Elvis' Stimme nach und lacht schallend.

Dann verklärt sich sein Gesicht ein wenig. Ron erinnert sich an seinen Großvater, der ihm einst vorausgesagt hatte, dass er einmal wie ein Adler fliegen werde. Als Ron Jahre später Fallschirmspringer im Vietnamkrieg wurde, wusste er, was sein Großvater gemeint hatte. „Indianer haben keine Angst", sagt er stolz, „deshalb bin ich Elitesoldat geworden." Natürlich, räumt Ron ein, habe er sich als Indianer gefragt, was er in Vietnam zu suchen hat, doch schließlich ist der Amerikaner in ihm stärker gewesen. Damals sprang er als Fallschirmjäger aus großen

Ronald „Jiggs" Ricker

Höhen ab und machte unten am Boden seinen tödlichen Job. Bei einer dieser Aktionen brach er sich den Halswirbel und schlug sich den Kopf ein. Ich soll seinen Schädel berühren. Während mein Finger über eine große Vernarbung tastet, zeigt Ron auf ein Foto an der Wand, das ihn als jungen Soldaten irgendwo in Vietnam zeigt. Daneben entdecke ich eine Fotografie, die ihn in Stammeskleidung zeigt. Er sieht verwegen aus, nur die riesige Sonnenbrille wirkt deplatziert. Zwei Welten dicht nebeneinander: Ein indianischer Warrior, der vor Zuschauern und Touristen tanzt und ein amerikanischer Soldat, der in Vietnam für sein Land dortige Natives tötet.

Er lebt ohne Alkohol und Drogen, sagt Ron nach einigen Sekunden des Schweigens, weil er immer ein Vorbild für seinen Stamm sein will. In seiner Zeit als Student kamen weiße Kommilitonen zu ihm und baten ihn um seinen Rat. Dabei fielen ihm die Unterschiede zwischen dem weißen und dem roten Mann auf. Das Raffen von Besitz sei eines der größten Probleme der Weißen, betont er, sie wollen reicher und reicher werden. Die Indianer dagegen würden fortwährend etwas abgeben. Im Gegensatz zu den Weißen bedeute Besitz ihnen nichts.

Ron beschäftigt sich mit Naturheilkunde. Er zeigt mir einige Heilpflanzen, alle aus der Prärie. Auch Schlangen können heilen. Das Gift der Rattlesnakes eignet sich für wirksame Heilmethoden. Rattlesnakes greifen Menschen normalerweise nicht an, sie verschwinden, wenn sie Menschen sehen. Ron sagt, dass er keine Angst vor diesen Schlangen hat, im Gegenteil. Nicht weit von hier leben Tausende und er bringt oft Freunde oder Besucher zum Staunen, wenn er die Schlangen indianisch anspricht, dann mit bloßen Händen in die Schlangengrube greift und ein riesiges, sich windendes Knäuel in die Höhe hält, ohne dass ihn eine einzige Schlange beißt. Als ich mich von Ron verabschiede, bekomme ich von ihm ein rot bemaltes Stöckchen mit einem kleinen Beutel Tabak dran. Dieser Glücksbringer soll uns auf der weiteren Reise beschützen.

Seit einigen Tagen bereiten mir Schleifgeräusche an dem VW-Bus Sorgen. Wolf Point, Reparaturwerkstatt Pro Tire: Jeff – ein junger Mann, aber eindeutig der Chef – fährt mit dem Bus eine Runde um den Block, horcht, und holt einen Kollegen dazu. Sie beratschlagen sich. Der VW wird aufgebockt, die Reifen abmontiert. Es wird geklopft und geschraubt, bald steht die Diagnose fest: „Broken brake shoes", gebrochene Bremsbacken an beiden vorderen Reifen. „In a couple of hours" können wir den Wagen abholen. Wir bummeln in der Zwischenzeit durch Wolf Point. Auf der anderen Straßenseite spaziert forsch ein Cowboy entlang, erst beim näheren Hinsehen sieht man, dass es sich um einen älteren

Herrn um die achtzig Jahre handelt. Vor einem Holzhaus hängt ein Schild: „The Lord's Table began as a vision of Pastor Danny Lindsay of Overcomer's Church, a non-denominational church in Wolf Point, Montana. It is situated on a Sioux-Assiniboine Indian Reservation in the NE corner of the state in the midst of a farming/ranching community. We serve approx 1200 plates a month, lots of children, please help…Thank you."

In Wolf Point leben die meisten Indianer im Süden der Stadt in einem ärmlichen Viertel, in der Idaho Street stehen nur noch Fragmente eines abgebrannten Hauses. Mehrere Häuser sind demoliert, Türen und Fenster zugenagelt.

In der Roosevelt County Library, in dem auch das Historical Society Museum & Art Galery untergebracht ist, werden wir von Hermann, 79, und seiner Frau begrüßt. Hermanns Vorfahren immigrierten aus Norwegen in die Vereinigten Staaten. Er hat einen Sohn, der mit einer Indianerin verheiratet ist. Hermann ist auf einer Farm in Wolf Point aufgewachsen und hat sein ganzes Leben hier verbracht. Er ist mit den Indianern groß geworden, sein bester Freund ist einer von ihnen. Sie sind zusammen zur Schule gegangen. Ich frage nach dem Verhältnis zwischen Weißen und Indianern. Hermann meint, dass es keine Schwierigkeiten im Zusammenleben gebe. Dass die Indianer Probleme mit Alkohol und Drogen haben, sei jedoch unbestritten, und dieses Problem bekämen sie auch nur schlecht in den Griff. Heikel sei auch die hohe Arbeitslosigkeit bei den Indianern. Ich erzähle Hermann die Geschichte von Ron mit den verhafteten weißen Drogendealern. Lachend meint er, dass es gut möglich sei, dass die Polizei selbst der Dealer ist. Der Familienzusammenhalt der Indianer sei sehr ausgeprägt. Es gebe Indianer, die jahrelang außerhalb der Reservation gelebt haben und bei ihrer Rückkehr wieder in die alten, oft negativen Verhaltensmuster zurückfallen. Das Gleiche gelte auch für die jungen Indianer, die ihre Ausbildung außerhalb der Reservation machen, dort dem Alkohol und den Drogen entsagen, und wenn sie zurückkehren, sofort wieder in den alten Trott verfallen. Die meisten Indianer würden nicht gern in der Reservation leben, sondern empfinden sie etwas Aufgezwungenes und nicht als ihre Heimat.

Im Pro Tire Auto Repair Shop treffen wir auf einen gut gelaunten Jeff. Die Bremsbacken sind montiert, der VW-Bus ist wieder fahrbereit.

Es wird Zeit, sich die Fort Peck Indian Reservation etwas genauer anzusehen. Bei leichter Bewölkung und einem angenehmen Wind verlassen wir Wolf Point Richtung Norden. Zunächst geht's durch die sanft hügelige Prärielandschaft der High Plains. Die kurvenlose Straße passt zu dem kargen Land, das schwarze

Band des Asphalts zeigt schnurgerade Richtung Norden. Die Landschaft gleicht einem sich unendlich reproduzierenden Bild. Eine Pferdeherde mit einigen Fohlen trabt gemächlich über die Straße. Im Missouri DeLorme Atlas sehen wir, dass es mehrere große Ranches im Reservat gibt. Ich stelle mir den gewaltigen Kraftakt vor, der betrieben wurde, um diese Grassteppe in Ackerland umzuwandeln. Diese Landschaft war über Jahrtausende hinweg kaum besiedelt und wenig genutzt. Auf den weiten Grassteppen weideten Büffelherden. Als der Getreideanbau immer weiter nach Norden und Westen ausgedehnt wurde, selbst in Gebiete hinein, in denen die Niederschläge normalerweise für einen dauerhaften Anbau nicht ausreichen, rächte sich der Raubbau an der Steppe. Die trockene Erde der abgeernteten Felder und der Weideflächen mit der spärlichen Grasnarbe waren den erodierenden Kräften von Wind und Wasser ausgesetzt, das Land wurde teilweise zum Badland. Die Reservation ist fast baumlos, abgesehen von vereinzelten Bäumen, die vor Farmen als Windschutz gepflanzt wurden. Einige Farmen stehen einsam und verlassen, davor grasen ein paar Indianerpferde. Vom Windy Butte schauen wir in die weite Ebene Richtung Norden. „Leaving Fort Peck Indian Reservation".

Scobey beziehungsweise Pioneer Town ist eine geschäftige Provinzstadt, überschaubar und wohl geordnet. The Daniels County Museum & Pioneer Town ist ein Straßenensemble mit Gebäuden aus der Westernzeit, aber leider geschlossen. Hinter Scobey sehe ich nur noch den Wasserturm im Rückspiegel, dann verliert auch er sich in den Weiten Montanas. In Madoc stehen noch einige historische Grain Elevator, Holz-Getreidesilos, die auch „Wachposten der Prärie" genannt werden. Bei Besichtigung der verfallenen Getreidespeicher muss ich durch hohes Gras gehen. Da ich in kurzer Hose unterwegs bin, steigt mein Adrenalinspiegel sprunghaft an, ich spüre förmlich, wie sich die Giftzähne einer Klapperschlange in meine Wade bohren. Der Montana Secondary Highway 251 bringt uns wieder Richtung Süden. Es ist so einsam, dass sich jedermann mit einem lässigen Heben des Zeigefingers grüßt. Zwei ältere Damen arbeiten in einer kleinen Ansiedlung im Garten an einem Blumenbeet und winken uns freundlich zu. Wir sind wieder in der Reservation. Bei Pleasant Prairie überholt uns ein Auto, auf dessen Dach eine voluminöse Kamera installiert ist. Es handelt sich um ein Fahrzeug für den Google-Dienst Street View. Tatsächlich können wir uns Monate später bei Google die Aufnahmen unseres VW-Busses ansehen. Die O'Brian Farm steht einsam zwischen Feldern, nur selten sind Farmarbeiter zu sehen. Von der Poplar Road blicken wir in das wilde, urwüchsige Tal des Poplar River. Ein Präriehund, dessen Bau mitten auf die Straße führt, starrt uns vorwurfsvoll an. Als es für ihn gefährlich wird, verschwindet er blitzschnell. Bis auf den Präriehund haben wir nicht ein einziges wild lebendes Tier gesehen, keinen Hirsch, keinen Bären, keinen Wolf, keinen Berglöwen.

Ron hat uns zu einem indianischen Tanzwettbewerb, dem Pow-Wow-Event „Wahcinca Lakota Oyate Celebration" nach Poplar eingeladen. Wir sollen uns keine Sorgen machen, es sei Polizei anwesend, Alkohol sei nicht erlaubt. Auf einem großen Veranstaltungsgelände in der Nähe des American Legion Parks steht eine nach allen Seiten offene Blechhalle, in der die Indian Dance, Costume & Drumming Competition stattfindet. Viele Besucher campen entlang des Poplar Rivers. Hingerissen verfolgen wir die Vorstellung der Tänzer und die Eröffnungstänze, genießen die Eindrücke dieser uns fremden Kultur. Wir erfahren, dass die vorangetragene Fahne beim Einmarsch der Tänzer die wichtigste Fahne für die Assiniboin-Sioux-Indianer ist. Bei den Tänzerinnen und Tänzern sind alle Altersklassen vertreten. Ihre Eleganz und Selbstsicherheit ist beeindruckend. Alle sind in der traditionellen Tracht ihrer Stämme gekleidet, dazu der gleichförmige Trommelrhythmus und monotone Singsang – wenn man die Augen schließt, könnte man meinen, die Zeit sei seit Wieds Besuch stehen geblieben. Seine Beschreibung einer Tanzveranstaltung der Mandan Indianer kommt mir in den Sinn:

Am 7. März (1834) tanzte die Bande der Meniss-Ochätä aus Ruhptare zu Mih-Tutta-Hangkusch in der Medecin-Hütte. Eine Menge Zuschauer begleiteten die 27 bis 28 (Indianer von der Bande der) Hunde, sämmtlich auf das schönste aufgeputzt. Ein Theil von ihnen war in schöne Roben oder auch in Hemden von Bighorn-Leder gekleidet, andere in rothe Tuchhemden, oder blau und rothe Uniformen, ein Theil hatte den Oberleib nackt, und ihre Heldenthaten mit rothbrauner Farbe darauf angegeben. Auf dem Kopfe trugen vier von ihnen, dies sind die ächten Hunde, eine colossale, weit über die Schulter hinaus reichende Mütze oder Haube von Raben- oder Elsterfedern, an deren Spitzen kleine weisse Flaumfedern angeklebt sind. In der Mitte dieser unförmlichen Federmasse ist der ausgebreitet aufrechtstehende Schwanz eines wilden Truthahns oder des Kriegsadlers angebracht. Um den Hals tragen diese vier Haupthunde einen langen Streifen von rothem Tuche, der über den Rücken hinab bis auf die Waden hängt, und in der Mitte des Rückens in einen Knoten zusammen geknüpft wird. Die Krieger schlossen den Kreis, in dessen Mitte eine grosse Trom-

Bisontanz der Mandan Indianer (Karl Bodmer)

mel gesetzt wurde, auf welche fünf Männer in sitzender Stellung schlu-
gen; ausser diesen standen noch zwei Männer zur Seite, von welchen ein
jeder eine kleine Trommel gleich einem Tamburin schlug. Zu den heftigen
schnell wiederholten Schlägen der Trommel pfiffen die Hunde in stehender
Stellung abwechselnd auf ihren Kriegspfeifen in kurzen gleichartig und oft
wiederholten Sätzen, dann fiengen sie plötzlich an zu tanzen. Die Tänzer
liessen ihre Roben hinter sich auf die Erde fallen und einige tanzten in der
Mitte des Kreises mit vorgeneigtem Oberleibe, mit beiden Füssen zugleich
etwas von dem Boden in die Höhe springend und dabei fest auftretend.
Die übrigen Indianer, tanzten in Unordnung, das Gesicht nach dem Kreise
gewendet meist auf einem Haufen ziemlich dicht zusammen gedrängt,
indem sie zuweilen alle zugleich den Kopf und Oberleib mehr senkten,
während Kriegspfeifen, Trommeln und Schischikues ein heftiges Getöse
verbreiteten.

Die Stimme des Ansagers holt mich wieder in die Realität zurück. Er macht die
Ansagen in Englisch und in der Stammessprache. Die überwiegend indianischen
Zuschauer verfolgen entspannt die Darbietungen der Tänzer, spenden freund-
lichen Beifall. Plötzlich spüre ich eine Hand auf meiner Schulter. Es ist Ron.

Poplar, Montana – Fort Peck Indian Reservation: Indian Dance Competition

Er stellt uns seine Tochter vor, die in Poplar Polizistin ist, und macht uns mit seinem Bruder bekannt, einem der Moderatoren dieser Veranstaltung. Poplar verabschiedet uns mit dem Ratschlag: „Live a long healthy life, no alcohol, no drugs."

Am 18. Juli, einem Samstag, verlassen wir den Rancho RV Park im Lärm der Schienengeräusche eines vorbeirollenden Zuges. Es ist Erntezeit, das Heu wird eingeholt, die Strohballen werden abtransportiert. Auf ein Stoppschild hat jemand gesprayt: „Don't stop believing". Unter den schattigen Bäumen der Flussniederung finden wir ein wildromantisches Plätzchen für unsere Mittagspause. Der Milk River bildet die Grenze zur Reservation. Die Leere der kargen Landschaft ist ebenso grandios wie die endlose, fast brettflache Prärie. Wir fahren in der glühenden Mittagshitze, die Straße flimmert, die Luft vibriert. Unser heutiges Tagesziel ist der Fort Peck Dam. Der Stausee Fort Peck Lake ist 216 Kilometer lang, hat eine Uferlänge von 2 432 Kilometern sowie eine maximale Tiefe von 67 Metern und ist damit der fünftgrößte in den Vereinigten Staaten. Der Fort Peck Staudamm ist mit seinem Gesamtvolumen von rund 96 Millionen m³ der neuntgrößte der Erde und erzeugt mit dem angeschlossenen Wasserkraftwerk und fünf Turbinen eine Leistung von 185,25 Megawatt. Der Stausee liegt in dem Charles M. Russell National Wildlife Refuge, das bekannt ist für seine Dinosaurier-Fossilienfunde.

Auf dem Westend Campground bekommen wir noch einen der wenigen freien Stellplätze, von dem aus wir einen erstklassigen Blick auf den Fort Peck Lake und die ehemalige Mündung des Big Dry Creeks haben. In Fort Peck arbeiten und leben die Mitarbeiter des Kraftwerks. Die kleine Ansiedlung sieht so sauber und gepflegt, so uramerikanisch aus, wie man es nur aus Heile-Welt-Filmen kennt. Einige Verwaltungsgebäude stammen noch aus den dreißiger Jahren, als der Staudamm gebaut wurde. Auf dem Montana Highway 24 überqueren wir den über 6 000 Meter langen Staudamm. Ein imposantes Panorama: hinter uns die gestaute Flusslandschaft, vor uns die weite Wasseroberfläche des Stausees. Am östlichen Ende des Damms stehen vier kleinere Gebäude, die Teil der Kraftwerksanlage sind, die Emergency Shaft Buildings. Hier befinden sich die Turbinen, die das Wasser hochpumpen und in Energie umwandeln. Der Damm ist zur Seeseite hin durch Findlinge gesichert.

Zu diesen Findlingen gibt es eine interessante Geschichte: Die Steine besorgte man sich beim Bau des Dammes bei den Indianern in der Reservation. Dort, wo die Findlinge lagen, wimmelte es von Rattlesnakes und Bullsnakes. Das Arbeiten an dieser Stelle war ein kompliziertes und gefährliches Unterfangen. Unter den Steinen war auch ein Kind beerdigt worden, das an einem Schlangenbiss gestorben war. Als die Steine aus der Umgebung des Grabes abtransportiert werden sollten, musste die Familie des verstorbenen Kindes ihr Einverständnis geben, was sie auch taten, unter der Bedingung, dass das Kind umgebettet werden sollte. Als man nach dem Leichnam oder dem, was noch übrig geblieben war, suchte, fand man – nichts. Es herrschte große Aufregung bei den Indianern, keine Findlinge durften mehr abgeholt werden. Die Lösung des Problems kam in Gestalt einer Medizinfrau, die über Nacht an dem besagten Ort blieb und am nächsten Tag eine Erklärung parat hatte: Das Kind war von einer heiligen Riesenschlange komplett vertilgt worden. Von diesem Moment an durften zwar wieder Steine wegtransportiert werden, aber nicht mehr aus der näheren Umgebung des Grabes. Noch heute ist dies ein heiliger Ort für die Indianer.

Der Stellplatz ist leider eine Qual, da wir unsympathische Zeitgenossen zur Linken und unfreundliche zur Rechten haben. Nachts beleuchten zwei Straßenlampen grell unser Auto. Kein Baum schützt uns vor den hohen Temperaturen, schon kurz nach Sonnenaufgang ist die Hitze unerträglich. Es gibt in Montana einen Spruch, der es ganz gut trifft: In Montana ist es im Winter kälter als in Grönland und im Sommer heißer als in der Hölle.

Wir machen einen Abstecher nach Glasgow, Montana, um unsere Vorräte aufzufüllen. High Noon. 32 °C. Die Luft ist ungewöhnlich trocken. Da es wegen der Hitze unmöglich ist, sich im Auto aufzuhalten, gehe ich mit Elke in den Albertson Store. Die Verkaufsräume sind herrlich kühl, keine Sekunde denke ich mehr an Klimaschutz und Energieverschwendung durch Klimaanlagen. Auch in Glasgow gibt es für jede Religion die dazugehörige Kirche, von der First Baptist Church über die First United Methodist Church und der First Lutheran Church bis zur St. Matthew's Episcopal Church.

Auf der Rückfahrt stoppen wir an der Boat Ramp Goaltrust am Ende der South River Road. Der Weg dorthin führt an verlassenen Farmen, abgeernteten Feldern und idyllischen Pappelwäldern vorbei. Genervte Gänse rauschen kreischend davon. Eine der verlassenen Farmen wollen wir uns näher ansehen. Die maroden Gebäude am Fuße der Hügellandschaft des ehemaligen Flussbettes des Missouri Rivers machen einen bedrohlichen Eindruck. Zögernd betreten wir das Farmgelände, müssen unseren Besuch aber von einer Sekunde zur anderen abbrechen, da wir von Schwärmen aggressiver Bremsen attackiert werden. Wild um uns schlagend bringen wir uns im VW-Bus in Sicherheit.

Zum Ausklang des heutigen Tages besichtigen wir den Fort Peck Dam Spillway. Staunend blicken wir auf ein kolossales Bauwerk, das in dieser wüstengleichen Landschaft wirkt wie ein Gebäude aus einem Science-Fiction-Roman. Über die Schleusen des Bauwerks wird der Wasserstand des Fort Peck Lakes reguliert. Die Bäume auf dem Downstream Campground in der Picnic Area schützen kaum vor der Gluthitze, sodass wir für eineinhalb Stunden in das von Klimaanlagen gekühlte Fort Peck Interpretive Center & Museum flüchten.

Ein wolkenloser Himmel kündigt am 21. Juli einen weiteren sehr heißen Tag an. An einer Tankstelle am Highway 24 kaufen wir Gasflaschen. Ich frage die Frau an der Kasse, wo wir die leeren Kartuschen entsorgen können. Sie starrt mich sekundenlang an, bevor sie antwortet: „Im Mülleimer." Unser heutiges Etappenziel ist der knapp fünfzig Kilometer entfernte Rock Creek.

Wegen der unpassierbaren Badlands auf der Nord- und Südseite des Fort Peck Lakes müssen wir die 134 Meilen bis zum Musselshell River weiträumig über Jordan, Montana, umfahren. Wied schreibt in seinem Buch von einer grün-grau-braun-gelblichen Prärie, und auch fast zwei Jahrhunderte später ist die Vegetation in den Hügeln und Tälern um diese Zeit verdorrt. Die Hügel sind sanft geschwungen, manchmal aber auch bizarr wie eine Mondlandschaft. Fast müßig zu erwähnen, dass außer uns kein Mensch in dieser Einsamkeit unterwegs ist. Vereinzelt weiden Rinder in dieser unwirtlichen Gegend. Kürzlich erzählte mir jemand, dass die Tiere auf den Weiden sehr unter der Hitze leiden würden und die Farmer sehnlichst auf Regen warten.

Hell Creek Hills. Das trifft es gut. Einige Felsformationen vermitteln ein Gefühl tiefster Lebensfeindlichkeit. Meilenweit fahren wir durch eine wüstenartige Landschaft. Kaum zu glauben, dass es in dieser Einöde einen Campingplatz geben soll. Die Sonne scheint grell, die Landschaft flimmert in der Hitze. Einige Häuser tauchen auf, wir fahren einen Hügel hoch, und dort bietet sich uns ein Blick auf eine unerwartete Idylle. Wie eine Oase liegt dort ein Seitenarm des Big Dry Creek, tiefblau glitzert das Wasser. Am Ufer stehen weiße Wohnmobile und farbenfroh gestrichene Ferienhäuser.

Im Rock Creek Marina Shop buche ich den Stellplatz für die Nacht. Der junge Mann fragt, was wir vorhaben. „Keep an eye for Rattlesnakes", warnt er mich, als ich ihm sage, dass wir wandern und schwimmen wollen. Eine ältere Dame ist vor kurzem gebissen worden, eine Rattlesnake wurde vor einigen Tagen sogar in der Nähe des Shops gesehen. Auf meine Nachfrage, wo man die Frau behandelt hat, erfahre ich, dass man sie ins Hospital bringen musste. Wo in drei Teufels Namen ist denn hier ein Hospital? Später spreche ich mit Bill Hinrichs, dem Eigentümer des Campingplatzes, der die Geschichte mit den Klapperschlangen noch einmal bestätigt. Beim Spaziergang über Geröll oder durch hohes Gras entlang der Bootsanleger sind wir wegen der Schlangen höllisch vorsichtig. Eine Familie trifft auf dem Campingplatz ein, drei Frauen, mehrere Kinder und ein junger Mann im Rollstuhl. Der blutrote Sonnenuntergang könnte einer kitschigen Postkarte entsprungen sein. Mit Beginn der Dämmerung wird gegenüber unseres Campingplatzes ein Feuerwerk abgebrannt. Noch zu später Stunde sind Boote auf dem Wasser unterwegs und drehen einige gewagte Runden.

Am nächsten Tag erzählt mir Bob, der Rollstuhlfahrer, dass der Großvater seiner Freundin gestorben ist, der hier in der Nähe gelebt hat. Nebulös zeigt er in Richtung Südost. Die Rock Creek Marina war Großvaters Lieblingsangelplatz. Die Familie trifft sich an diesem Platz, um des Verstorbenen zu gedenken, danach geht es zur Beerdigung. Bob wünscht uns „a safe trip", er wird wissen, warum. Die Road 217 besteht aus ganz feinem Sand und macht einen weiten Bogen um die Rock Creek Bucht, die weit ins Land hinein führt. Die Landschaft ist geprägt durch unzählige wilde silbrig graugrüne Salbeibüsche und groteske Gesteins-

Montana: Rock Creek Marina am Big Dry Creek

formationen. Regen, Wind, Hitze und Kälte haben Skulpturen von einzigartiger Schönheit geformt. In dieser menschenleeren Gegend grüßen sogar die Truck-fahrer. Wir fahren durch einen der unbewohntesten Landstriche Montanas. „Welcome to Jordan". In diesem Ort bekommt man alles, was man für einen Trip in die Einsamkeit benötigt: Wasser, Eis, Bier, Früchte, Gemüse, getrock-netes Fleisch und Benzin. Ein älterer Herr an der Tankstelle erklärt mir den Weg zum Hell Creek, unserem heutigen Tagesziel, und betont, dass die Straße schlecht zu befahren sei. Dabei schaut er etwas geringschätzig auf unseren VW-Bus und meint: „Keep your eyes to the rough road". Die Schotterstraße der Hell Creek Road führt die ersten Meilen durch Farmland, später durch die Bad-lands des Charles M. Russel National Wild Life Refuge. Die Erdoberfläche in den Badlands ist durch verwitterte Gesteine und offene Böden geprägt. Wasser und Wind ließen die Schiefertone, Tonsteine und Lehme erodieren, was zu der Entstehung der typischen Oberflächenformen führte. Der Hell Creek State Park sieht vom View Point traumhaft aus, die braungraugrüne Landschaft kontras-tiert mit dem funkelnden, tiefblauen Wasser des Fort Peck Lakes und des Hell Creeks. Der Campground ist fast baumlos. Ich zahle unsere Gebühr im Park Headquarter und frage nach Rattlesnakes. Natürlich gibt es welche. „Be careful", werde ich gewarnt.

Die Wettervorhersage kündigt einen besonders heißen Sommertag an. Unser Bus steht unter einer Pappel, unverdrossen folgen wir dem Schatten des Baumes. Eine Abkühlung im Hell Creek kommt nicht in Frage, da man durch eine fette Schlick- und Algenschicht waten müsste. Halb neun, ein heftiger Wind vertreibt die Hitze des Tages. Interessant ist, dass der Wetterumschwung von einer Minute zur anderen erfolgt. Im Laufe des Abends treffen immer mehr Hobbyfischer ein, die meisten um die dreißig bis vierzig Jahre alt. Das Equipment besteht aus einem Pickup mit einem Boot auf dem Anhänger. Das erste Mal während unserer Reise geht es auf einem Campingplatz hoch her, die Stimmung ist laut und aufgeregt. Aber wir wären nicht in Amerika, wenn sich nicht um Mitternacht alle in ihre Zelte, Wohnmobile oder Campingwagen zurückziehen würden.
Der Paleo Trail ist 1,5 Meilen lang. Die Vorstellung, dass in dieser Landschaft – wie Fossilienfunde belegen – bis vor 65 Millionen Jahren noch Dinosaurier lebten, regt die Phantasie an. Die Kontinente heutiger Zeit klebten damals noch wie Kletten aneinander, und dieser Landstrich war die Küstenlandschaft eines Binnenmeeres. Den ersten Stopp machen wir an einer Gesteinswand, wo man gut die 68 bis 69 Millionen Jahre alten Gesteinsschichten der diversen Epochen

erkennen kann. Den zweiten Halt machen wir an einer der Ausgrabungsstätten, den dritten Halt an einem Aussichtspunkt mit weitem Blick auf die Hell Creek Formation Badlands.

Wir treffen Gary, den Camp Host, an der Boat Ramp der Marina. Garys Vorfahren namens Sperlin waren deutsche Auswanderer. Er ist Rentner und hat in seinem Leben zahlreiche Reisen gemacht, unter anderem hat er einen Fotografen von National Geographics auf einer Mexiko-Tour begleitet. Gary macht mit uns eine Bootstour auf dem Fort Peck Lake. Wir sind allein auf dem See und genießen das herrlich blaue Wasser und den sanften Wellengang. Rechts und links blicken wir in die Badlands, bestaunen die Wildheit und bizarre Schönheit der Hügellandschaft. Sieben Meilen hinter dem Snow Creek wenden wir, haben nun die Sonne im Rücken. Wenn es etwas Interessantes zu sehen gibt, stoppt Gary das Boot. Pelikane rauschen vorbei, ein Adler kreist um seinen Horst. Gary erzählt, dass er schon Adler gesehen hat, die sich einen großen Fisch krallten, diesen aber wegen des Gewichts wieder fallen lassen mussten. Adler fangen auch Rattlesnakes, die sie töten, indem sie sie aus der Höhe auf Felsen fallen lassen. Durch den Stausee sind große Teile der Landschaft, so wie Bodmer sie gemalt hat, in den Wassermassen untergegangen. Die Einsamkeit und Leere der kargen, menschenfeindlichen Landschaft und die Melancholie der Seelandschaft macht diesen Ausflug zu einem einzigartigen Erlebnis. Nach zwei Stunden legt Gary wieder am Pier der Hell Creek Marina an.

Wegen des Angelwettbewerbs sind einige Stände aufgebaut worden, wir bestellen Hamburger mit Mais und Bohnen. Ich erfahre, dass 30 Boote am Start sein werden. Der Campground ist inzwischen sehr gut besucht, auch Kinder und Frauen sind eingetroffen, die neugierig unseren Bus betrachten. Der Geruch gegrillten Fleisches weht über die Anlage, Countrymusik tönt scheppernd aus den Lautsprechern, auf dem Campingplatz herrscht ausgelassene Partystimmung. Um Mitternacht höre ich das letzte Gelächter der Männer und das schrille Aufschreien der Frauen über irgendwelche Zoten. Am frühen Morgen verlassen wir den Hell Creek und logieren uns, zurück in Jordan, im rustikalen Garfield Motel ein. Die Temperaturanzeige zeigt 38° C an. Jordan ist am Sonnabendnachmittag wie leergefegt, nur das monotone Quietschen der über der Straße hängenden Ampeln ist zu hören. Jordan wird auch „Backbone of the prairie" genannt – Rückgrat der Prärie. Damit ist die Lage Jordans als Handelsplatz für die verstreut liegenden Farmen gemeint. Dunkle Wolken ziehen am Horizont auf, zerreißen aber bald in der Hitze des Tages..

Jordan, Montana

Wir machen den VW-Bus startklar für die Fahrt in die 50 Meilen entfernte Devils Creek State Recreation Area. Bei diesen Temperaturen eine Exkursion, bei der man keinen Fehler machen sollte. In allen Beschreibungen zum Devils Creek wird zur Vorsicht geraten, allein die schnell wechselnden Wetterbedingungen haben schon so manchen Zeitgenossen in die Bredouille gebracht. Es geht vorbei am Pioneer Cemetery und am Airport Jordan. Ich habe gelesen, dass Helikopter im Notfall auch am Devils Creek landen können. Entlang der Straße stehen gelbe „Fire Danger"-Schilder. Gelb ist die mittlere Warnstufe, darüber kommen noch Orange und Rot. Die Straße ist auf den ersten Meilen geteert, später ist sie unbefestigt. Wir fahren durch Grasland und Weizenfelder. Auf einem Plateau werfen Sonne und Wolken bizarre Licht- und Schattenspiele auf die Erde. Vor der Brusett Angus Ranch steht ein Viehtransporter, um die Rinder zu ihrer letzten Reise abzuholen. Mitten im Land of Nowhere steht eine kleine, hochmoderne Farm, auf der Schafe gezüchtet werden. Daumengroße Heuschrecken springen als blinde Passagiere auf die Frontscheibe. In einem Tal liegen Hunderte von Strohrollen, die aussehen wie Bauklötze auf einem gelben Teppich. Beunruhigend viele zerfledderte Reifenprofile liegen auf der Straße. Die Weizenfelder und Weideflächen dehnen sich weit bis zu den Hügeln der Badlands aus. Die Tabletop Ranch liegt traumhaft schön in einem Tal, ist von vielen Bäumen umgeben und mit einem See dekoriert. Am Fuße der Badlands stehen mitten im Nichts die Gebäude der Pine Grove School. Das Panorama der Little Rocky Mountains glänzt in der Ferne. Mutig wagen wir uns in die Einsamkeit und Stille der Badlands und werden empfangen von abgebrannten, schwarz verkohlten Baumstümpfen, die der Landschaft etwas Bedrohliches verleihen. Mit Beginn des Charles M. Russell National Wildlife Refuge ändert sich das Landschaftsbild, wir blicken nun auf die Lower Hell Creek Formation. Die letzten Meilen rauben uns ein wenig den Atem, es geht steil bergab in die Flussebene der Devils Creek Recreation Area. Der Gedanke an die Rückfahrt den steilen Hang hinauf beunruhigt mich zutiefst. Wir sind nicht unglücklich, als wir am Missouri River drei Angler vorfinden, die uns erzählen, dass sie seit Freitag hier campen. In wenigen Stunden treten sie jedoch den Heimweg an. Damit wären wir allein in dieser Wildnis. Für morgen ist Regen angesagt. Was wird passieren, wenn sich der feine Straßenstaub in eine unbefahrbare, seifige Schmiere verwandelt und wir den Berg nicht wieder hinaufkommen werden? Und im Moment peinigt uns zudem diese unglaubliche Hitze! Nirgendwo steht ein Baum, der einzige Schutz vor der Hitze ist ein Picknick-Unterstand. Mir ist folgende Warnung in Erinnerung geblieben: „Please take extra food to last 3 days in case of being stranded". Allein und meilenweit von menschlicher Zivilisation entfernt, das ist uns zu heikel. Die Entscheidung fällt schnell, es geht zurück nach Jordan. Der VW-Bus kriecht ächzend und heulend den steilen Hang hinauf, die Motorgeräusche versetzen mich in Panik. Als wir endlich oben auf der Höhe ankommen, schreien wir vor Adrenalin und Begeisterung laut auf.

Am 27. Juli verlassen wir Jordan auf dem Montana Highway 200 Richtung Südwesten. 110 Kilometer bis Winnett, Montana. Wir fahren durch eine leicht hügelige Prärielandschaft, bewachsen mit unzähligen Sagebrushs, Salbeibüschen. Der wolkenverhangene Himmel und die in der Ferne aufragenden Badlands verleihen der Landschaft etwas Melodramatisches. Hinter Sand Springs ändert sich die Landschaft. Auffällig sind kleine Hügel, die aus der Ferne je nach Blickwinkel aussehen wie überdimensionierte Maulwurfshügel. Von einem Plateau der Hochebene blicken wir hinunter in das weite Tal des Musselshell Rivers. Der Fluss wird von einem dichten Band aus Bäumen und Sträuchern gesäumt.
Winnett, Montana, liegt idyllisch im grünen Tal des McDonalds Creeks und ist nach Osten hin von einer tafelbergförmigen Sandsteinformation begrenzt. Es gibt die üblichen Betriebe für Orte dieser Größenordnung: Tankstelle, Kfz-Werkstatt, Bar, einen General Store und natürlich eine City Hall. Für 42 Dollar buchen wir ein Zimmer im Northern Motel. Gäste sind auch die Zimmermanns.

Wir erfahren, dass sie notgedrungen Quartier beziehen mussten, weil sie ein Problem mit ihrem Auto haben und in Winnett auf die Ersatzteile warten. Sie haben ein Sommerhaus am Musselshell River. Wir sind begeistert, als wir erfahren, dass ihnen die Geschichte von Wied und Bodmer bekannt ist. Ihr Sohn Ben hat Stiefel mit einem extrem hohen Schaft an. Als ich ihn darauf anspreche, meint er nur lakonisch: „Rattlesnakes." Von Herrn Zimmermann erfahren wir, dass es am Musselshell River nur so von Rattlesnakes wimmelt. Am folgenden Tag bekommen wir im Kozy Korner das klassische amerikanische Frühstück serviert: Sausages zu einer Art Klops geformt, French Toast in Fett getaucht und mit einem Spiegelei belegt sowie reichlich Kaffee. An einer Tankstelle fragt mich ein älterer Herr, ob wir in Deutschland auch jagen und fischen. Meine Antwort verwirrt ihn: Ja, wenn dem nicht so wäre, wo bekämen wir dann das Fleisch und den Fisch her? Zum Abschied rät er noch zur Vorsicht. Am Crooked Creek sei auch schon mal jemand verloren gegangen.

Fahrt von Winnett zum Crooked Creek am Zusammenfluss des Musselshells mit dem Missouri River. Ich muss an die mahnenden Worte der Zimmermanns denken, die heutige Tour abzubrechen, wenn es zu regnen beginnt, da die Straßen in dieser Gegend in kürzester Zeit zu lebensgefährlichen Schlammfallen werden können. Auf der Dovetail Valentine Road folgen wir einem Hinweisschild zur „Crooked Creek Marina". Auf einer Schotterpiste geht es durch hügelige Prärielandschaft. Nach und nach beginnen die Badlands, die Landschaft wird rauer und wilder. Warnschilder weisen darauf hin, dass die Feuergefahr hoch und das Jagen verboten ist. Nach einiger Zeit fahren wir nur noch auf dem Kamm der Hügel, manchmal ist die Straße nur so schmal wie dieser. Das Felsgestein ist von weißem Kalk durchzogen, der traumhafte Muster in den grauen Formationen hinterlässt. Wenig später begrüßt uns das inzwischen vertraute Schild des „Charles M. Russel Wildlife Refuge". Vom Aussichtspunkt haben wir eine hervorragende Sicht auf den Zusammenfluss von Missouri und Musselshell River. Wied und seine Begleitung schifften vor 176 Jahren ebenfalls am 28. Juli an dieser Stelle vorbei:

Der Muscleshell-River öffnet sich an der südwestlichen Seite des Missouri und trägt an seiner 70 Schritte breiten Mündung an beiden Ufern Pappelwaldungen, zum Theil Stangenhölzer und Gebüsche. Er läuft lange Zeit ziemlich parallel mit dem Missouri. Man rechnet, dass seine Mündung die

Hälfte des Weges zwischen Fort-Union und Fort-McKenzie bezeichne, welches letztere zu erreichen, wir unter 17 bis 18 Tagen nicht hoffen durften, obgleich der Missouri von hier an aufwärts leichter zu beschiffen ist, als bisher, da er einen geraderen Lauf und mehr felsige Ufer hat, auch weder Baumstämme noch Treibholz in seinem Bette enthält.

Unsere Fahrt in das grünblaue Flusstal endet am Crooked Creek Campground. Uns erwartet ein Geister-Campingplatz. Es sieht so aus, als ob die Arbeiten am Bau des Campgrounds von einem Tag auf den anderen abgebrochen worden sind. Der Bootanleger führt ins Nichts, steht einsam in der wasserlosen Landschaft. Der Shop ist verrammelt, die Schilder verwittert. Schnell wird uns der Grund klar: Der Crooked Creek ist vollständig ausgetrocknet. Wasser fließt nur noch im mehrere hundert Meter entfernten Missouri und dem Musselshell River. Wir bleiben unserer Maxime treu, nirgendwo über Nacht zu bleiben, wo wir mutterseelenallein sind, und verlassen die Crooked Creek Marina.

Kapitel XVIII
Vom Muscleshell-River bis Fort-McKenzie

Unser Aufenthalt am Muscleshell-River war nicht von langer Dauer; denn nachdem unsere Jäger, welche die benachbarten Waldsäume und Prairies durchstreift, zu Mittag Fleisch von einem Bison und einem Elkthiere eingebracht hatten, wurde die Reise fortgesetzt. Die Prairie wechselte nun am Ufer mit hohen Pappelwaldungen ab, und diese Baumart bildet wohl nirgends auf unserem Planeten so schöne hohe Wälder, als hier. Conchylien-Abdrücke und Baculiten wurden an allen Ufern eingesammelt.

Wir verlassen das Charles M. Russel Wildlife Refuge in flimmernder Hitze. Ein riesiges Transportflugzeug der US Airforce donnert über uns hinweg. In Montana waren viele der mit atomaren Sprengköpfen bestückten Interkontinentalraketen stationiert, die im Ernstfall auf die Sowjetunion abgefeuert werden sollten. Im Montana Road & Recreation Atlas sind die Anlagen der Cruise Missile eingezeichnet. Wir kommen an einer dieser Abschussrampen vorbei. Ich stelle mir vor, wie sich der Silo öffnet und eine fast zwanzig Meter lange Rakete mit Höllenlärm die Abschussrampe verlässt, um dann in einem weiten Bogen Richtung Nordwesten zu verschwinden. Der US Highway 191 führt durch Weide- und Ackerland ins Tal des Missouri Rivers. Ein kräftiger Wind ist aufgekommen, es beginnt zu regnen. Ein Warnschild: „Elk Crossing". Kurz darauf erreichen wir die Kipp Recreation Area, wo wir für die Nacht einen RV-Stellplatz auf dem Campingplatz buchen.
James Kipp, nach dem die Kipp Recreation Area benannt ist, fuhr gemeinsam mit Wied auf dem Dampfschiff Assiniboin von Fort Clark, dessen Direktor er war, bis nach Fort Union.
Die Kipp Recreation Area liegt beschaulich am Missouri River, die Uferlandschaft ist mit Pappeln gesäumt. Die lauschige Stille wird immer mal wieder brutal durch den Überschallknall von Jagdbombern der Air Force gestört.

Am nächsten Morgen (29. Juli) war der Fluss etwas trübe, und es musste weit oberhalb stark geregnet haben. Die Hügel hatten heute keine ausgezeichnete Formen, waren dagegen etwas mehr grün bewachsen, mehre Arten von Schwalben flogen in Menge an ihnen und über dem Wasser umher. Ueberall bemerkte man das Blinken des aus dem Thone hervor gewaschenen Fraueneises, welches in Stücken umher lag, und gleich Funken

im Sonnenscheine blitzte. An den Höhen hatten jetzt die Kiefern an Zahl
zugenommen, sie bedeckten zum Theil ganze Bergwände und waren 30 bis
40 Fuss hoch.

Am Mittwochmorgen verlassen wir die Kipp Recreation Area auf der Fred
Robinson Bridge, der Highway 191 führt hoch in die wilde Hügellandschaft
des Charles M. Russel Naturschutzgebiets. Der Regen der vergangenen Nacht
hat die Ufersedimente des Missouris weggespült und dadurch das Flusswasser
braun getrübt.

Es folgen mehrere Meilen durch Prärie- und Weideland mit Blick auf die Berge
der Little Rocky Mountains, die wie eine Insel im Meer aus der Hochebene he-
rausragen. Unsere Neugierde wächst von Meile zu Meile. Eben waren wir noch
in einer Flusslandschaft, kurz darauf in einer Präriewüste mit Kakteen, und nun
fahren wir durch ein Gebirge.

Ein Schild weist auf die „Recreation Access Area" hin, ein anderes darauf, dass
es in Landusky „No Services" gibt. Landusky ist ein idyllisches altes Goldgräber-
dorf mit vielleicht fünfzig Einwohnern. Die Luft ist kristallklar und frisch. Der
Blick in die Landschaft ist mit zwei Worten exakt zu beschreiben: Traumhaft
schön. In nordwestlicher Richtung ragen die gewaltigen Bear Paw Mountains
mit ihren über 2 000 Meter hohen Bergen in den Himmel.

In der Fort Belknap Indian Community leben um die 5 400 Assiniboine und
Gros Ventre, das Reservat ist 2 626 Quadratkilometer groß. Bei der Grenzzie-
hung des Reservats haben die Usurpatoren die Little Rocky Mountains außen
vor gelassen, obwohl die Indianer dort ihre Zeremonien abhielten und die Berge
für sie heiliger Boden waren und immer noch sind. Als man Gold und Silber in
den Bergen fand, wurde alles getan, um die White Clay und Nakota-Indianer von
dort fern zu halten. Die Reservation liegt in einem fruchtbaren Tal und macht
einen guten Eindruck auf uns. Die Route 11 bringt uns nach Lodge Pole, von
wo wir auf die Nordseite der Little Rocky Mountains blicken. Ein von Kugeln
durchsiebtes Schild warnt: „Stop Ahead". Auf der Bear Gulch Road geht es nach
Zortmann, Montana. Diverse Schilder werben: „Buckhorn Cabins & Country
Store" – „R & V Park. Miner's Club Bar & Café. Best Choice" – „Automotive and
more, Groceries, Gas, Ice" – „Come visit Zortman". Es geht höher und höher,
der VW-Motor macht Geräusche, die mich ein wenig beunruhigen. Die Straße
windet sich durch das Gebirge, ich gebe inzwischen Vollgas, um den VW-Bus
eine Steigung hochzutreiben.

Zortman, Montana

Vom Gipfel sehen wir tief in einem Tal unter Bäumen versteckt die kleine Ort-schaft Zortman. Die Ansiedlung sieht in dieser Bilderbuchlandschaft friedvoll und gemütlich aus. Ein Verkehrsschild weist auf die im Ort erlaubte Geschwin-digkeit hin: „20 Miles/h". Der R & V Hook-Up ist nicht unsere Sache, sodass wir uns für vier Nächte im preiswerten Zortman Motel & Garage einquartieren. Die Schlafräume sind in einer Blechhalle untergebracht. Eigentümer sind Candy und John Kalal. John war im Vietnamkrieg bei der Marine, wurde schwer verwundet. Die beiden haben eigene, aber auch Pflegekinder aufgezogen und sind uner-müdlich in Bewegung. John ist passionierter Goldgräber und hat im ehemali-gen Abbaugebiet einen Claim. Zortman ist ein fantastisch eigenwilliger Ort, ich fühle mich hier auf Anhieb wohl. 90 Einwohner haben ihren ständigen Wohn-sitz in dem kleinen Goldgräberort. Steine, Reifen, Schrott. Nichts ist aufgeräumt, alles wirkt irgendwie improvisiert, als ob der Geist der Gold- und Silbersucher noch über allem schweben würde. Kein Reichtum, keine Protzerei. Das religiöse Schulungszentrum The Missionary Network wird von den Kalals betrieben. Das Miner's Club Bar & Café könnte einem Western entsprungen sein, ebenso das mitten auf dem Dorfplatz stehende frühere Gefängnis. Über allem thront auf einem Hügel eine kleine katholische Kirche, die Saint Joseph Church. Um das Motel herum stehen mehrere Trailer Homes, die dem Grundstück noch einen zusätzlichen Hauch von Unordnung verleihen. Wir sind in meiner persönlichen

Wohlfühlidylle angekommen. Ein Indianer fährt vor, wird von Candys Tochter lässig mit dem für diese Gegend typischen Fist Bump begrüßt. Wied kam Ende Juli 1833 mit der Flora nicht so schnell von der Stelle. Wir beschließen, in Zortman zu bleiben, um dann zeitgleich mit Wied weiterzureisen.

> *Um 6 Uhr Morgens des 30. Juli erreichten wir einen Bach, ohne Zweifel Lewis und Clarke's Grous-Creek, dessen Bette die Leute an der Cordelle durchgehen konnten. Wir erblickten bald darauf eine am Ufer aufgerichtete Stange mit einem Stücke Papier, bei welcher unsere Jäger einen Spiesser niedergelegt hatten. Ein Paar Inseln hielten wir für Lewis und Clarke's Pot-Islands und einen Bach für ihren Teapot-Creek, ein Name der uns, wie viele andere von diesen Reisenden gegebene, nicht wenig belustigte. An den Höhen bemerkten wir jetzt wieder einen schneeweissen Streifen, ohne Zweifel die Fortsetzung der schon früher erwähnten weissen Sandsteinlager, welche nun bald weit mächtiger an die Oberfläche treten.*
> *Während wir gegen sieben Uhr Abends an den Höhen hinschifften, welche den Vorbergen der Schweiz glichen, und eben Zuschauer einer glücklichen Bisonjagd gewesen waren, erblickten wir zu unserer nicht geringen Ueberraschung ein Boot mit drei Menschen, welches bald an unserem Schiffe anlegte. Es befand sich darin der Blackfoot-Dolmetscher Doucette und zwei Engages von Fort-McKenzie, welche man uns entgegen gesandt hatte. Doucette hatte nicht weit von der Stelle, wo wir uns jetzt befanden, einen starken Bären geschossen, welcher am Missouri-Ufer liegen geblieben war, eine für mich sehr angenehme Nachricht, die ich zu benutzen beschloss.*

Am Donnerstag, den 30. Juli, ist der Himmel strahlend blau, das Wetter fantastisch. John zeigt einer Mädchengruppe des FBC (First Baptist Church) Mission Teams aus McMinnville, Tennessee, wie man Gold wäscht. Mit einem Spaten holt er Steine, Sand und Geröll aus einem Gesteinshaufen und schüttet alles auf ein Sieb. Das gesiebte Material schaufelt er in eine kleine Wanne. Die Wanne hat als Boden ebenfalls ein Sieb, darunter ist eine Art Teller befestigt. In einem etwas größeren Behälter wäscht er das Gestein, sodass das feinere Material in den Teller gespült wird. Dann taucht er den Teller in klares Wasser und rüttelt und schüttelt solange, bis feinste Steinkörner übrig bleiben.

Wie gesagt, Zortman gefällt mir aufgrund der Achtlosigkeit materiellen Dingen gegenüber. Hier rosten Autos vor sich hin, dort liegen Reifen auf einem Haufen.

Verfallene Blockhäuser aus einer vergangenen Zeit kontrastieren mit den schroffen, hoch aufragenden Felswänden. Die Straßen sind nicht geteert und staubtrocken. Immer wieder treffen wir auf Candy und John, die umtriebigen Betreiber des Motels, und halten mit ihnen einen kleinen Plausch. Die beiden sind sehr gläubige, angenehm freundliche, unverstellte Menschen.

Aus den Wetternachrichten erfahren wir, dass in Seattle, Washington, 40 °C gemessen wurden – der höchste je gemessene Wert seit Beginn der Aufzeichnungen. In der Bergwelt Zortmans sieht es ein wenig anders aus, nach Sonnenuntergang wird es richtig kalt, für die Nacht sind 2 °C vorhergesagt. John erzählt, dass der Temperaturunterschied zwischen den Little Rocky Mountains und der zwanzig Meilen entfernten Prärie manchmal bis zu zwanzig Grad Celsius beträgt.

Der 31. Juli brach hell und heiter an und ich setzte mich früh mit den Herren Mitchill und Bodmer, so wie Doucette, Dreidoppel und den beiden Brüdern Beauchamp, sämmtlich mit Büchsen oder Flinten bewaffnet, in Bewegung, um den gestern getödteten Bären aufzusuchen. Die Engages trugen Stricke und Aexte. In dem dichten Unterholze und hohen Grase des Waldes tödteten wir zuerst eine Klapperschlange, nachdem man dieselbe mit einem Stocke zum Beissen gereizt und das leise Gerassel ihrer Schwanzklappern vernommen hatte. Wir überschritten dann auf hingeworfenen Baumstämmen und Stangen einen halbausgetrockneten, schlammigen Bach, wo wir ein Paar Wölfe verscheuchten, und gelangten nach einer starken halben Stunde, indem wir quer eine Waldspitze durchschnitten, an das Ufer des Missouri, wo wir den Bären noch unversehrt fanden. Nachdem ich seine Ausmessung genommen, wurde die Haut abgezogen, das Fleisch von den Knochen abgeschnitten, um das Skelet vorzubereiten. Man band dann die grob gereinigten Knochen zusammen und zog sie mit einem Stricke an einem Baume in die Höhe, um sie, wenn sie durch die Raubvögel und Insecten ein wenig gereinigt seyn würden, bei der Hinabreise mitnehmen zu können. Sobald diese Arbeit vollendet war, folgten wir dem Schiffe, welches während dessen einen bedeutenden Vorsprung gewonnen hatte, liessen uns aber in der jenseit des Waldes ausgedehnten Prairie durch ein grosses sogenanntes Dorf der Prairie-Dogs aufhalten, um hier einige dieser Thierchen zu erlegen. Von hier setzten wir, mit unserer Beute und den eingesammelten Pflanzen beladen, den Marsch auf den Bison- und Elkpfaden durch dichte Weidendickungen längs dem Flusse fort, und befanden uns schon im Angesichte des Keelboats, als dieses, einen günstigen Wind benutzend, die Segel aufzog und uns keine andere Wahl liess, als noch drei bis vier Stunden mit starken Schritten nachzuziehen. In einer Waldspitze am Flusse trafen wir mehre unserer Jäger, allein die ganze Ausbeute unseres ermüdenden und angreifenden Tagewerkes bestand in einer wilden Gans, einem Uhu und sechs Prairie-Dogs. Wir hatten mehre schlammige, halbtrockene Bäche durchwatet und in der Ferne das Little-Rocky-Mountain-Gebirge gesehn, welches die Blackfood-Indianer „Makuie-Stöki" benennen, und das sich auf etwa 30 Meilen in blauer Ferne mit mehren spitz-kegelförmigen Kuppen zeigte.

In der Nacht auf Freitag fegt ein Unwetter über die Little Rocky Mountains hinweg. Das Motel ist wegen eines Familientreffens der Kalals ausgebucht. Auf der Azure Street machen wir uns bei gutem Wanderwetter auf zu den Goldminen. Die Luft ist nach dem nächtlichen Regen kristallklar, die Temperatur liegt bei 25 °C, ein frischer Wind weht. Es geht bergauf und bergab, wir stolpern durch das steinige Flussbett. Das Tal ist von betörender Schönheit, die Hügel dicht bewaldet, dazwischen ragen bizarre Felsformationen in den azurblauen Himmel. Nach zwei Kilometern machen wir uns wieder auf den Rückweg, da wir den Weg zu den Goldminen zu Fuß heute nicht schaffen werden.

Candy und John Kalal sind, wie erwähnt, auch Eigentümer der Mission. Immer mehr Gäste bleiben aus, in früheren Zeiten war die Mission den ganzen Sommer über ausgebucht. Candy bietet mir an, den Internetzugang im Gebäude der Mission zu nutzen. Kurz darauf sitze ich in ihrem Büro, kann meine E-Mails checken und an meinem Blog über unsere Reise arbeiten. Bei einem Spaziergang durch Zortman kommen wir an einer Gedenktafel vorbei: „In Memory of Leonard ‚CHI' White who lost his life mining gold – April 24, 1991, in his 27th year."

Am 1. August früh sandte Herr Mitchill zwei Engages, Croteau und Rondin nach Fort McKenzie ab, um vorläufige Nachricht von unserer Ankunft zu überbringen. An der bewaldeten, von Lewis und Clarke Tea-Island genannten Insel legten wir in dem Canale des nördlichen Ufers an und fanden hier originell gebildete Flussufer. Wegen der Menge der Thiere auf dieser Insel kamen wir überein, den unwürdigen Namen derselben in Elk-Island umzuändern.

In der Gegend von Lewis and Clarke's Bighorn-Island zeigten sich wieder höchst originelle Kuppen an den Höhen. Reihen sonderbarer Gestalten schliessen sich aneinander und in den Seitenthälern hatte man schöne

Blicke in diese merkwürdige Natur, da wir uns jetzt dem interessantesten Puncte der Mauvaises-Terres näherten. Schon in der Gegend der soge- nannten White-Castles habe ich diese originellen Berge beschrieben, sie beginnen aber jetzt noch anhaltender und mehr mit barocken Kuppen, iso- lirten, mit tafelförmigen Platten oder Kugeln bedeckten Säulen oder Pfei- lern, gleich Bergschlössern, Festungen und dergleichen sich zu zeigen, und ihre Steilheit und Nacktheit nimmt mit jedem Schritte zu. Der Missouri hat in diesem Gebirge einen ziemlich geraden Lauf, nur schmale Ebenen oder Prairie's mit Artemisia und den stacheligen Gesträuchen des Pulpy-Thorn liegen an seinen Ufern vor den Bergen, die öfters auch unmittelbar an den Fluss treten, von grossen Sandsteinblöcken belagert, zwischen welchen man überall Bruchstücke von Fraueneis findet.

Ich frage Candy, ob sie jemanden kennt, der mit uns eine Tour zu den Gold- minen machen würde. Kurz darauf stellt sie uns John vor, einen erfahrenen Goldgräber, der uns in seinem Pickup auf eine Goldgräbertour mitnimmt. John ist ein sechzigjähriger Vietnamveteran ukrainischer Herkunft. Sein Camping- wagen steht mitten im Flussbett, er redet ohne Punkt und Komma. Wenn er lacht, lache auch ich, wenn er ernst schaut, schaue auch ich ernst, wenn er nickt, nicke auch ich. Er gräbt nach Gold und Silber, häufig in Alaska, aber auch in anderen Staaten der USA. Er ist professioneller Goldsucher, aber dadurch nicht reich geworden. In den Little Rocky Mountains ist der Goldanteil im Gestein zu gering, er ist hier mehr „just for fun". Auf seinem geländetauglichen Pickup ist seine Goldgräberausrüstung verstaut. Der Weg zu den Minen ist mit Schlag- löchern nur so gepflastert, immer wieder muss John sein Fahrzeug durch Was- serlöcher und kleine Bäche manövrieren. Die Uferböschungen sind eingefallen, der Pickup röhrt mit aufheulendem Motor durch die Barrieren. Die Old Drag Line ist Endpunkt der Tour, hier in der Nähe befindet sich auch der Claim von Candy und John. Ein alter Bagger rostet vor sich hin. Ein Minenstollen macht mich neugierig, allerding hält mich das Hinweisschild: „Old Mine – Danger" davon ab, mir die Mine etwas genauer anzusehen. Auf dem Rückweg treffen wir einige Leute, die aufgeregt beim Goldwaschen sind. John erzählt, dass außerhalb der Little Rocky Mountains extreme Hitze herrscht. In Anbetracht dieser Aus- sichten genießen wir an unserem letzten Tag in Zortman die milde Abendsonne und frische Bergluft.

Am 2. August ist der Himmel wolkenlos, die Temperatur angenehm warm. Der Wetterkanal sagt für die nächsten Tage Regen voraus. Es wird Zeit, sich auf den Weg zu machen, da auch Wied und seine Begleiter auf dem Kielboot Flora wieder vorwärts kamen.

> *Die Gegend war so interessant, dass wir mit Ungeduld den Morgen des 2. Augusts erwarteten. In einer Wendung des Flusses glaubten wir die Ruinen eines alten Bergschlosses zu sehen, dann erreichten wir die Mündung von Lewis und Clarke's Windsor-Creek, der aus einem Seitenthale hervorkommt, und wo jene Reisenden die erste Ansicht der Rocky-Mountains gehabt haben wollen, welches aber ohne Zweifel nur das sogenannte Little-Rocky-Mountain-Gebirge gewesen ist. Hier bei dem Bache beginnt der wahre Pass der Mauvaises-Terres. Nach 1 Uhr am Mittage erreichten wir den von Lewis und Clark Softshell-Turtle-Creek genannten Bach (heute Bullwhacker Creek), er kann als die östliche Grenze der Mauvaises-Terres angesehen werden.*

12.30 Uhr mittags. Candy kommt von ihrem Kirchenbesuch zurück, sodass wir an ihrer kleinen Tankstelle den VW-Bus volltanken können. In ihrem Büro komme ich mit einem älteren Herrn ins Gespräch. Zwangsläufig landen wir beim Thema Rattlesnakes, da im Büro von Candy zwei Fotos dieser Schlangen hängen. Der Mann erzählt mir stolz, dass sein Vater in einer Höhle mal Hunderte von Rattlesnakes getötet hat. Ob's stimmt? Wir werden es nie erfahren.
Freundlicher Abschied von Candy und Abschied von Zortman, der Ansiedlung ohne Schnickschnack. Als ich Candy erzähle, dass wir nach Winifred fahren werden, sieht sie mich verständnislos an. Was mag uns in Winifred erwarten?
Auf Höhe der Kipp Recreation Area führt ein kleiner, sandiger Weg – die 209 Road – in die Hügellandschaft des Missouri Rivers. Wir fahren nun in die „Upper Missouri River Breaks".
Der Volkswagen ächzt den Hang hinauf, der Weg wird steiler und steiler, die Motorgeräusche jagen mir erneut einen gehörigen Schrecken ein. Der Blick vom Hochplateau in das wilde, baumgesäumte Flusstal entschädigt für diese Aufregung.
Ein Schild warnt, dass die Lower Two Calf Road 307 nicht für jedes Fahrzeug geeignet ist und man nicht schneller als „25 Miles/hour" fahren soll. Mit jeder Meile ist der Weg schlechter zu befahren, dazu geht es immer tiefer ins Tal, sodass

eine Umkehr bald nicht mehr möglich wäre. Wir stoppen vor einem Schild mit der Aufschrift: „Danger Unimproved Trail". Für solch unwegsames Gelände haben wir nicht das richtige Fahrzeug, hier geht's nur noch mit einem Allradantrieb weiter. Nach kurzer Beratung brechen wir unsere Tour zum Missouri River ab. Ein letzter Blick auf den Kendall Bottom und Lower Two Calf Island. An dieser Stelle des Flusses schifften Wied und seine Begleiter wahrscheinlich am 1. August vorbei. Auf der Knox Ridge Road fahren wir in nordwestlicher Richtung weiter, verlassen nach und nach die Hügellandschaft des Missouris. Bald geht es nur noch durch Prärie- und Graslandschaft. Wir sind seit fast zwei Stunden auf dieser staubigen Sandstraße unterwegs und währenddessen ist uns nur ein einziges Auto begegnet. Mitten in diesem Nirwana steht eine wunderschöne Ranch, die auch in ihrem verlassenen Zustand Würde ausstrahlt. Ein alter Ford rostet vor sich hin, ist fast zugewachsen. Plötzlich ein überraschender Anblick im Nirgendwo: Winifred, Montana, ein kleiner Ort mit gerade mal 160 Einwohnern. Winifred wurde im Jahr 1913 als Endpunkt einer neu gebauten Eisenbahnlinie der Chicago, Milwaukee, St. Paul & Pacific Railroad gegründet. Am Ortsrand stehen zwei größere Getreidesilos, vis-a-vis liegt der rustikale Seilstad RV & Campground. Wir sind die einzigen Gäste. Es gibt einen Stromanschluss und einen Waschraum mit Dusche und Toilette. Die Nacht kostet 25 Dollar. Paul Seilstad, der Betreiber des Campgrounds, schaltet den Strom ein und öffnet den Waschraum für uns. Paul raucht filterlose Zigaretten, seine Augen sind blutunterlaufen, er ist übergewichtig, sein Gang schleppend. Schon nach kurzer Zeit fängt er an zu politisieren: Demokraten und Republikaner – alles Ganoven. Den Staat Illinois hasst er aus einem mir nicht ganz nachvollziehbaren Grund ganz besonders, vielleicht weil Obama von dort kommt? Banker, Manager – alles Gangster. Sie bräuchten in den USA eine zweite Revolution. Trotz aller Aufgebrachtheit ist Paul ein umgänglicher, freundlicher Kerl. Er leitet die Firma CO-OP, ein landwirtschaftlicher Betrieb für Getreidehandel. Paul gibt mir zu verstehen, dass er gleich in eine Bar gehen wird, und es begrüßen würde, wenn wir unser nettes politisches Gespräch dort fortsetzen würden. Mit einer fadenscheinigen Begründung lehne ich sein Ansinnen ab, was er mit einem Stirnrunzeln quittiert.

Am folgenden Morgen (3. August) befanden wir uns an einer zweiten Stromschnelle, Elkfawn-Rapid genannt, welche mit Hülfe der Cordelle und der langen Stangen überwunden wurde. An den Bergen zeigte sich hier eine rauhe Wildnis, zum Theil ein Bild der Zerstörung. Grosse Sandstein-

blöcke lagen umher, zwischen welchen ein kleines Erdeichhorn wohnte, welches wohl noch unbekannt seyn dürfte, das wir aber nicht erhielten. Einige der hiesigen Berge erinnerten uns an den Mettenberg und den Eiger im Canton Bern; Nadelholz und Wachholder zeigten sich hier und da, so wie an den Absätzen kleine Grasflecke wie Alpweiden, man glaubte bald in der Schweiz, bald im Rheintale zu seyn; allein der nackte rauhe Charakter der Mauvaises-Terres ist doch wohl einzig in seiner Art, und dieser Eindruck wird verstärkt, wenn man den Fluss auf und abwärts blickt. Nur der Kolkrabe krächzte in dieser menschenleeren Wüste, welche selbst der Indianer vermeidet, der diese steilen Berge nicht gern besucht. Da diese Leute meist zu Pferd reisen, so bewegen sie sich lieber jenseit der Berge in den offenen Prairies, wo sie gewöhnlich die Bisonheerden finden.

In der Nacht zum 3. August hören wir einen Kojoten ausdauernd heulen und die Hunde des Ortes wild bellend antworten. Frühmorgens weckt uns das Krähen eines Hahns. Die Temperatur beträgt 21 °C, der Himmel ist dunstig.
Ziel unserer heutigen Exkursion sind die McClelland-Stafford Ferry am Missouri River und die Dauphin Rapids, Stromschnellen, die Wied in seinem Reisebuch erwähnt. Nach 45 Minuten erreichen wir die Badlands der Missouri River Breaks und damit auch das Naturschutzgebiet des Upper Missouri River Breaks National Monuments. Bald geht es steil hinunter ins Flusstal. Es riecht nach verbranntem Gummi, die Bremsbeläge glühen aufgrund des Dauerbremsens beim Runterfahren. Im Tal liegt einsam die River Ranch, auf der gegenüberliegenden Flussseite ist die McClelland-Stafford Ferry Station. Das Tal wird dekorativ von Felsen und der baumbewaldeten Flussniederung eingerahmt, der Missouri fließt ruhig und silberbraun Richtung Osten. Der Sandweg zum Fähranleger zeigt noch die Spuren der letzten Regenschauer. Wir bekommen eine Vorstellung davon, wie die Wege nach einem Unwetter aussehen können. Wied beschrieb die Landschaft an dieser Stelle mit den Worten:

Als das Schiff am südlichen Ufer anlegte, setzten wir uns an den Höhen nieder, und betrachteten die originelle Bildung der weiten wilden Landschaft, während sich ein Theil unserer Leute am Ufer um ein grosses Feuer gelagert hatte, bis die Nacht ihren Schleier über diese Scene zog.

Am Fähranleger steht ein Briefkasten mit einem Schild: „Call for Service". Telefonisch rufen wir die Fähre herbei. Trotz drohenden Regens lassen wir uns vom

Ferry Operator Jack auf die Nordseite des Flusses ziehen. Jack ist ein freundlicher Zeitgenosse, der unsere Fragen höflich beantwortet und ausführlich von seiner Arbeit an diesem einsamen Ort erzählt. Er zeigt uns die Stromschnellen Dauphin Rapids, die sich etwas weiter flussabwärts befinden, und rät uns, bei Regen so schnell wie möglich den Heimweg anzutreten: „Keep an eye to the weather." Jack lebt in Winifred. Er weiß, wovon er spricht. Wir erfahren, dass er Englischlehrer an einer Handelsschule war, aber nun schon seit 19 Jahren als Angestellter des Staates diesen Job macht. Schlecht bezahlt, wie er lachend meint, aber dafür stressfrei und in einer wunderbaren Landschaft.

Man erkennt die Stromschnelle Dauphin Rapids nur noch an einem leichten Kräuseln auf dem Wasser. Bei Wied klang das am 3. August 1833 dramatischer:

> *Wir legten mehre Rapids zurück, u. a. auch dasjenige, welches man nach einem unserer Engages, welcher hier früher einmal in den Fluss gefallen war, Dauphin's Rapid genannt hatte. Diese letztere Stromschnelle kostete uns viele Anstrengungen, bis ein günstiger Wind uns das Segeln erlaubte.*

Interessant, dass der Name in den vergangenen fast 200 Jahren erhalten blieb. Antoine Dauphin starb 1837, also vier Jahre nach der Tour mit Wied, an einer Pockenerkrankung. Es ist ein großartiges Gefühl, auf die Stelle zu schauen, an der das Kielboot Flora mit viel Anstrengung über die Stromschnelle gelotst wurde. Wir beenden unsere Exkursion und machen uns auf den Rückweg. Kein Zivilisationsgeräusch stört die Harmonie der Abgeschiedenheit, bis unvermittelt die Jets der Airforce mit einem Höllenlärm über uns hinweg donnern. Jack bringt uns mit seiner Fähre wieder auf die andere Seite des Flusses. Den Aufstieg bewältigt unser braver VW-Bus ohne Schwierigkeiten.

In Winifred sind die Bewohner sehr höflich, alle grüßen freundlich. Ich muss an den Satz von Henry Miller denken, der schrieb: „Wenn ich je wieder in dieses Land komme, werde ich New York links liegenlassen und gleich in den hintersten Winkel fahren, wo es nur ungebildete und zauberhafte Menschen gibt."

> *Der kommende Morgen (4. August) hatte uns Spuren der wilden Schafe in allen Richtungen gezeigt, und unsere Jäger giengen sogleich nach ihnen aus. Wir fanden heute wieder am Uferrande, unter der stark mit Artemisia und spärlichem Grase bewachsenen kleinen Prairies am Fusse der Berge, Sandsteinkugeln von der Grösse einer Kirsche bis zur Dicke einer Faust, wie*

früher erwähnt; allein dort am Cannonball-River waren sie braungelb, hier aber aschgrau gefärbt. An den Höhen zeigten sich umgebrochene Kiefern und darunter die niederliegenden Juniperus repens, ohne Zweifel Lewis und Clarke's Dwarf-Cedar, welche sie in Begleitung der Wild-Onions erwähnen. Nachdem wir während eines heftigen Gewitters mehre Stromschnellen zurückgelegt hatten, erreichten wir den von Lewis und Clarke sogenannten Thompson's-Creek (heute Birch Creek), den man als die westliche Grenze der Mauvaises-Terres betrachtet. Der Anblick der Gegend hatte sich hier schon bedeutend verändert; die Höhen waren mehr flach, das Thal mehr geöffnet und die Flussufer mehr mit grünen Gebüschen besetzt.

In der Nacht zum 4. August zieht ein heftiges Gewitter über Winifred hinweg. Morgens ist der Stellplatz mit Pfützen übersät. Der Himmel ist bald wieder strahlend blau und die Luft angenehm frisch. Bevor wir uns auf den Weg nach Judith Landing machen, besuchen wir Paul Seilstad in seinem CO-OP Büro. Zum Abschied gibt er mir den Tipp, immer schön rechts zu fahren. In der Bar haben ihm Leute erzählt, dass ich bei unserer gestrigen Tour immer in der Straßenmitte gefahren bin. Elke lacht eine Spur zu laut.

Auf der PN Bridge Road halten wir uns nördlich. Der Blick auf den Horizont ist unfassbar weit, die graubraune Schotterstraße scheint direkt in die Bear Paw Mountains zu führen. Keine zwei Meilen weiter macht die Straße eine Wendung nach links Richtung Westen bis zur Hügellandschaft des Judith Rivers. Üppige gelbe Weizenfelder dominieren die Landschaft. Zwei Feuerwehrautos brausen mit heulenden Sirenen an uns vorbei, brennende Weizenfelder müssen gelöscht werden. Der Blick in das Tal des Judith Rivers ist grandios, die Schluchten der Seitentäler gewaltig. Auf der Straße liegt eine überfahrene Rattlesnake. Auch tot sehen diese Reptilien noch gefährlich aus. Der State Highway 236 bringt uns in das Tal des Missouris und des Judith Rivers. „Trucks use lower gear – Chains required when icy". Die Steigung beträgt 10%, da heißt es Vorsicht walten lassen beim Bremsen. „Historic Point ½ Mile". Vor uns führt die Brücke des State Highways über den Missouri River, das Tal ist dicht bewachsen und zieht sich wie ein grünes Band durch die braune Landschaft. Einige Felder sind kreisförmig angelegt. Der Dog Creek und der Judith River münden im Missouri River. Über die schmucklose Betonbrücke erreichen wir den „Historic Point The Judith Landing". Eine Schautafel informiert: „Captains Meriwether Lewis and William Clark arrived at the mouth of the Judith River May 29, 1805". Ein paar Kanuten verstauen ihre Kajaks. Wir stellen uns auf einen in einem Pappelwäldchen gelegenen Stellplatz des Campingplatzes der Judith Landing Recreation Area, keine fünf Meter vom Missouri River entfernt. Bis auf zwei Angler sind wir allein. Die beiden kommen aus dem fünfzig Meilen entfernten Lewistown, Montana, und sind um die 70 Jahre alt. Der eine hat französisch-kanadische Wurzeln, der andere ist ein original Blackfoot-Indianer. Sie sind Jäger und Fischer. Es gebe nichts Schöneres, erzählen sie. Sie lieben Montana, weil es fern der Zivilisation liegt und können sich nicht vorstellen, an einem anderen Platz auf der Erde zu leben. Wir verabschieden uns freundlich. Als sie über die Brücke Richtung Lewistown fahren, winken sie uns noch einmal zu.

Wenig später lassen uns Motorengeräusche auf dem Missouri aufhorchen, Motor-bootfahren ist doch eigentlich verboten. Und tatsächlich, ein kleines Motorboot tuckert an uns vorbei und steuert den Bootsanleger an. Kurz entschlossen mar-schiere ich dorthin und erfahre von Bill Marsik, dass er professionelle Boot-stouren auf dem Missouri River durchführt. Er startet die 40-Meilen-Tour um neun Uhr in der Früh in Coal Banks Landing und legt sechs Stunden später in Judith Landing an. Die Tour kostet 150 Dollar pro Teilnehmer. Morgen hat Bill noch zwei Plätze frei. Als er mich fragt, ob wir mitkommen möchten, sage ich spontan zu. Hoch lodern die Flammen unseres Lagerfeuers, der Nachtwind weht lind durch den Pappelwald. Der Missouri River fließt im Schein des über der Hügellandschaft leuchtenden Vollmonds ruhig und still an uns vorbei.

Am Mittwoch, den 5. August, verlassen wir um 6.45 Uhr morgens den Camp-ground Judith Landing und fahren auf der Judith Landing Road Richtung Nord-westen. Bis Big Sandy, der nächstgrößeren Stadt, sind es 44 Meilen, und von dort noch mal 6 Meilen bis Coal Banks Landing. Wied hatte vor 176 Jahren unweit vom heutigen Judith Landing die Nacht auf der Flora verbracht:

> *Am 5. August früh schifften wir an Lewis und Clarkes Bull-Creek (heute Dog-Creek) vorbei, welcher in einer angenehmen freundlichen Gegend mündet, und befanden uns gegen 6 Uhr in der ziemlich offenen Gegend des Judith River, der gegenwärtig mehre sehr seichte Mündungen am nörd-lichen Ufer des Missouri zeigte. Seine Ufer sind zum Theil mit Wald und Weidengebüschen bewachsen.*

Für unsere Verhältnisse rasen wir auf der Schotterpiste mit der Bezeichnung 236 durch die Hügellandschaft. Eine Menge Rehwild ist in der Morgendämmerung unterwegs, ein Kojote hetzt über den Weg. Im blauen Dunst ragen die Bear Paw

Mountains dunkel in den Himmel. Wied hatte seinerzeit interessantere Abenteuer zu bestehen:

Durch ein heftiges Gewitter aufgehalten, erreichten wir (am 5. August) erst um 1 Uhr eine Stelle, wo der Missouri durch eine etwas enge Kehle aus dem merkwürdigen Sandsteinthale hervortritt, welches den Namen der Stone-Walls trägt. Ein weisser Sandsteinkopf zeigte sich hier vor uns am nördlichen Ufer, als erste Probe jener Formation, und zur Linken öffnete sich zwischen ansehnlichen, mit graugrünem Grase bewachsenen, und von kriechendem Wachholder schwärzlich gefleckten Höhen, der Bighorn-River (heute Arrow Creek), an dessen Ufern, so wie an den Bergen zahlreiche Indianer sich versammelt hatten. Vor den Bergköpfen, von welchen der eine etwas gabelförmig gespalten ist, dehnte sich nach dem Flusse sanft abhängend die Prairie aus, auf welcher über 200 Lederzelte der Indianer aufgeschlagen waren. Voran stand das Zelt des Hauptchefs, vor welchem auf einem Pfahle die amerikanische Flagge wehete. Die ganze Gegend war mit rothbraunen Menschen in mancherlei Gruppen und mit zahlreichen Hunden bedeckt, und Pferde von allen Farben graseten daselbst, Reiter sprengten hin und her, u. a. ein berühmter Chef, der sich sehr gut auf einem Falben ausnahm. Während dessen waren schon eine Menge von einzelnen Indianern an unserem Borde gewesen, von welchen manche herüber geschwommen waren. Ein grosser schlanker Mann stieg auf diese Art an Bord, schüttelte das Wasser von seinem Körper ab, und trat ohne Umstände in die Cajüte; allein Herr Mitchill (Kommandant der Expedition) trieb ihn hinaus und bedeutete ihm „dies Zimmer sey nur für die Chefs zugänglich," dann liess er den Indianern zurufen, sie möchten nach ihrem Lager gehen, dort werde er anlegen. Das Schwimmen führten alle diese Leute ganz nach Art der Brasilianer aus, indem sie mit jedem Arme einzeln vor und nach unten greifen, und nicht seitwärts wie die Europäer. Sie waren in dieser Uebung höchst gewandt und schnell.

Während man in Zwischenräumen das Lager mit Kanonenschüssen salutirte, und die Indianer mit ihren Flinten antworteten, wurde das Keelboat, dessen Flagge aufgezogen war, am nördlichen Ufer den Zelten gegenüber vor Anker gelegt; eine sehr nöthige Vorsichts-Massregel, um nicht unmittelbar mit der ganzen indianischen Bevölkerung in Berührung zu kommen. Nachdem etwa 40 am Ufer aufgestellte indianische Krieger ein Lauffeuer gemacht hatten und die Kanonen nochmals abgebrannt worden waren,

Lager der Gros Ventres des Prairies, am oberen Missouri (Karl Bodmer)

bestieg Herr Mitchill mit dem Dolmetscher Doucette das Boot und fuhr hinüber. Er allein trug Pistolen, die übrigen Leute waren unbewaffnet. Auf der Höhe des Ufers bildete die ganze indianische Bevölkerung eine lang ausgedehnte braune Masse, und unten unmittelbar am Wasser sassen die Chefs in einen isolirten kleinen Haufen vereint. Nachdem Mitchill sie begrüsst, sich zu ihnen niedergesetzt und mit ihnen unterhalten hatte, lud er sie ein, ihn an das Schiff zu begleiten, und er brachte uns nun acht dieser Respectspersonen an Bord, welche in der Cajüte Platz nahmen, um ihre Pfeife zu rauchen. Die meisten von ihnen waren starke grosse Männer mit ausdrucksvollen Physiognomien. Ihre Haare trugen sie lang herab hängend in viele Zöpfe getheilt und mit röthlichem Thone bestrichen, einige hatten auch hinten einen colossalen mit Pelzstreifen umwickelten Zopf. Das Gesicht war bei ihnen mit Zinnober angestrichen, und theilweise auch mit der blauen Erde der Rocky-Mountains, deren sich alle in ihrer Nähe wohnenden Völker bedienen. Viele trugen in den Ohren einen grossen eisernen oder messingenen Ring, der zuweilen vier bis fünf Zoll im Durchmesser hielt, andere trugen deren 4 bis 8; auch Stücke von Muscheln, und mehre hatten in ihren Haaren die dünnen langen Schnüre von Knochen, Muscheln und Glasperlen befestigt. Ihre Kleidungsstücke waren einfach, die Schuhe

zierlich gestickt, ihre Tabakspfeifen von Dacota-Fabrik, und die Tabaks-
beutel zum Theil sehr nett gearbeitet, einer u.a. aus der Haut eines jungen
Bergschafes gemacht. Unter diesen Chefs befanden sich mehre Männer von
gutem offenem Character, aber auch ein sehr schlimmer Mensch, Mexke-
mauastan, welchen Herr Mitchill im vergangenen Jahre zu Fort McKenzie,
wegen seiner Umtriebe vor die Thür geworfen hatte. Jetzt befanden wir uns
gänzlich in der Gewalt dieser Leute und man hatte allen Grund, die Rache
dieses Mannes zu fürchten. Ohne Zweifel von Interesse geleitet, war er zu
unserm Befremden höchst freundlich, drückte uns die Hand und nahm
wie seine Collegen die Geschenke dankbar an. Er trug seine Haare vorn in
einen dicken Knoten zusammen gebunden und hatte ein einschmeicheln-
des falsches Gesicht. Während man sich mit diesen Chefs unterhielt, sah
man von allen Orten des Ufers eine Menge von Männern und Weibern
durch den Fluss schwimmen, oder in ihren runden Bōten von Bisonhaut zu
uns übersetzen, und plötzlich war das Schiff von allen Seiten bestiegen und
überschwemmt. Grosse schlanke Männer bedeckten das Verdeck, drängten
sich in die Räume und man war wörtlich von ihnen gänzlich übermannt.
Alle forderten Branntwein, Pulver, Kugeln, und brachten herbei, was sie an
Fellen, Leder und trockenem auch frischem Fleische zum Tausche besas-

Ehemaliger Lagerplatz der Gros Ventres des Prairies

sen. *Man bemerkte vorzüglich schöne, bis auf ihr Breechcloth gänzlich nackte, sehr roth gefärbte Männer, wahrscheinlich durch rothbraune Farbe geröthet. Schnatternd und zitternd stiegen sie aus dem Flusse, denn das Gewitter hatte die Luft sehr abgekühlt, andere ritten zu Pferd an das Schiff, oder hielten sich an den Mähnen und Schwänzen ihres schwimmenden Pferdes fest. Die mit Tauschartikeln beladenen Lederböte wurden an das Keelboat gebracht, von einem Schwimmer gezogen und von einem anderen geschoben, und auf diese Art, sahen wir uns bald dergestalt eingeengt, dass man die Chefs ersuchen musste, das Schiff zu reinigen. Ihr Zureden hatte in der That die Folge, dass der grösste Theil der jungen Leute in's Wasser sprang, freilich nur um bald wieder an einer anderen Stelle das Schiff zu besteigen.*

Unsere Lage war nichts weniger als angenehm; denn dieselben Indianer hatten vor ein Paar Jahren ein Fort an den Grenzen zu Canada gänzlich demolirt, einen Clerk und 18 Personen getödtet, so wie schon viele andere weisse Leute in jenen Gegenden ermordet. Auch mit Lewis und Clarke hatten sie Streitigkeiten gehabt und man traute ihnen wenig Gutes zu, obgleich Herr Mitchill behauptete, dass er immer gerne mit ihnen Geschäfts gemacht und keine Beweise von der ihnen zugeschriebenen Falschheit gehabt habe. Entgehen konnten wir ihnen in keiner Art, wenn es ihre Absicht war uns feindlich zu behandeln, und wie leicht konnte nicht mit diesen rohen Menschen der kleinste Wortwechsel einen Bruch herbei führen, wodurch 50 Weisse in den Händen von 8 bis 900 Indianern sogleich verloren waren; man behandelte sie daher zutraulich und zuvorkommend, und alles gieng glücklich von statten. Ein frischer Segelwind hatte sich erhoben, der zu unserer Befreiung aus dieser unsicheren Lage höchst erwünscht war. Doucette war nebst einigen Waaren mit dem Befehle an Land gebracht worden, den Indianern einige Artikel zu vertauschen, und sie so einigermassen zu befriedigen. Wir übrigen sahen vom Schiffe, wie unsere Leute am Ufer von der grossen Masse der Indianer dicht umringt wurden. Der lärmende Tauschhandel wurde lange Zeit hindurch fortgesetzt, obgleich Herr Mitchill den Befehl zur Rückkehr des Bootes wiederholt ertheilt hatte. Wir waren genöthigt lange zu warten, und schon entstanden Besorgnisse um die Sicherheit unserer Handelsleute, als wir endlich das Boot, mit Indianern überladen, vom Lande abstossen sahen, worauf der Befehl zur Abreise sogleich gegeben wurde. Wohl 50 kräftige Indianer vereinten sich mit unseren Schiffziehern an der Cordelle, und wir wurden sehr rasch fortgezogen. Unser Schiff war dergestalt mit Menschen beladen, dass es tief im Wasser gieng. In dieser originellen Gesellschaft begannen wir die interessanteste Gegend des ganzen Missouri-Laufes, die sogenannten Stone-Walls zu bereisen; wir konnten jedoch noch nicht frei genug athmen, um die Originalität der uns umgebenden Natur gehörig zu würdigen, bevor wir von unserem lästigen Besuche befreit waren. Wiederholt deutete man den Chefs an, dass das Boot bereit sey sie ans Land zu setzen, auch hatten sie sämmtlich Geschenke empfangen, mit welchen indessen nicht alle zufrieden waren; es gelang jedoch endlich sie alle in zwei Ladungen fortzuschaffen, indem man ihnen andeutete, „sie möchten nach Fort McKenzie zu ihren Alliirten, den Blackfeet kommen, dort werde man alle Waaren ausladen und den Tauschhandel ihren Wünschen gemäss einleiten." In dem vorderen Theile der Stone-Walls legten wir am rechten Ufer für die Nacht an, und eine Menge von Indianern, besonders Weiber, deren man viele im Schiffe versteckt fand und austrieb, zündeten Feuer neben uns an. Mancherlei Dinge wurden vermisst, man hatte viel mehr ausgegeben, als eingetauscht, dennoch waren wir froh, auf diese Art glücklich entkommen zu seyn. Für die Nacht wurde eine starke Wache mit einem Officier angeordnet.

Die Grosventres des prairies sind ursprünglich, wie man behauptet, ein Zweig der Arrapahos, sie lebten besonders in den Gegenden am Saskatschawan, zogen aber in allen Prairies umher, welche an das Gebiet der Blackfoot- und der Arrapaho-Indianer gränzen. Sie sind wohlgebildete Leute und unterscheiden sich im Aeusseren wenig von den Piekanns und übrigen Blackfeet. Sachkundige Männer behaupten, dass sie gegenwärtig nicht viel mehr als 200 Zelte, und 4- bis 500 Krieger stellen können. Im Handel haben sie sich seit einiger Zeit gut gezeigt, sich auch gegen die Weissen friedlich betragen. Das weibliche Geschlecht, besonders die Mädchen sind wohlgebildet, sie wurden uns für Branntwein und andere Dinge angeboten.

Die bei unserem Schiffe übernachtenden Indianer waren am 6. August in der Absicht sehr früh nach ihrem Lager zurückgekehrt, um in einem Tage nach Fort-McKenzie gelangen zu können. Die sehr kühle Nacht war ruhig verflossen, und wir hatte alle Ursache, mit dem Betragen dieser zahlreichen Bande von Indianern zufrieden zu seyn; denn wenige andere Stämme würden sich bei ähnlichen Gelegenheiten so ruhig und gemässigt betragen haben.

Wir erreichen Coal Banks Landing um halb neun, der Himmel ist milchig grau. Auf der Virgelle Ferry Road machen wir einen Abstecher bis zum Ende der Straße, die am Anleger der Virgelle Ferry abrupt endet: „Approaching Upper Missouri Lewis & Clark National Historic Trails – Wild and Scenic River". Wied passierte diese Stelle zwei Tage später, am 7. August 1833, und beschrieb in seinem Reisebuch die braunen, steil aufragenden Uferhöhen wie folgt:

> *Noch immer lief an den Hügeln das weissgraue Sandsteinlager fort, auf welchem ein eben so mächtiges von Thon und Sand mit Rasenüberzug gelagert war; allein was man hier Sandstein nennen konnte, war nun meistens schon nicht mehr der rein anstehende Stein, sondern mit Sandsteinblöcken gemischter, halb verhärteter Thon und Sand.*

Auf der Fahrt zurück nach Coal Banks Landing machen wir einen kurzen Halt beim Antiquitätenladen des Virgelle Mercantile Bed & Breakfast. Eine Dame in den Sechzigern fragt schnippisch, ob ich Bill sei. Ich frage zurück, ob sie die Bootstour mit Bill Marsik machen will, was sie bejaht. Ihr Mann ist mindestens genau so arrogant wie sie. Die beiden kommen aus dem sonnigen Kalifornien und können ihre miese Laune über das hiesige schlechte Wetter kaum verbergen. Die Vorstellung, bei so einem Wetter sechs Stunden auf dem Fluss zu fahren, behagt ihnen gar nicht. Zu meiner Erleichterung sehe ich, dass sich noch ein zweites Paar für die Bootstour bereit macht. Am Bootssteg von Coal Banks Landing treffen wir Bill. Er entschuldigt sich wortreich, dass er nun doch ausgebucht ist. Ich winke generös ab, sage ihm, dass ich hier bin, um die Tour wegen des schlechten Fotowetters abzusagen. Bill ist erleichtert, und wir verabreden, dass wir per Email einen neuen Termin ausmachen werden.

Big Sandy, Montana. Die Ortschaft hat um die 700 Einwohner und verfügt über einen kleinen Flughafen und eine Bahnstation mit gewaltigen Getreidespeichern. Wir beziehen Quartier im Q's Motel an der Judith Landing Road. Die Zimmer sind schlicht und sauber und werden üblicherweise von Leuten auf Montage oder Vertretern gebucht. Gegen Abend machen wir eine Exkursion zum Pilot Rock am Missouri River. Unser Ziel erreichen wir auf der White Rocks Road und bekommen einen ersten Eindruck davon, warum dieser Abschnitt des Missouri Rivers so einzigartig ist. „Welcome Pilot Rock Ranch". Der Blick in das Tal und die Flusslandschaft mit ihren schroffen Sandsteinformationen zieht wohl jeden Betrachter in den Bann.

*Wir erstiegen die hohen Höhen, auf welchen wir zwischen die Champig-
non-ähnlichen Sandsteingestalten geriethen, die uns in den mannichfaltigsten abenteuerlichen Figuren umgaben. Sah man in die Thäler hinab,
so war alles weiss und schwärzlich-grau gefleckt; verhärtet und weissgrau
zeigte sich der Boden der Hügel und nur einzeln standen vertrocknete
Pflanzen an ihnen umher, zum Theil jetzt schon ihre Samen tragend. Auf
der höchsten Höhe hatte man eine vortreffliche Aussicht. Wir befanden uns
daselbst auf einer weit ausgedehnten Hochebene, deren Pflanzen-Ueberzug
gelb und vertrocknet war, wie ein europäisches Stoppelfeld im Herbste.*

Eine Wanderung durch die Felder zu den White Cliffs brechen wir nach kurzer
Zeit ab, weil dunkle Wolken am Himmel aufziehen. Da die Wettervorhersage
auch für die nächsten Tage schlecht ist, vereinbare ich mit Bill Marsik per E-Mail,
dass wir unsere Bootstour am kommenden Montag machen werden.

Da es zwischen Judith Landing und Coal Banks Landing auf der Nordseite keine
weitere Zufahrt mehr zum Missouri River gibt, machen wir am kommenden Tag
alternativ einen Abstecher nach Norden in die Bear Paw Mountains und in die
dort gelegene Rocky Boy's Indian Reservation.
Die Rocky Boy's Reservation ist ein 1916 gegründetes Indianerreservat des Chip-
pewa-Cree-Stammes und mit 443,9 Quadratkilometern das kleinste Reservat in
Montana. Die größte Gemeinde ist Box Elder. Bei einer Volkszählung im Jahr
2010 lebten 3 323 Menschen im Reservat, während der Stamm selber um die
5 700 eingeschriebene Mitglieder hat. Der ungewöhnliche Name Rocky Boy's
entstand aus einer falschen Übersetzung des Namens des Stammeshäuptlings
Asiniiwin.
Auf dem US Highway 87 erreichen wir Box Elder, über die Lower Box Elder
Road machen wir uns auf in die Bear Paw Hills. Die Straße führt durch das
grüne Tal des Box Elder Creeks, das auffällig mit den kargen, braungelb bewachsenen Hügeln kontrastiert. Die Reservation macht, trotz des wolkenverhange-
nen Himmels und des regnerischen Wetters, einen guten Eindruck. Gemächlich
zockeln wir durch das Flusstal, steigen nach und nach immer höher. Entlang der
Straße stehen immer wieder mal die typischen Indianerhäuser in Blau, Braun
und Beige, alle im gleichen Baustil. Nach einem kurzen Abstecher in Eizoo's
Bar & Casino und dem Lone Tree Casino erreichen wir auf der Mission Taylor
Road die Hauptstadt der Reservation, Rocky Boy. Auch in diesem Reservat sind
die Schulgebäude in einem sehr guten Zustand und dazu noch idyllisch in die

Hügellandschaft gebaut worden. Von Rocky Boy geht's östlich bis zur Beaver Creek Road, die außerhalb der Reservation liegt. Die höchste Erhebung im Gebirge ist der Baldy Mountain mit 2 108 Metern. Die Bäume sind teilweise in einem erbärmlichen Zustand, möglicherweise wütet hier der Bergkiefernkäfer, der auch in den Rocky Mountains erbarmungslos sein Unwesen treibt. Die Gebirgslandschaft wirkt durch die kahlen, stahlgrauen Felsen mit ihren obskuren Formen wie einem Märchen entsprungen. Silbrig weiße Birkenwälder glänzen hell und licht. Der Beaver Creek plätschert romantisch durch das Tal. Kühe traben über die Straße. „Welcome to Beaver Creek Park". Campingplatz folgt auf Campingplatz, Wohnwagen und Pickups stehen vereinzelt auf verwaisten Plätzen. Es gibt eine Menge rustikaler Holzhütten, die geradezu zu einem Aufenthalt einladen. Die Straße endet im Skigebiet Bear Paw Ski Area. Die Skilifte stehen um diese Zeit etwas verloren in der Gegend herum. Ich frage andere Besucher, ob man irgendwo Skier ausleihen kann, was für großes Gelächter sorgt.

In der Nacht zum 7. August fegt ein heftiger Sturm mit Regen, Blitz und Donner über Big Sandy hinweg. Morgens ist es eisig, es regnet in Strömen. Die Berge der Bear Paw Mountains sind vollständig in Wolken gehüllt, an eine Exkursion ist heute nicht zu denken.

Am Samstag, den 8. August, verlassen wir Big Sandy. Auf dem Highway 87 geht's zügig Richtung Südwesten nach Loma, Montana. Die Tour auf der Hochebene durch Farmland ist monoton, die meisten Felder sind bereits abgeerntet. Mich bewegt der Gedanke, dass auf den Tag genau vor 176 Jahren, nur wenige Meilen vom Highway entfernt, die Flora mit Wied, Bodmer und Dreidoppel auf dem Weg nach Fort McKenzie war. Von der Höhe des Plateaus sehen die Täler der Flüsse aus wie schlecht verheilte Narben. Loma liegt beschaulich am Ufer des Marias Rivers, während der steilen Abfahrt muss ich an Wieds Beschreibung denken:

> *Am folgenden Morgen (8. August) erblickten wir vor uns wieder die Kuppen der Rocky-Mountains und erreichten Spaniard-Island, eine mit mässig hohem Walde bedeckte Insel, auf welche bald noch eine kleinere folgt. Bei unserer Weiterreise folgten wir dem rechten Ufer an steilen gelb-röthlichen Wänden, deren Basis aus aschblauem Thone bestand, und freuten uns über die schöne hellgrüne Farbe des jetzt völlig klaren Missouri-Wassers. Um*

eine Landspitze wendend erblickten wir vor uns eine lange tafelförmige
Hügelreihe, jenseit welcher Fort McKenzie liegt. Vor jenen Hügeln öffnet
sich am nördlichen Ufer der Maria-River, der von Gebüschen und hohem
Pappelwald eingefasst ist. Als wir die Mündung des Maria passirt hatten,
bemerkten wir gegen 6 Uhr Abends an demselben Ufer die Ruinen des ersten
Forts oder Handelspostens, welchen Herr Kipp, als Clerk der American-
Fur-Company im Jahre 1831 im Gebiete der Piekann's oder Blackfeet erbaut
hatte. Schon 1832 hatte man diesen Posten wieder verlassen, um weiter
oberhalb das zweite Fort-Piekann, das jetzige Fort-McKenzie anzulegen,
welches nun auch bald wieder verlassen werden sollte. Auf diese Art rückt
die Fur-Company immer weiter vorwärts und fasst festen Fuss unter noch
wenig bekannten Nationen, wo das Geschäft des Pelzhandels noch lucrativ
ist. Auf den Höhen dieser Gegend erblickten wir zwei berittene Indianer,
welche schnell davon sprengten, als sie uns gewahrten, ohne Zweifel um die
Nachricht unserer Ankunft nach dem Forte zu bringen. Mehre den Ruinen
des Fortes gegenüberliegende zum Theil bewaldete Inseln, zwangen uns
durch einen schmalen, nicht mehr als 40 Schritte breiten, aber höchst reis-
senden Canal am südlichen Ufer zu schiffen, welcher vorher von Latresse,
einem unserer besten Schwimmer sondirt worden war.

Loma, Montana, hat 100 Einwohner und ist berühmt geworden, weil hier der
größte Temperaturunterschied in den USA während eines Zeitraums von 24
Stunden gemessen wurde. Am 15. Januar 1972 stieg die Temperatur von 48 Grad
minus auf 9 Grad plus. Das Loma Earth Science Museum ist geschlossen, dafür
hat aber das Ma's Loma Cafe, ein kleines Restaurant direkt am Highway 87, geöffnet. Die örtliche Tankstelle hat den Betrieb eingestellt, im kleinen Einkaufsshop
riecht es muffig, das Warensortiment ist spärlich. Die Dame an der Kasse berät
uns gern, erzählt, dass sie an keinem anderen Ort der Welt leben möchte. An der
Wood Bottom Boat Ramp stellen wir den Wagen ab, machen einen Spaziergang
entlang des Missouri Rivers. Links ragen die imposanten, steilen Uferwände auf,
vor denen Wied und seine Begleiter auf der Flora die Nacht vor der Ankunft in
Fort McKenzie verbrachten:

Als die Dämmerung eintrat, wurde unter der hohen Thonwand des südli-
chen Ufers angelegt. Sehr befremdend war es, dass von dem nahen Forte
aus noch keine Notiz von uns genommen wurde. Die Mannschaft an Bord

des Schiffes blieb wachsam in der Erwartung der Ereignisse. Wir vernah-
men deutlich die Trommel der Indianer in der Richtung des Fortes, und am
jenseitigen Flussufer heulten die Wölfe in lautem Concerte.

Vom Hügel des Decision Point Overlook haben wir einen fabelhaften Blick
auf die Flusstäler des Missouris und Marias Rivers sowie auf Loma. Auf dieser
Höhe stand am 2. Juni 1805 Meriwether Lewis und musste entscheiden, welchen der beiden Flüsse die Expedition auf dem Weg zum Pazifik nehmen sollte.
Das Wasser des Marias Rivers war dunkel, das des Missouri Rivers klar, sodass
die Explorer schlussfolgerten, dass nur das Gebirge der Rocky Mountains das
Wasser des Flusses so klar gemacht haben konnte. Bekanntlich entschieden sie
sich für den richtigen Fluss.

In Ma's Loma Café trinken wir einen Nachmittagskaffee und bestellen dazu
einen leckeren Apfelkuchen. Wir kommen mit dem Kellner ins Gespräch und
erfahren, dass er mit neun Jahren aus Russland in die USA adoptiert wurde.

Auf der Südseite des Missouris machen wir uns auf der Loma Bridge Road auf
den Weg nach Coal Banks Landing. Das Plateau ist flach wie ein Brett, Weizenfelder prägen die Szenerie. Im Schritttempo schleichen wir über die Schotterstraße, genießen die Weite der menschenleeren Landschaft. In östlicher Richtung
erkennen wir die Felsformation „Hole in the Wall", in nordöstlicher Richtung
die Bear Paw Mountains. Die Straße endet am Missouri River, wir läuten den
Ferry Operator herbei. Die Fähre wird von einer korpulenten Frau bedient, die
uns zügig über den Fluss bringt.

„Coal Banks Landing Recreation Area. Camping is for free." Der Campingplatz-
betreuer ist diesmal kein ehemaliger Soldat, sondern ein verwegen aussehender,
humorvoller Freak. Sein langes dichtes Haar hat er mit einem Zopf gebändigt.
Unsere Stellplatznachbarn sind Deni und Merlin, die morgen zu einer achttägi-
gen Kanufahrt den Missouri River flussabwärts aufbrechen werden.

Am 9. August ist der Himmel strahlend blau, es weht ein heftiger, frischer Wind.
Mit der Virgelle Ferry setzen wir über auf die Südseite des Missouri Rivers, fahren
durch die Felder nach Loma. Halb zwölf. In Ma's Loma Café besorgen wir uns
einen Kaffee, bevor wir uns auf den Weg nach Fort McKenzie machen. Zunächst
geht es steil hoch in die Uferlandschaft des Missouri Rivers. Links führt ein Weg
bis zu einer großen Biegung des Flusses, direkt gegenüber den steilen Tonwän-
den auf der südlichen Seite. Der Blick auf die Uferwände ist ebenso imposant

wie der Blick in das Tal des Flusses. Bei Wied lesen sich die letzten Meilen bis zur Ankunft in Fort McKenzie so:

Vor dem Anbruche des folgenden Tages (9. August) war ein starker Regen eingetreten, der abwechselnd auch am Tage fortdauerte, und wobei uns die Moskiten lästig waren. Man schiffte früh an den über hundert Fuss hohen, oben gelbbraun und unten schwärzlichgrau gefärbten steilen Thonwänden des südlichen Ufers hinauf, und sah zur Rechten sanft abwechselnde Höhen, von welchen die Cabris entflohen.

Oberhalb der von Wied als „sanft abwechselnd" beschriebenen Höhen führt die Rowe Bench Road entlang, ein gut befestigter, trockener Sandweg. Felder und Wiesen prägen die eintönige Landschaft der Hochebene, einzig die tiefen Einschnitte des Tales des Missouri Rivers verleihen der Szenerie etwas urwüchsig dramatisches. Am Horizont sehen wir schon die Vorgebirge der Rocky Mountains. Ich fahre an diesem freundlichen Sommertag durch eine schlichte Landschaft zu einem nicht mehr vorhandenen Fort aus den 1830er Jahren – auf einmal erscheint mir das Ziel meiner Reise sonderbar unwirklich, bizarr. Allerdings bleibt mir kaum Zeit, diesen Gedanken weiter zu verfolgen, da die Straße plötzlich mit großen Pfützen durchsetzt ist, um die ich elegant herumkurve. Ein Pickup kommt uns entgegen, beunruhigenderweise fährt das Fahrzeug am Rand eines Feldes entlang. Keine zwei Minuten später weiß ich auch warum: Der Weg ist durch ein gewaltiges Wasser- und Matschloch unpassierbar. Ich gebe Vollgas und versuche verzweifelt ebenfalls den Feldrand zu erreichen. Der Motor heult auf, die Räder drehen durch – nichts geht mehr, wir haben uns fest gefahren. Da hilft nur rohe Gewalt. Ich fahre den Bus hektisch vorwärts und rückwärts, um wieder frei zu kommen, und tatsächlich, mit tatkräftiger Schiebehilfe Elkes erreiche ich nach einiger Zeit den Seitenstreifen des Feldes. Uff. Das war knapp. Nach kurzem Check der Auspuffanlage setzen wir unsere Reise auf dem Feldstreifen fort, bis nach einigen hundert Metern der Weg wieder befahrbar ist. Hinter der Naganomi Farm führt der Brule Way zu der zwei Meilen entfernten Farm von Mike Lundy. Lundy ist Eigentümer des Landes, auf dem das ehemalige Fort McKenzie stand. Wied beschrieb die Szenerie in seinem Reisebuch wie folgt:

Die letze Wendung des Flusses wurde umschifft und es zeigte sich eine unbeschreiblich interessante Scene! Eine Prairie dehnt sich am nördli-

chen Ufer aus, an deren vortretende Spitze am Flusse, oberhalb einer Reihe alter Bäume man Fort-McKenzie erblickte, wo die americanische Flagge im Winde wehete. Eine grosse Anzahl indianischer Zelte waren in der Ebene zerstreut aufgeschlagen, und die ganze Gegend war mit der braunrothen Bevölkerung in mannichfaltigen Gruppen und Beschäftigungen bedeckt, welche nun sämmtlich dem Ufer zu eilten. Nahe um das Fort waren die Männer, etwa 800 Piekanns in dichter kriegerischer Masse geschlossen aufgestellt, wie ein wohl geordnetes Bataillon. Sie bildeten eine lange dunkelbraune Linie, oben mit einem schwarzen Streifen, welcher von den schwarzbehaarten Köpfen verursacht wurde. Die Palissaden und die Dächer des Fortes, so wie die benachbarten Bäume waren mit Indianerinnen und ihren Kindern einzeln und in Gruppen besetzt, die ganze Prairie war mit ihnen bedeckt. Im Forte erhob sich der Pulverdampf, und der Kanonendonner hallte schön an den hohen Uferwänden wieder. Während sich das Schiff langsam dieser interessanten Scene näherte, brachte das Boot einen Indianer, den weissen Bison, Soldaten des Forts an Bord, der als gutmüthiger, ziemlich zuverlässiger Mensch bekannt ist. Er hatte eine lange Gestalt, plumpe, stark knochigte Züge und eine gebogene Nase, sein Anzug war halb nach Art der Weissen, halb indianisch. Ueber die Schulter trug er quer eine rothe Binde, an welcher Schellen und Glocken befestigt waren. Schon donnerte ununterbrochen das Flintenfeuer in der Masse der indianischen Krieger und ihr Kriegsruf schallte zu uns herüber, als auch auf dem Schiffe, des Regens ungeachtet, das Feuer lebhaft wurde. Vor der indianischen Aufstellung sahen wir drei bis vier Chefs in rothen und blauen, mit Tressen besetzten Uniformen, mit runden Hüten und Federbüschen auf dem Kopfe, umhersprengen. Unter ihnen zeichnete sich Mexkehme-Sukahs aus, in scharlachrother Uniform mit blauen Aufschlägen und Tressen besetzt, und den gezogenen Säbel in der Faust. Er tummelte, ohne Steigbügel reitend, gewandt seinen leichten Fuchs, der bei dem Knallen der Gewehre sehr unruhig war. Der jetzt bei den Piekanns am meisten in Ansehen stehende Chef war Ketsepenn-Nuka, welcher sich aber kürzlich nach einem glücklichen Gefechte gegen die Flat-Heads umgetauft hatte, und nun der Bären-Chef, Ninoch-Kiäiu hiess. Die übrigen anwesenden Chefs waren ausser den beiden genannten Otokuan-Nepo, jetzt Haiesikate genannt, ferner der grosse Soldat, Aschaste, und endlich der rothe Bison, Micutseh-Stomick.

Wir näherten uns dem Landungsplatze und setzten endlich den Fuss ans Land, in einer Dampfwolke der Indianer und der in einer Reihe am Ufer aufgestellten Engages des Fortes. Hier empfieng uns die ganze Bevölkerung, die indianischen Chefs an der Spitze, mit welchen wir sämmtlich Hände schüttelten. Der Bären-Chef war eine höchst originelle Figur. Seine eben nicht schöne Physiognomie mit grosser gebogener Nase, war durch die langen, über das Gesicht herabhängenden Haare verschleiert; ein langer, grün wollener Ueberrock bekleidete die hohe Gestalt, und auf dem Kopfe trug er einen runden Filzhut mit messingener Binde, auf der Brust die silberne Medaille. Man führte uns durch eine lange Gasse der braunen Gestalten hindurch, deren Ausdruck und mannichfaltiger Aufputz die grösste Unterhaltung gewährte. In dem Forte angekommen nahm das Hände-drücken kein Ende, worauf wir uns nach Ruhe sehnten und unser Gepäcke in die Zimmer vertheilten. Die Reise von Fort-Union hieher hatten wir in 34 Tagen glücklich zurück gelegt, keinen unserer Leute verloren, und während dieser Zeit gänzlich vom Ertrage der Jagd gelebt. Die nachfolgende Liste des auf der Reise erlegten Wildprets dürfte für Jagdliebhaber nicht uninteressant seyn: Bisonten 54; Elkhirsche 4; Elkthiere 13; Kälber 1; schwarzschwänzige Hirsche 8; Thiere 4; Kälber 1; gemeine Hirsche 8; Thiere 15; Kälber 3; Cabri's 2; Bighorns 2; Bären 9; Wölfe 1; Stinkthiere 1; Stachelschweine 1; Hasen 2; Adler 6; Prairie-Hens 3; wilde Gänse 10; Prairie-Dogs 10; Kaninchen 1.

Wir werden nicht von Kriegsrufen und dem Flintenfeuer der Indianer, sondern von einem Warnschild mit der Aufschrift „Dead End" begrüßt. Ich bin mir sicher, dass es ein Fehler wäre, das Schild zu ignorieren, da uns berichtet wurde, dass Mike Lundy kein einfacher Zeitgenosse ist. Mir ist noch lebhaft in Erinnerung, dass jemand erzählte, dass Lundy Besucher schon mal mit einer Flinte in der Hand empfängt. Sein Wohnhaus liegt umgeben von Farmland am Rand der Uferhöhen. Ein Weg führt hinunter ins Flusstal zu den Schuppen, Lagerhallen und anderen Gebäuden. Einen Kilometer von diesen Gebäuden entfernt stand in östlicher Richtung das ehemalige Fort McKenzie. Obwohl ich diesen Ort heute nicht betreten werde, ist dieser Moment vor der Farm von Mike Lundy für mich ungemein bewegend. Ich weiß, dass das Fort McKenzie nicht mehr existiert und mich dort nur ein Feld erwartet. Ich weiß, dass die Indianer verschwunden sind. Aber ich weiß auch, dass ich angekommen bin. Die Reise des Maximilian zu

Dead End

Wied in das innere Nordamerika endete an diesem Ort – und damit endet auch meine Reise auf den Spuren des Prinzen und seiner Begleiter. Dieses Gefühl ist überwältigend und beunruhigend zugleich. Wir entscheiden uns, den Besuch bei Mike Lundy zu einem späteren Zeitpunkt nachzuholen. In Fort Benton wollen wir jemanden finden, der für uns den Kontakt zu ihm herstellt.

Kapitel XIX
Fort-McKenzie und Umgebung

Die American Fur Company war im frühen 19. Jahrhundert die finanzstärkste und politisch einflussreichste Pelzhandelsgesellschaft der Vereinigten Staaten. 1808 durch Johann Jakob Astor gegründet, trug die Gesellschaft wesentlich zur wirtschaftlichen Erschließung des amerikanischen Westens bei. Fort McKenzie (1832-1844) wurde von der American Fur Company gebaut, um Handel mit den Blackfoot-Indianern zu betreiben. Namensgeber des Forts war Kenneth McKenzie, Pelzhändler der American Fur Company.

Das Tal des Missouris sieht von der Höhe aus, als ob ein riesiger Pflug eine Furche in unorthodoxen Windungen durch die ebene Landschaft gezogen hätte. Die Uferlandschaft fällt über hunderte von Metern sanft ins Tal ab, teilweise durch karg mit Gras bewachsene rundkuppige Hügel unterbrochen. Das Wohnhaus von Mike Lundy steht am Rand der Ebene und ist in einem guten Zustand. Das Haus ist in der typisch amerikanischen Ständerbauweise erstellt und mit Kunststoff und Aluminium verkleidet, das Dach mit grünen Schindel-Attrappen und die weiße Fassade mit Holzimitaten. Von der großen Terrasse blickt man Richtung Osten auf die Ebene und das Tal. Ein Garagentrakt bildet die Grenze nach Süden. Um das Wohnhaus herum stehen einige Fahrzeuge und landwirtschaftliche Maschinen. Der Blick von der Höhe auf die braungrauen Tonwände des südöstlichen Ufers ist spektakulär. Über einen Schotterweg erreicht man das im Tal liegende Farmgelände. Rechts und links des Weges sind die Flächen eingezäunt. Das Farmland nordöstlich der Schuppen und Werkstätten dominiert fast die gesamte Uferlandschaft. Die Fläche ist wegen der Beregnungsanlagen kreisrund angelegt. Vor 176 Jahren stand dort das Fort McKenzie. Bäume begrenzen das Grundstück von Lundy zum Missouri River hin.
Eckige Strohballen sind zu kleinen Bauwerken aufgeschichtet. Eine Menge landwirtschaftlicher Geräte stehen auf dem Areal, teilweise zugewachsen, ebenso mehrere Schuppen und Getreidesilos. Öltanks, Trecker, Gabelstapler und andere Nutzfahrzeuge wurden achtlos abgestellt. Ein mehrere Meter hoher Ofen mit quadratischem Schornstein oder Schlot steht surrealistisch zwischen all den Geräten. In westlicher Richtung steht eine Baumreihe, vielleicht Obstbäume, daneben einige Sträucher. Ein Gartenhäuschen wirkt unbenutzt. Die Bäume auf dem Areal sind schon länger nicht mehr beschnitten worden, einige sind einge-

gangen, Äste teilweise abgeknickt. Stromleitungen sind an Holzmasten gehängt, ebenso Lampen. Die westlich der Anlage liegenden Felder wurden abgeerntet, der Boden ist karg und staubtrocken. Auf den angrenzenden Feldern steht der Weizen halbhoch. Wassertanks werden von einer Pumpstation bedient. Eine Nissenblechhütte verleiht der Anlage einen ureigenen amerikanischen Charme, ausgediente Öltanks rosten vor sich hin.

Am 4. Juli 1832 ging Wied in Boston von Bord des amerikanischen Schoners Adriana und traf 401 Tage später im Fort McKenzie ein, wo er sich vom 9. August bis zum 14. September aufhielt.

Das Fort McKenzie ist ebenso verschwunden wie die damalige Bevölkerung. Der Missouri River ist im Zuge der Urbarmachung der Landschaft nicht nur mehrfach gestaut worden, sondern hat in den vergangenen fast zwei Jahrhunderten seinen Lauf immer wieder geändert. In diesem Kontext sind Wieds damalige Beschreibungen umso interessanter:

Fort McKenzie, zur Zeit seiner ersten Anlage 1832, von Herrn Mitchill, dem Erbauer, Fort-Piekann genannt, ist bestimmt mit den drei Stämmen der Blackfoot-Indianer und mehren anderen benachbarten Nationen, als den Grosventres des prairies, den Sassis und den Kutanäs, Pelzhandel zu betreiben. Die American-Fur-Company (hatte) im Jahre 1831 einen Handelsvertrag mit obigen Stämmen zu Stande gebracht.

Das Fort liegt 120 Schritte vom nördlichen Ufer des Missouri entfernt, welcher bald unterhalb einen starken Bogen macht.

Das Fort selbst in der Art der Handelsposten dieser Gegenden erbaut, bildet ein Quadrat, dessen Seiten 45 bis 47 Schritte äussere Länge haben, und ist mit zwei Blockhäusern und einigen Kanonen versehen. Es ist weit kleiner als Fort-Union, dabei schlechter und flüchtiger gebaut. Die Wohnungen sind einstöckig, niedrig, die Zimmer klein, meist ohne Fussboden, mit einem Kamine, einer Thür, einem kleinen mit Pergament bespannten Fenster, und einem sehr flachen, mit Rasen belegten Dache versehen, auf welchem die Besatzung sich aufstellt, wenn sie bei Angriffen über die hohen Pickets hinwegfeuern soll. In der Mitte des Hofraums steht der Flaggenbaum. Das Thor ist stark, doppelt und wohl verwahrt, und man schliesst das innere, wenn der Handel mit den Indianern betrieben wird. Alsdann bleibt zwischen beiden Thoren der Eingang zu dem indianischen Waarenlager frei, der dann mit hinlänglich starker Wache besetzt wird. Vor unserer Ankunft bestand die Bevölkerung des Fortes in 27 Weissen und mehren mit ihnen verheiratheten indianischen Weibern, zu welchen unsere Ankunft noch 53 Personen hinzufügte. Diese ganze Mannschaft, den ersten Tisch von sechs Personen abgerechnet, lebte bloss von Fleisch, und man kann annehmen, dass sie täglich zwei Bisonten zu ihrer Consumtion bedurfte.

Eine ebene Prairie umgiebt dieses Fort, und etwa 800 Schritte hinter demselben zieht die etwa 80 bis 100 Fuss hohe Hügelkette in der Richtung von Süden nach Norden vorbei; indem sie sich auf ein Paar tausend Schritte oberhalb des Postens an den Missouri anlegt und dann längs demselben fortläuft. Das Ufer dieses Flusses, so wie dessen flache Inseln, sind hier und da mit Säumen von Wald und Gebüschen eingefasst, einige Inseln sind auch gänzlich damit bedeckt. Hat man die Höhe der Hügelkette erstiegen, so blickt man über eine ebene, trockene Prairie, eine Hochebene hin, in welcher in geringer Entfernung die Betten zweier Flüsse ziemlich tief eingeschnitten sind, des Maria- und des Tetton-River. Der letztere kleine Fluss fliesst in einem schön grünen, in seinem Grunde mit hohen schattigen Pappelstämmen bedeckten Thale, wo sich gute Weide von hohen, zum Theil etwas harten Gräsern u. a. Pflanzen befindet, und fällt in den Maria nicht

Fort McKenzie at the mouth of the Marias River (Karl Bodmer)

weit über der Mündung desselben, nachdem er eine Strecke lang mit dem Missouri beinahe in paralleler Richtung geflossen ist. Er kommt letzterem Fluss etwa auf 3 ½ bis 4 Meilen vom Forte so nahe, so dass das Stück Land, welches beide Flüsse trennt, nicht mehr als 5- 600 Schritte breit ist.

Die Prairie war gegenwärtig in der Nähe des Fortes durch das etwa 300 Schritte von den Pickets in vier Abtheilungen aufgeschlagene Piekann-Lager belebt. Menschen und zahlreiche Pferde hatten überall das Gras niedergetreten und abgeweidet, überall sah man Reiter, Gruppen von Fussgängern oder Hunde, wozu noch die Pferde des Fortes kamen, welche man Morgens, bewacht von vier berittenen und wohl bewaffneten Männern, hinausschickte, und Abends mit Untergang der Sonne zurück brachte. Da wir später sehr viel mit Indianern dieser Gegend in Berührung kommen werden, so dürfte hier wohl die füglichste Stelle seyn, nun auch von der Urbevölkerung der eben beschriebenen Prairies, den Blackfeet oder Schwarzfüssen zu reden. Die Blackfoot- oder Schwarzfuss-Indianer bilden eine zahlreiche Nation, welche in drei, ein und dieselbe Sprache redende Stämme zerfällt. Diese Stämme sind 1. die Siksekai oder Seksekai, die eigentlichen Blackfeet, 2. die Kähna oder Kaenna, die Blut-Indianer (Blood-Indians), und 3. die Piekanns. Sie alle zusammen können 5 bis 6000 Krieger stellen, und zählen ohne Zweifel 18 bis 20000 Seelen.

Auf der Höhe der Uferlandschaft fahren wir durch ebenes Farmland, vor uns liegt das tief eingeschnittene, grün bewachsene Tal des Teton Rivers. Jede Menge White-tailed Deers äsen auf den abgeernteten Feldern. Ein grüner Kasten erregt meine Aufmerksamkeit: Es handelt sich um eine Sign-in Box, in der Jäger ihre Jagdzeiten eintragen müssen. Durch das Tal führt der Highway 87 an den Teton Hills vorbei nach Fort Benton.

Kapitel XX
Aufenthalt zu Fort-McKenzie

Auf dem Weg zum Highway 87 kommt uns auf der staubigen Rowe Bench Road ein Auto entgegen. Mit einem Handzeichen stoppe ich das Fahrzeug und frage nach Mike Lundy. Zufälligerweise habe ich Frau Naganomi von der gleichnamigen Farm angehalten, die über Lundy sagt, dass er ein schweigsamer und in sich gekehrter Mensch sei, und dass er vor einer Stunde weggefahren ist.

Fort Benton: Ein Schild weist darauf hin, dass wir zum „National Historic Landmark Fort Benton – The Birthplace of Montana" fahren.

„Welcome to Fort Benton – Sponsored by First Christian Church". Von einem Moment auf den anderen ist mir plötzlich übel, die Attacke erwischt mich mit voller Wucht. Mein Herz fängt an zu flattern, es wird immer schlimmer. Ich habe die Befürchtung, ohnmächtig zu werden und dass mein letztes Stündlein geschlagen hat. So schlecht ging es mir noch nie. Elke fährt mich sofort ins Krankenhaus. Dort wird nicht lange gefackelt, ich werde in einen Behandlungsraum gebracht und sofort untersucht. Die Krankenschwestern verstehen ihr Handwerk, nach kurzer Zeit kontrollieren Maschinen meine Körperfunktionen. EKG, Befragungen, Blutabnahme, Urinprobe, weitere Fragen. Nach kurzer Zeit trifft auch die Ärztin ein. Das Behandlungsteam ist nicht nur freundlich, sondern arbeitet auch höchst professionell, was mich mehr und mehr beruhigt. Nach einer Stunde ein erstes Fazit: Kein Infarkt, sondern ein psychosomatisches Problem, durch Stress verursacht. Irgendein Enzym unterbricht meinen normalen Herzrhythmus. Meine Werte sind bis auf Kleinigkeiten in Ordnung. Langsam ebbt meine Aufregung ab. Das Flattern lässt nach, das Holpern, das man im Signal des EKGs ganz deutlich hört und erkennt, verschwindet nach und nach. Die Ärztin verschreibt mir ein Medikament, das ich im Fall erneuter Beschwerden sofort einnehmen soll. Sie erzählt, dass sie vier Jahre in Böblingen bei der Army gearbeitet hat. Als ich mein Steelers T-Shirt anziehe, schreit sie vor Begeisterung auf und kreischt, dass sie aus Pittsburgh kommt. Ich frage nach der Rechnung, cool winkt sie ab. Nach zwei Stunden verlasse ich beruhigt und wiederhergestellt das Hospital. So etwas wie heute möchte ich nicht noch einmal erleben, obwohl mir völlig klar ist, dass mein kollabieren mit dem Erreichen von Fort McKenzie und dem Ende der Reise zusammenhängt.

Kurz darauf checken wir im Pioneer Lodge Motel ein. Unser Hotelzimmer liegt innenseitig im Gebäude, hat daher keine Außenfenster, dafür sind aber die Räume schön groß.

Ansicht der Stone-Walls, am oberen Missouri (Karl Bodmer)

Den Abend genießen wir auf der Terrasse des altehrwürdigen Grand Union Hotels bei einem ausgezeichneten Dinner.

Fort Benton. Montag, 10. August. Halb acht. Abfahrt nach Coal Banks Landing. Das Wetter ist ideal, der Himmel blau, es weht ein warmer Wind. Als wir um kurz vor neun Uhr ankommen, ist Bill Marsik schon mit seinem Boot auf dem Wasser, holt uns kurz darauf am Bootssteg ab. Los geht's, und damit beginnt eine der interessantesten und faszinierendsten Touren, die ich je gemacht habe. Wieds Beschreibung der damals „Stone-Walls" genannten Upper Missouri River Breaks trifft auch so viele Jahre später noch den Kern dieser Landschaft. Einzig die beschriebene Tierwelt existiert so nicht mehr:

*Der Anbruch des Tages (6. August) war ausserordentlich kühl und unfreund-
lich, der Thermometer zeigte um 7 ½ Uhr 58° Fahr., und ein rauher Wind
erlaubte uns die Segel zu gebrauchen. Die Gegend, welche sich jetzt vor
uns öffnete, die sogenannten Stone-Walls, hat am ganzen Missouri-Laufe
ihres Gleichen nicht, und wir konnten das Verdeck während des ganzen
Vormittages nicht einen Augenblick verlassen. Das Thal des Missouri hat
in dieser 12 bis 15 Meilen langen Strecke grünlich-grau bewachsene, oder*

*graubraune, nackte, mässig hohe Berge, oben abgerundet oder rückenartig
ausgedehnt, mit kurzen Büschen niedriger Pflanzen einzeln bewachsen, an
welchen überall die über diese Gegend weit ausgedehnten mächtigen Lager
des weisslichen, grobkörnigen und mürben Sandsteins sichtbar sind. Sobald
man den Judith-River zurückgelegt hat, beginnt dieser weisse Sandstein
schon fleckweise sich zu Tage zu zeigen, bis man den Bighorn-River passirt hat und in das engere Thal der Stone-Walls eintritt, wo alsdann seine
Lager ununterbrochen weit durch das Land fortstreichen, und theils in der
Mittelhöhe der Berge liegen, theils die Kuppen derselben bilden. Sie sind
die Fortsetzung der mit sonderbaren Figuren in den Black-Hills vorkom-
menden Lager des weisslichen Sandsteines. An allen von dem Rasenteppich
entblössten Stellen werden sie sichtbar, und hier erblickt man alsdann horizontale und perpendiculäre mauerartige Kanten und Leisten, welche zum
Theil Höhlen enthalten. Am auffallendsten zeigt sich aber diese Sandsteinformation da, wo sie die Spitzen der mehr isolirten, von sanften Thälern
und Schluchten getrennten Berge bildet. Kuppe an Kuppe gereiht folgen
sich hier in langer Reihe zu beiden Seiten des Flusses die sonderbarsten
Gebilde, und man glaubt Säulenordnungen, mit einer grossen Kugel oder
Tischplatte belegte schmale runde Pfeiler, Thürmchen, Kanzeln, Orgeln*

Missouri River Breaks, Montana: Auf der Höhe von Hole in the Wall

mit ihren Pfeifen, alte Ruinen, Festungen, Bergschlösser, Kirchen mit zwei
zugespitzten Thürmen u.s.w. zu sehen, indem beinahe jede Bergkuppe auf
ihrer Spitze ein ähnliches, bald grösseres, bald kleineres Gebilde trägt.
Gegen 9 Uhr begann das Thal besonders interessant zu werden, seine barok-
ken Gestalten häuften sich immer mehr. In jedem Augenblicke erschienen
neue, weisse geisterartige Feenschlösser, so wie man weiter vorrückte, und
ein Maler hätte hier bei der nöthigen Musse, Bände mit diesen originellen
Landschaften anfüllen können. An manchen Stellen bildete auch der Thon
die Kuppen der Höhen; hier verbreitete alsdann Juniperus repens seine
Flecken und am Flussufer zeigten sich zuweilen kleine schmale Plätze mit
der Artemisia und dem fleischblätterigen Dorn bewachsen. Lange Strek-
ken der Sandsteinschichten hatten vollkommen das Ansehen einer grossen
gesprengten Festung, weil Schichtung überall an diesen Wällen eine gewisse
Regelmässigkeit verbreitete, während zugleich wilde Zerstörung an ihnen
sichtbar war. An verschiedenen Stellen, wo die Sandsteinkuppe deutlich
eine alte Ritterburg darzustellen schien, sah man eine andere merkwürdige
Gebirgsart die Berge in schmalen, senkrechten Schichten, gleich regelmäs-
sig aufgeführten Mauern durchsetzen. Diese Mauern bestehen aus einer
schwarzbräunlichen Gebirgsart, in deren Masse grosse olivengrünliche Cry-
stalle eingesprengt liegen. Sie laufen schnurgerade von der Kuppe der Berge
nach deren Fuss hinab, indem sie die äusseren Ringe oder Vertheidigungs-
mauern der alten Burgen zu bilden scheinen. Ihre Masse ist durch Risse
oder Furchen an der Oberfläche ziemlich regelmässig in cubische Figuren,
wie Mauersteine geschieden, welches die Aehnlichkeit mit einem Gebilde
der Kunst noch täuschender macht. Die Breite dieser senkrechten Schichten
beträgt selten mehr als einen oder ein Paar Fusse. Besonders auffallend
war eine dieser Mauern oder Scheidungen, welche über drei Bergköpfe und
durch die dazwischenliegenden Schluchten ununterbrochen fortstrich und
die drei auf den Kuppen befindlichen ruinenartigen Gebilde des weissen
Sandsteins auf eine so regelmässige Art mit einander verband, dass man
sie nicht für natürlich, sondern von Menschenhand gebildet hätte halten
sollen. Alle diese Höhen sind von zahlreichen Rudeln des wilden Bergscha-
fes bewohnt, deren wir an manchen Stellen zu dreissig bis fünfzig die son-
derbaren Sandsteingebilde ersteigen und überspringen sahen. Oft standen
diese harmlosen Thiere nett gegen den blauen Himmel abgezeichnet, und
für unsere Büchsen auf dieser hohen Warte unzugänglich.

Bald nach Mittag erreichten wir eine merkwürdige Stelle, wo der Missouri durch eine enge Pforte zu treten scheint, indem er eine Wendung um einen am südlichen Ufer gelegenen, schwarzbraunen, rauhzackigen, schmal zugespitzten, thurmartigen Kegelfesen von interessantem Ansehn macht, welchen die Kaufleute mit dem Namen des Citadel-Rock belegt haben. Dieser sonderbare isolirt dastehende Felsen scheint aus Thonschiefer, Grauwacke und einem Couglomerate von Steinbrocken in gelblichem Thone zu bestehen, und hängt mit dem südlichen Ufer durch einen Rücken zusammen. Nachdem wir den Citadel-Rock umschifft, legte man am südlichen Ufer an und unsere Leute nahmen das Mittagessen ein. Der Aufenthalt dauerte nicht lange und wir hatten nun gegen einen rauhen sehr starken Wind anzukämpfen, während um uns her die Gegend mehr geöffnet und abgeflächt, und nur noch durch einige wenige sonderbare Berggestalten ausgezeichnet war. Sogleich oberhalb der Citadelle befindet sich ein ähnlicher dunkelbrauner, aber weit kleinerer Kegelfelsen, und auch am nördlichen Ufer zeigt sich bald eine zahnartige Kegelspitze, welche gänzlich isolirt auf nackten, mit kurzem Grase bewachsenen Hügeln steht. Es folgen alsdann zwei weniger ausgezeichnete Kuppen, von welchen die untere einer kleinen alten Ritterburg gleicht, während die übrigen Hügel in dieser Gegend wieder die platte und abgerundete Gestalt angenommen haben. Etwas weiter hin stand am nördlichen Ufer ein Gebilde, welches grosse Aehnlichkeit mit einer langen Caserne, oder einem grossen ansehnlichen Gebäude hatte, mit scharf und regelmässig abgeschnittenen Ecken als wären sie künstlich behauen oder aufgemauert. Oberhalb der Felsenpforte weidete in einem kleinen Seitenthale an etwas abhängiger Prairie eine zahlreiche Bisonheerde, welche unsere Jäger beschlichen und davon vier Stück erlegten. Da der Abend herangekommen war und man das Wildpret zu zerlegen hatte, so wurde für die Nacht am nördlichen Ufer angelegt.

Mit Ungeduld erwarteten wir den kommenden Tag (7. August), um die sogenannte Pforte der Steinmauern zu erreichen, und der Morgen brach kühl und windig an. Wir erreichten bald am südlichen Ufer wieder einen schwarzbraunen Thurmfelsen, der sich in der Mitte der weissen Mauer erhebt und dessen Vorderseite ziemlich eingestürzt und von einer Menge von Geröllen belagert war. Von diesem Thurme hat man noch etwa 6- bis 800 Schritte bis zu der Stelle, welche gestern eine enge Pforte zu bilden schien. Bevor man sie erreicht, öffnet sich am nördlichen Ufer ein Bach,

Felsen, genannt die Citadelle, am oberen Missouri (Karl Bodmer)

Lewis und Clarke's Stonewall-Creek (heute Eagle Creek), dessen Bette an der Mündung etwa 60 Schritte breit, und an den Ufern mit hohen Pappeln besetzt ist. Ein Adler und mehre grosse Fliegenfänger wurden hier bemerkt, von welchen die letzteren in den Sandsteinhöhlen und Ritzen der Hügel vortreffliche Nistplätze finden. Ein kalter Wind bliess uns aus der Pforte entgegen, jenseit welcher sich wieder ein thurmartiger, aber kleinerer schwarzbrauner Felsen zeigte, während die weissen Sandsteinmauern abnehmen und an Regelmässigkeit verlieren. Das Bighorn zeigte sich in Menge und wir zählten ihrer über 50 in einer Heerde.

Wir erstiegen die hohen Höhen, auf welchen wir zwischen die Champignon-ähnlichen Sandsteingestalten geriethen, die uns in den mannichfaltigsten abentheuerlichen Figuren umgaben. Sah man in die Thäler hinab, so war alles weiss und schwärzlich-grau gefleckt; verhärtet und weissgrau zeigte sich der Boden der Hügel und nur einzeln standen vertrocknete Pflanzen an ihnen umher, zum Theil jetzt schon ihre Samen tragend. Auf der höchsten Höhe hatte man eine vortreffliche Aussicht. Wir befanden uns daselbst auf einer weit ausgedehnten Hochebene, deren Pflanzen-Ueberzug gelb und vertrocknet war, wie ein europäisches Stoppelfeld im Herbste. In der Ferne erhob sich in Nord-Ost das isolirte Bears-Paw-Gebirg. Auf der

Prairie waren die Heuschrecken so unendlich zahlreich, dass der ganze Boden davon zu leben schien.

Die Hügel nahmen nun an Höhe ab, der Sandstein verschwand zum Theil, und zeigte sich nur hier und da. Die grau-grünen Hügel der Flussufer hatten meistens nichts Ausgezeichnetes mehr, doch zeigten sich an einigen Stellen noch sonderbar gebildete Gestalten. Die Schichten des Sandsteins fanden wir zum Theil an ihrer Basis freistehend, weil der darunter liegende Sand herausgefallen oder herausgewachsen war, wodurch hier sonderbare Höhlungen und gleichsam pyramidale Strebepfeiler entstanden waren. Noch immer lief an den Hügeln das weissgraue Sandsteinlager fort, auf welchem ein eben so mächtiges von Thon und Sand mit Rasenüberzug gelagert war; allein was man hier Sandstein nennen konnte, war nun meistens schon nicht mehr der rein anstehende Stein, sondern mit Sandsteinblöcken gemischter, halb verhärteter Thon und Sand. Gegen Abend legten wir am südlichen Ufer an der Prairie an, wo wir einen starken Trupp Cabri's mit dem Fernrohr erkannten und vergebens verfolgten.

Bill legt für eine kurze Rast am Flussufer hinter dem Eagle Creek an, wo wir Deni und Merlin wieder treffen, die hier über Nacht gezeltet haben und führt uns zu

Missouri River Breaks, Montana: Citadel Rock am Missouri River

einem Piktogramm, das von einem Indianer in eine Sandsteinwand gezeichnet wurde. Auf Höhe des Citadel Rocks überholen wir ein junges Paar mit ihrer etwa zehnjährigen Tochter. Die drei sind mit einer eigenwilligen Floßkonstruktion unterwegs. Bill erklärt uns Pflanzen, Bäume und Gesteinsformationen – er kennt die Missouri River Breaks wie seine Westentasche. Seine radikalen politischen Ansichten und Denkweisen interessieren mich – er hasst das amerikanische Establishment und meint, dass die amerikanischen Werte verloren gegangen sind. Banker, Manager – alles Ganoven. Umweltschutz, Wasserqualität, Erdöl. Die Verdummung der Menschen durch das Fernsehen. Wütend prangert er das alles an, die Themen gehen ihm nicht aus. Höhepunkt unseres Ausflugs ist eine Wanderung in der Uferlandschaft bis zur Felsformation „Hole in the Wall". Wir kraxeln die steilen Hügel hinauf, zur Belohnung haben wir einen fantastischen Blick auf den Missouri und die River Breaks mit ihren ungewöhnlichen und einzigartigen Sandsteinformen.

Fort Benton: Spaziergang am 11. August durch die First Street bis zum The Missouri Breaks National Monument Interpretive Center. Um 11 Uhr vormittags ist es schon verdammt heiß. Man geht nicht, man schlendert. Im Interpretive Center empfängt uns eine ältere Dame, die mir mit ihrem andauernden „May I help you?" bald schwer auf die Nerven geht. Wir sehen uns zur Einstimmung ein Video über den Upper Missouri an, die Ausstellungsräume haken wir in kürzester Zeit ab, die Frau geht mir einfach zu sehr auf die Nerven. Unser nächstes Ziel ist das Historic Old Fort Benton. An der gegenüberliegenden Boatramp legen gerade ein paar Kanuten an, die von Meredith und Michael Gregston empfangen werden. Die beiden sind Eigentümer der Adventure Bound Canoe and Shuttle Company. Ich frage, ob wir für Donnerstag ein Kanu für die Tour von Fort Benton nach Loma ausleihen können, was natürlich kein Problem ist. Wir erfahren, dass das Doppelkanu „divorce canoe" genannt wird. Ich erkundige mich nach Mike Lundy und erfahre, dass dieser verboten hat, an seinem Grundstück anzulegen. Auch im Fort Benton Museum frage ich nach Lundy. Der Mitarbeiter verweist mich an das Office des Museum of the Northern Great Plains. Er weiß, dass der Direktor Mike Lundy sehr gut kennt. Im Museum wird uns mitgeteilt, dass Jack, der Direktor, morgen wieder im Büro ist.

Am Morgen des 12. August suchen wir das Museum erneut auf. Der Direktor ist noch nicht eingetroffen. Seine Sekretärin versucht, ihn telefonisch zu erreichen. Er lässt ausrichten, dass wir einfach zur Farm von Lundy fahren sollen, um dort

Kontakt mit ihm aufzunehmen. Zwanzig Minuten später treffen wir auf Lundys Farm ein. Begrüßt werden wir am Wohnhaus nicht vom Besitzer, sondern von einem kläffenden schwanzwedelnden Hund. Unverrichteter Dinge fahren wir weiter nach Loma. Lunch in Ma's Loma Cafe, es gibt Suppe und Sandwich mit Fleisch, rustikal und sehr lecker. Ich frage den jungen Kellner nach Mike Lundy. Er kennt ihn, meint, dass er ein netter Typ sei. Wir fahren zurück zur Farm von Lundy. Unterwegs stoppe ich erneut einen Wagen. Der Fahrer kennt Mike und rät uns, bis zum Fluss runterzufahren. Es sei gut möglich, dass Mike dort in einer der Scheunen arbeitet. Am Farmhaus verbellt uns der Hund nur noch halbherzig. Weit und breit ist niemand zu sehen. Wir fahren hinunter zum Missouri River, wo sich die Scheunen und landwirtschaftlichen Gerätschaften befinden. Ich rufe. Kein Mike. Inzwischen ist es in der Sonne kaum noch auszuhalten, sodass wir die Suche abbrechen und zurück nach Fort Benton fahren. In den frühen Abendstunden machen wir uns erneut auf den Weg. Inzwischen hat sich das Wetter verschlechtert, der Himmel ist bewölkt, es weht ein heftiger Wind. An der Farm hat sich nichts verändert, kein Pickup, kein Lundy. Wieder trottet der Hund heran, bellt lustlos. Wir suchen Lundy erneut bei den Scheunen, kein Mensch ist weit und breit zu sehen. Wo ist der Kerl? Wir stehen vor dem Areal des ehemaligen Forts McKenzie, trauen uns aber nicht, über das kreisrunde Feld zu laufen, da Lundy ja jederzeit auftauchen könnte. Wenn er uns auf seinem Grundstück sieht, kann das jede Menge Ärger bedeuten.

Dennoch: Die Reise geht zu Ende – das letzte Kapitel der „Reise in das innere Nordamerika" ist so gut wie abgeschlossen. Das triste Farmgelände von Mike Lundy mit seiner Totenstille weckt tiefste Empfindungen in mir. Wie in einer surrealistischen Traumwelt drängen sich Bilder und Geschichten in meine Gedanken. Das Tal vor mir füllt sich mit Indianern, das Fort McKenzie taucht im Hintergrund auf, ich höre Pferdegetrappel, Schüsse und wildes Geschrei – ich befinde mich mitten im Überfall der Assiniboins und Crees auf die Piekanns:

Am 28. August, als der Tag anbrach, wurden wir durch Flintenschüsse geweckt, und Doucette trat mit dem Ausruf in unser Zimmer „Levez vous! il faut nous battre!" worauf wir schnell aufsprangen, uns in die Kleider warfen, und unsere Jagdgewehre mit Kugeln luden. Bei dem Eintritte in den Hofraum des Fortes war die ganze Besatzung schon in Bewegung und von den Dächern fielen Schüsse. Dort oben angekommen, sahen wir die ganze Prairie mit Indianern zu Pferd und zu Fusse bedeckt, welche nach dem Forte schossen; auf den Höhen befanden sich geschlossene Trupps.

Etwa 18 bis 20 neben dem Forte befindliche Piekann-Zelte, deren Bewohner während der ganzen Nacht gesungen und gezecht hatten, und erst gegen Morgen in tiefen Schlaf versunken waren, hatten Anlass zu diesem Ueberfalle von etwa 600 Assiniboin und Krihs (Crees) gegeben. Sie hatten die Zelte der Piekanns mit Messern zerfetzt, ihre Gewehre und Pfeile in dieselben abgeschossen, und die aus dem Schlafe geschreckten Bewohner zum Theil nieder geschossen oder verwundet. Vier Weiber und mehre Kinder lagen todt neben dem Forte, mehre andere waren verwundet. Die Männer, etwa 30 an der Zahl, hatten ihre Waffen zum Theil nach dem Feinde abgeschossen und waren dann nach dem Thore des Fortes geflohen, wo man sie einliess. Sie eilten dort sogleich auf die Dächer und begannen ihr wohl unterhaltenes Feuer gegen die Assiniboins.

Nachdem die Assiniboins sahen, dass man ihr Feuer und das Einschlagen ihrer Kugeln in die Pickets erwiederte, zogen sie sich etwa 300 Schritte zurück, und das Tirailleurfeuer dauerte dort fort, indem immer mehre Leute aus der Nachbarschaft in die Reihen der Piekanns eintraten. Die Feinde zogen sich allmählig immer mehr zurück und conzentrirten sich in mehren Haufen auf dem Kamme der Höhen.

Ninoch-Kiäiu und Bird kamen herbei und forderten Herrn Mitchill zur thätigen Hülfe auf. Hotokaneheh trat ebenfalls in das Fort und hielt eine lange, heftige Rede, worin er den Weissen Vorwürfe machte, „dass sie unthätig blieben, während der Feind noch immer in der Nähe sey!" Alle diese Vorwürfe beleidigten Herrn Mitchill und er beschloss den Indianern zu zeigen, dass es den Weissen nicht an Muth fehle. Er liess in dieser Absicht die besten Jäger und Büchsenschützen aufsitzen und begab sich nach den Höhen, auf welchen noch immer 150 bis 200 Piekanns mit dem Feinde tiraillirten. Um 1 Uhr kehrte Herr Mitchill ziemlich erschöpft mit seinen Leuten zurück. Man hatte die Feinde bis an den Maria-River zurück gedrängt. Man beobachtete die Feinde in ihrer Aufstellung, allein während der Nacht zogen sie in drei starken Haufen in der Richtung der Bears-Paw ab.

Die meisten Indianer der grossen Horde entfernten sich mit dem Versprechen, sich unverzüglich mit ihren Zelten und Gepäcke bei dem Forte zu lagern, um den Tauschhandel zu beginnen. Die Hütten mit den Verwundeten waren sämmtlich bis auf ein Paar, nach besseren Weiden am Flusse aufwärts gezogen. Am folgenden Morgen (des 31. August) überraschte uns der höchst interessante Anblick des gestern entstandenen, zahlrei-

chen indianischen Lagers, von etwa 400 Zelten, welche dicht zusammen
gedrängt standen, weil man den Feind noch in der Nähe wusste.

Es fällt mir schwer, mich von meinen Tagträumen zu verabschieden, aber Elkes
energische Aufforderung, auf der Stelle diesen gottverlassenen Ort zu verlassen,
bringt mich unverzüglich zurück in die Realität. Ein letzter Blick und ein letzter
Gedanke an die Ereignisse in dem damaligen Fort:

Der 31. August brach mit trübem Regenhimmel an, allein die Wolken zer-
streuten sich und um 9 Uhr liess Mitchill den Signalschuss für den Anfang
des Tauschhandels geben, worauf etwa 24 Chefs und vornehmste Krieger
der Piekanns, mit ihnen der Blackfoot Ihkas-Kinne in langsamem Schritte
gegen das Fort anrückten. Herr Mitchill gieng den Männern durch eine
grosse Menge von Weibern und Kinder entgegen, drückte ihnen die Hand
und führte sie in das Fort ein. Jenseit des Flusses auf den Höhen zog in
diesem Augenblicke mit ihrem ganzen Gepäcke eine zahlreiche Bande der
Blood-Indians herbei, welche ebenfalls in der Nähe des Fortes zu lagern
beabsichtigte, und es erschien deshalb sogleich Ninoch-Kiäiu mit der Erklä-
rung, „dass er jetzt schon geneigt sey, nach jenen Leuten zu schiessen; es

Fort MacKenzie, den 28ten August 1833 (Karl Bodmer)

Lager der Piekann Indianer (Karl Bodmer)

werde daher gewiss zu blutigen Händeln kommen, wenn man diese Men-
schen nicht entferne, besonders wenn die Gemüther erst durch den Tausch-
handel erhitzt seyn würden." In Folge dieser Protestation sandte Mitchill
den Dolmetscher Berger hinüber, um den Blut-Indianern die Lage der
Dinge vorzustellen und ihnen zu bedeuten, dass sie ihren Tauschhandel
so lange verschieben mögen, bis der mit den Piekanns beendet seyn werde,
mit welcher Erklärung sie dann auch zufrieden waren und weiter zogen.
Als die Chefs in Herrn Mitchills Zimmer zum Theil Platz genommen
hatten, redete der alte Middle-Bull etwa wie folgt: „Man möge doch das
böse Herz gegen sie aufgeben und nicht glauben, dass sie ihre Felle und
Pelzwerke zu den Engländern trügen; denn es sey ja ihr (der Piekanns)
ganzes Interesse, sich mit dem in ihrer Nähe gelegenen Forte gut zu halten.
In Folge dieser Rede erhielten die Chefs Geschenke und verloren sich nach
und nach wieder; der Tauschhandel begann, und es dauerte nicht lange,
so entstand schon Streit am Thore. Während dessen waren einige Trupps
von Blood-Indians in die Nähe des Fortes gekommen und die Piekanns
schossen scharf nach ihnen, welches jene erwiderten, so dass die Kugeln
über das Fort pfiffen.

Wir waren jetzt vollkommen wie Gefangene zu betrachten; denn am Thore war ein unglaubliches Gedränge der Indianer, welche sämmtlich mit Gewalt einzudringen versuchten, sich balgten, drängten, kämpften und stritten, da man in das indianische Waarenlager zwischen beiden Thoren immer nur eine gewisse Anzahl zugleich einlassen durfte.

Während der Nacht des 2. Septembers hatten Indianer ein Loch durch die Lehmwand des indianischen Waarenlagers gebrochen und mehre Dinge entwendet. Gegen 7 Uhr Morgens hörte man im Forte schiessen, und die Bande unseres Freundes Kutonäpi 60 bis 70 Mann stark, rückte an. Sie marschirten in Front heran, an ihrer Spitze drei Chefs, welche man einliess. Später fanden sich alle Hauptchefs der Piekanns ein, welche Mitchill in rothe Uniformen, Calico-Hemden, und überhaupt vollkommen kleidete, ihnen runde Spiegel oder Medaillen von Silber mit dem Bilde des Präsidenten um den Hals hieng. Während dessen hatte sich die neu angekommene Bande der Siksekai gelagert und das Fort war nun aufs neue von einer Menge gefährlicher Menschen umgeben.

Da gegen Abend die indianische Bevölkerung sehr lästig wurde, so liess Herr Mitchill die Gewehre scharf laden. Drei Abteilungen, jede zu 9 Mann

Ehemaliges Lager der Piekann Indianer auf dem Farmgelände von Mike Lundy

mit einem Offizier wurde zur Wache kommandirt, und er befahl von der Höhe der Pickets sogleich zu schiessen, sobald ein Indianer versuchen würde, dieselben zu ersteigen. Von diesem Befehle setze man alle Chefs in Kenntnis, damit sie denselben ihren Leuten bekannt machen konnten.

Am 4. September früh sah man die neulich abgewiesene Bande der Blood-Indians sich dem Forte nähern, weil jetzt der Tauschhandel mit den Pie-kanns beendet war. Ihr alter Chef Stomick-Sosack und ein Medecine-Mann, Pehtonista, traten in das Fort ein. Der erstere, ein sehr guter alter Mann, welcher Herrn Mitchill im vergangenen Jahre das Leben gerettet hatte, als ihn ein Indianer mit der Lanze durchbohren wollte, ist für die Weissen gut gesinnt und will mit seiner kleinen Bande dem Forte treu bleiben.

Wir hatten heute wieder einen sehr schlimmen Tag; denn der Andrang der wilden Siksekai war heftig, das höchst lästige Betteln nahm kein Ende, und es drängten sich gefährliche Menschen mit in das Fort ein. Die meisten waren starke characteristische Gestalten, im Gesichte schwarz oder roth bemalt, mit Federn oder mit Schellen besetzten Medecine-Fellen und gelben Beschlägen oder Knöpfen, Glasperlen u. dergl. in den Haaren. Ein vorzüg-lich gefährlicher Mensch drängte sich mit den Chefs ein, der durchaus nicht fortzuschaffen war, ob man ihm gleich durch diese wiederholt andeuten liess, er möge wieder gehen. Sein Gesicht war gelb und roth bemalt, der Ausdruck seiner Züge zeigte den ächten feindseligen Barbaren. Er hatte vor zwei Jahren bei der ersten Zusammenkunft mit Berger sich gerühmt, schon fünf Weisse erschossen zu haben, und nur mit grosser Mühe konnte man sich heute von diesem Unholde befreien.

Während der Nacht sandte Mitchill alle guten Pferde des Fortes, etwa 20 an der Zahl, nach Fort-Union zu Lande ab, da wir sie hier nicht mehr füt-tern konnten. Man eilte um so mehr mit dem Transport der Pferde, da die Indianer die Absicht hatten, dieselben zu stehlen und benutzte den schönen Mondschein. Nur die zur Arbeit nöthigen Pferde behielt man hier zurück. Ich hatte die Absicht gehabt den Winter in den Rocky-Mountains zuzubrin-gen, und die Ausführung dieses Projectes lag mir sehr am Herzen; allein sie war auch jetzt durch die Umstände sehr erschwert, ja wohl unmöglich geworden. Eine grosse Menge der gefährlichsten Indianer umgab uns von allen Seiten und hatte besonders die Gegend in der Richtung der Fälle des Missouri besetzt, wohin uns unser Weg gerade geführt haben würde. Sie hatten Herrn Mitchill genöthigt, alle brauchbaren Pferde fortzusenden, so dass dieser mir bei dem besten Willen nicht einmal mit diesem wichtigen

Bedürfnisse hätte aushelfen können. Ohne einen Dolmetscher konnten wir diese für wenige Personen sehr schwierige Reise nicht unternehmen, und Herr Mitchill hatte nach der Absendung des Doucette keinen solchen mehr übrig; dabei war an einen längeren, für naturhistorische Untersuchungen unumgänglich nöthigen Aufenthalt nicht zu denken, weil man sich hätte gleichsam durchschleichen müssen. Ich sah mich aus allen diesen Gründen leider genöthiget, den Plan, den Missouri noch höher aufwärts zu verfolgen, aufzugeben, und ersuchte daher Herrn Mitchill um ein Fahrzeug für die Rückreise den Fluss hinab; da er jedoch kein solches entbehren konnte, so versprach er mir ein neues erbauen zu lassen.

Man schnitt Bretter für mein neues Mackinaw-Boot, und der Tischler gab sich sogleich im Hofraume des Fortes an die Arbeit.

Schon am 11. September trugen 21 Mann der Besatzung des Fortes das für mich von dem Tischler Saucier erbaute Boot auf den Missouri. Die nöthigen Einrichtungen zu unserer Reise waren getroffen; für meine beiden lebenden Bären waren grosse Kasten gemacht, und die nöthigen Geräthschaften zum Kochen und Schlafen angeschafft. Die Kisten, welche die Sammlungen enthielten, füllten einen grossen Theil des Bootes an, welches unglücklicher Weise zu klein ausgefallen war. Zum Steuermann hatte ich von der Compagnie Henri Morrin und ausser ihm noch drei junge, unerfahrene Canadier, Beauchamp, Urbin und Thiebaut erhalten, welche zu einer solchen Reise sehr wenig passten, und nicht einmal brauchbare Gewehre besassen, die Bemannung des Boots bestand also nur aus 7 Personen; jedoch die Zeit war höchst kostbar, und ich bestimmte den 14. September zur Abreise.

Grübelnd starte ich den VW-Bus, hetze ihn den Schotterweg hoch und steuere ihn über die Rowe Bench Road durch die Felder zum Highway 87, ohne dass uns auf der Ebene Mike Lundy entgegenkommt.

Am Donnerstag, den 13. August, meldet der Wetterkanal Dauerregen. Schade, denn heute steht die Kanutour auf dem Programm. Pünktlich um acht taucht Michael Gregston von der Adventure Bound Canoe and Shuttle Company mit dem Kanu auf dem Bootsanhänger auf. Er ist sich nicht ganz sicher, ob es in den nächsten Stunden regenfrei bleiben wird. Wir sind uns einig, dass für uns als ungeübte Kanuten eine Fahrt im Regen nicht ganz unproblematisch ist. Nach kurzer Diskussion entscheiden wir, die Tour abzusagen, zum einen, weil es gefährlich werden könnte, zum anderen, weil es verboten ist, am Grundstück des ehemaligen Fort McKenzie anzulegen.

Spontan entscheiden wir, dass wir uns das Areal des ehemaligen Forts mal von der Südostseite des Missouri Rivers ansehen wollen. Auf der Autobahnbrücke des Highways 80 überqueren wir den Missouri und fahren nach einigen Meilen links in die Ohanlon Coulee Road. Es geht durch menschenleeres Farmland. Die Bailey Road führt zum Fluss. Nach einer guten halben Stunde passieren wir einen Cattle Guard: „No Trespassing". Wieso das denn? Hier sind doch nur Felder! Ich ignoriere das Schild. Nach zwei Kilometern stoppen wir auf einer Anhöhe mit schönem Blick in das Tal des Missouris und auf das ehemalige Gelände des Fort McKenzie. Zu meiner großen Überraschung steht direkt am Fluss eine Farm. Aha, deshalb war die Durchfahrt verboten. Egal, weiter geht's, nur noch eine Kurve! Der Weg führt sacht hinunter zum Fluss. Plötzlich kommt im rasenden Tempo ein Pickup von der Farm angebraust. Eine Frau zwischen 30 und 40 Jahren bremst wild ab und faucht mich an, was ich hier mache und wer mir die Erlaubnis gegeben habe, ihr Grundstück zu betreten. Ob ich das „No Trespassing"-Schild nicht gesehen hätte? Meine stammelnden Antworten scheinen ihr nicht zu gefallen, mein Akzent macht sie noch rasender. Sie wird immer aggressiver, brüllt mit sich überschlagender Stimme: „Go out! Go out!" Ich versuche, sie zu beruhigen. Vergeblich. Langsam gerät die Situation außer Kontrolle, die Frau ist wie von Sinnen. Abenteuerliche Geschichten schießen mir durch den Kopf, vor allem die, dass die Verteidigung des Grund und Bodens mit Feuerwaffen in den USA gängige Praxis ist. Wortlos steige ich in den Bus, hektisch fährt sie direkt vor unser Auto, sodass wir auf gar keinen Fall weiter Richtung Fluss fahren können. Sie telefoniert aufgeregt. Ich starte den VW, wende auf dem schmalen Weg und mache mich auf den Rückweg. Sie fährt hinter uns her, bis wir den Cattle Guard passiert haben. Dort steigt sie aus und hängt eine Kette vor die Durchfahrt. Mein Gott, war die Frau auf 180, vielleicht ist es am Fluss doch ein bisschen zu einsam.

Wir setzen unsere Reise Richtung Loma fort, wo wir auf den Schreck erst einmal einen Kaffee trinken. Unser nächstes Ziel ist erneut die Farm von Mike Lundy. Diesmal stoppe ich auf dem Brule Way einen kleinen Truck. Wir erfahren, dass Mike vor fünf Minuten nach Fort Benton gefahren ist. Das gibt es doch nicht! Jetzt will ich es wissen. Besuch bei Jack, dem Direktor des Museum of the Northern Great Plains. Ich bin überrascht, als mich ein älterer Herr von 81 Jahren begrüßt. Zurückhaltend hört er sich die Geschichte unserer Reise an, nach und nach wird er freundlicher. Er war Lehrer an der High School in Fort Benton. Mike war sein Schüler, ebenso wie der Japaner Naganomi von der Nachbarfarm.

Jack meint, dass Mike wirklich sehr speziell sei. Er wird uns vielleicht erlauben, ein paar Fotos vom Farmhaus aus auf das ehemalige Fort McKenzie zu machen, mehr aber nicht. Wegen der Erntezeit, und weil er auch noch Farmland auf der Südseite des Missouris besitzt, sei er schwer anzutreffen. Jack fragt mich, wo wir in Deutschland leben. „Hannover", antworte ich. Wie das im Leben manchmal so ist, hat Jack Freunde in Hannover und war selbst einige Male dort. Ich muss mit in sein Büro, in dem ein Veranstaltungsplakat einer hannoverschen Kirche hängt.

In der Nähe unseres Motels gibt es einen kleinen, mit Büchern und allerlei Krempel überfüllten Bookstore. Elke kauft dort von E. Annie Proulx „The Shipping News". Ich frage den Eigentümer des Buchladens, ob er Mike Lundy kennt. Ja, den kenne er, aber besser noch Mikes Bruder, der allerdings wegen Mordes im Gefängnis einsitzt. Er hat bei einer Rangelei jemanden erschossen. Mein Gott, hier tun sich ja Abgründe auf. Der Nachmittag verstreicht still, der Himmel ist fahl, ein leichter Wind weht mild, Schatten gleiten ineinander. In mir ist eine eigentümliche Wehmut, meine Gedanken lösen sich in melancholische Leere auf. Die Verschwommenheit des Vergehens beginnt Besitz von mir zu ergreifen und es ist mir auf einmal egal, wie es weitergeht. Schon leicht widerwillig mache ich mich erneut auf den Weg zur Farm von Mike Lundy. Mit jedem Kilometer schwindet meine Lust auf einen Kontakt. Wir stoppen am „Dead End"-Schild, Lundys Pickup steht vor dem Wohnhaus. Schlagartig wird mir bewusst, dass an diesem Verbotsschild unsere Reise auf den Spuren von Maximilian Prinz zu Wied zu Ende ist. Fort McKenzie existiert nicht mehr, die Indianer sind vernichtet und die Überlebenden in Reservate verbannt worden. Die Einwanderer aus Europa haben den nordamerikanischen Kontinent nach ihren Vorstellungen geprägt. Die damalige Welt existiert nur noch in den Reiseaufzeichnungen von Maximilian Wied und in den Bildern von Karl Bodmer.

Epilog

Am 14. August verließen wir Fort Benton, reisten zu den Fällen und Hauptquellen des Missouri Rivers und fuhren von dort über die Rocky Mountains an die Westküste der USA bis nach Seattle, Washington. Am 13. September flogen wir mit einem Airbus A340 vom Seattle-Tacoma International Airport zurück nach Deutschland.

Danksagung

Bedanken möchte ich mich bei Gary Smith und Wade Constable für ihre Unterstützung während der Reise sowie bei Richard Birkefeld für seine inspirierenden Anregungen. Das Vorwort und die Kapitel 6 und 17 sind nach seinen Vorgaben entstanden. Ebenso dankbar bin ich meinem Englischlehrer Robert Taylor, der mich perfekt auf die Reise vorbereit hat. Zu besonderem Dank verpflichtet bin ich Bärbel und Michael Gäbler, die großzügig und freundschaftlich Zeit und Geduld aufbrachten, aus meinen Aufzeichnungen eine lesbare Lektüre zu machen. Vor allem aber geht mein am tiefsten empfundener Dank an meine geduldige, unvergleichliche Frau Elke, ohne die diese Reise niemals stattgefunden hätte.

Karte

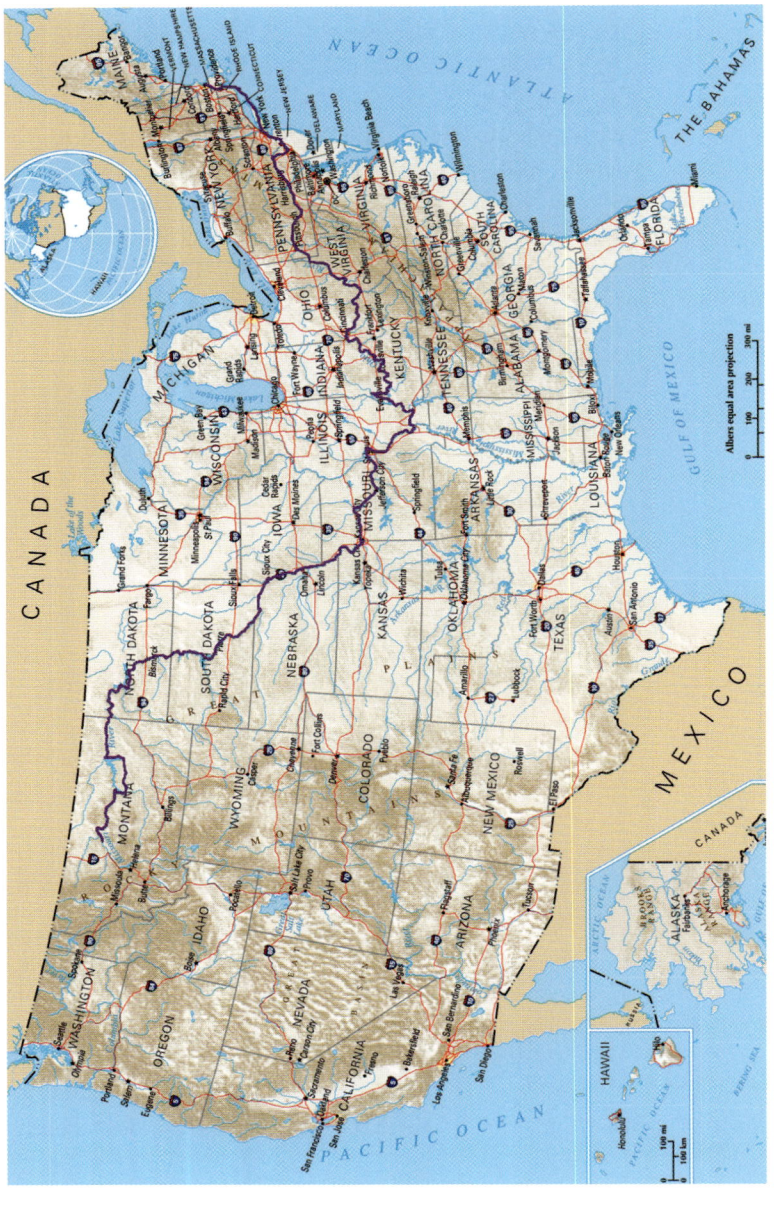

Amerika wie im Flug

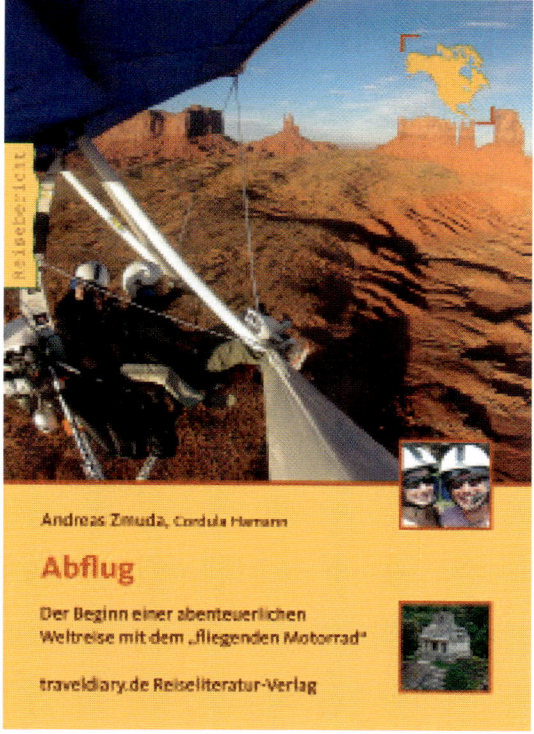

160.000 Kilometer, 5 Kontinente, 80 Länder. Andreas und Doreen sind aufge-brochen zu einer Reise, die niemand vor ihnen gewagt hat.

Seit vielen Jahren lebt Andreas Zmuda das Abenteuer, war lange Zeit in Mit-tel- und Südamerika zu Hause. Erst seine neue Partnerin Doreen ließ in sess-haft werden - für kurze Zeit, bis sie beide jegliches Zuhause aufgeben und mit einem offenen Ultraleichtflugzeug zu einer mehrjährigen Reise um die Welt starten. Abflug erzählt von den Vorbereitungen der Expedition, vom Start und ihrem Flug durch die USA, Mexiko, Guatemala und Belize, von den Herausforderungen eines derartigen Trips und von einem unberechenbaren Gegner: dem Wetter.

Ein rasanter Reisebericht mit spektakulären Bildern unserer Erde von oben.

Erhältlich im Buchhandel und auf http://shop.traveldiary.de.

Immer wieder Brasilien

Für Burgl Lichtenstein finden sich genug Gründe, das bevölkerungsreichste Land Südamerikas von Süd nach Nord zu erobern, sich dabei erfahrenen Guides anzuvertrauen, aber auch auf eigene Faust unterwegs zu sein oder den Spuren des deutsch-russischen Forschungsreisenden Freiherr von Langsdorff zu folgen.

Die Wasserfälle von Iguaçu, das Sumpfgebiet im Pantanal, die Savannen des Nordens und die Fluten des Amazonas prägen das Bild der Landschaft, barocke Kirchen und historische Städte zeugen von den Goldfunden des 17. Jahrhunderts, während Langsdorffs Expeditionsaufzeichnungen zurück ins Minas Gerais des Jahres 1824 führen und Auswandererenklaven noch heute die deutschen Traditionen pflegen.

Erhältlich im Buchhandel und auf http://shop.traveldiary.de.